Office 2010

Die Anleitung in Bildern

von
Frank Möller

Vierfarben

Sie haben Fragen, Wünsche oder Anregungen zum Buch?
Gerne sind wir für Sie da:

Anmerkungen zum Inhalt des Buches: maike.luebbers@vierfarben.de
Bestellungen und Reklamationen: service@vierfarben.de
Rezensions- und Schulungsexemplare: sophie.herzberg@vierfarben.de

An diesem Buch haben viele mitgewirkt, insbesondere:

Lektorat Maike Lübbers
Korrektorat Alexandra Müller, Olfen
Herstellung Norbert Englert
Einbandgestaltung Daniel Kratzke
Coverentwurf Marc Thoben, Köln
Coverfoto iStockphoto/Maciej Laska/14202656
Layout Vera Brauner
Satz Markus Miller, München
Druck Himmer AG, Augsburg

Gesetzt wurde dieses Buch aus der Linotype Syntax (10,25 pt/14,25 pt) in Adobe InDesign CS5. Und gedruckt wurde es auf mattgestrichenem Bilderdruckpapier (115 g/m^2). Hergestellt in Deutschland.

Bibliografische Information der Deutschen Nationalbibliothek
Die Deutsche Nationalbibliothek verzeichnet diese Publikation in der Deutschen National-
bibliografie; detaillierte bibliografische Daten sind im Internet über http://dnb.d-nb.de abrufbar.

ISBN 978-3-8421-0013-8

1. Auflage 2011, 1., korrigierter Nachdruck
© Vierfarben, Bonn 2011
Vierfarben ist ein Verlag der Rheinwerk Verlag GmbH
Rheinwerkallee 4, D-53227 Bonn
www.vierfarben.de

Der Verlagsname Vierfarben spielt an auf den Vierfarbdruck, eine Technik zur Erstellung farbiger Bücher. Der Name steht für die Kunst, die Dinge einfach zu machen, um aus dem Einfachen das Ganze lebendig zur Anschauung zu bringen.

Liebe Leserin, lieber Leser,

mit dem Office-Paket können Sie sich das (Berufs-)Leben deutlich erleichtern, wenn Sie beispielsweise einen Brief oder eine E-Mail schreiben, ein Referat oder einen Vortrag vorbereiten oder ein Haushaltsbuch führen wollen. Für jede dieser Aufgaben bietet Microsoft Office ein praktisches Programm: Word für die Textverarbeitung, PowerPoint zum Erstellen von Präsentationen, Excel für die Tabellenkalkulation und Outlook für Ihre E-Mails.

Damit Sie all diese Programme zu Ihrem Vorteil nutzen können und sich dabei nicht durch umständliche oder schwammige Erklärungen kämpfen müssen, bieten wir Ihnen dieses Buch an. Frank Möller zeigt Ihnen, wie Sie die genannten Office-Programme einfach und schnell für sich nutzen. Dabei macht er Sie in kleinen Schritten mit ihren wichtigsten Funktionen vertraut – zielgerichtet, Bild für Bild und vor allem nachvollziehbar.

Natürlich wurde dieses Buch mit größter Sorgfalt geschrieben und hergestellt. Sollten Sie dennoch einmal Fehler finden oder inhaltliche Anregungen haben, freue ich mich, wenn Sie mit mir in Kontakt treten. Für konstruktive Kritik bin ich dabei ebenso dankbar wie für lobende Worte. Doch zunächst einmal wünsche ich Ihnen viel Freude beim Lesen!

Ihre Maike Lübbers
Lektorat Vierfarben

maike.luebbers@vierfarben.de

Inhalt

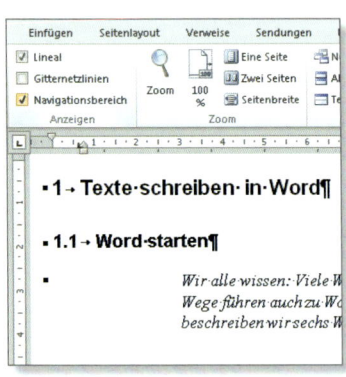

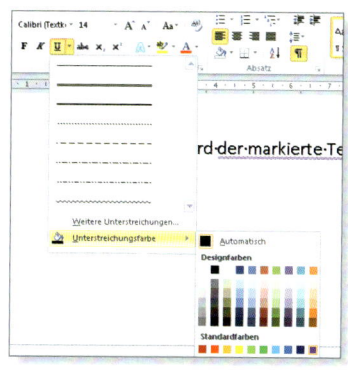

Inhalt

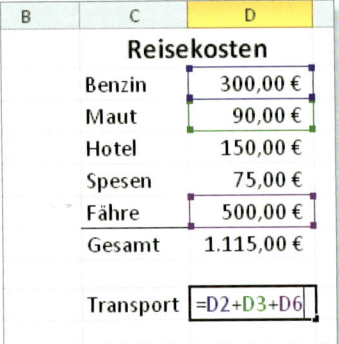

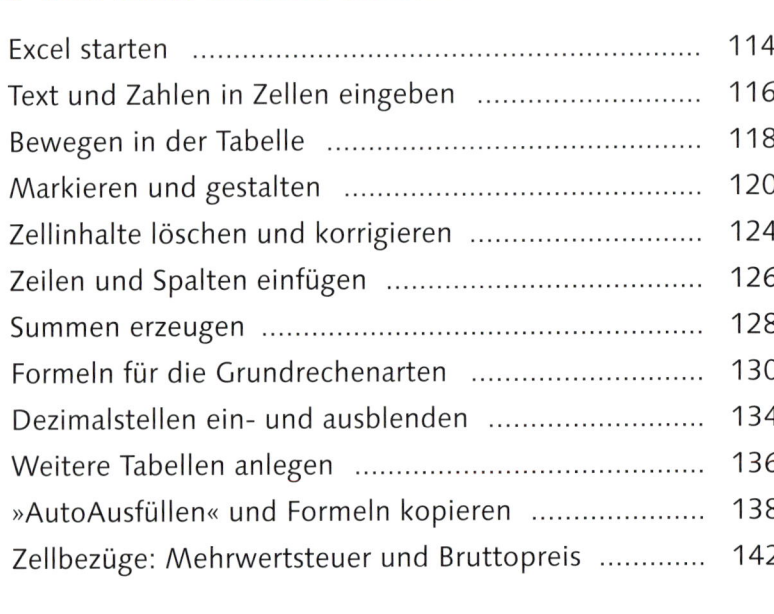

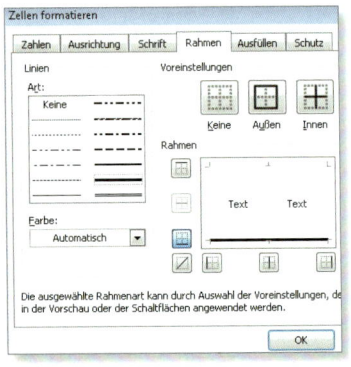

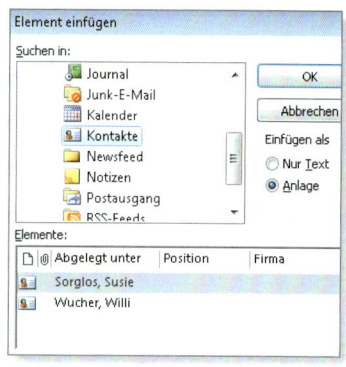

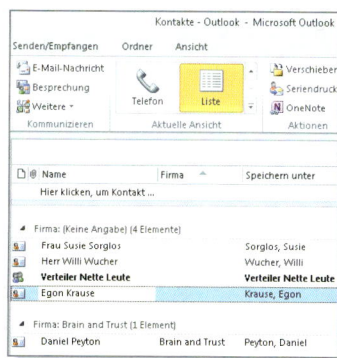

Inhalt

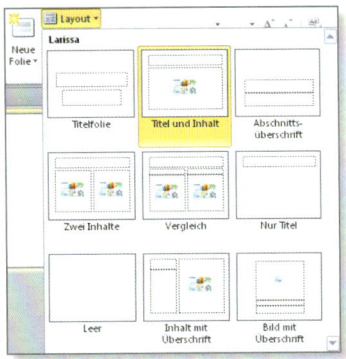

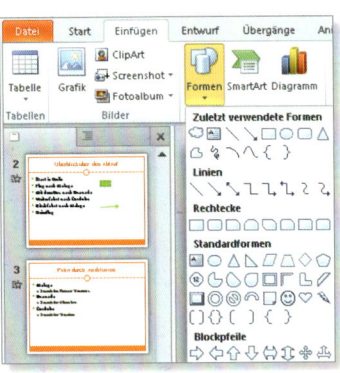

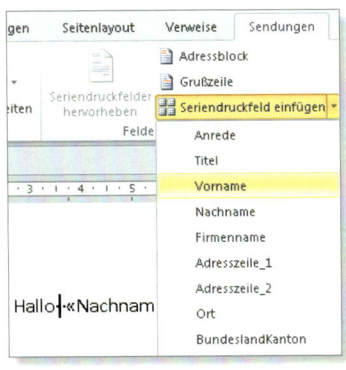

Inhalt

Kapitel 1
Die Grundlagen – Office im Überblick

In diesem Kapitel geht es um grundlegende Handgriffe bei der Arbeit mit Office: Wie nutzen Sie die Maus und ein Touchpad, wie erstellen und speichern Sie Dokumente, und wie passen Sie die Bildschirme der jeweiligen Programme an Ihre Wünsche an?

Die Maus und das Touchpad
Der Umgang mit der Maus und/oder dem Touchpad **1** ist vielen PC-Nutzern vertraut. Dennoch beschreiben wir in diesem ersten Kapitel zunächst die Grundlagen ihrer Nutzung, damit sich auch Neueinsteiger zurechtfinden.

Dokumente anlegen, speichern und organisieren
Zu den ersten Schritten gehört das Öffnen der Programme. Wir zeigen Ihnen, wie das auf verschiedenen Wegen möglich ist. Sie haben es bei der Arbeit mit Office mit unterschiedlichen Dokumenten zu tun. Hier lernen Sie, wie Sie Dokumente anlegen, speichern **2** und so organisieren, dass Sie sie ohne Probleme wiederfinden.

Bildschirme anpassen
Die Office-Programme werden nach dem Aufruf mit einem Standardbildschirm präsentiert. Diese Ansicht können Sie so anpassen **3**, dass sie Ihrer Arbeit und Ihren Bedürfnissen entspricht. Wir zeigen Ihnen, welche Anpassungen möglich und sinnvoll sind.

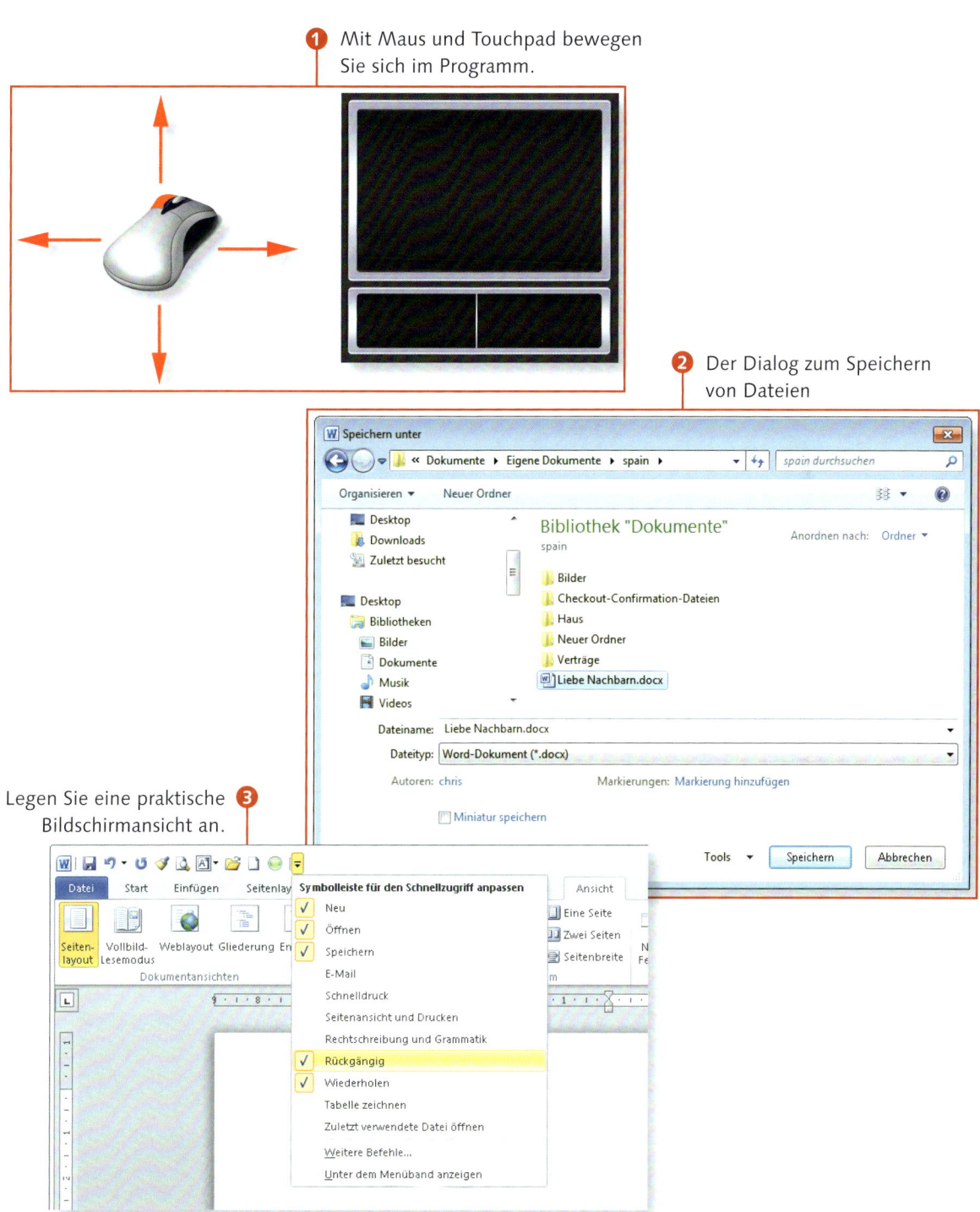

1 Mit Maus und Touchpad bewegen Sie sich im Programm.

2 Der Dialog zum Speichern von Dateien

Legen Sie eine praktische Bildschirmansicht an. **3**

Maus und Touchpad bedienen

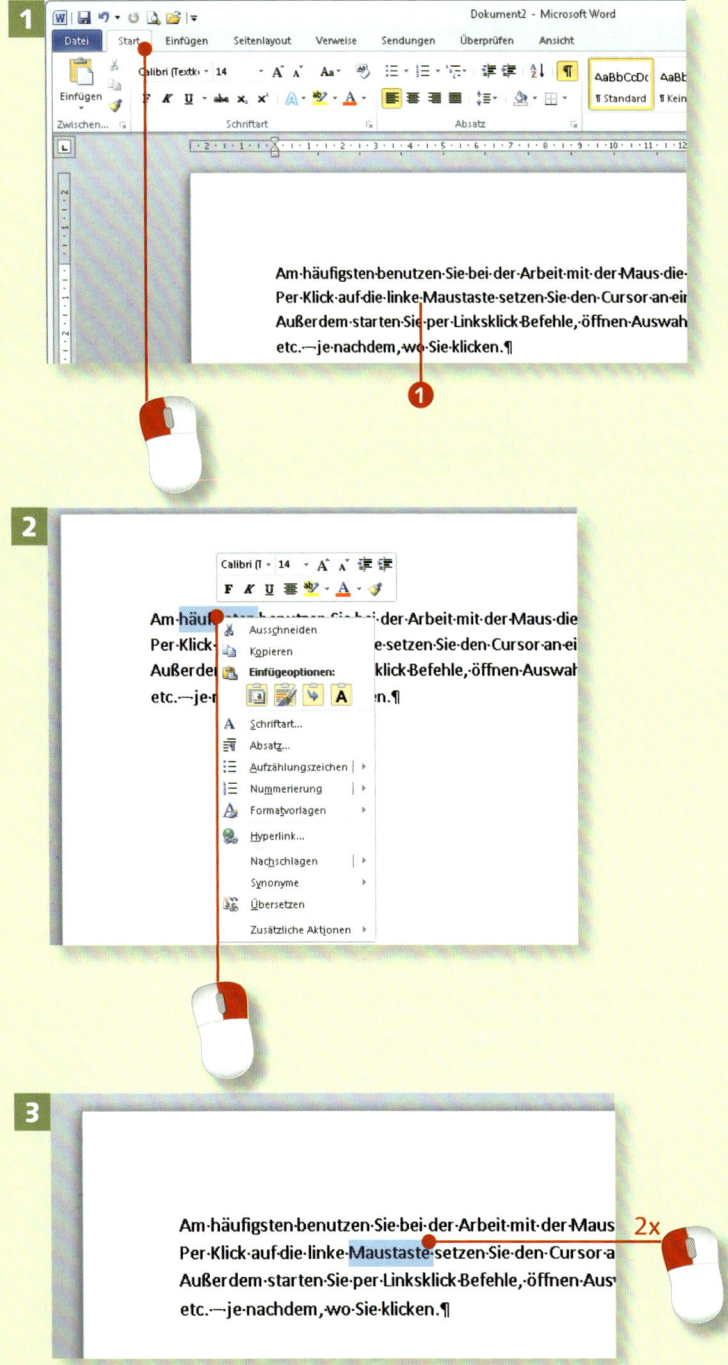

Mit der Computermaus und auch mit dem Touchpad eines Notebooks sind viele Anwender heutzutage vertraut. Wir zeigen Ihnen dennoch kurz die wichtigsten Handgriffe.

Schritt 1

Am häufigsten benutzen Sie die linke Maustaste. Drücken Sie sie, um den Cursor an eine andere Stelle im Text ❶ zu setzen. Auf diese Weise starten Sie auch Befehle oder öffnen Auswahllisten und Dialoge.

Schritt 2

Wenn Sie hingegen die rechte Maustaste drücken, rufen Sie ein Kontextmenü auf. Dabei handelt es sich um Menüs mit variierenden Befehlen; die Auswahl ist jeweils abhängig von der Stelle, an der Sie geklickt haben.

Schritt 3

Mitunter benötigen Sie auch einen Doppelklick, d. h., Sie drücken möglichst schnell zweimal hintereinander auf die linke Maustaste. In Word markiert ein Doppelklick z. B. ein Wort. Im Windows-Explorer werden Ordner per Doppelklick geöffnet.

Schritt 4

Mit der Maus können Sie auch »ziehen«; dazu halten Sie die linke Maustaste gedrückt und ziehen die Maus in eine Richtung. Für diese Aktion gibt es unterschiedliche Einsatzgebiete. Ziehen Sie beispielsweise an der Bildlaufleiste, um das »Blatt« nach unten bzw. oben zu verschieben.

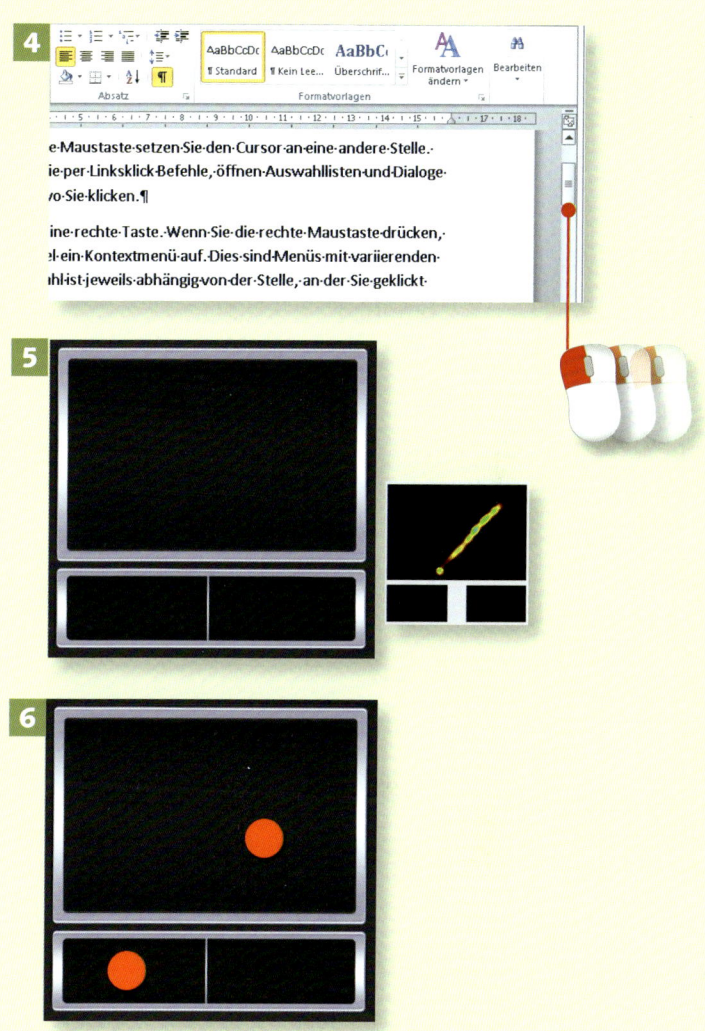

Schritt 5

Das Touchpad finden Sie bei den meisten Notebooks oder Netbooks. Auch damit können Sie den Mauscursor bewegen und Aktionen ausführen. Fahren Sie mit einer Fingerkuppe leicht über das Touchpad: Der Mauszeiger auf dem Monitor folgt der Bewegung Ihres Fingers.

Schritt 6

Unterhalb des Touchpads sind zwei Tasten angeordnet, deren Funktionen denen der Maustasten entsprechen. Für einen Linksklick reicht aber auch ein kurzes Antippen des Touchpads. Wie mit der Maus können Sie auch mit der linken Taste des Touchpads einen Doppelklick ausführen.

Touchpad-Funktionen

Mit dem Touchpad können Sie je nach Hersteller (bzw. installiertem Treiber) auch weitere Funktionen ausführen. So bewirkt ein doppeltes Antippen des Pads einen Doppelklick. Ein abgebrochenes doppeltes Antippen, bei dem Sie direkt in eine Ziehbewegung übergehen, entspricht dem Ziehen mit der Maus.

Office-Programme starten und beenden

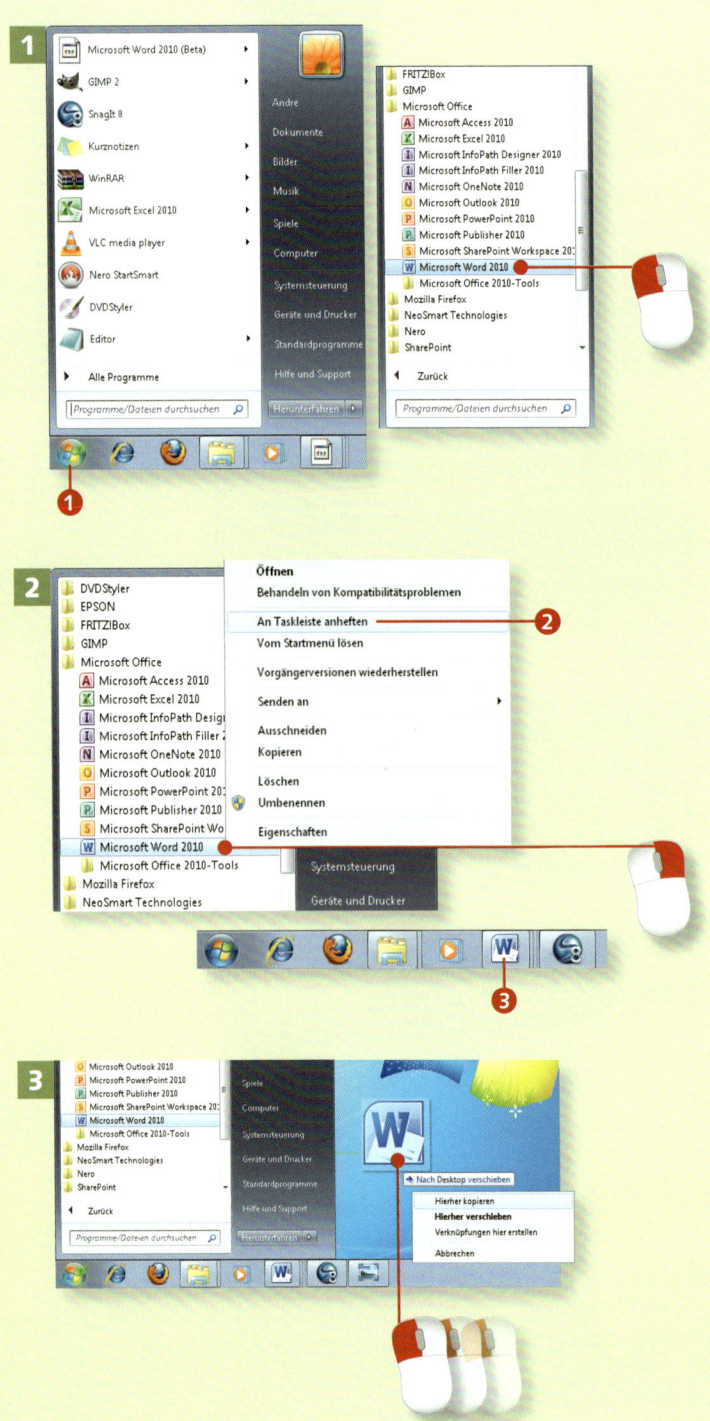

Viele Wege führen nach Rom und auch zur Arbeit mit den Office-Programmen. Die gängigsten Wege beschreiben wir in diesem Abschnitt.

Schritt 1

Der klassische Weg, Office-Programme aufzurufen, ist der über das Startmenü: Klicken Sie mit der Maus auf **Start ❶ ▸ Alle Programme ▸ Microsoft Office**, und wählen Sie dann per Mausklick das gewünschte Programm aus dem Office-Paket aus.

Schritt 2

Um ein Programm als Symbol auf die Taskleiste zu legen, klicken Sie im Startmenü den Programmnamen mit der rechten Maustaste an und wählen **An Taskleiste anheften ❷**. Ein einfacher Mausklick auf das Symbol ❸ öffnet anschließend das Programm.

Schritt 3

Für einen schnellen Zugriff können Sie das Symbol auch auf dem Desktop ablegen. Ziehen Sie dazu die Programmverknüpfung aus dem Startmenü mit der rechten Maustaste auf den Desktop. Im folgenden Kontextmenü wählen Sie **Hierher kopieren**.

Schritt 4

Sie rufen das Programm auch auf, wenn Sie im Windows-Explorer (den Sie am schnellsten per Rechtsklick auf die Schaltfläche **Start** unten links am Bildschirm erreichen) eine Datei doppelt anklicken. Mit dieser Aktion wird das Programm mit der jeweiligen Datei geöffnet.

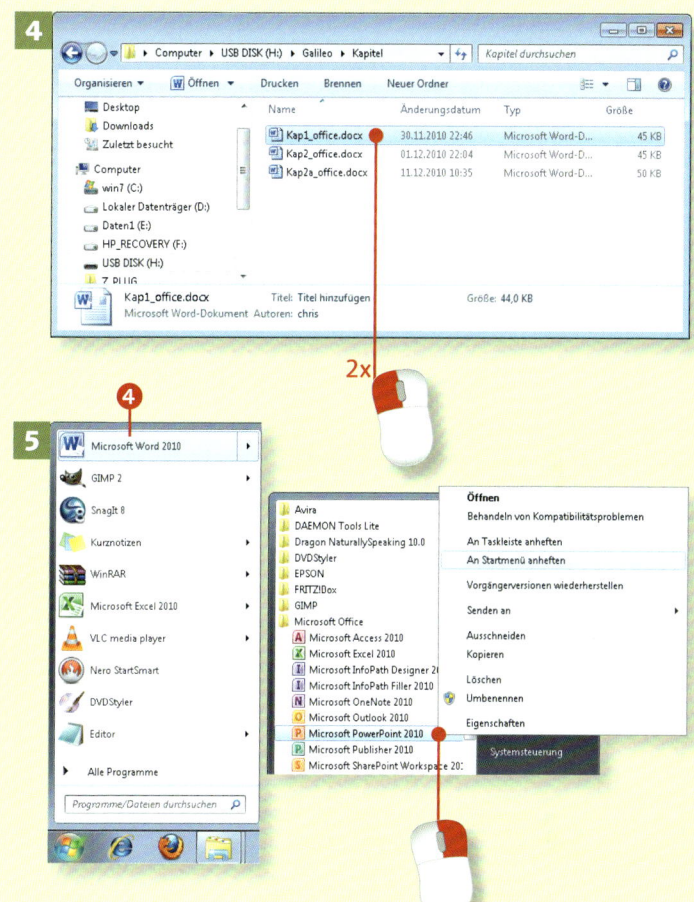

Schritt 5

Wenn Sie ein Programm ein paar Mal aufgerufen haben, erscheint der Programmeintrag ❹ automatisch direkt im Startmenü, also gleich nach dem Klick auf das **Start**-Symbol. Dafür können Sie auch selbst sorgen. Klicken Sie den Programmeintrag mit der rechten Maustaste an, und wählen Sie im Kontextmenü **An Startmenü anheften**.

Schritt 6

Im Startmenü werden für die angehefteten Programme Untermenüs angeboten, die die zuletzt verwendeten Dateien enthalten. Klicken Sie erst auf den Pfeil und dann auf die gewünschte Datei, um diese direkt im entsprechenden Programm zu öffnen.

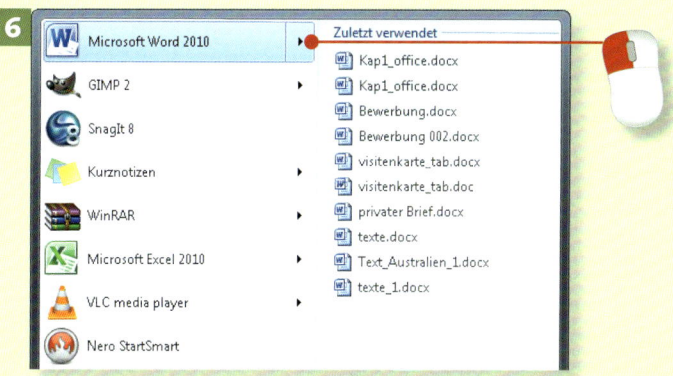

Das Office-Fenster kennenlernen

Zunächst müssen Sie sich im Programmfenster zurechtfinden. Wir helfen Ihnen bei der ersten Orientierung.

Schritt 1

Alle wichtigen Funktionen sind in Registerkarten zusammengestellt, die sich in der Multifunktionsleiste bzw. dem Menüband befinden. Wechseln Sie zwischen den Registerkarten, indem Sie auf die jeweilige Bezeichnung klicken, z. B. auf **Start** (Word) oder **Formeln** (Excel).

Schritt 2

Oberhalb des Menübandes links am Bildschirm befindet sich die *Symbolleiste für den Schnellzugriff* ❶. Hier haben Sie in der Standardeinstellung Zugriff auf die Symbole **Speichern**, **Rückgängig** und **Wiederholen**.

Schritt 3

Rechts oben am Bildschirm ❷ sehen Sie die Symbole **Minimieren** (zum Ablegen des Programms in der Taskleiste), **Verkleinern** (zum Verkleinern des Programms auf ein Fenster – ist das Programm im Fenster geöffnet, heißt das Symbol dann **Maximieren**) und **Schließen**.

Weitere Bildschirmelemente anzeigen

Öffnen Sie die Registerkarte **Ansicht**, um weitere Elemente ein- bzw. auszublenden. In Word finden Sie hier z. B. die Option, das Lineal anzuzeigen, in Excel können Sie u. a. die Bearbeitungsleiste ein- bzw. ausblenden.

Schritt 4

Klicken Sie auf das Symbol **Verkleinern**, um das Programm in einem kleineren Fenster darzustellen. Dessen Größe können Sie verändern, indem Sie den Mauszeiger an den Rand bzw. eine der Ecken des Fensters führen und mit gedrückter Maustaste nach innen oder nach außen ziehen.

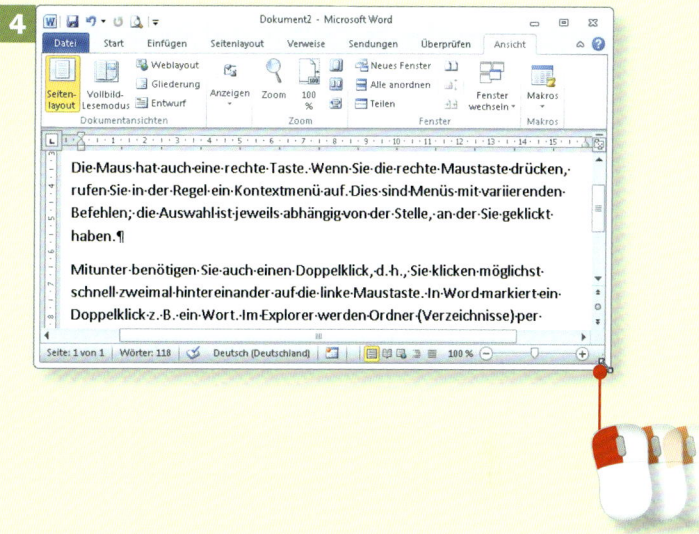

Schritt 5

Unterhalb des Arbeitsbereichs befindet sich die *Statusleiste* ❸, wo in Word z. B. die Seitenzahl des Dokuments angezeigt wird. Wenn dort **Seite: 1 von 3** steht, befindet sich der Cursor auf der Seite 1 eines dreiseitigen Dokuments. Wenn Sie daraufklicken, können Sie schnell zwischen den Seiten des Dokuments wechseln.

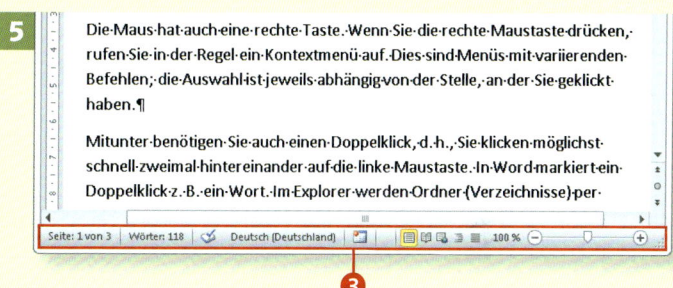

Schritt 6

Auf der rechten Seite der *Statusleiste* finden Sie die Symbole zum Wechseln der Ansicht ❹ und den Regler bzw. die Plus- und Minuszeichen zur Veränderung des Zooms der Darstellung. Testen Sie ruhig einmal durch Verschieben des Reglers, wie sich die Anzeige des Dokuments ändert.

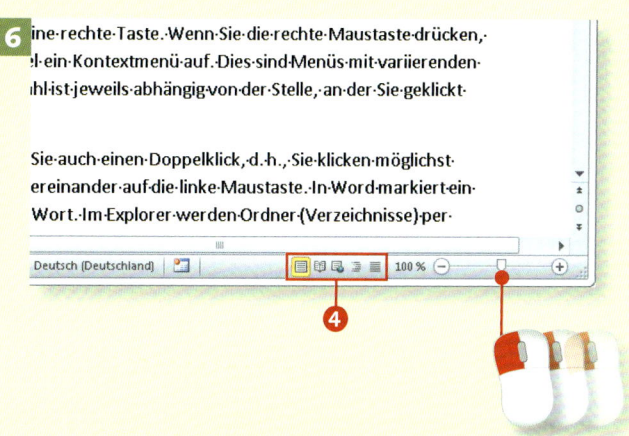

Ein neues Dokument anlegen

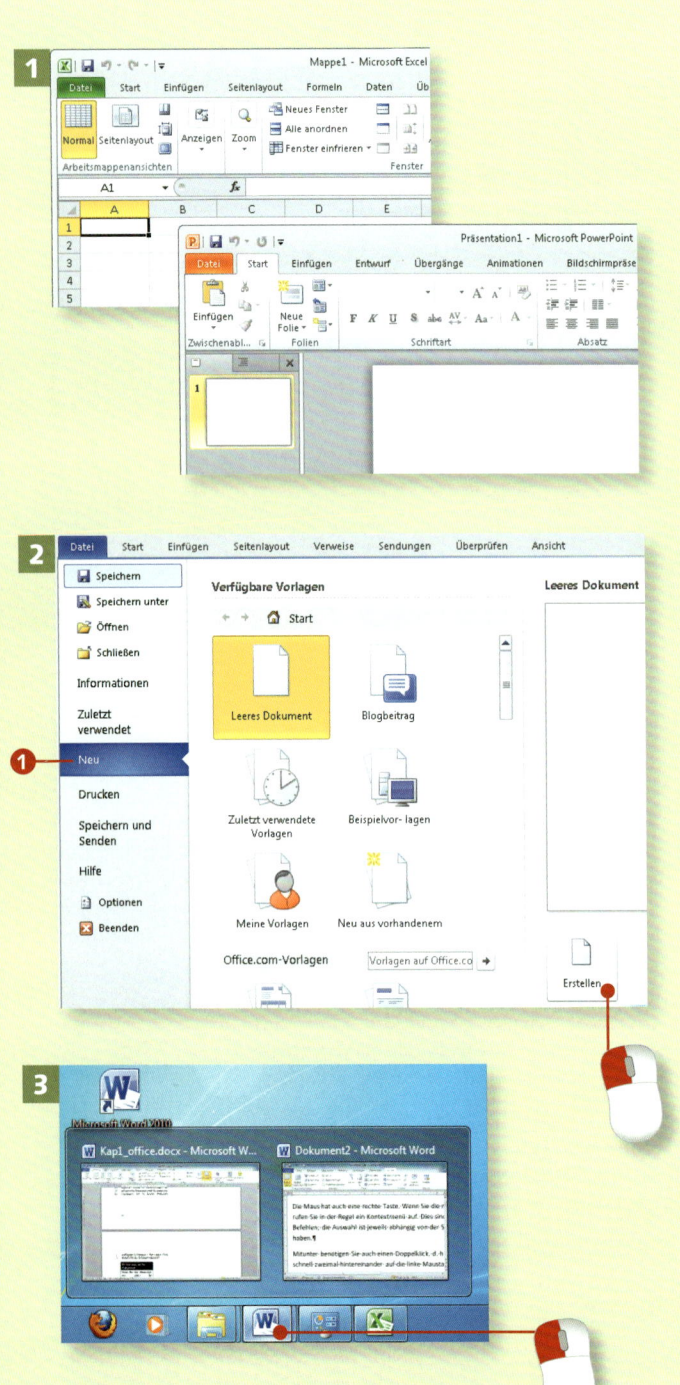

Wenn Sie ein Office-Programm aufrufen, können Sie sofort mit der Arbeit beginnen.

Schritt 1

Ein neues Dokument wird automatisch angezeigt, nachdem Sie das Programm aufgerufen haben. In Word erhalten Sie also ein leeres Blatt, in Excel eine leere Mappe und in PowerPoint eine Titelfolie.

Schritt 2

Wenn Sie während der Arbeit ein neues Dokument erstellen möchten, klicken Sie auf der Registerkarte **Datei** auf **Neu** ➊. Im folgenden Dialog (**Verfügbare Vorlagen**) belassen Sie es bei **Leeres Dokument** (in Word), **Leere Arbeitsmappe** (in Excel) oder **Leere Präsentation** (in PowerPoint) und klicken auf **Erstellen**.

Schritt 3

Sie können mehrere Dokumente/ Programme gleichzeitig geöffnet haben. Die Programmsymbole werden auf der Taskleiste unten am Bildschirm angezeigt. Wenn Sie den Mauszeiger auf eines der Symbole führen, erscheinen Vorschaubildchen der geöffneten Dokumente. Per Mausklick werden sie aufgerufen.

Schritt 4

Wenn Sie eines Ihrer bereits erstellten Dokumente als Basis für ein neues Dokument nutzen möchten, klicken Sie auf der Registerkarte **Datei** auf **Neu** und anschließend auf **Neu aus vorhandenem ❷**. Im folgenden Dialog wählen Sie das Basis-Dokument aus und klicken auf **Neu erstellen**.

Schritt 5

Word, Excel und PowerPoint bieten eine Reihe von Vorlagen, also vorbereitete, teils ausgefüllte Dokumente für bestimmte Zwecke, die Sie als Basis für Ihr neues Dokument nutzen können. Öffnen Sie das Register **Datei ▸ Neu**, und klicken Sie im Bereich **Start** auf **Beispielvorlagen**.

Schritt 6

Wählen Sie anhand der Vorschaubildchen eine Vorlage aus, und klicken Sie auf **Erstellen**. Daraufhin wird ein neues Dokument auf Basis dieser Vorlage erstellt.

---

i

Eigene Dokumentvorlagen
In Kapitel 4, »Schicke Layouts mit Word«, ab Seite 94 erfahren Sie, wie Sie eigene Dokumentvorlagen erstellen können.

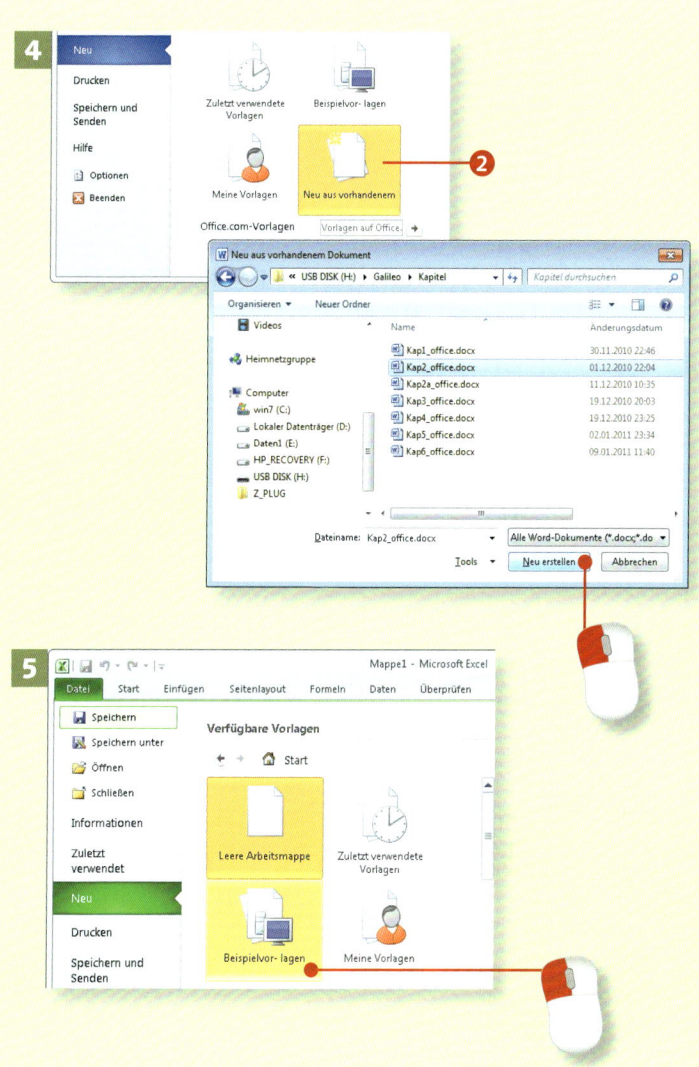

Ein Dokument als Datei speichern

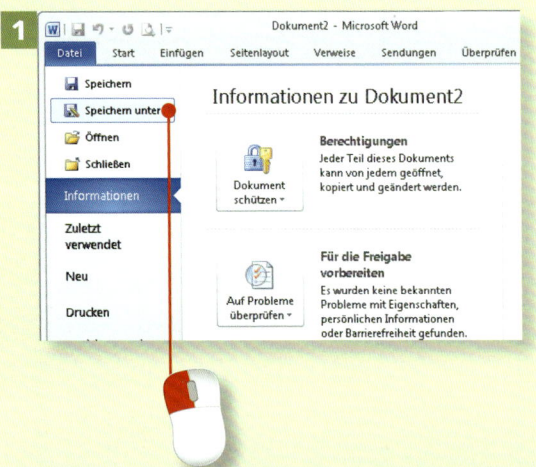

Speichern ist das A und O bei der Arbeit mit den Office-Programmen. Wenn Sie es nicht vergessen, ersparen Sie sich eine Menge Frust.

Schritt 1

Um ein noch nicht gespeichertes Dokument zu sichern, klicken Sie auf der Registerkarte **Datei** auf **Speichern unter**. Daraufhin öffnet sich der gleichnamige Dialog.

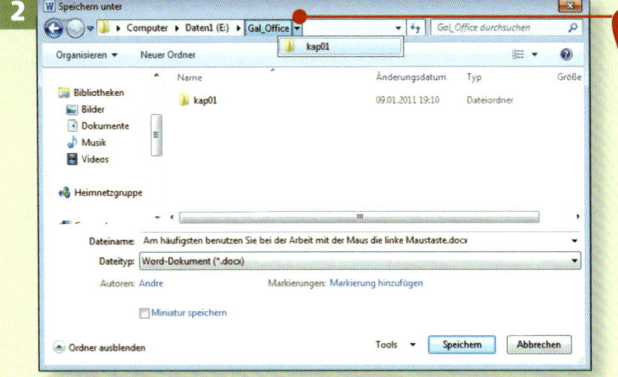

Schritt 2

Suchen Sie zunächst den Ordner, in dem Sie die Datei ablegen möchten. Zum Navigieren durch die Ordnerstruktur nutzen Sie das Adressfeld oben im Dialog. Ein Klick auf den Ordnernamen öffnet den Ordner, ein Klick auf den Pfeil zeigt die Unterorder an, die dann ebenfalls per Mausklick zu öffnen sind.

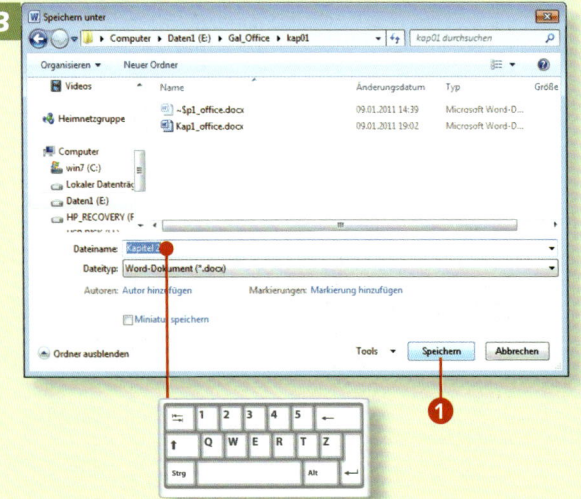

Schritt 3

Wenn Sie den richtigen Ordner geöffnet haben, geben Sie im Feld **Dateiname** den Dateinamen ein. Die Erweiterung (*.docx* für Word, *.xslx* für Excel und *.pptx* für PowerPoint) schreiben Sie nicht mit; die Programme vergeben sie automatisch. Klicken Sie dann auf **Speichern ❶**.

Schritt 4

Das neue Dokument ist in einem neuen Ordner besser aufgehoben? Dann öffnen Sie den entsprechenden Überordner und klicken auf **Neuer Ordner ❷**. In das neue Ordnersymbol schreiben Sie den gewünschten Namen und drücken die ⏎-Taste.

Schritt 5

Sobald ein Dokument gespeichert ist, taucht der Dateiname ❸ am Kopf des Programmfensters in der Titelleiste auf. Denken Sie nun daran, regelmäßig auf das Symbol zum Nachspeichern zu klicken. Sie finden es in der *Symbolleiste für den Schnellzugriff*.

Schritt 6

Wenn Sie das Programm schließen und Änderungen noch nicht gespeichert haben, werden Sie gefragt, wie Sie verfahren möchten. Normalerweise sollten Sie hier auf **Speichern** klicken, es sei denn, Sie möchten bewusst auf die letzten Änderungen verzichten.

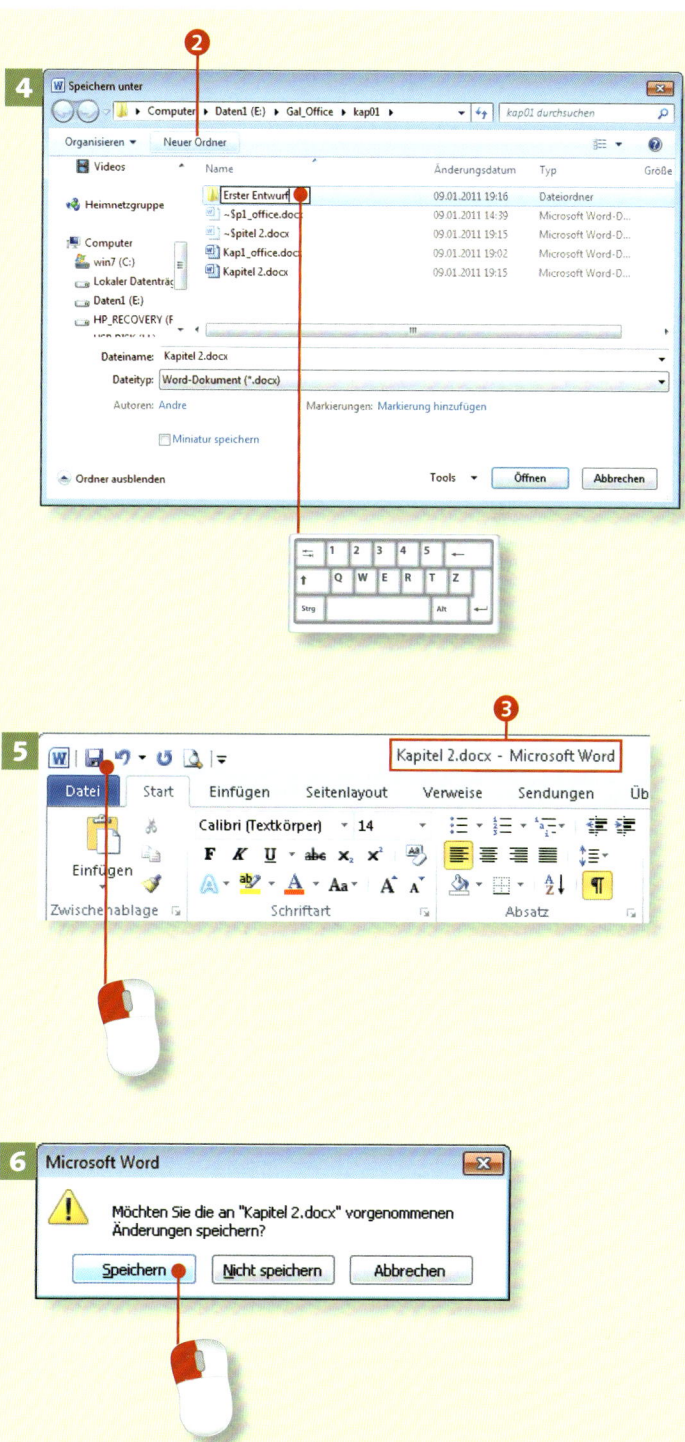

Die Ansicht vergrößern und verkleinern

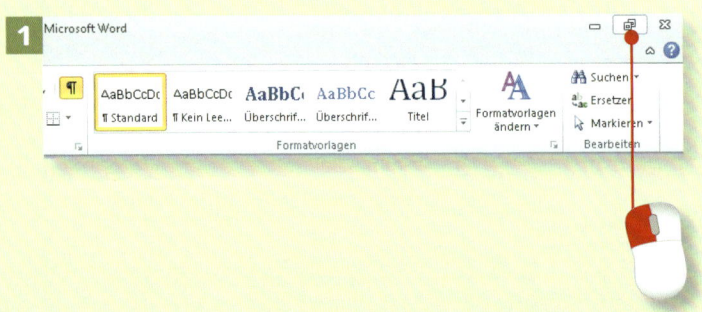

Programme bzw. Dateien können als Vollbild oder in einem Fenster angezeigt werden. Die Arbeit mit Fenstern bietet sich vor allem an, wenn Sie mehrere Dateien/Programme gleichzeitig geöffnet haben.

Schritt 1

Um ein Programm nicht im Vollbild anzuzeigen, sondern in einem minimierten Fenster, klicken Sie oben rechts am Bildschirm auf das Symbol **Verkleinern**.

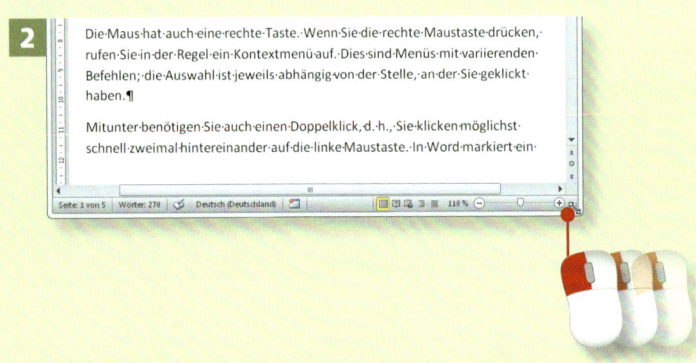

Schritt 2

Daraufhin wird das Programm/die Datei in einem Fenster dargestellt. Praktisch: Die Größe dieses Fenster lässt sich verändern. Führen Sie den Mauszeiger auf eine der Ecken, und ziehen Sie mit gedrückter Maustaste nach innen oder außen.

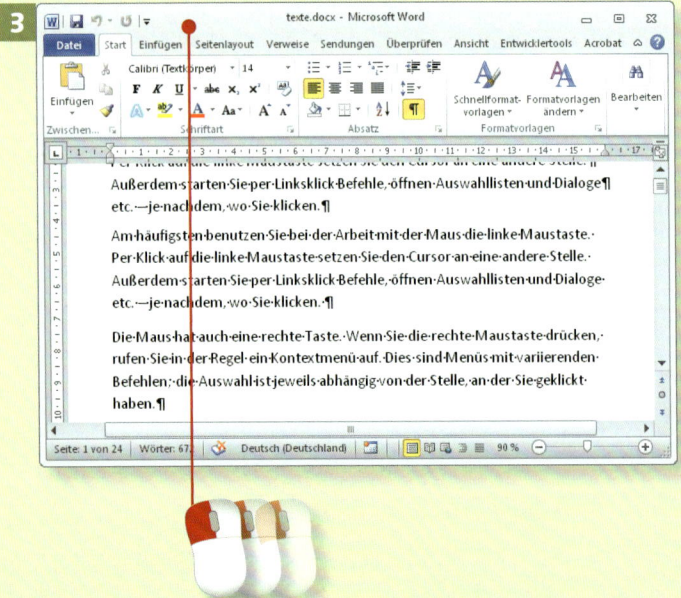

Schritt 3

Ein Fenster lässt sich nicht nur verkleinern oder vergrößern, sondern kann auch verschoben werden. Dazu führen Sie den Mauszeiger auf den freien Bereich der Titelleiste und ziehen das Fenster mit gedrückter Maustaste an die gewünschte Position.

Schritt 4

Um das Programm wieder als Vollbild darzustellen, klicken Sie erneut auf das Symbol links neben dem Schließkreuz. In einem verkleinerten Fenster heißt dieses Symbol **Maximieren**.

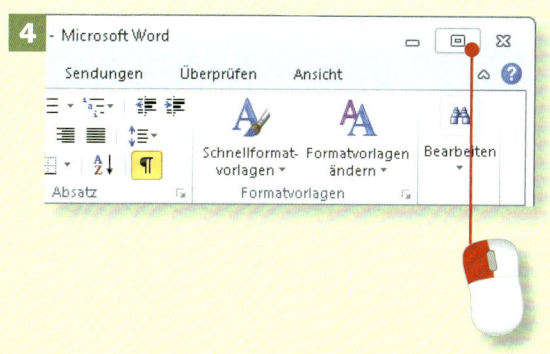

Schritt 5

Wenn Sie das Programm/die Datei nicht schließen, sondern nur als Symbol in die Taskleiste legen möchten, klicken Sie auf das Symbol **Minimieren**.

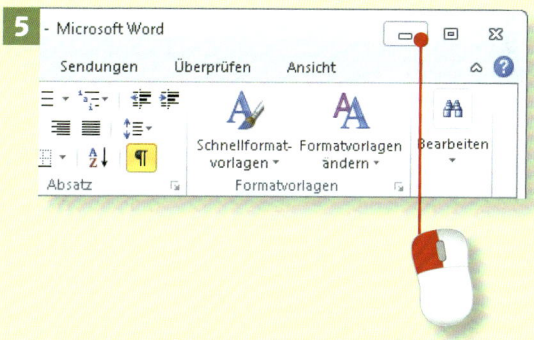

Schritt 6

Ein Klick auf das Symbol unten in der Taskleiste lässt das Programm bzw. die Datei dann wieder als Vollbild erscheinen.

Neue Fenstertechnik

Wenn Sie ein verkleinertes Fenster mit gedrückter Maustaste an den oberen bzw. einen Seitenrand des Bildschirms ziehen, wird der Bildschirm in diesem Bereich abgedunkelt. Wenn Sie die Maustaste loslassen, wird das Fenster auf diesen abgedunkelten Bereich vergrößert.

Ein Dokument schließen

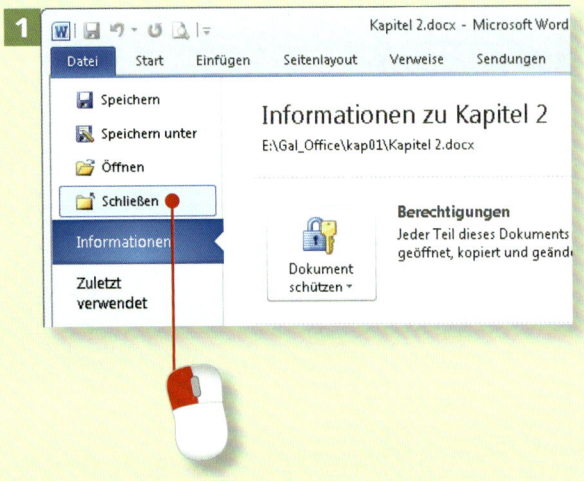

Es gibt verschiedene Wege, um ein Dokument zu schließen. Doch egal, welchen Weg Sie gehen, Sie benötigen kaum mehr als einen oder zwei Mausklicks.

Schritt 1

Um ein Dokument zu schließen, aktivieren Sie die Registerkarte **Datei** und klicken hier auf die Option **Schließen**. Das Programm selbst wird dadurch nicht geschlossen, wenn weitere Dokumente geöffnet sind.

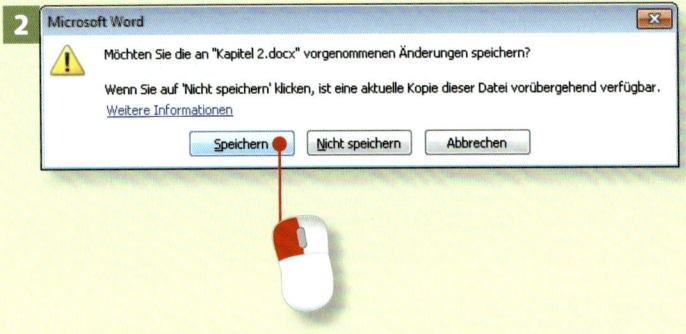

Schritt 2

Haben Sie Änderungen vorgenommen, erscheint ein kleiner Dialog, in dem Sie gefragt werden, ob Sie diese Änderungen speichern möchten. Im Regelfall klicken Sie hier auf **Speichern**. Die Änderungen werden dann gespeichert, und das Dokument wird geschlossen.

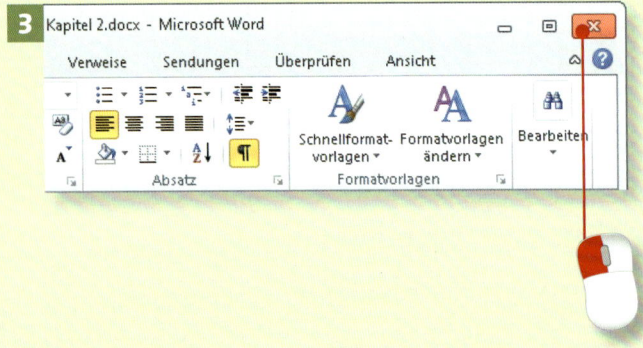

Schritt 3

Schnell und einfach schließen Sie ein Dokument mit einem Klick auf das *Schließkreuz* oben rechts am Bildschirm. Wenn nur ein Dokument des jeweiligen Programms geöffnet ist, wird damit auch das Programm beendet.

Schritt 4

Um ein Dokument zu schließen, das geöffnet ist, aber nur in der Taskleiste angezeigt wird, klicken Sie mit der rechten Maustaste auf das Vorschaubild bzw. den Dateinamen in der Taskleiste. Im Kontextmenü wählen Sie den Befehl **Schließen**.

Schritt 5

Im Gegensatz zu Word und Power-Point gibt es bei Excel zwei Schließkreuze – eins für das Programm und eins für die geöffnete Mappe. Um nur die aktuell geöffnete Excel-Mappe (aber nicht das Programm) zu schließen, klicken Sie auf das untere Kreuz.

Schritt 6

Um sowohl das Programm als auch alle geöffneten Dokumente/Dateien zu schließen, können Sie auf der Registerkarte **Datei** auch auf den Befehl **Beenden** klicken.

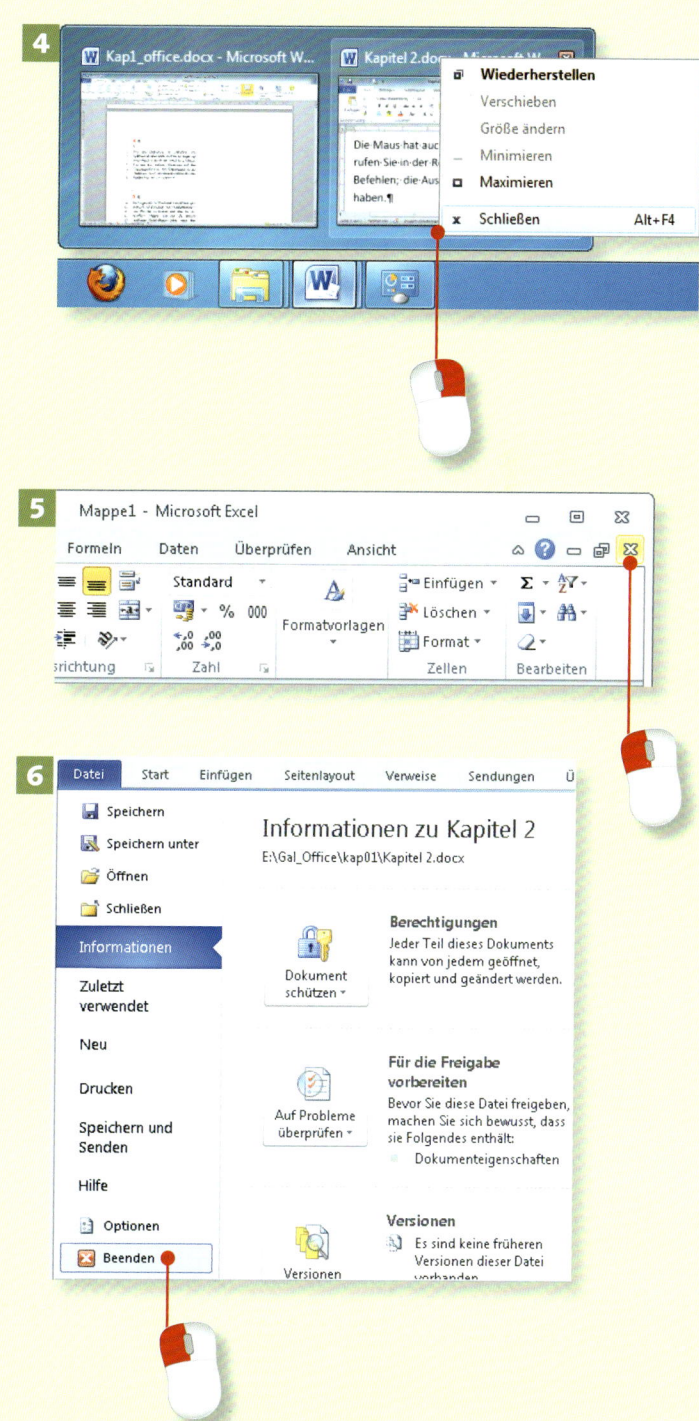

Die Oberfläche anpassen

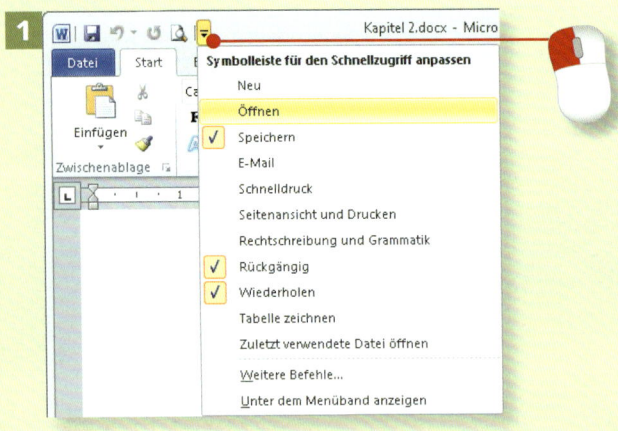

Wenn Sie mit dem Standardbildschirm und seinen Einstellungen nicht zufrieden sind, können Sie ihn an Ihre Bedürfnisse anpassen.

Schritt 1

Erweitern Sie die *Symbolleiste für den Schnellzugriff* um Funktionen, die Sie häufig benötigen. Klicken Sie dazu auf den Pfeil rechts, und aktivieren Sie im Menü die gewünschten Befehle. Der Eintrag **Weitere Befehle** öffnet einen Dialog, der alle Programmbefehle anbietet.

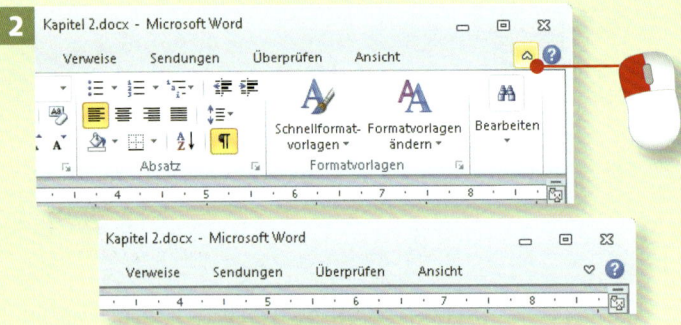

Schritt 2

Das Menüband nimmt einen recht großen Bereich in Anspruch. Sie können es bis auf die Registerkartennamen ausblenden. Klicken Sie dazu auf das kleine Symbol **Menüband minimieren**.

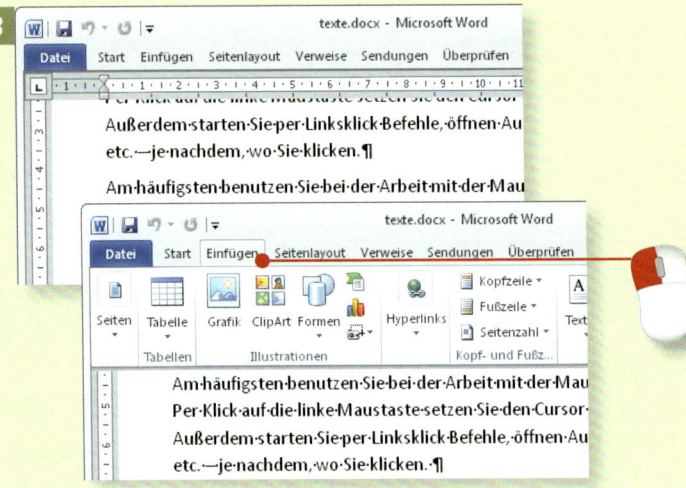

Schritt 3

Wenn Sie jetzt auf einen der Registerkartennamen klicken, wird das entsprechende Register eingeblendet und legt sich über den Text. Sobald Sie einen Befehl auswählen oder in die Datei klicken, wird das Register wieder ausgeblendet.

Schritt 4

Die Größe des angezeigten Dokuments ändern Sie mit dem Zoom. Den Zoomfaktor bestimmen Sie, indem Sie auf der Registerkarte **Ansicht** auf das Symbol **Zoom** klicken, um den gleichnamigen Dialog aufzurufen.

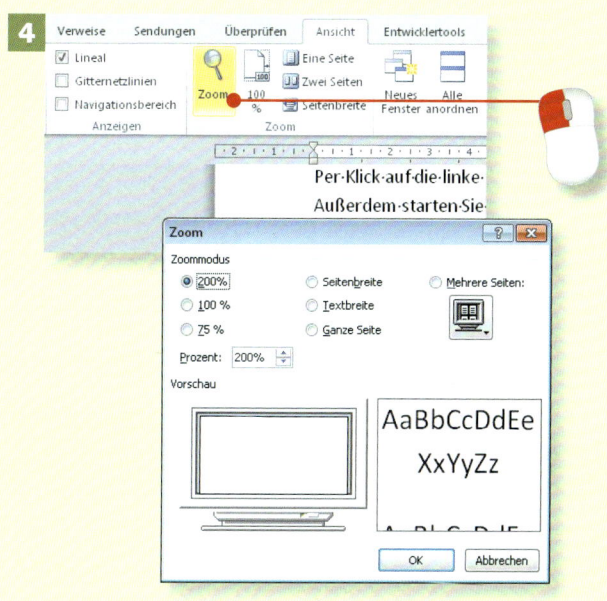

Schritt 5

Die meisten Office-Programme bieten unterschiedliche Ansichten. In Word gibt es z. B. das **Seitenlayout** oder den **Vollbild-Lesemodus**, in Excel z. B. die Ansicht **Normal** oder die **Umbruchvorschau**, in Power-Point ebenfalls die Ansicht **Normal** oder die **Foliensortierung**. Auf der Registerkarte **Ansicht** können Sie zwischen den Ansichten wechseln.

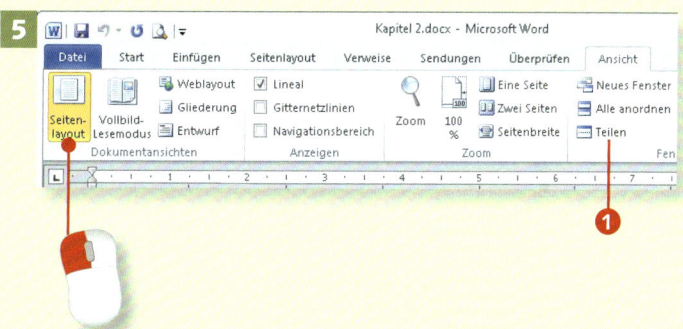

Schritt 6

Wenn Sie in einem Dokument zwei Bereiche gleichzeitig bearbeiten wollen (z. B. Textpassagen von einem Bereich in den anderen kopieren), müssen Sie nicht jedes Mal durch den gesamten Text scrollen. Sie können das Fenster teilen und sich beide Bereiche des Dokuments anzeigen lassen. Klicken Sie dazu im Register **Ansicht** auf **Teilen** ❶.

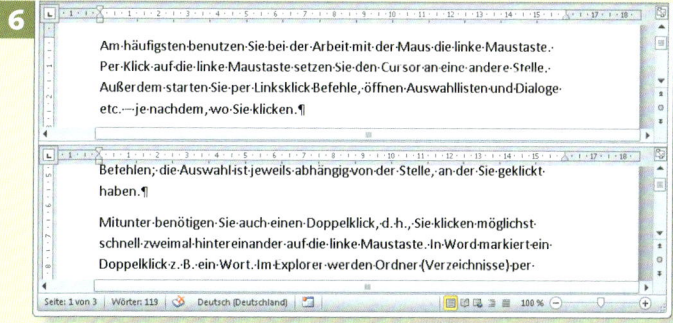

Dateien organisieren und wiederfinden

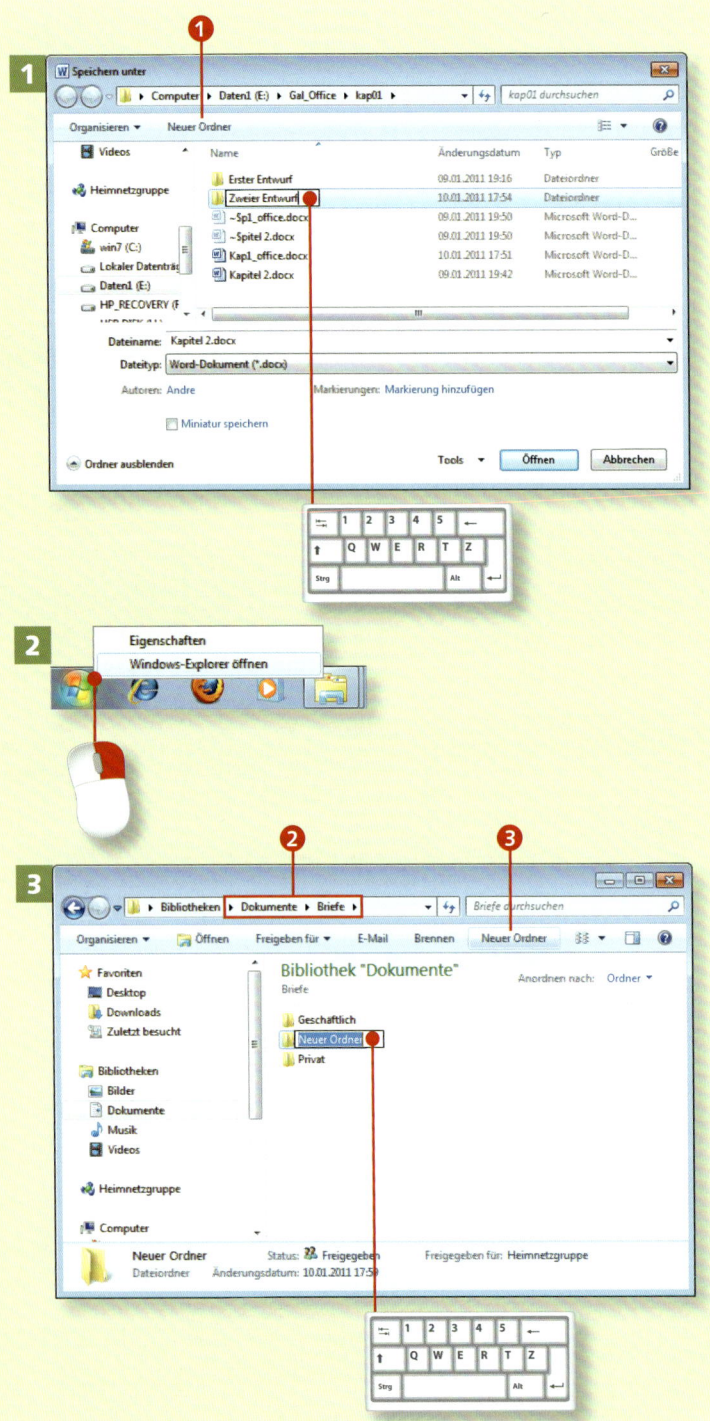

Die lästige Suche nach einer bestimmten Datei ersparen Sie sich, wenn Sie mit einer durchdachten Ordnerstruktur arbeiten.

Schritt 1

Sie können direkt im Dialog **Speichern unter** einen neuen Ordner erstellen. Klicken Sie einfach auf **Neuer Ordner** ❶, und vergeben Sie einen Namen. Achten Sie darauf, dass Sie sich wirklich in dem Ordner befinden, in dem Sie den neuen Unterordner anlegen möchten.

Schritt 2

Der richtige Ort für Ihre Ordner- und Dateiverwaltung ist der Windows-Explorer. Am schnellsten rufen Sie ihn auf, indem Sie mit der rechten Maustaste auf das Symbol **Start** und dann (mit links) auf **Windows-Explorer öffnen** klicken.

Schritt 3

Im Windows-Explorer öffnen Sie den Ordner, in den Sie einen weiteren Ordner einfügen möchten, z. B. **Dokumente ▸ Briefe** ❷. Um einen neuen Ordner anzulegen, klicken Sie auf **Neuer Ordner** ❸ und überschreiben die Bezeichnung »Neuer Ordner« mit einem passenden Namen.

Schritt 4

Liegt eine Datei in einem »falschen« Ordner, können Sie sie im Windows-Explorer in den richtigen verschieben. Markieren Sie die Datei, klicken Sie sie mit rechts an, und wählen Sie **Ausschneiden**. Aktivieren Sie den Zielordner, klicken Sie mit rechts hinein, und wählen Sie im Kontextmenü **Einfügen** ❹.

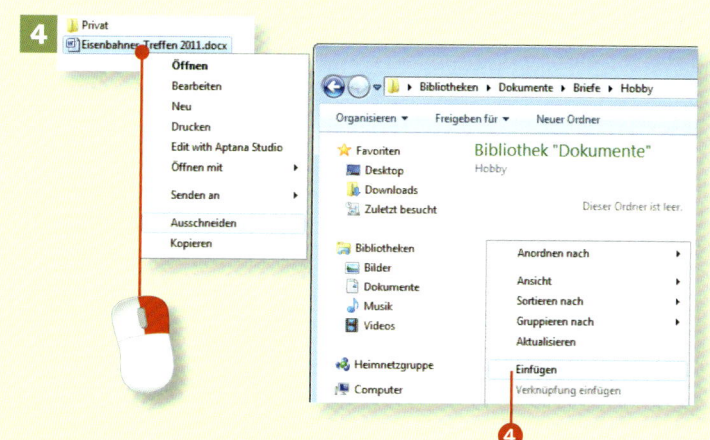

Schritt 5

Um eine Datei zu löschen, markieren Sie sie (im Windows-Explorer), klicken sie mit der rechten Maustaste an und wählen im Kontextmenü **Löschen**. Genauso gut können Sie die Datei markieren und dann einfach die `Entf`-Taste drücken. Das geht am schnellsten!

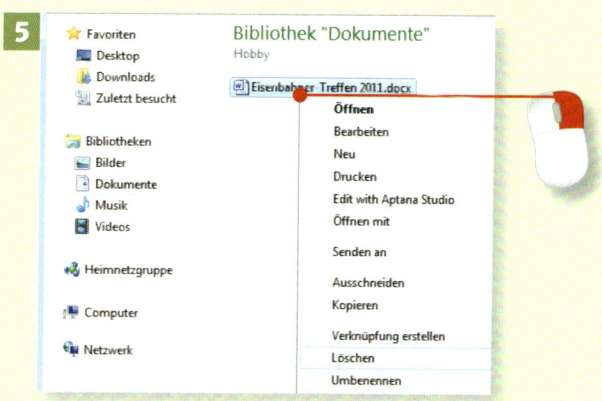

Schritt 6

Falls Ihnen auffällt, dass ein Dateiname, den Sie vergeben haben, doch nicht passt, benennen Sie die Datei einfach um. Dazu markieren Sie sie und wählen im Kontextmenü **Umbenennen**. Geben Sie einen neuen Namen ein, und drücken Sie dann die `↵`-Taste.

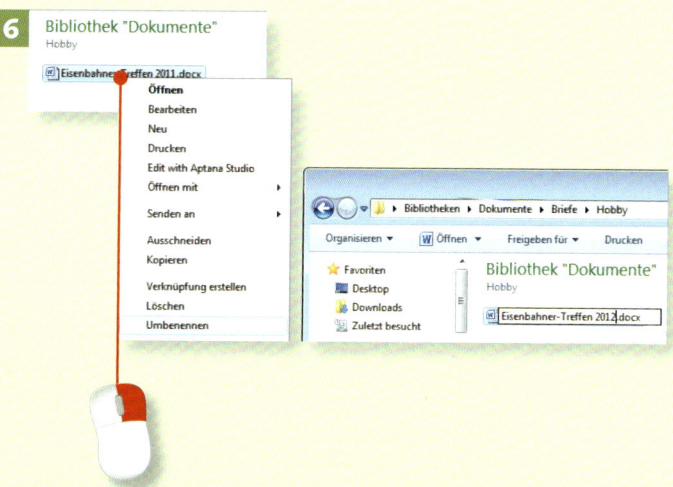

Kapitel 2
Texte schreiben in Word

Word ist ein Textverarbeitungsprogram mit vielfältigen Möglichkeiten der Texteingabe und Textbearbeitung. In diesem Kapitel erfahren Sie mehr über die optimale Einstellung des Bildschirms und über den Umgang mit Dokumenten.

Word aufrufen und einrichten

Zunächst geht es um die Grundlagen von Word: Wie rufen Sie Word auf, stellen den Bildschirm optimal ein oder ergänzen die Ansicht um Elemente, die die Arbeit erleichtern? Auf der Registerkarte **Seitenlayout** ❶ regeln Sie, wie das Blatt selbst aussehen soll: Wird es im Hoch- oder Querformat, mit schmaleren Seitenrändern oder beispielsweise mit mehreren Spalten gestaltet?

Texte bearbeiten, korrigieren, kopieren

Word ist ein Textverarbeitungsprogramm, es dreht sich also alles um die Eingabe von Text und dessen Gestaltung ❷. Wir erklären u. a., wie Sie Texte verfassen, innerhalb von längeren Texten navigieren, Text ändern und korrigieren oder ganze Textpassagen kopieren.

① Legen Sie fest, wie Ihr Blatt aussehen soll.

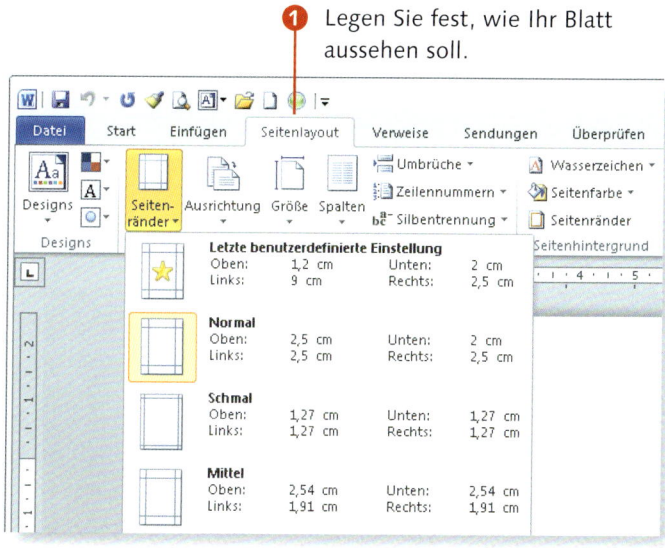

Geben Sie Text **②** ein, und bearbeiten Sie ihn nach Belieben.

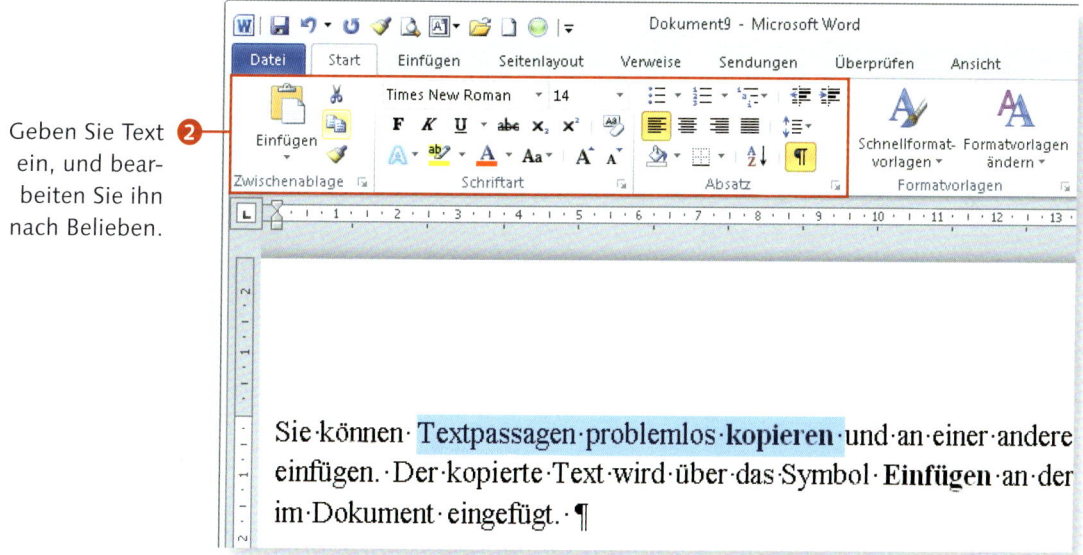

Word starten

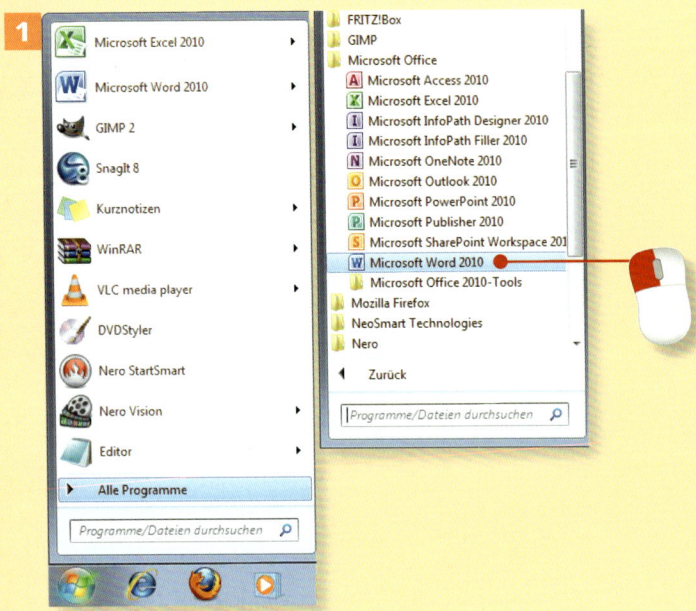

Um mit einem Programm zu arbeiten, müssen Sie es natürlich erst einmal starten. Für die Office-Programme gibt es dabei mehrere Möglichkeiten. In diesem Abschnitt beschreiben wir sechs Wege, Word aufzurufen.

Schritt 1

Wenn Sie am Anfang Ihrer Arbeit mit Word stehen, rufen Sie Word »klassisch« auf: Klicken Sie auf die Schaltfläche **Start** unten links am Bildschirm, dann auf **Alle Programme ▸ Microsoft Office ▸ Microsoft Word 2010**.

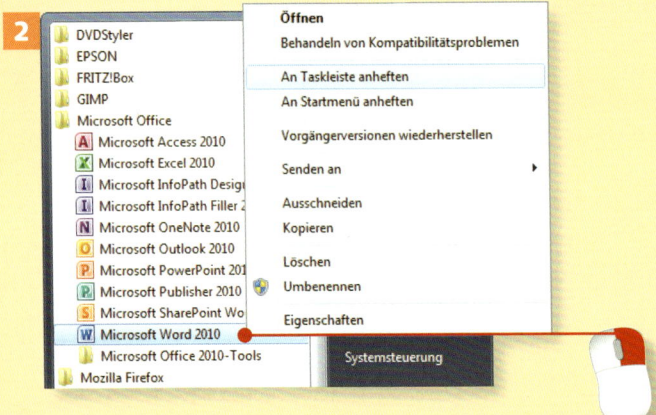

Schritt 2

Dieser »lange« Weg lässt sich abkürzen. Legen Sie Word z. B. in die Taskleiste, um es per Mausklick aufrufen zu können. Klicken Sie dazu den Programmeintrag im Startmenü mit der rechten Maustaste an, und wählen Sie **An Taskleiste anheften**.

Schritt 3

Daraufhin erscheint das Word-Symbol in der Taskleiste. Nun reicht ein einfacher Klick auf dieses Symbol, um das Programm aufzurufen.

Schritt 4

Sie können das Word-Symbol auch direkt auf den Desktop legen. Dazu klicken Sie den Programmeintrag im Startmenü mit der rechten Maustaste an, wählen im Kontextmenü **Senden an** und im Untermenü **Desktop (Verknüpfung erstellen)**. Per Doppelklick auf das Word-Symbol auf dem Desktop ❶ rufen Sie das Programm nun auf.

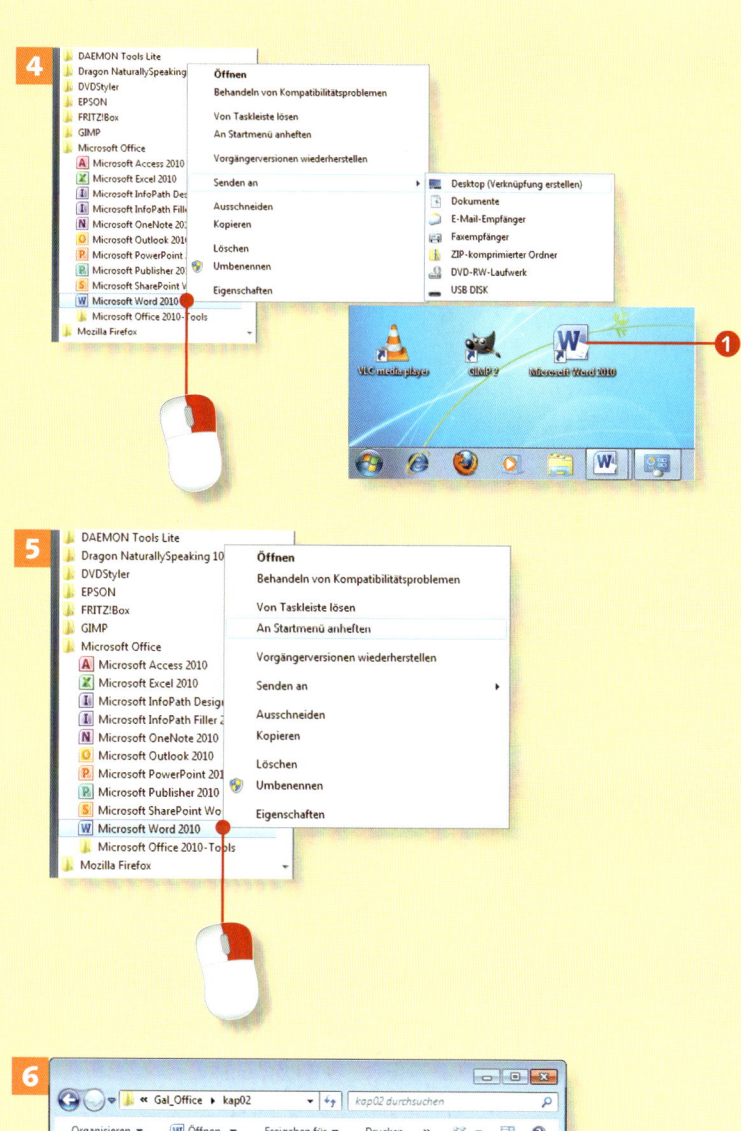

Schritt 5

Wenn Sie Word ein paar Mal aufgerufen haben, erscheint der Eintrag **Microsoft Word 2010** automatisch direkt im Startmenü, also gleich nach dem Klick auf **Start**. Dafür können Sie auch selbst sorgen. Klicken Sie den Programmeintrag **Microsoft Word 2010** mit der rechten Maustaste an, und wählen Sie im Kontextmenü **An Startmenü anheften**.

Schritt 6

Auch über den Windows-Explorer lässt sich Word aufrufen. Wenn Sie im Windows-Explorer doppelt auf eine Word-Datei klicken (zu erkennen am Word-Symbol), wird diese Datei direkt in Word geöffnet.

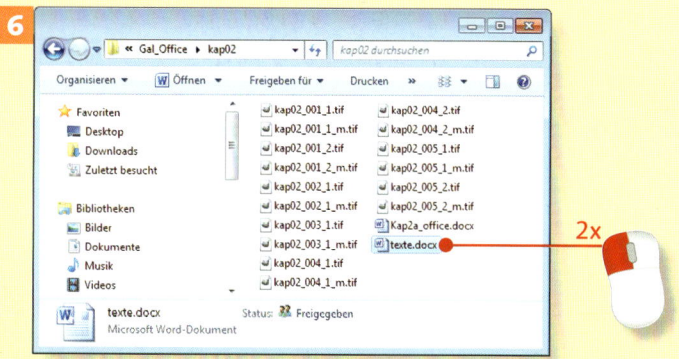

Word optimal einstellen

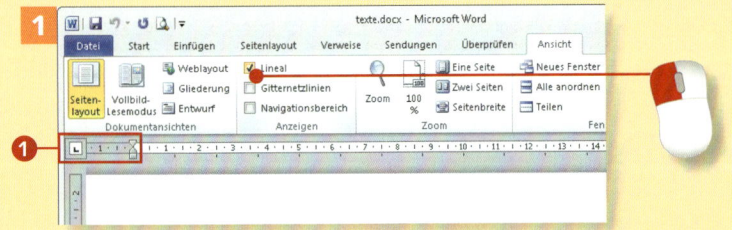

Wenn Sie Word aufrufen, wird Ihnen ein Standardbildschirm mit bestimmten Einstellungen präsentiert. Sie können die Darstellung an Ihre Bedürfnisse anpassen.

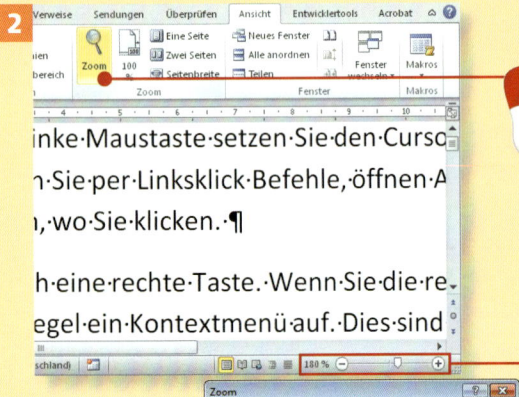

Schritt 1

Um die Lineale anzuzeigen, mit deren Hilfe Seitenränder und Einzüge ersichtlich sind, aktivieren Sie auf der Registerkarte **Ansicht** das **Lineal**. Die Seitenränder werden im Lineal grau angedeutet ❶.

Schritt 2

Die Größe des angezeigten Dokuments ändern Sie mit dem *Zoom*. Den Faktor bestimmen Sie in der Statusleiste ❷ oder auf der Registerkarte **Ansicht**. Klicken Sie hier auf **Zoom**, um den gleichnamigen Dialog aufzurufen. Im Feld **Prozent** ❸ stellen Sie den gewünschten Faktor ein.

Schritt 3

Unter **Ansicht ▸ Navigationsbereich** ❹ werden die Überschriften Ihres Dokuments aufgelistet, sofern Sie Formatvorlagen für Überschriften verwendet haben. Per Klick auf eine Überschrift im Navigationsbereich springt der Cursor direkt zur entsprechenden Stelle.

Schritt 4

Die *Symbolleiste für den Schnellzugriff* können Sie um Funktionen erweitern, die Sie häufig nutzen. Klicken Sie dazu auf den Pfeil rechts in der Symbolleiste, und aktivieren Sie im Menü die gewünschten Befehle. (Der Eintrag **Weitere Befehle** öffnet einen Dialog, der alle Word-Befehle enthält, falls der gesuchte Befehl hier nicht dabei ist.)

Schritt 5

Blenden Sie auf jeden Fall die Formatierungszeichen ein (Zeichen für Absatzmarken, Leerstellen, Tabstopps). Sie helfen bei der Orientierung und Korrektur, sind aber nur auf dem Bildschirm zu sehen (werden also nicht ausgedruckt). Klicken Sie auf der Registerkarte **Start** auf das Symbol **Alle anzeigen** (die Absatzmarke).

Schritt 6

Wenn Sie nur bestimmte Formatierungszeichen auf dem Bildschirm sehen wollen, regeln Sie dies über die Word-Optionen. Wählen Sie **Datei ▸ Optionen ▸ Anzeige**, und haken Sie im Bereich **Diese Formatierungszeichen immer auf dem Bildschirm anzeigen** per Mausklick die gewünschten Formatierungszeichen an.

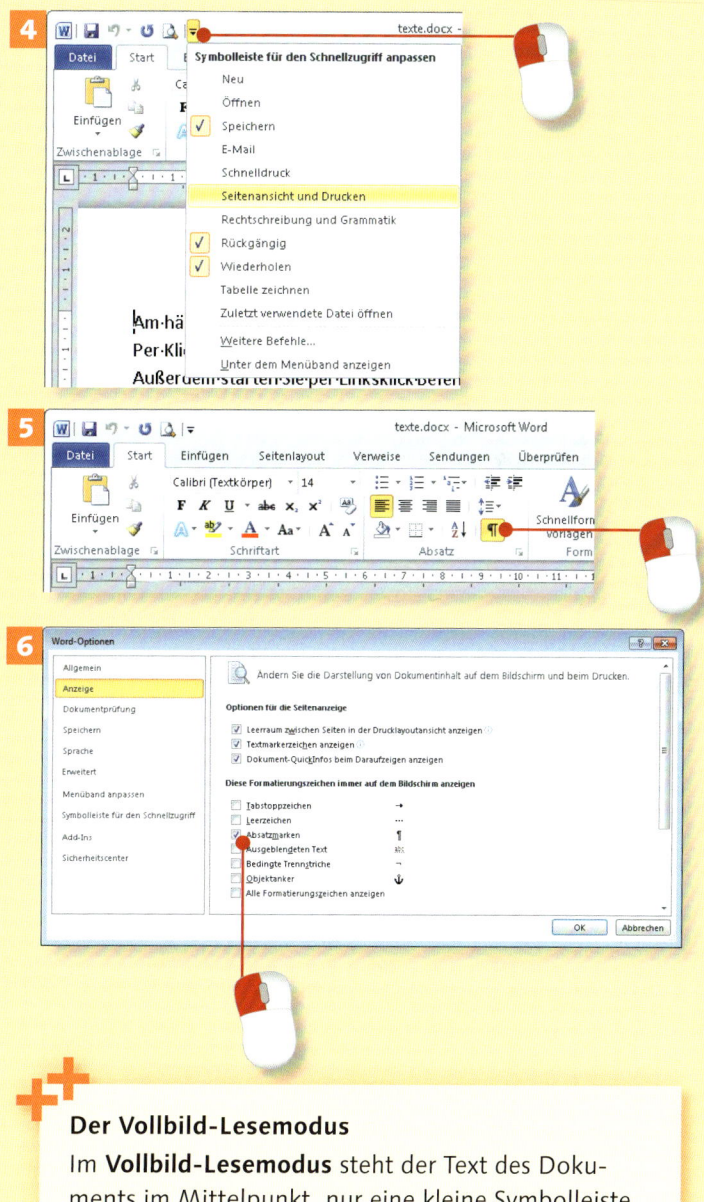

Der Vollbild-Lesemodus

Im **Vollbild-Lesemodus** steht der Text des Dokuments im Mittelpunkt, nur eine kleine Symbolleiste wird angezeigt. In der Standardeinstellung lassen sich in diesem Modus keine Korrekturen vornehmen. Sie müssen dies explizit über **Ansichtsoptionen ▸ Eingabe zulassen** aktivieren.

Word optimal einstellen (Forts.)

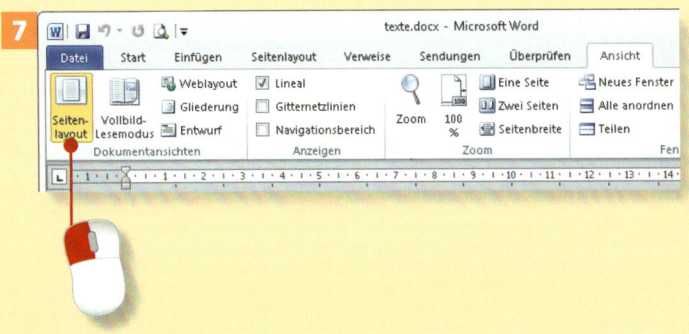

Schritt 7

Denken Sie daran, dass Sie in unterschiedlichen Ansichten arbeiten können. Für die normale Arbeit bietet sich das **Seitenlayout** an, zum Lesen und Überprüfen eines Dokuments die Ansicht **Vollbild-Lesemodus**. Sie stellen die verschiedenen Ansichten auf der Registerkarte **Ansicht** ein.

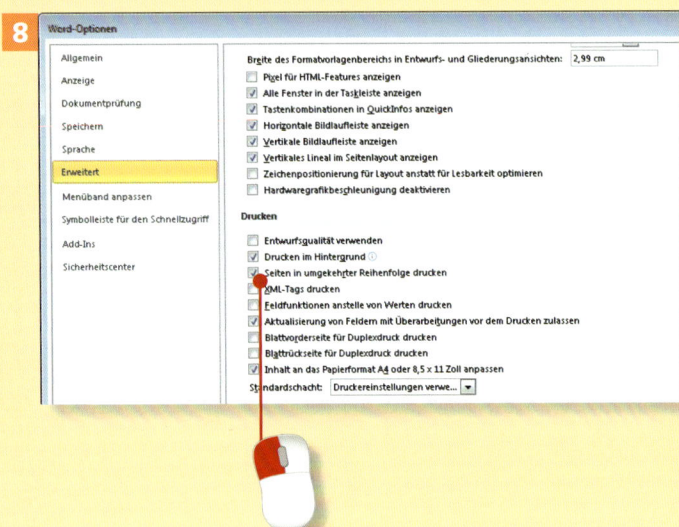

Schritt 8

Um mehrseitige Dokumente nach dem Ausdruck neu zu sortieren, hilft die folgende Einstellung: Rufen Sie über **Datei ▸ Optionen ▸ Erweitert** den Bereich **Drucken** auf. Aktivieren Sie hier die Option **Seiten in umgekehrter Reihenfolge drucken**.

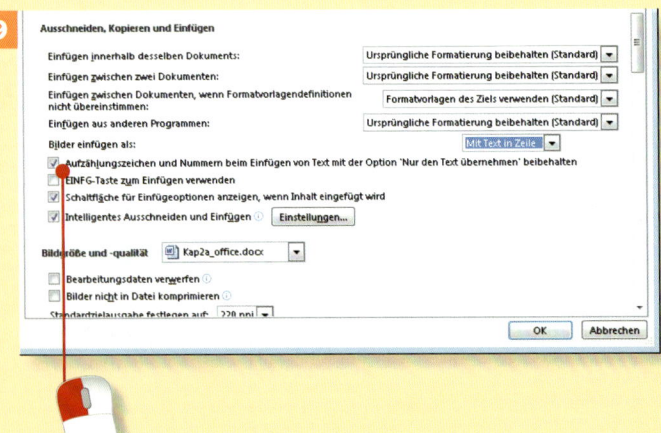

Schritt 9

Wenn Sie Textteile oder Bilder häufig zwischen Dokumenten hin und her kopieren, lohnt es sich, das Standardverhalten dieser Aktionen auf Ihre Wünsche zuzuschneiden. Rufen Sie über **Datei ▸ Optionen ▸ Erweitert** den Bereich **Ausschneiden, Kopieren und Einfügen** auf. Hier können Sie Ihre Vorlieben festlegen.

Schritt 10

Gehören Sie noch zur alten Garde, die lieber mit Tastaturkürzeln arbeitet, als ständig die Maus zur Hand zur nehmen? Dann klicken Sie das Menüband mit der rechten Maustaste an, und wählen Sie **Menüband anpassen** aus dem Kontextmenü. Im zugehörigen Dialog klicken Sie auf **Anpassen**.

Schritt 11

Im Dialog **Tastatur anpassen** wählen Sie zunächst die Kategorie, z. B. **Formatvorlagen**, um häufig verwendete Formatvorlagen schnell zuweisen zu können. Anschließend werden im rechten Bereich des Dialogs alle im Dokument verwendeten Formatvorlagen angezeigt.

Schritt 12

Setzen Sie jetzt den Cursor in das Feld **Neue Tastenkombination**, und drücken Sie die als Tastaturkürzel gewünschte Tastenkombination. Sofern diese Kombination noch nicht verwendet wird, können Sie sie mit der Schaltfläche **Zuordnen** ❶ der Formatvorlage zuweisen.

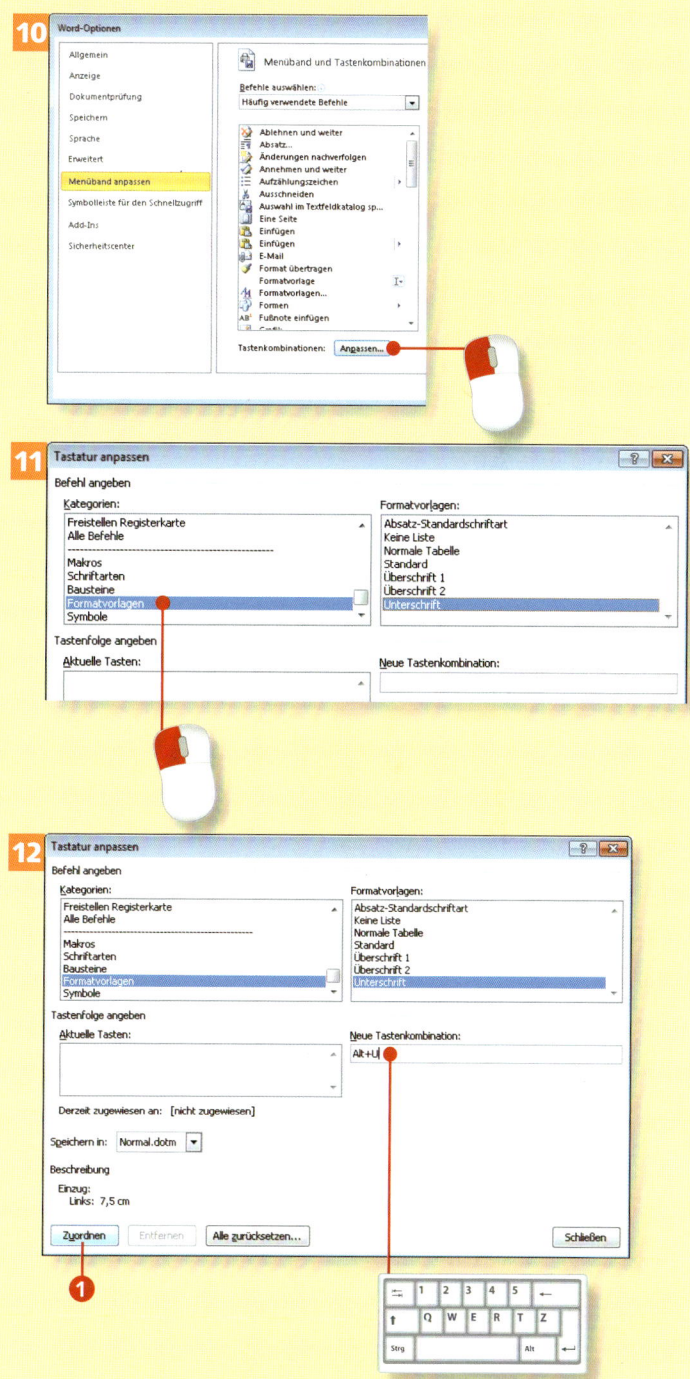

Papierformat und Seitenrand einstellen

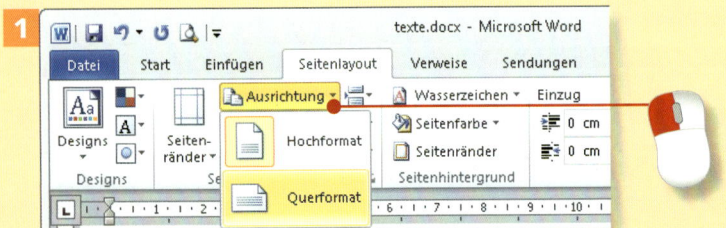

Mit der Word-Standardseite können Sie in vielen Fällen ohne Änderungen arbeiten. Sie können sich eine Seite aber auch ganz nach Ihrem Geschmack einrichten.

Schritt 1

Im Standard schreiben Sie auf einem Blatt im **Hochformat**. Mitunter passt die Einstellung **Querformat** besser. Aktivieren Sie die Registerkarte **Seitenlayout**, und klicken Sie auf das Symbol **Ausrichtung**. Wählen Sie **Querformat**.

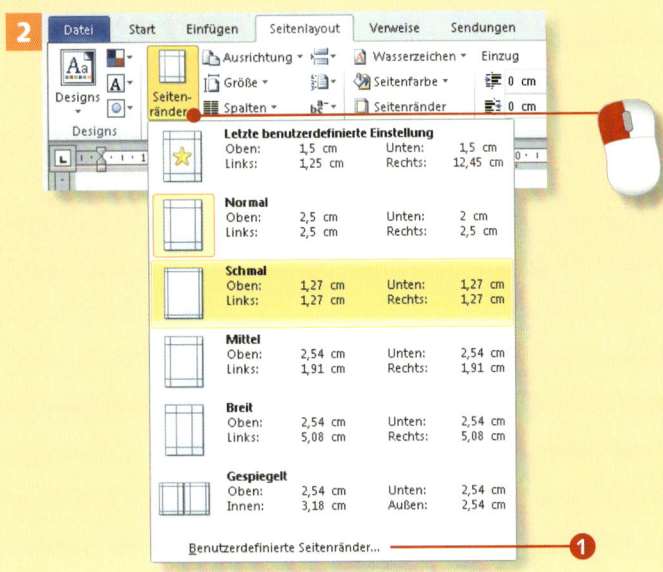

Schritt 2

Selbstverständlich können Sie die Standardseitenränder verändern. Aktivieren Sie die Registerkarte **Seitenlayout**, und klicken Sie auf das Symbol **Seitenränder**. Im Menü werden Layouts mit unterschiedlichen Seitenrändern angeboten. Klicken Sie das passende Layout an.

Schritt 3

Um die Breite der Seitenränder individuell festzulegen, wählen Sie im Menü die Option **Benutzerdefinierte Seitenränder** ❶. Im dazugehörenden Dialog können Sie die passenden Maße in den entsprechenden Feldern eingeben.

Schritt 4

In der Standardeinstellung schreiben Sie einspaltig. Wenn Sie Ihrem Blatt eine Art Zeitungslayout verpassen wollen, richten Sie mehrere Spalten ein. Klicken Sie auf der Registerkarte **Seitenlayout** auf **Spalten**, und wählen Sie die Anzahl der Spalten.

Schritt 5

Sie können die Spalten und Seitenränder auch im Lineal mit der Maus verändern. Blenden Sie die Lineale über **Ansicht ▸ Lineal** ein.

Schritt 6

Wenn Sie den Mauszeiger jetzt auf den grauen Rand setzen, der die Seitenränder andeutet, wird er zum Doppelpfeil, und Sie können ihn mit gedrückter Maustaste verschieben. Die »Sanduhren« ❷ zeigen die Absatzeinzüge an (mehr dazu im Abschnitt »Textpassagen einrücken« ab Seite 72).

i Seite einrichten

Im Dialog **Seite einrichten** können Sie nicht nur die Seitenränder anpassen, sondern auch die Ausrichtung festlegen. Auf der Registerkarte **Papier** legen Sie das Format für den Ausdruck fest.

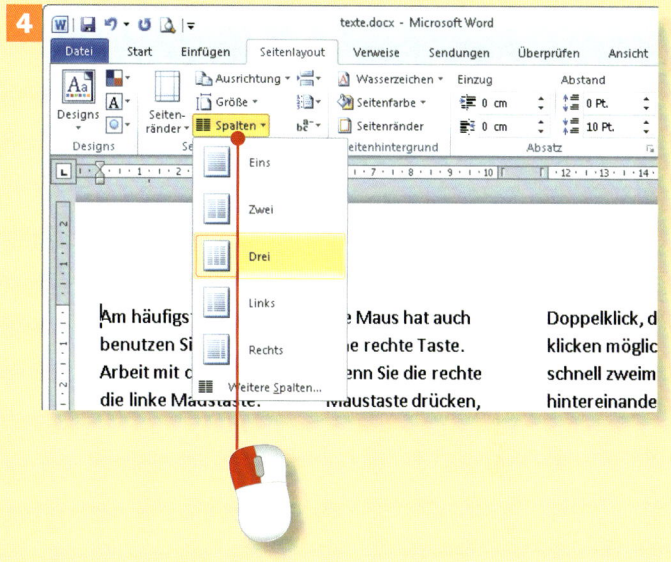

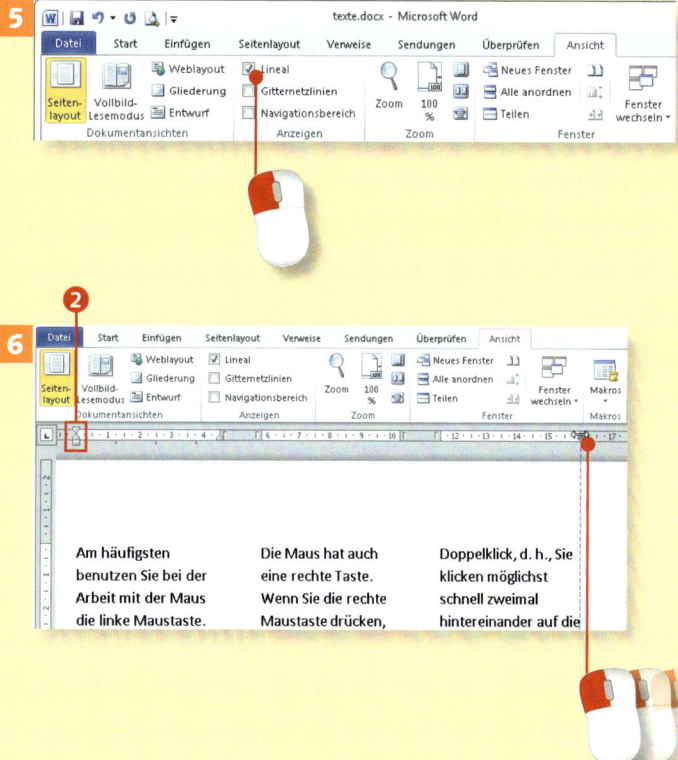

Text eingeben

1 Am·häufigsten·benutzen·Sie·bei·der·Arbeit·mit·der·Maus·die·linke·Maustaste.· Per·Klick·auf·die·linke·Maustaste·setzen·Sie·den·Cursor·an·eine·andere·Stelle.· Außerdem·starten·Sie·per·Linksklick·Befehle,·öffnen·Auswahllisten·und·Dialoge· etc.·—·je·nachdem,·wo·Sie·klicken.¶

2 Die·Maus·hat·auch·eine·rechte·Taste.·Wenn·Sie·die·rechte·Maustaste·drücken,· rufen·Sie·in·der·Regel·ein·Kontextmenü·auf.·Dies·sind·Menüs·mit·variierenden· Befehlen;·die·Auswahl·ist·jeweils·abhängig·von·der·Stelle,·an·der·Sie·geklickt· haben.¶

¶

3 Mitunter·benötigen·Sie·einen·weichen·Zeilenumbruch.·Diesen·erhalten·Sie·mit· der·Tastenkombination·Umschalt-Taste·+·Enter-Taste.↵ Der·weiche·Zeilenumbruch·wird·mit·einem·abgeknickten·dünnen·Pfeil·auf· dem·Bildschirm·angezeigt.¶

¶

i Zeichen für weiche Zeilenumbrüche
Weiche Zeilenumbrüche werden mit einem nach links abgeknickten Pfeil am Bildschirm dargestellt.

Bei der Arbeit mit Word geht es im Wesentlichen darum, Texte zu schreiben. Sehen Sie, welche Vorteile die Texteingabe am PC hat.

Schritt 1

Fangen Sie einfach an zu schreiben – zwar nicht ohne Punkt und Komma, aber ohne am Zeilenende einen Zeilenumbruch mit der ⏎-Taste zu erzeugen. Word bricht die Zeilen am rechten Rand automatisch um.

Schritt 2

Nur wenn Sie einen Absatz benötigen, drücken Sie einmal die ⏎-Taste (bzw. zweimal, um vor dem nächsten Absatz eine Leerzeile zu lassen). Wenn Sie nun weiterschreiben, beginnt – auch im »technischen« Sinne – ein neuer Absatz (Sie werden noch sehen, dass sich manche Formatierungen nur auf Absätze auswirken).

Schritt 3

Wenn Sie keinen neuen Absatz erzeugen, aber dennoch in einer neuen Zeile weiterschreiben möchten, hilft ein sogenannter *weicher Zeilenumbruch*. Drücken Sie dazu die Tastenkombination ⇧+⏎.

Schritt 4

Word kümmert sich auch um den *Seitenumbruch*. Wenn der untere Rand erreicht ist, also am Ende einer Seite, wandert der Cursor auf die nächste Seite. Werfen Sie einen Blick auf die Statuszeile ❶, dort steht jetzt **Seite: 2 von 2**.

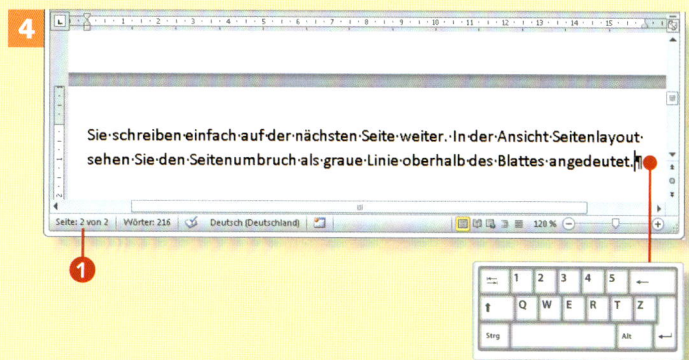

Schritt 5

Es kommt vor, dass Sie an einer bestimmten Stelle auf der nächsten Seite weiterschreiben möchten. Dann können Sie einen Seitenumbruch »erzwingen«: Drücken Sie dazu die Tastenkombination `Strg`+`↵`. Der Seitenumbruch wird (in der Ansicht **Seitenlayout**) als gestrichelte Linie dargestellt.

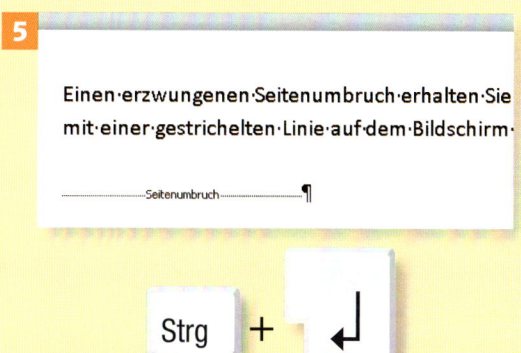

Schritt 6

Sie können verhindern, dass der Zeilenumbruch z. B. zwischen einer Zahl und einer Maßeinheit erfolgt. Dazu fügen Sie ein geschütztes Leerzeichen ein: `Strg`+`⇧`+`⸺`. Das geschützte Leerzeichen wird als hochgestellter Kreis angezeigt.

Das geschützte Leerzeichen

Verwenden Sie das geschützte Leerzeichen immer, wenn zwei Text- bzw. Zeichenteile (10 €, 10 km etc.) nicht getrennt werden sollen, selbst wenn die Angabe mitten in der Zeile steht.

Im Text bewegen

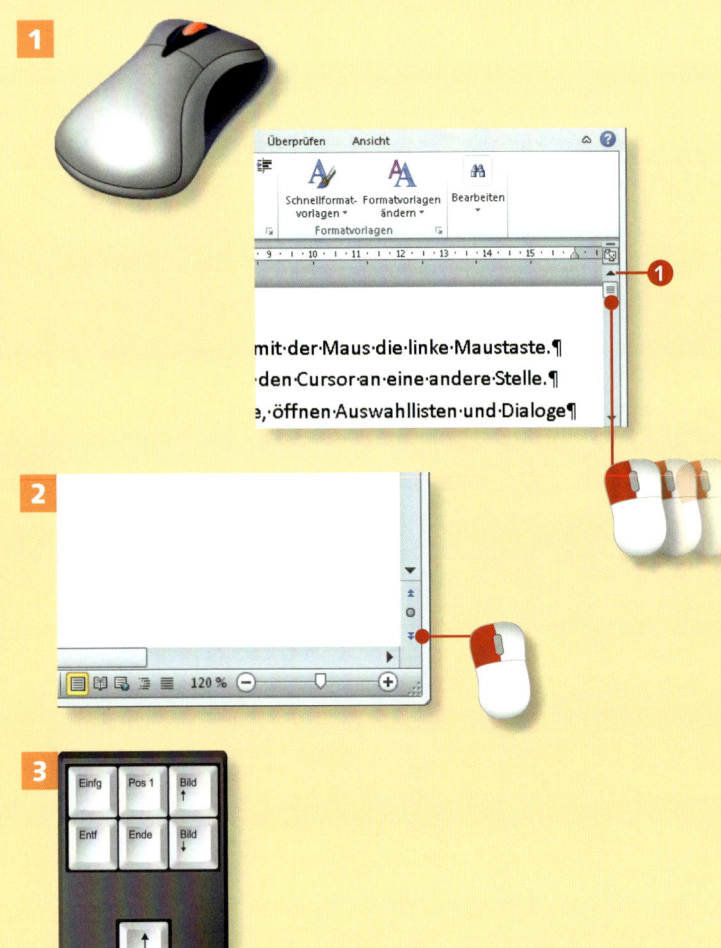

Wenn Sie einen längeren Text vor sich haben und zu einem bestimmten Abschnitt wandern wollen, wäre es lästig, den Text mit der Maus »durchscrollen« zu müssen. Es gibt elegantere Methoden der Navigation.

Schritt 1

Durch relativ kurze Texte bewegen Sie sich einfach, indem Sie nach unten oder oben *scrollen* (am Mausrädchen drehen). Sie können dazu auch die Bildlaufleiste benutzen: Klicken Sie auf die einfachen Pfeile ❶, oder ziehen Sie mit gedrückter Maustaste am Scrollbalken.

Schritt 2

Durch längere Dokumente können Sie recht schnell mit den doppelten Pfeilen an der Bildlaufleiste wandern. Mit den nach oben weisenden Pfeilen gehen Sie zur vorherigen Seite, mit den nach unten weisenden Pfeilen zur nächsten Seite.

Schritt 3

Aber es muss nicht immer die Maus sein: Sie können auch mit den Pfeiltasten navigieren oder die Tasten Bild↑ oder Bild↓ benutzen. Damit springen Sie jeweils zum Seitenanfang oder Seitenende.

Zu Überschriften springen

Wenn Sie Überschriften mit Formatvorlagen formatieren (Näheres dazu in Kapitel 4, »Schicke Layouts mit Word«, ab Seite 94), können Sie sich den *Navigationsbereich* anzeigen lassen und direkt per Klick auf eine Überschrift an diese Stelle im Dokument springen.

Schritt 4

Praktisch sind einige Tastenkombinationen. Um an das Ende einer Zeile zu springen, drücken Sie die Taste Ende. An den Anfang einer Zeile gelangen Sie, indem Sie die Pos1-Taste drücken.

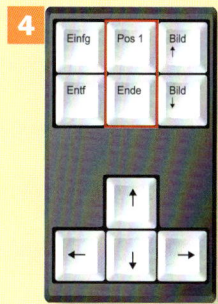

Schritt 5

Sie können auch im Direktflug an das Ende eines Dokuments springen. Halten Sie dazu die Strg-Taste gedrückt, und drücken Sie dann die Ende-Taste. Mit der Tastenkombination Strg+Pos1 setzen Sie den Cursor an den Anfang des Textes.

Schritt 6

Unten in der Statusleiste werden die aktuelle Seitenzahl und die Gesamtseitenzahl angezeigt (etwa: **1 von 24**). Wenn Sie auf diese Anzeige klicken, rufen Sie den Dialog **Suchen und Ersetzen** mit der Registerkarte **Gehe zu** auf. Über diesen Dialog können Sie zu bestimmten Elementen springen, z. B. zu einer Seitenzahl oder einer Textmarke.

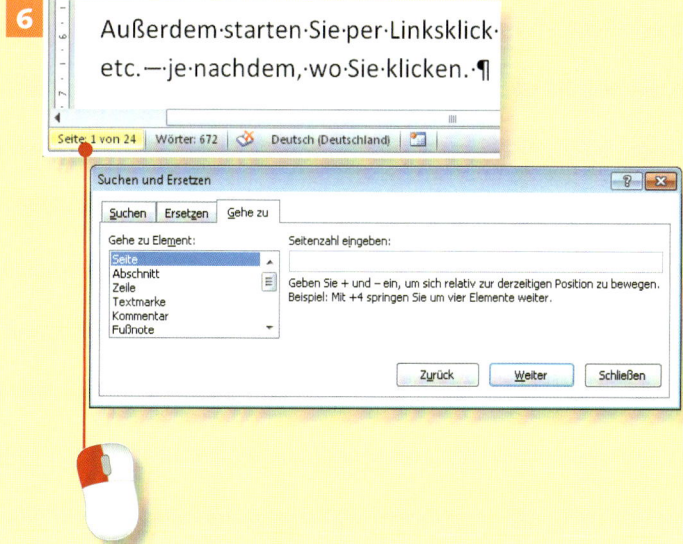

»Gehe zu« aufrufen
Die Registerkarte **Gehe zu** können Sie auch aufrufen, indem Sie auf der Registerkarte **Start** auf **Suchen** klicken und im Menü auf **Gehe zu**.

Text nachträglich ändern und ergänzen

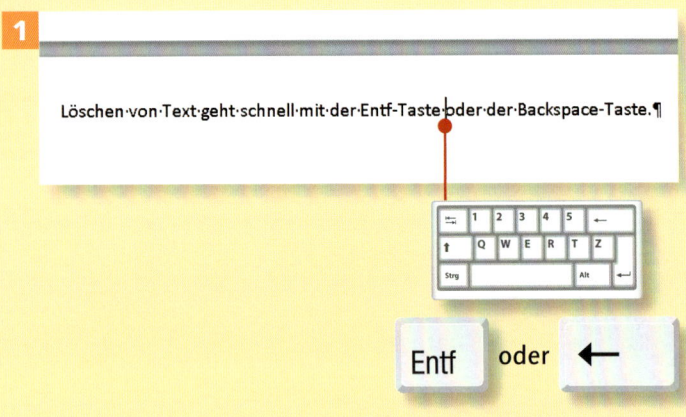

1 Löschen·von·Text·geht·schnell·mit·der·Entf-Taste·oder·der·Backspace-Taste.¶

Entf oder ←

2 Die·Maus·hat·auch·eine·rechte·Taste.·Wenn·Sie·die·rechte·Maustaste·drücken,·
rufen·Sie·in·der·Regel·ein·Kontextmenü·auf.·Dies·sind·Menüs·mit·variierenden·
Befehlen;·die·Auswahl·ist·jeweils·abhängig·von·der·Stelle,·an·der·Sie·geklickt·
haben.¶

Entf

3 Mitunter·benötigen·Sie·auch·einen·Doppelklick,·d.·h.,·Sie·klicken·möglichst·
schnell·zweimal·hintereinander·auf·die·linke·Maustaste.·In·Word·markiert·ein·
Doppelklick·z.·B.·ein·Wort.·Im·Explorer·werden·Ordner·(Verzeichnisse)·per·
Doppelklick·geöffnet.¶

2x Entf

Geschickt markieren
Über **Start ▸ Markieren ▸ Alles markieren** können
Sie das ganze Dokument markieren.

*Zerknülltes Papier, weil Sie ein Stück
Text vergessen oder sich verschrieben
haben, gehört längst der Vergangen-
heit an.*

Schritt 1

Um Text zu löschen, setzen Sie
den Cursor an die entsprechende
Stelle und drücken entweder die
Entf -Taste (zum Löschen von
Zeichen rechts des Cursors) oder
die ← -Taste (zum Löschen von
Zeichen links davon).

Schritt 2

Zum Löschen längerer Textpassagen
ist es sinnvoll, den Text zuvor zu
markieren. Zum Markieren ziehen
Sie einfach den Cursor mit gedrückter Maustaste über den Text. Achten
Sie darauf, dass Sie vor dieser Aktion
den Cursor an den Anfang des
Textes (oder an das Ende, aber nicht
mittig) setzen. Dann drücken Sie die
Entf -Taste.

Schritt 3

Wenn Ihnen genau ein Wort ein
Dorn im Auge ist und Sie es löschen
möchten, können Sie dieses Wort per
Doppelklick markieren und dann zum
Löschen die Entf -Taste drücken.

Schritt 4

Sie können auch eine ganze Zeile in einem Rutsch markieren und diese Zeile anschließend mit der `Entf`-Taste oder der `←`-Taste entfernen. Zum Markieren der Zeile klicken Sie einfach in Höhe der Zeile den linken Blattrand an.

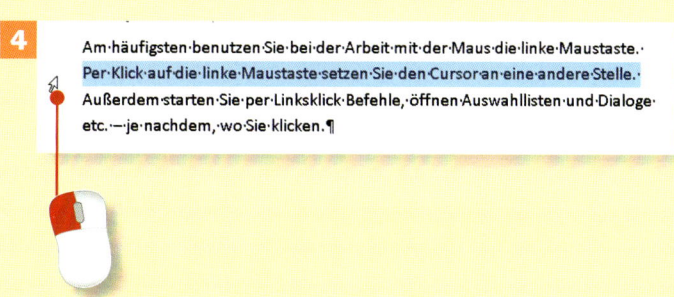

Schritt 5

Um einen ganzen Absatz zu löschen, markieren Sie diesen Absatz ähnlich wie eine Zeile, nur dass Sie in Höhe des Absatzes doppelt auf den Blattrand klicken. Das Löschen erledigt dann wieder die `Entf`-Taste.

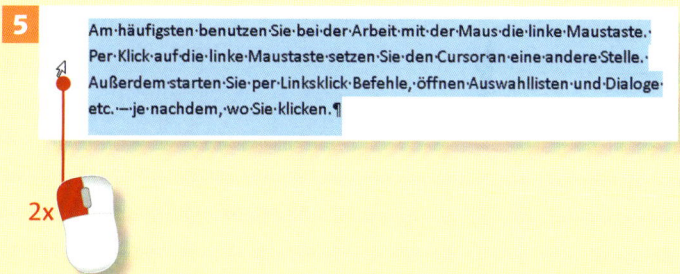

Schritt 6

Haben Sie ein oder mehrere Zeichen vergessen, tippen Sie die Zeichen einfach an Ort und Stelle ein. Die Zeichen werden an der Cursorposition eingefügt, der alte Text rutscht weiter nach rechts.

Überschreibmodus

Im Überschreibmodus wird der Text beim Tippen nicht nach rechts verschoben, sondern die vorhandenen Zeichen werden überschrieben. Sie aktivieren diesen Modus über **Datei ▸ Optionen ▸ Erweitert**. Dort setzen Sie ein Häkchen vor **Überschreibmodus verwenden**.

Text ausschneiden und einfügen

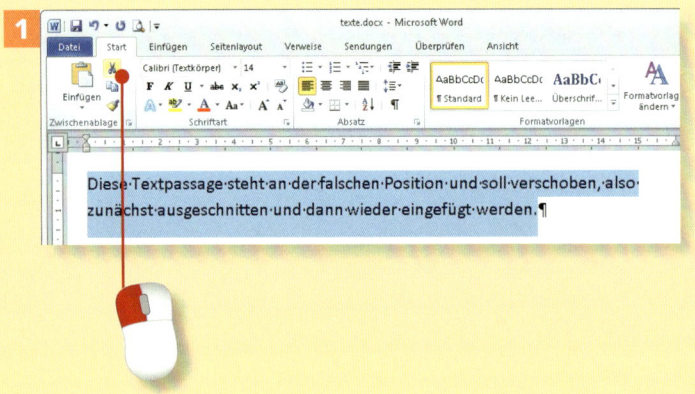

Textpassagen lassen sich ganz einfach an eine andere Position verschieben – Sie müssen den Text nicht jedes Mal neu tippen!

Schritt 1

Markieren Sie die Textpassage, die Sie verschieben wollen. Dann klicken Sie auf der Registerkarte **Start** auf das Symbol **Ausschneiden**. Sie können auch per Rechtsklick das Kontextmenü aufrufen und hier den Befehl **Ausschneiden** wählen.

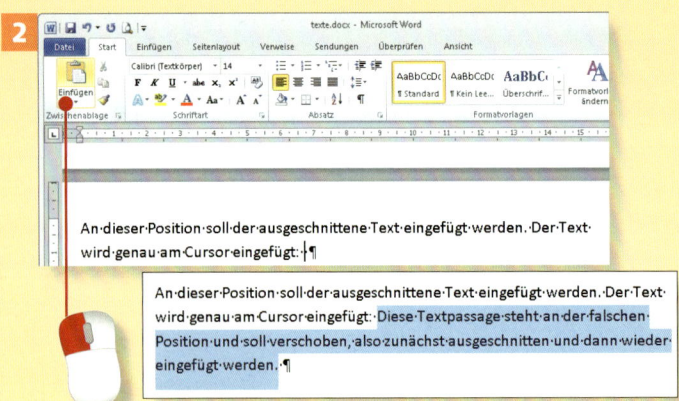

Schritt 2

Setzen Sie den Cursor an den »Zielort«, und klicken Sie auf **Einfügen** (oder wählen Sie **Einfügen** im Kontextmenü). Der Text wird an der Position des Cursors eingefügt.

Schritt 3

Wenn Sie bestimmen möchten, mit welcher Formatierung der Text eingefügt wird, klicken Sie auf den Pfeil am Symbol **Einfügen**. In dem kleinen Menü werden vier Optionen angeboten (siehe Infokasten). Entscheiden Sie sich für eine Option, und klicken Sie auf das entsprechende Symbol. Der zuvor ausgeschnittene Text wird entsprechend formatiert eingefügt.

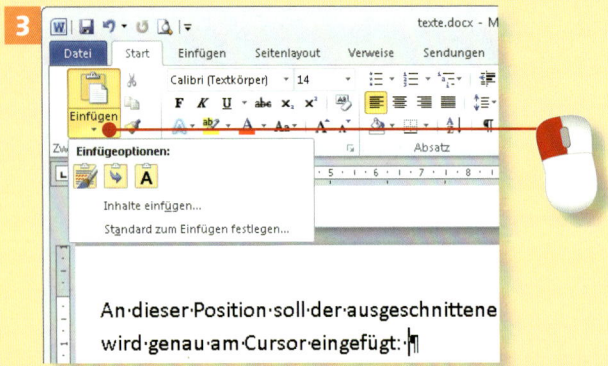

Schritt 4

Die Auswahl ist nicht unwiderruflich. Direkt nach dem Einfügen erscheint ein kleines Symbol am eingefügten Text. Klicken Sie dieses Symbol an, erhalten Sie erneut die Auswahl, um die Formatierung des Textes nachträglich zu ändern.

Schritt 5

Sie können den ausgeschnittenen Text nicht nur einmal, sondern mehrmals einfügen, im Prinzip so oft, wie Sie wollen. Dies geht so lange, bis Sie einen anderen Text oder ein anderes Objekt (Ordner, Bild etc.) ausgeschnitten oder zum Kopieren vorgemerkt haben.

Schritt 6

Die Aktionen Ausschneiden/Einfügen lassen sich auch mit der Tastatur erledigen. Sie markieren den zu verschiebenden Text, drücken Strg + X , wandern zu der Stelle, an der der Text eingefügt werden soll, und drücken Strg + V . Der Text wird mit der ursprünglichen Formatierung eingefügt.

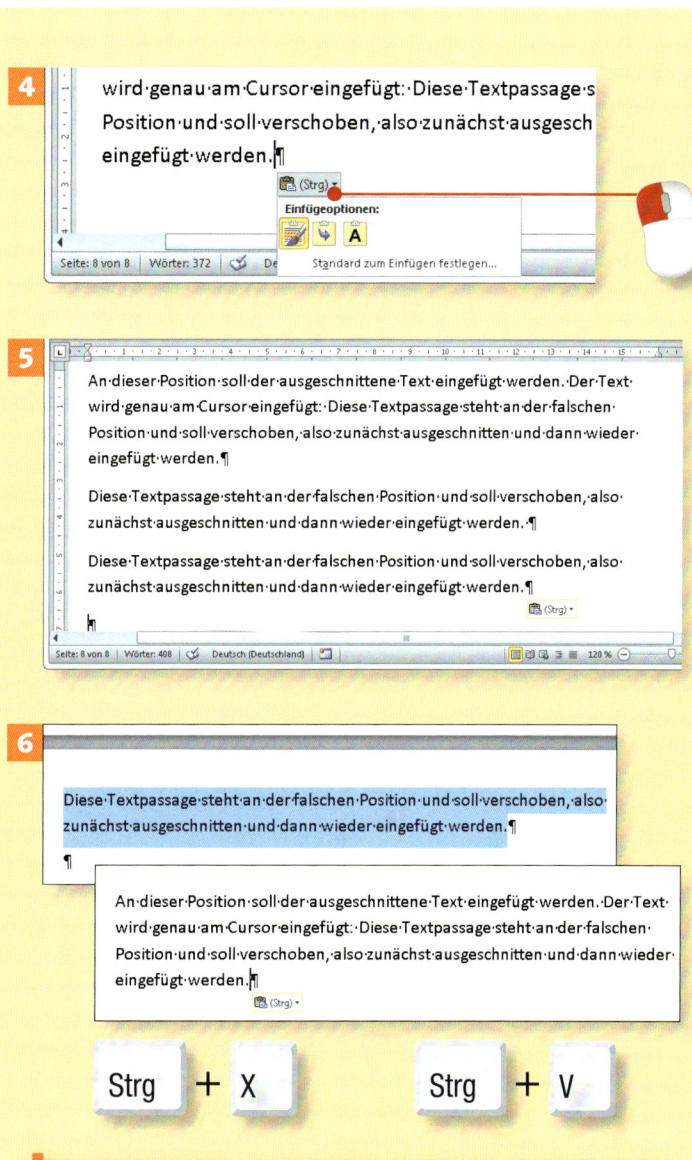

Standardverhalten beim Einfügen

Wie Text jeweils eingefügt wird, wenn Sie die Tastatur verwenden oder direkt auf das Symbol **Einfügen** klicken, können Sie über **Word-Optionen ▸ Erweitert** im Bereich **Ausschneiden, Kopieren und Einfügen** einstellen.

Textpassagen kopieren

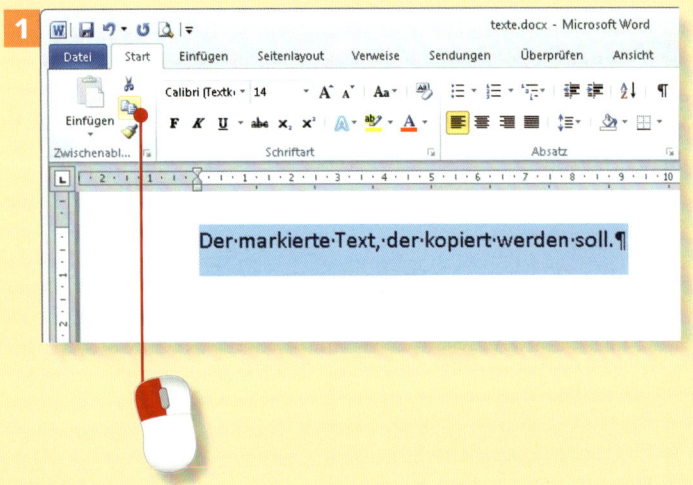

Ähnlich wie das Verschieben ist auch das Kopieren von Textpassagen im Handumdrehen erledigt.

Schritt 1

Soll eine markierte Textpassage nicht ausgeschnitten, sondern kopiert werden, klicken Sie auf der Register-karte **Start** auf **Kopieren**. Sie können auch mit dem Kontextmenü arbei-ten. Markieren Sie den Text, klicken Sie ihn mit der rechten Maustaste an, und wählen Sie hier **Kopieren**.

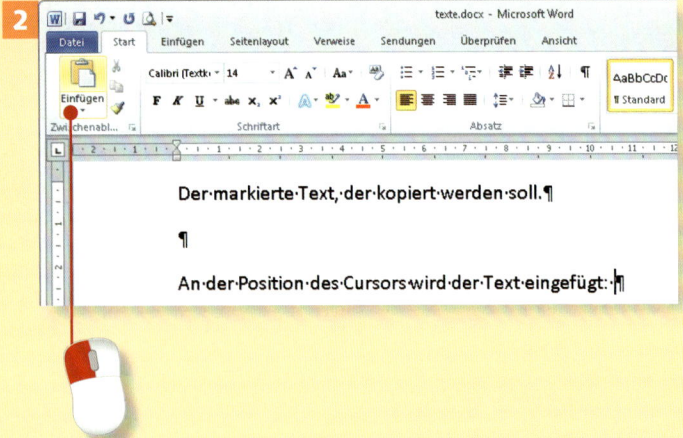

Schritt 2

Setzen Sie den Cursor an den »Ziel-ort«, und klicken Sie auf das Symbol **Einfügen**, oder drücken Sie am Ziel-ort die rechte Maustaste, und wäh-len Sie im Kontextmenü **Einfügen**. Sie fügen immer das zuletzt kopierte (oder ausgeschnittene) Textstück ein.

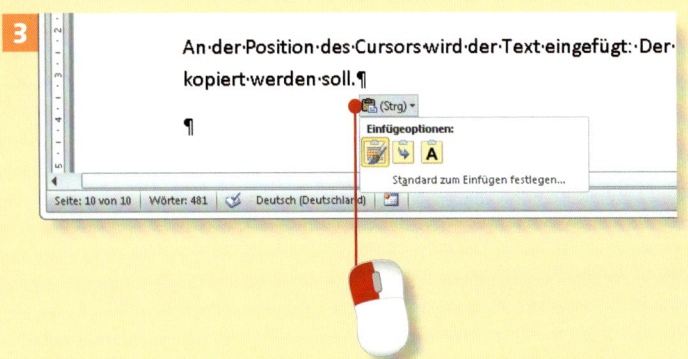

Schritt 3

Direkt nachdem der Text eingefügt wurde, sehen Sie daran ein Symbol. Klicken Sie auf dieses Symbol, und wählen Sie eine der Optionen, um die Formatierung des eingefügten Textstücks zu verändern.

Schritt 4

Um direkt beim Einfügen die Formatierung auszuwählen, klicken Sie
auf den Pfeil am Symbol **Einfügen**,
und entscheiden Sie sich dann für
eine Option. Sie erhalten direkt im
Text eine Vorschau auf das Ergebnis,
wenn Sie mit dem Mauszeiger auf
eine Option zeigen.

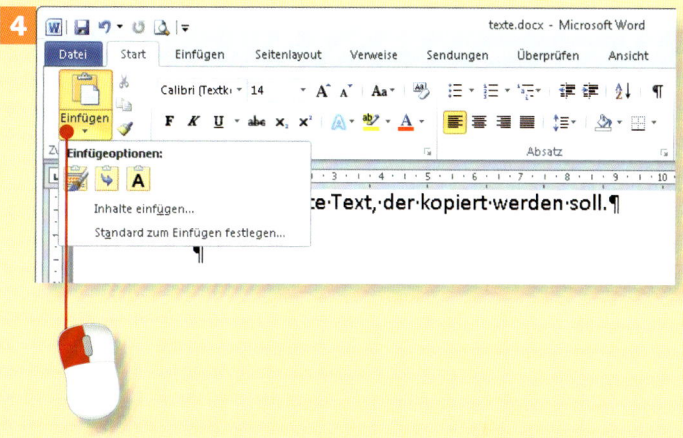

Schritt 5

Die letzten 24 kopierten oder ausgeschnittenen Textstücke werden in
der *Zwischenablage* aufgelistet. Auch
aus dieser Zwischenablage können
Sie Text einfügen. Klicken Sie zum
Öffnen der Zwischenablage auf der
Registerkarte **Start** auf den Pfeil an
der Gruppe **Zwischenablage**.

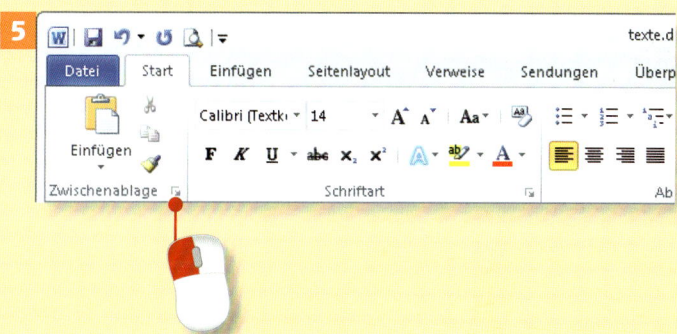

Schritt 6

Im linken Bereich des Bildschirms
wird der Inhalt der Zwischenablage
angezeigt. Per Mausklick fügen Sie
den gewünschten Text in das Dokument ein. Denken Sie daran, zuvor
den Cursor richtig zu platzieren.

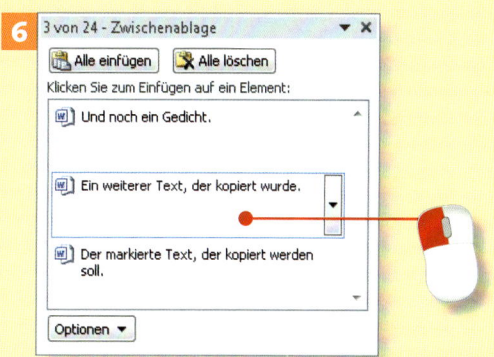

Kopieren mit der Tastatur

Nutzen Sie die Tastatur: Sie markieren den zu kopierenden Text, drücken Strg + C , und an der Stelle,
an der der Text eingefügt werden
soll, drücken Sie Strg + V .

Verschieben und kopieren mit Drag & Drop

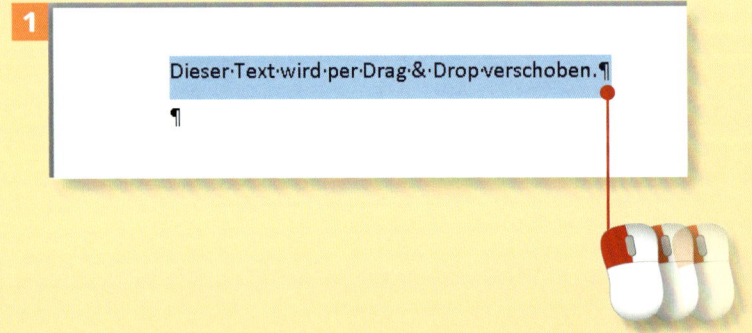

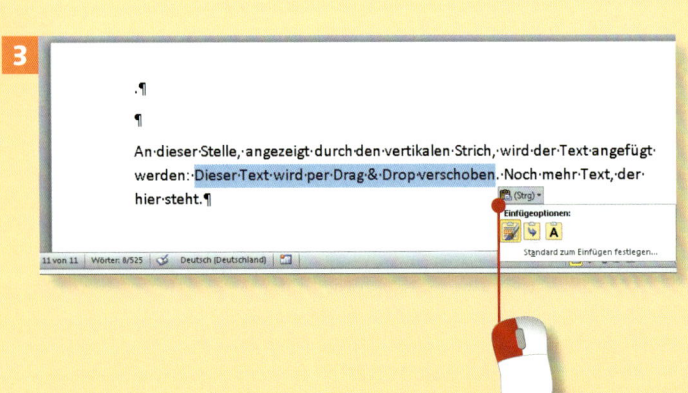

Bei der Methode Drag & Drop müssen Sie weder nach den Befehlen zum Ausschneiden/Kopieren/Einfügen auf einer der Registerkarten suchen noch Tastenkombinationen im Kopf haben – Sie erledigen alles mit der Maus.

Schritt 1

Zuerst markieren Sie wie gewohnt die Textpassage, die Sie ausschneiden möchten. Dann führen Sie den Mauszeiger an den markierten Bereich, drücken die Maustaste und halten sie gedrückt.

Schritt 2

Nun ziehen Sie den markierten Text zu der gewünschten Stelle im Dokument (engl. »to drag«). Ein kleiner vertikaler Strich zeigt, wo der Text eingefügt wird, wenn Sie die Maustaste loslassen – also den Text »fallenlassen« (engl. »to drop«).

Schritt 3

Nachdem Sie den Text losgelassen – also verschoben – haben, erscheint ein kleines Symbol direkt am Text, über das Sie die Formatierung der Textpassage beeinflussen können.

Schritt 4

Sie können per Drag & Drop auch kopieren. Dazu markieren Sie den Text, drücken dann die rechte Maustaste und ziehen das Textstückchen mit gedrückter rechter Maustaste zum Zielort.

Schritt 5

Am Zielort lassen Sie die Maustaste los. Daraufhin erscheint ein kleines Menü, das die Optionen **Hierhin verschieben** und **Hierhin kopieren** anbietet. Wenn der Text kopiert werden soll, klicken Sie also auf den entsprechenden Befehl.

Schritt 6

In dem Menü gibt es auch die Option **Verknüpfung hier erstellen ❶**. Damit kopieren Sie den markierten Text und verknüpfen ihn gleichzeitig mit dem Ursprungstext. Jede Änderung am Ursprungstext wird auch am eingefügten Text vorgenommen (wenn Sie den Mauszeiger in den verknüpften Text setzen und F9 drücken).

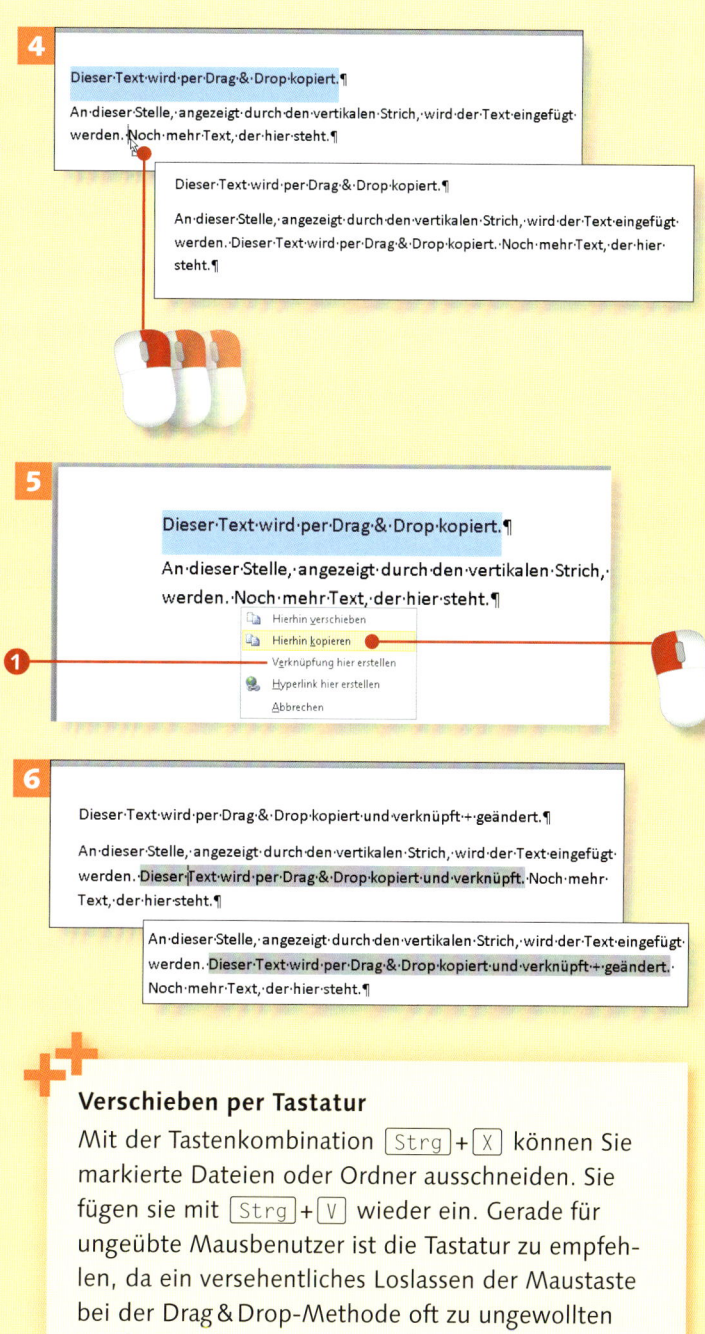

Verschieben per Tastatur

Mit der Tastenkombination Strg + X können Sie markierte Dateien oder Ordner ausschneiden. Sie fügen sie mit Strg + V wieder ein. Gerade für ungeübte Mausbenutzer ist die Tastatur zu empfehlen, da ein versehentliches Loslassen der Maustaste bei der Drag & Drop-Methode oft zu ungewollten Ergebnissen führt.

Text von Hand korrigieren

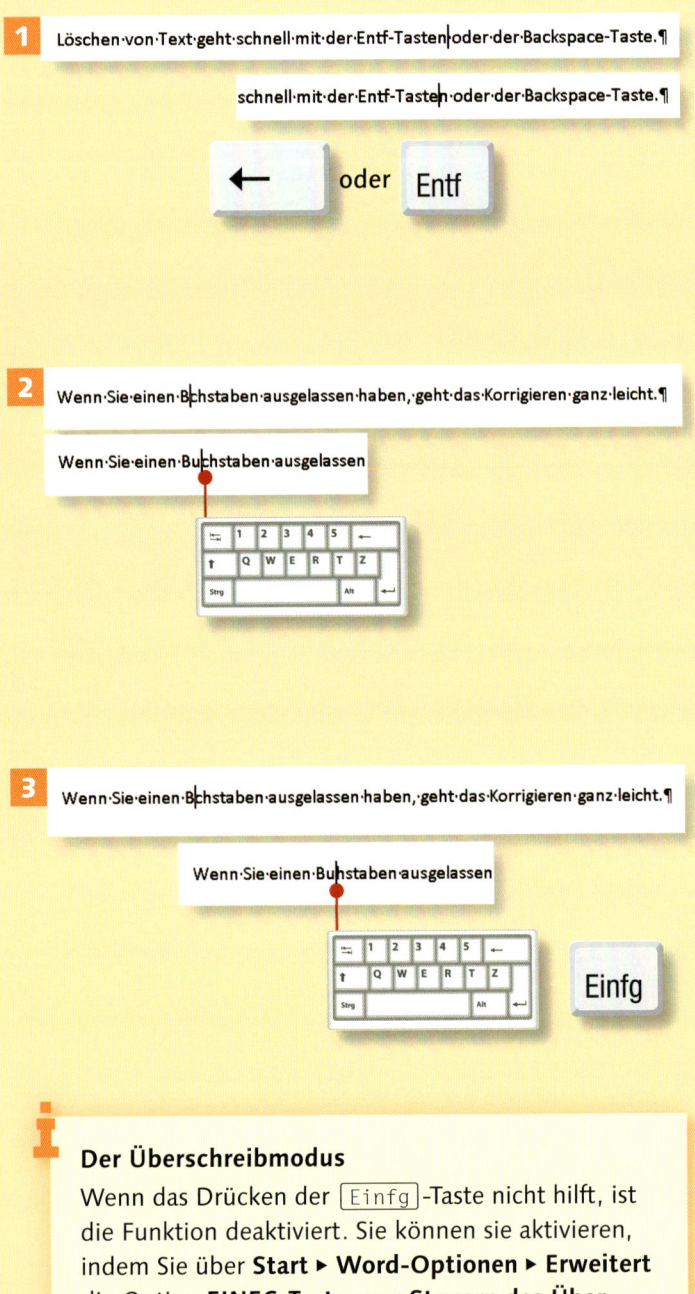

1 Löschen·von·Text·geht·schnell·mit·der·Entf-Tasten|oder·der·Backspace-Taste.¶

schnell·mit·der·Entf-Taste|·oder·der·Backspace-Taste.¶

← oder Entf

2 Wenn·Sie·einen·B|chstaben·ausgelassen·haben,·geht·das·Korrigieren·ganz·leicht.¶

Wenn·Sie·einen·Bu|chstaben·ausgelassen

3 Wenn·Sie·einen·B|chstaben·ausgelassen·haben,·geht·das·Korrigieren·ganz·leicht.¶

Wenn·Sie·einen·Bu|hstaben·ausgelassen

Einfg

Der Überschreibmodus

Wenn das Drücken der `Einfg`-Taste nicht hilft, ist die Funktion deaktiviert. Sie können sie aktivieren, indem Sie über **Start ▸ Word-Optionen ▸ Erweitert** die Option **EINFG-Taste zum Steuern des Überschreibmodus verwenden** wählen.

Die Zeiten von TippEx sind vorbei! Fehler und Buchstabendreher sind in Word kinderleicht zu korrigieren.

Schritt 1

Klassisch löschen Sie Zeichen einfach mit der `←`-Taste oder der `Entf`-Taste. Achten Sie gut darauf, wo der Cursor steht. Wenn Sie die `←`-Taste drücken, wird das Zeichen links vom Cursor gelöscht, während die `Entf`-Taste das Zeichen rechts vom Cursor löscht.

Schritt 2

Wenn Sie ein oder mehrere Zeichen vergessen haben, platzieren Sie den Cursor im Text, und tippen Sie das fehlende Zeichen ein. Der vorhandene Text rutscht nach rechts und schafft Platz für die Zeichen, die Sie einfügen.

Schritt 3

Wird beim Korrigieren der folgende Text einfach überschrieben und rutscht nicht nach rechts, um Platz für die neuen Zeichen zu schaffen, schreiben Sie im sogenannten *Überschreibmodus*. Drücken Sie einfach auf die `Einfg`-Taste, um ihn zu deaktivieren.

Schritt 4

Es kommt auch vor, dass Sie Ihren Text nachträglich durch weitere Absätze strukturieren möchten. Dann setzen Sie den Cursor an die Stelle, an der ein neuer Absatz beginnen soll, und drücken Sie die ⏎-Taste.

4 Am·häufigsten·benutzen·Sie·bei·der·Arbeit·mit·der·Maus·die·linke·Maustaste.·Per·Klick·auf·die·linke·Maustaste·setzen·Sie·den·Cursor·an·eine·andere·Stelle.·Außerdem·starten·Sie·per·Linksklick·Befehle,·öffnen·Auswahllisten·und·Dialoge·etc.·—·je·nachdem,·wo·Sie·klicken.·Die·Maus·hat·auch·eine·rechte·Taste.·Wenn·Sie·die·rechte·Maustaste·drücken,·rufen·Sie·in·der·Regel·ein·Kontextmenü·auf.·

Außerdem·starten·Sie·per·Linksklick·Befehle,·öffnen·Auswahllisten·und·Dialoge·etc.·—·je·nachdem,·wo·Sie·klicken.·¶

Die·Maus·hat·auch·eine·rechte·Taste.·Wenn·Sie·die·rechte·Maustaste·drücken,·rufen·Sie·in·der·Regel·ein·Kontextmenü·auf.·Dies·sind·Menüs·mit·variierenden·

Schritt 5

Ebenso einfach lassen sich Zeilenumbrüche/Absätze auch wieder entfernen. Setzen Sie den Cursor vor die Absatzmarke (das Zeichen, das erscheint, wenn Sie die ⏎-Taste drücken, sofern Sie sich die Formatierungssymbole anzeigen lassen), und drücken Sie die `Entf`-Taste.

5 Außerdem·starten·Sie·per·Linksklick·Befehle,·öffnen·Auswahllisten·und·Dialoge·etc.·—·je·nachdem,·wo·Sie·klicken.·¶

Die·Maus·hat·auch·eine·rechte·Taste.·Wenn·Sie·die·rechte·Maustaste·drücken,·rufen·Sie·in·der·Regel·ein·Kontextmenü·auf.·Dies·sind·Menüs·mit·variierenden·

Außerdem·starten·Sie·per·Linksklick·Befehle,·öffnen·Auswahllisten·und·Dialoge·etc.·—·je·nachdem,·wo·Sie·klicken.·Die·Maus·hat·auch·eine·rechte·Taste.·Wenn·Sie·die·rechte·Maustaste·drücken,·rufen·Sie·in·der·Regel·ein·Kontextmenü·auf.·

Schritt 6

Die Anzeige der Formatierungssymbole (per Klick auf das Symbol **Alle anzeigen** auf der Registerkarte **Start**) ist auch für andere Korrekturen wichtig. Mithilfe dieser Zeichen können Sie beispielsweise erkennen, ob Sie zwei Leerstellen ❶ hintereinander getippt haben, da Leerstellen durch Punkte angezeigt werden. Löschen Sie dann gegebenenfalls ein Zeichen.

6 Zwei Leerstellen in Folge sind ohne Formatierungszeichen auf dem Bildschirm schwer zu finden, aber im Ausdruck meistens störend.

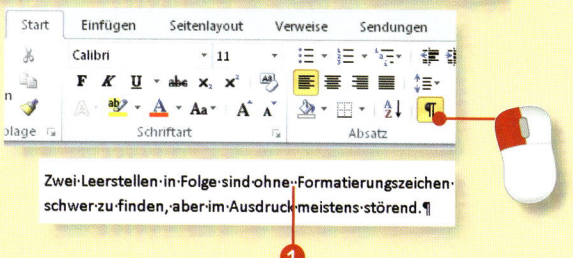

Zwei·Leerstellen·in·Folge·sind·ohne··Formatierungszeichen· schwer·zu·finden,·aber·im·Ausdruck·meistens·störend.¶

❶

Die Rechtschreibprüfung

1 Dieser·Text·erstickt·in·roten·Wellenlinen,·die·anzeigen,·dass·hier·was·falsch· gescheribne·ist.¶

Ihre Schulzeit ist schon etwas her, und die neue Rechtschreibung ist Ihnen auch noch nicht in Fleisch und Blut übergegangen? Die Rechtschreibprüfung hilft Ihnen.

2

Schritt 1

Word weist Sie mit roten Wellenlinien mitten im Text auf Rechtschreibfehler hin.

Schritt 2

Um ein rot unterstrichenes Wort zu korrigieren, können Sie die Rechtschreibprüfung nutzen. Führen Sie den Mauszeiger an das unterstrichene Wort, und klicken Sie es mit der rechten Maustaste an, um das Kontextmenü zu öffnen.

Schritt 3

Häufig bietet dieses Menü einen oder mehrere Korrekturvorschläge; klicken Sie einfach mit der Maus auf den passenden Vorschlag, um ihn als Korrektur zu übernehmen.

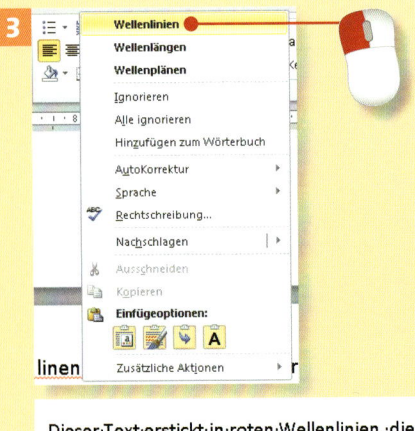

Dieser·Text·erstickt·in·roten·Wellenlinien,·die·anzeigen, gescheribne·ist.¶

Schritt 4

Falls ein Wort trotz richtiger Schreibweise rot unterstrichen wurde (z. B. ein Eigenname), rufen Sie per Rechtsklick das Kontextmenü auf, und wählen Sie hier **Ignorieren**. Die Wellenlinie verschwindet.

Schritt 5

Wenn Sie einen bestimmten Begriff häufig benutzen, den das interne Wörterbuch nicht kennt, bietet es sich an, diesen Begriff in das Wörterbuch aufzunehmen. Klicken Sie das Wort mit der rechten Maustaste an, und wählen Sie im Kontextmenü **Hinzufügen zum Wörterbuch.**

Schritt 6

Daraufhin wird dieser Begriff nicht mehr bemängelt. Rot unterstrichen wird er nun nur noch dann, wenn Sie sich verschreiben bzw. den Begriff nicht so schreiben, wie Sie ihn in das Wörterbuch aufgenommen haben.

Was wird geprüft?

Die Rechtschreibprüfung funktioniert so: Word vergleicht alle Wörter mit dem internen Wörterbuch und markiert diejenigen als falsch, die in diesem Wörterbuch nicht gelistet sind.

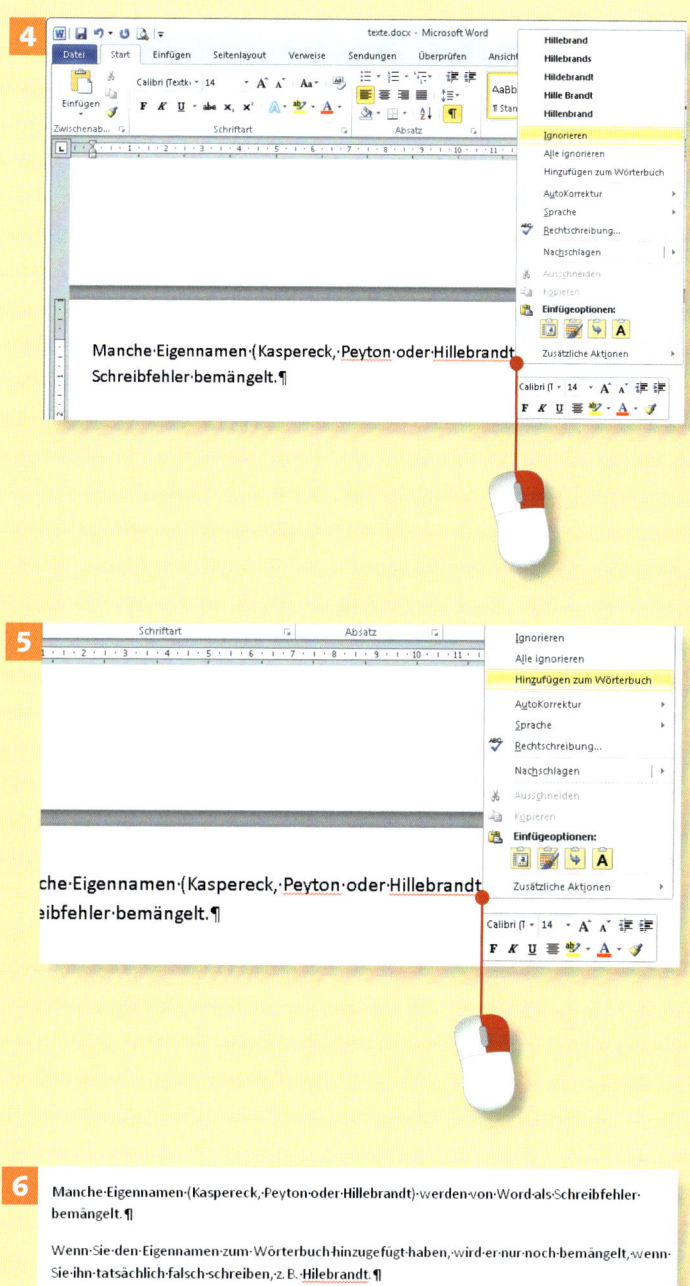

Die Rechtschreibprüfung (Forts.)

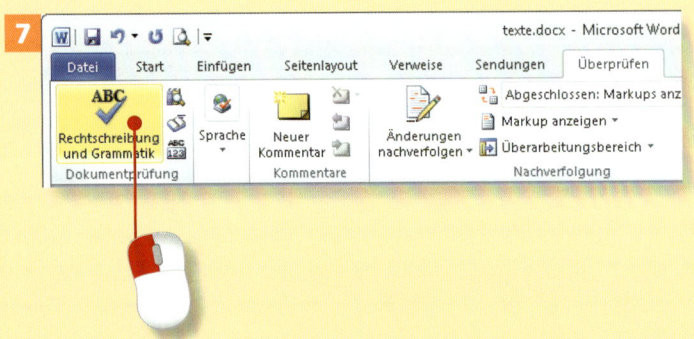

Schritt 7

Sie können ein Dokument auch »durchkorrigieren«. Wechseln Sie auf die Registerkarte **Überprüfen**, und klicken Sie hier auf das Symbol **Rechtschreibung und Grammatik**, um den gleichnamigen Dialog zu öffnen.

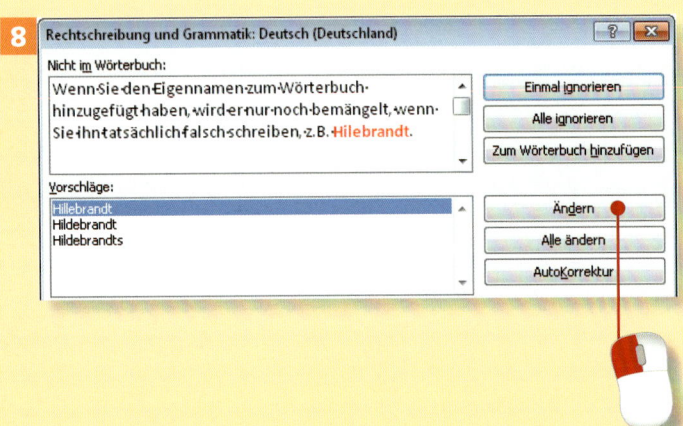

Schritt 8

Im oberen Bereich des Dialogs werden die falschen Wörter nacheinander rot angezeigt, im unteren Bereich finden Sie Korrekturvorschläge. Wählen Sie den richtigen Vorschlag aus, und übernehmen Sie ihn per Klick auf die Schaltfläche **Ändern**.

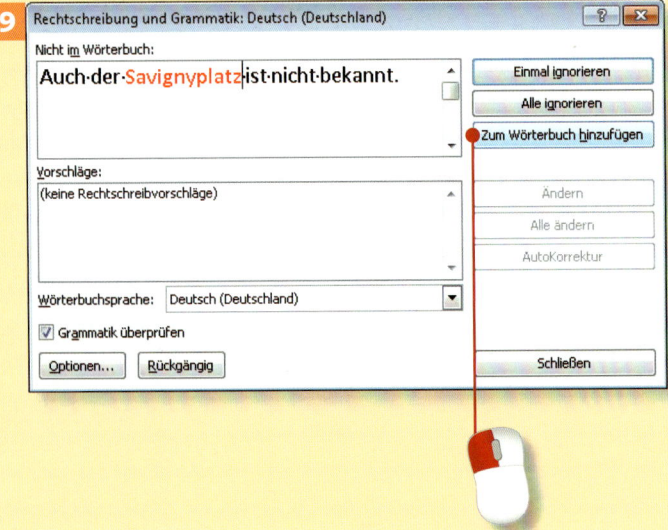

Schritt 9

Auch in diesem Dialog können Sie das Wörterbuch durch Begriffe ergänzen. Wenn das bemängelte Wort im oberen Bereich auftaucht, klicken Sie auf die Schaltfläche **Zum Wörterbuch hinzufügen**.

Die alte Rechtschreibung

Wenn Sie ein Anhänger der alten Rechtschreibung sind, können Sie die Rechtschreibprüfung umstellen. Deaktivieren Sie im Dialog **Word-Optionen ▸ Dokumentprüfung** die Option **Deutsch: Neue Rechtschreibung verwenden**.

Schritt 10

Mitunter zeigt Word auch grüne Wellenlinien an. Sie weisen darauf hin, dass mit der Grammatik des Satzes etwas nicht ganz in Ordnung ist. Klicken Sie mit der rechten Maustaste darauf, um einen Korrekturvorschlag zu erhalten.

Schritt 11

Sofern der Vorschlag richtig ist, übernehmen Sie ihn per Mausklick. Gehen Sie jedoch mit Bedacht vor; bei komplexen, etwas verschachtelten Sätzen gibt es hier häufig Kritik von Word (also eine grüne Linie), obwohl der Satz grammatisch korrekt ist.

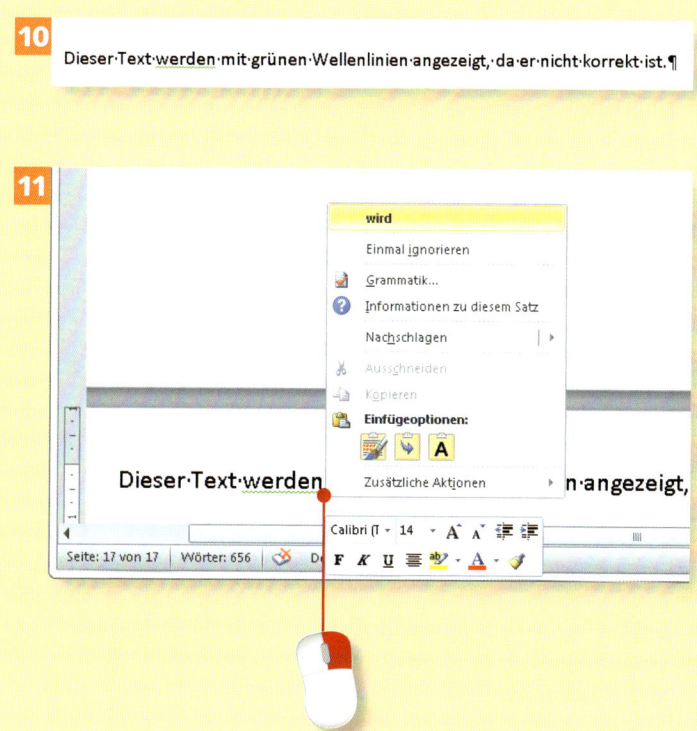

Schritt 12

Wenn überhaupt keine roten/grünen Wellenlinien auftauchen, ist die Rechtschreibprüfung möglicherweise nicht eingeschaltet. Überprüfen Sie dies über **Datei ▸ Optionen ▸ Dokumentprüfung**. Im unteren Bereich aktivieren Sie gegebenenfalls die Optionen **Rechtschreibung während der Eingabe überprüfen** und **Grammatikfehler während der Eingabe markieren**.

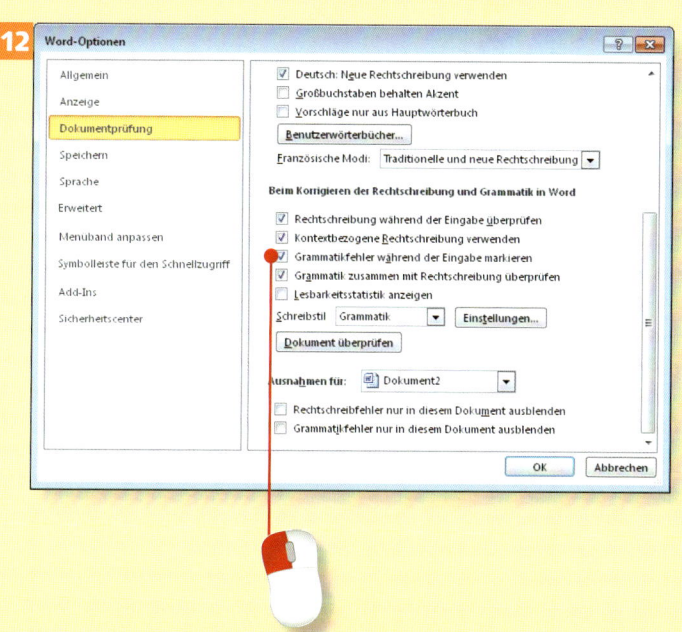

Arbeitserleichterung durch die AutoKorrektur

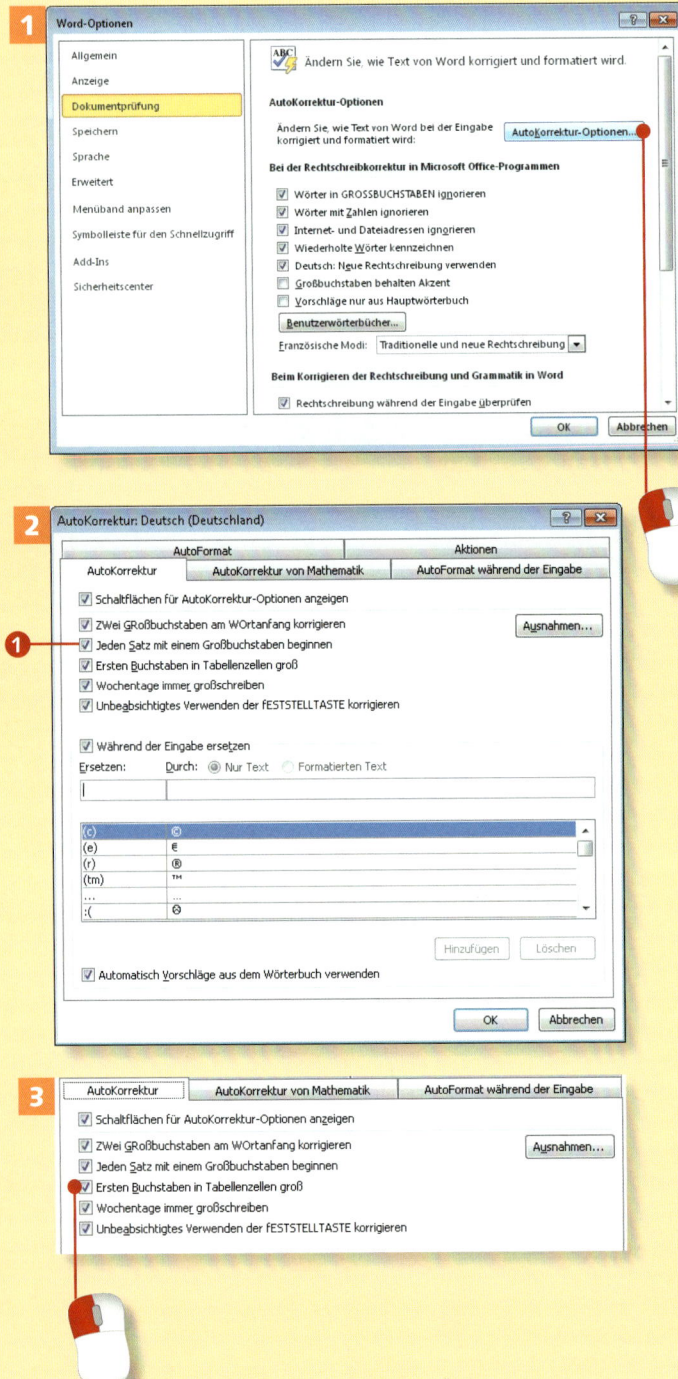

Manche Fehler werden wie von Zauberhand korrigiert. Dies ist keine Magie, sondern die Arbeit der Auto-Korrektur.

Schritt 1

Überprüfen Sie als Erstes die Einstellungen der AutoKorrektur. Wählen Sie dazu **Datei ▸ Optionen ▸ Dokumentprüfung**. Hier klicken Sie auf die Schaltfläche **AutoKorrektur-Optionen**.

Schritt 2

Der Dialog zeigt Ihnen, was in der Standardeinstellung automatisch korrigiert wird. In der Regel ist z. B. die Option **Jeden Satz mit einem Großbuchstaben beginnen** ❶ aktiviert. Dadurch geschieht genau das: Nach einem Punkt schreibt Word automatisch groß.

Schritt 3

Wenn Sie z. B. mit Tabellen arbeiten, ist es oft lästig, dass jeder Eintrag in einer Tabellenzelle großgeschrieben wird. Um dies zu verhindern, deaktivieren Sie die Option **Ersten Buchstaben in Tabellenzellen groß**.

Schritt 4

Die AutoKorrektur hilft auch bei Fehlern, die sich beim Tippen leicht einschleichen, beispielsweise bei typischen Buchstabendrehern. Schreiben Sie z. B. »fnad«, wird daraus automatisch »fand«, da dieser »Dreher« bereits in die Liste der zu ersetzenden Fehler aufgenommen wurde.

Schritt 5

Wenn Sie beim Tippen immer wieder den gleichen Fehler machen, können Sie auch selbst dafür sorgen, dass dieser Fehler automatisch korrigiert wird. Schreiben Sie in das Feld **Ersetzen** das Wort so, wie Sie es oft (aber falsch) schreiben. Im Feld **Durch** ❷ geben Sie das Wort korrekt geschrieben ein. Klicken Sie dann auf **Hinzufügen** und **OK**.

Schritt 6

Testen Sie Ihren Eintrag, indem Sie das Wort – wie üblich – falsch schreiben. Ignorieren Sie den Fehler, und schreiben Sie einfach weiter. Sie werden sehen: Aus »Geothe« wird automatisch »Goethe«.

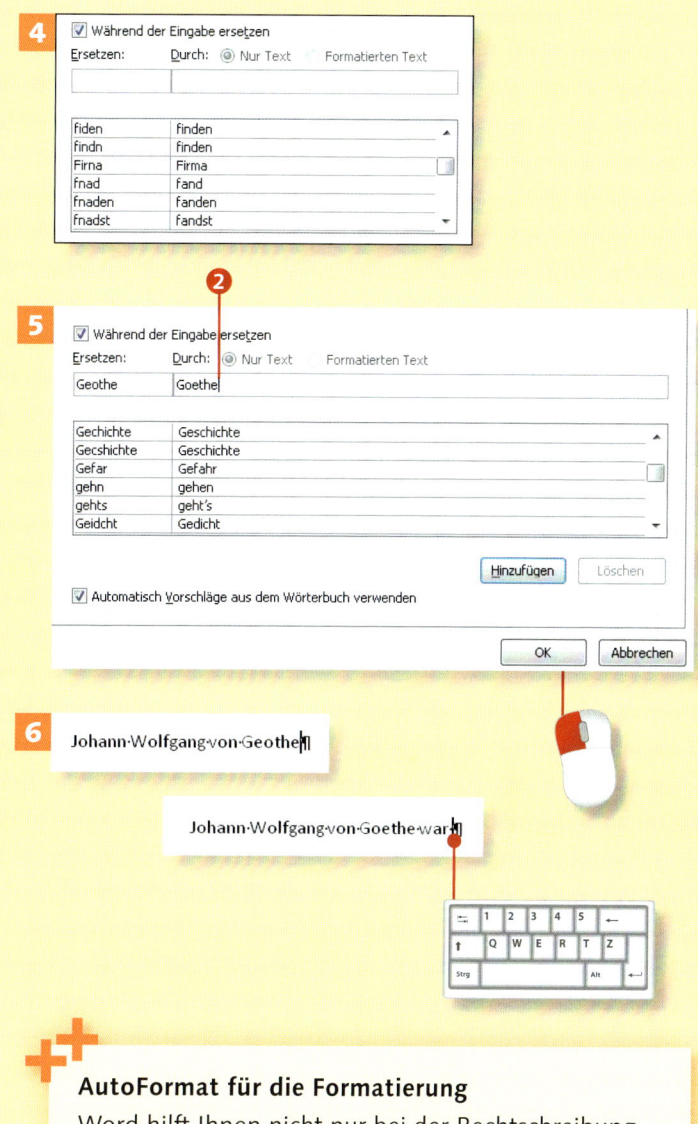

AutoFormat für die Formatierung

Word hilft Ihnen nicht nur bei der Rechtschreibung, sondern auch bei der Formatierung. Mitunter ist diese Hilfe aber nicht gewünscht. Sie können deshalb z. B. deaktivieren, dass Absätze, die mit einer Ziffer beginnen, automatisch in eine Nummerierung verwandelt werden. Diese Einstellungen nehmen Sie auf der Registerkarte **AutoFormat während der Eingabe** vor.

Datum per Tabulator ausrichten

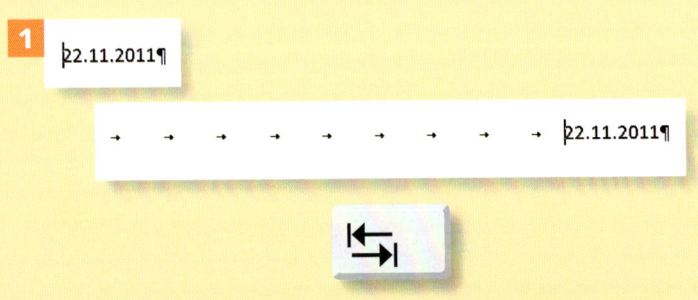

In Briefen steht das Datum in der Regel rechts auf dem Blatt. Unge-übte Word-User benutzen dafür oft die Leertaste. Geschickter ist es, das Datum per Tabulator auszurichten.

Schritt 1

Um ein Datum auf die rechte Seite zu rücken, können Sie ohne wei-teren Aufwand die ⇄-Taste nutzen. Schreiben Sie das Datum, z. B. 22.11.2011, und setzen Sie den Cursor genau vor die 2. Drücken Sie dann mehrere Male die ⇄-Taste.

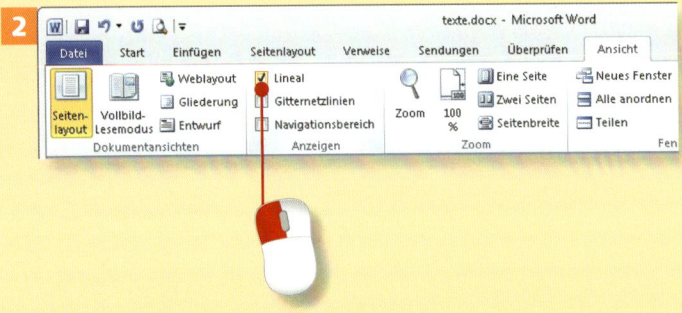

Schritt 2

Anstelle der Standard-Tabstopps können Sie auch einen Tabstopp an der Stelle setzen, an der das Datum erscheinen soll. Sorgen Sie zunächst (sofern es nicht eingeblendet ist) dafür, dass das Lineal angezeigt wird. Wechseln Sie auf die Registerkarte **Ansicht**, und aktivieren Sie hier die Option **Lineal**.

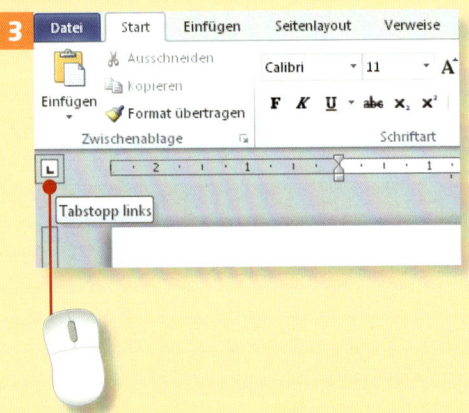

Schritt 3

Führen Sie den Mauszeiger an das Symbol **Tabstopp** ganz links am Lineal, mit dem Sie die Ausrichtung des Tabstopps ändern. Ein Tabstopp mit einer Ausrichtung am linken Sei-tenrand ist die Standardeinstellung.

Schritt 4

Klicken Sie so oft auf das kleine Symbol, bis in der Infobox **Tabstopp rechts** erscheint – auch das Zeichen verändert sich zu einem nach rechts weisenden Häkchen.

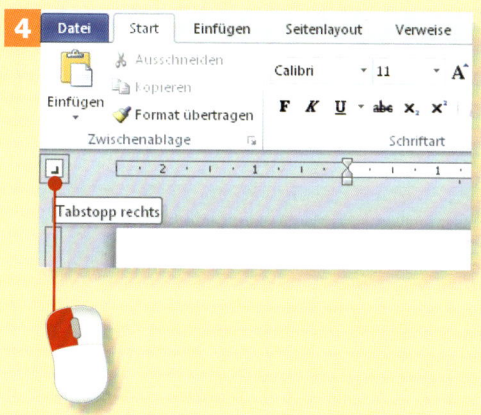

Schritt 5

Führen Sie den Mauszeiger an das Lineal, und klicken Sie bei ca. 15 cm im unteren Bereich des Lineals. Im Lineal erscheint das Symbol für einen rechtsbündigen Tabstopp. Nun drücken Sie die ⬱-Taste. Der Cursor springt zu dem eben gesetzten Tabstopp.

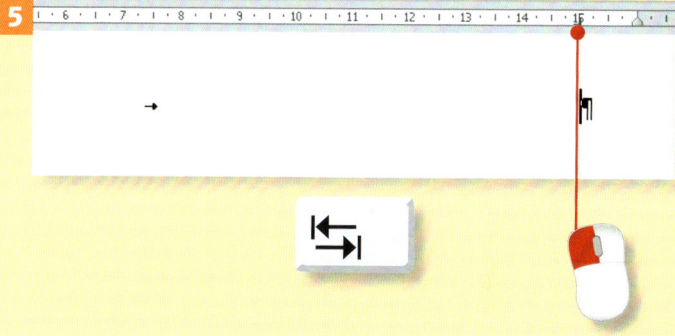

Schritt 6

Nun schreiben Sie das Datum. Sie sehen, dass Sie nach links schreiben, da bei einem rechtsbündigen Tabstopp das letzte Zeichen der Zeile an dem Tabstopp ausgerichtet wird.

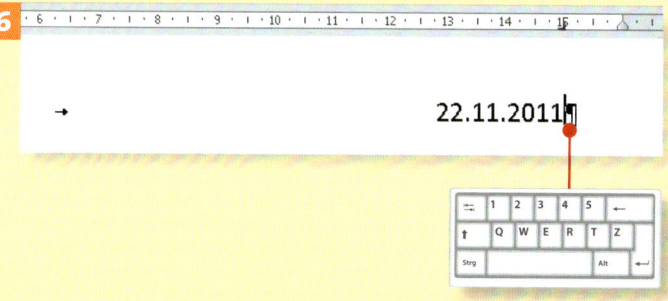

AutoFormat

Wenn Sie die AutoFormat-Einstellungen nicht geändert haben, macht Word aus den Tabstopps einen eingezogenen Absatz. Um dies zu umgehen, drücken Sie Strg + ⬱ -Taste.

Automatisches Datum per Feldbefehl

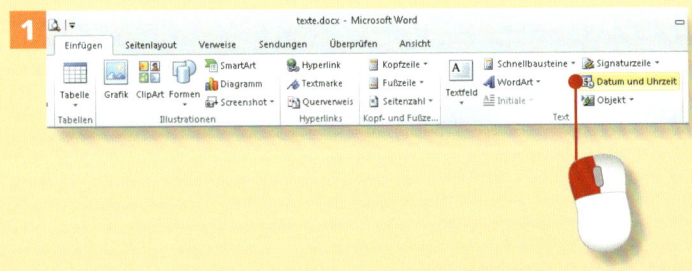

Besonders praktisch ist es, das Datum als Feldbefehl einzufügen. Nicht nur, dass Sie dann immer das richtige Datum erwischen, Sie können es auf diese Weise auch automatisch aktualisieren lassen.

Schritt 1

Um das Datum einzufügen, wechseln Sie auf die Registerkarte **Einfügen**. Hier finden Sie in der Gruppe **Text** das Symbol **Datum und Uhrzeit**. Klicken Sie auf dieses Symbol.

Schritt 2

Im zugehörigen Dialog werden diverse numerische und alphanumerische Datumsformate angeboten. Wählen Sie per Mausklick das gewünschte Format aus, und klicken Sie auf **OK**. Das Datum wird an der Cursorposition eingefügt.

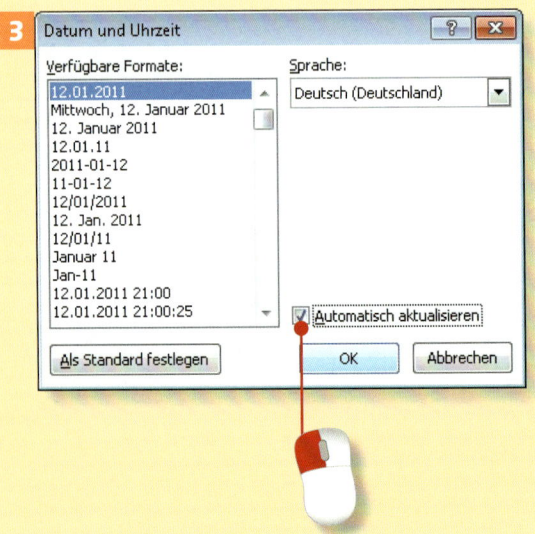

Schritt 3

Sie können auch dafür sorgen, dass das eingefügte Datum bei jedem Öffnen der Datei aktualisiert wird. Dazu aktivieren Sie im Dialog **Datum und Uhrzeit** die Option **Automatisch aktualisieren**.

Schritt 4

Sie können das Datum auch in eine Kopfzeile (oder Fußzeile) einfügen. Klicken Sie auf der Registerkarte **Einfügen** auf das Symbol **Kopfzeile** (bzw. **Fußzeile**). In dem sich öffnenden Menü klicken Sie (z. B.) auf den Bereich **leer**.

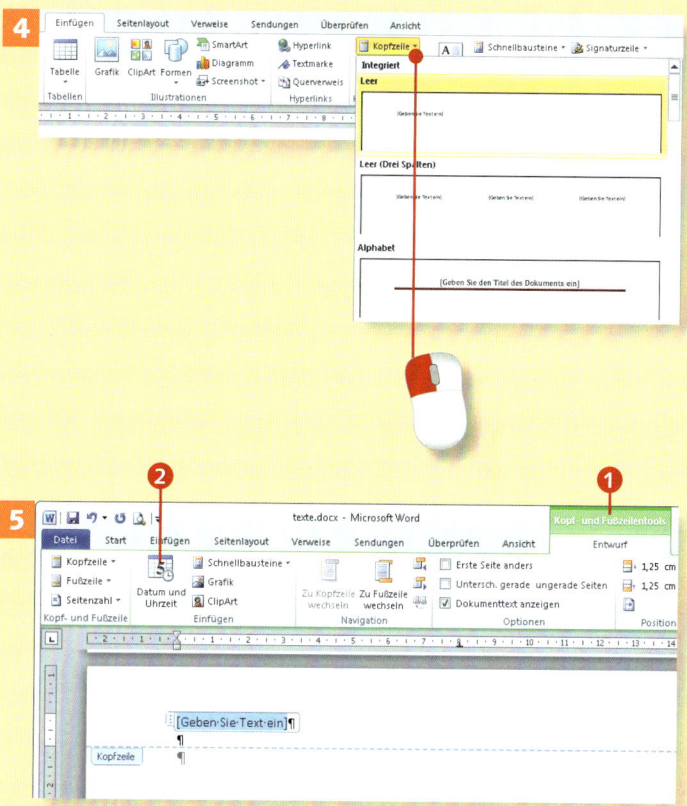

Schritt 5

Durch diese Aktion öffnet sich ein spezieller Bereich für die Kopfzeile (bzw. Fußzeile), in der Sie den Text eingeben. Außerdem wird die Registerkarte **Kopf- und Fußzeilentools** eingeblendet ❶.

Schritt 6

Auf der Registerkarte **Kopf- und Fußzeilentools** finden Sie das Symbol **Datum und Uhrzeit** ❷. Ein Klick auf dieses Symbol öffnet den zu Beginn des Abschnitts beschriebenen Dialog, sodass Sie das Datum in der Kopfzeile einfügen können.

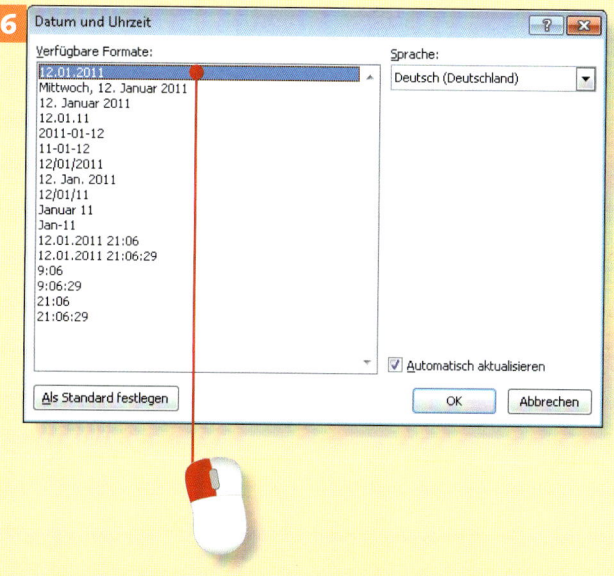

Kopf- und Fußzeilen

Über Kopf- und Fußzeilen lesen Sie mehr in Kapitel 3 im Abschnitt »Kopf- und Fußzeilen einfügen« ab Seite 84.

Kapitel 3
Texte in Word perfekt gestalten

*In diesem Kapitel stehen die Gestaltung und die detaillierte
Bearbeitung von Texten im Mittelpunkt. Sie lernen einiges zu
Schriftformaten, Texteffekten, über die Arbeit mit Tabellen
sowie über Kopf- und Fußzeilen.*

Text und Absätze formatieren
Über die Registerkarte **Start** ❶ lassen sich wesentliche Formatierungseinstellungen vornehmen. Hier richten Sie Absätze aus, rücken Text ein und weisen die klassischen Schrift-
formate wie fett oder kursiv, aber auch raffinierte Texteffekte zu. Wir zeigen Ihnen auch,
welche speziellen Einstellungen im Dialog **Drucken** für den Ausdruck zur Verfügung
stehen.

Tabellen einfügen und bearbeiten
Wenn Text sauber untereinanderstehen soll, sind Tabellen das Mittel der Wahl. Wir zeigen
Ihnen, wie Sie Tabellen einfügen ❷, sie über die Registerkarte **Tabellentools** bearbeiten
und ihnen auf diese Weise ein schickes Aussehen verpassen.

Inhaltsverzeichnis, Fußnoten und andere Verweise
Längere Dokumente wie wissenschaftliche Arbeiten oder Aufsätze brauchen ein Inhalts-
verzeichnis ❸, Fußnoten oder auch Kopf- bzw. Fußzeilen, die die Seitenzahlen enthalten.
All diese Elemente erzeugen Sie einfach über die Registerkarten **Verweise** und **Einfügen**.
Wir zeigen Ihnen den Umgang mit diesen Funktionen.

1 Es gibt zahlreiche Möglichkeiten
zur Formatierung von Text.

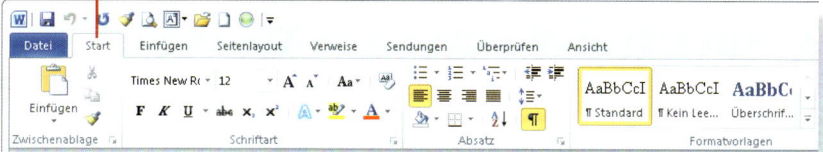

2 Fügen Sie Tabellen ein,
und gestalten Sie sie.

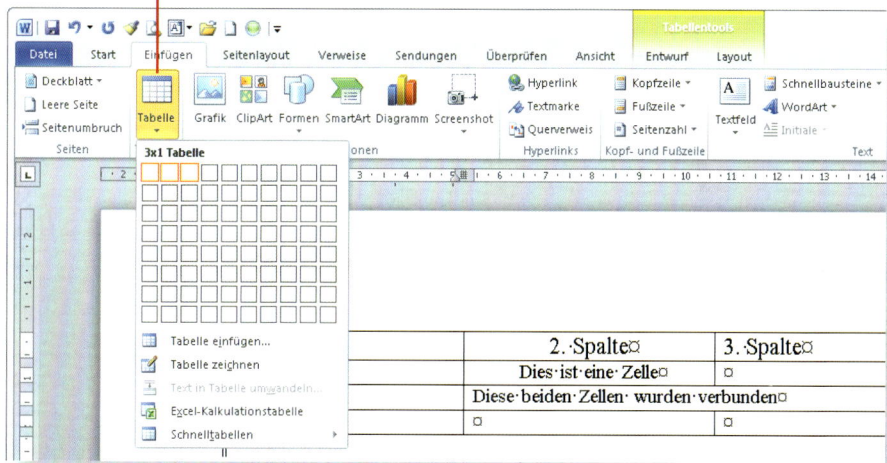

3 Inhaltsverzeichnis und Seitenzahlen
dürfen natürlich nicht fehlen.

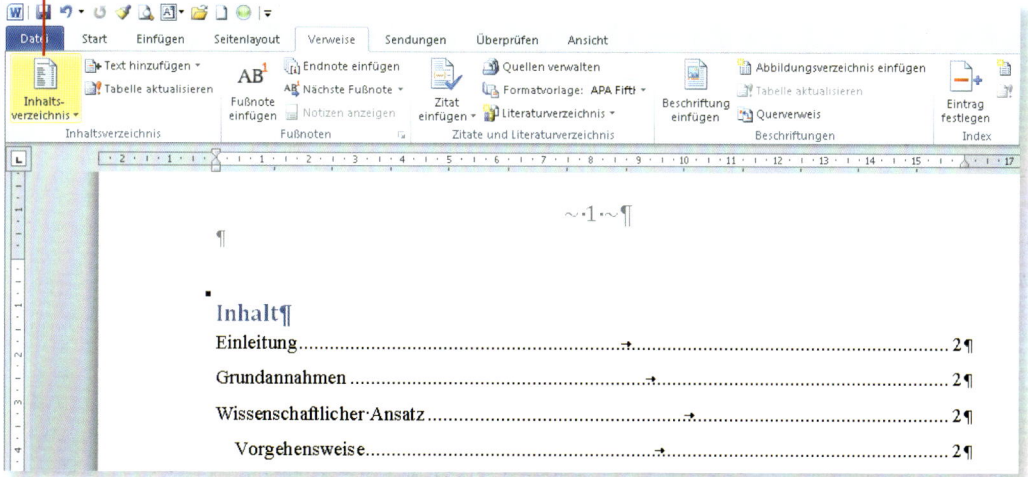

Text ausrichten: rechts, links oder zentriert

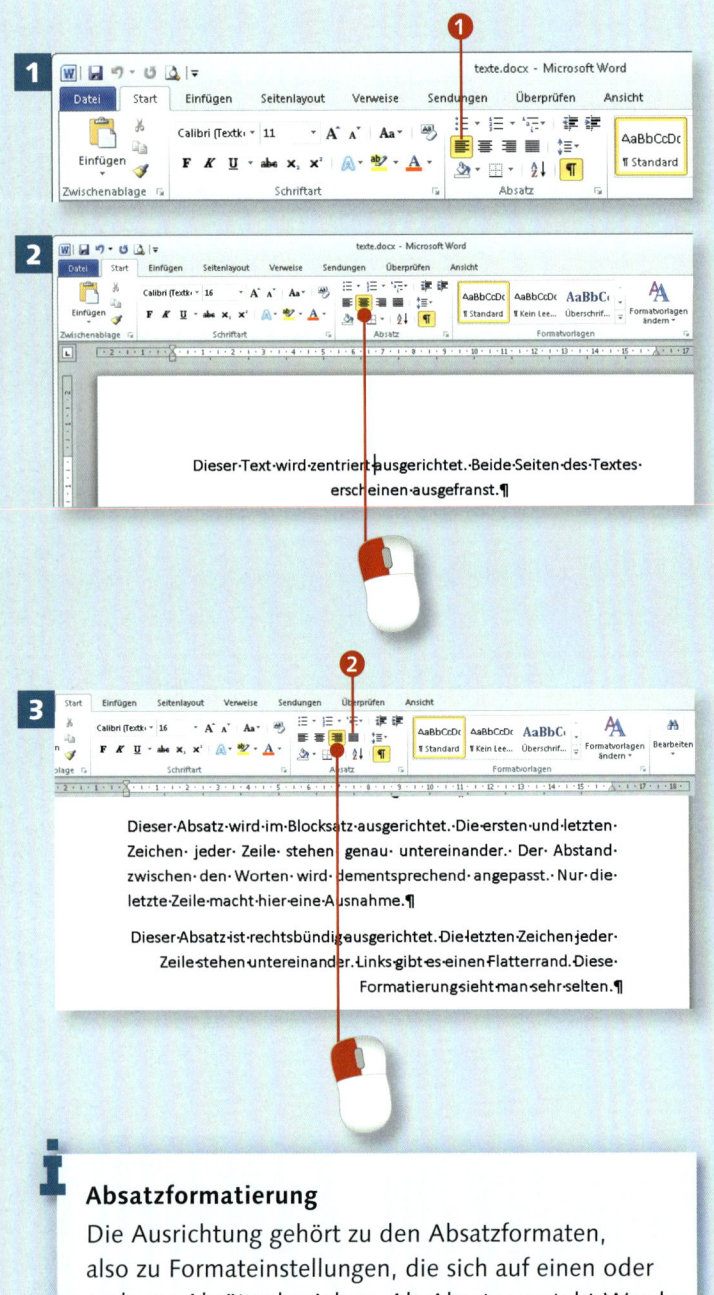

Überschriften zentrieren, einen Absatz linksbündig setzen oder einen Text in Blocksatz schaffen? Mit den Befehlen zur Ausrichtung ist das alles kein Problem.

Schritt 1

Standardmäßig sind die Absätze in einem Dokument linksbündig ausgerichtet, d. h., die ersten Zeichen jeder Zeile stehen untereinander. Werfen Sie einen Blick auf die Gruppe **Absatz** auf der Registerkarte **Start**. Sie sehen, dass das Symbol **Text linksbündig ausrichten** ❶ aktiviert ist.

Schritt 2

Um einen Absatz zu zentrieren, setzen Sie den Cursor (irgendwo) in den jeweiligen Absatz und klicken auf das Symbol **Zentriert**. Jede Zeile rutscht in die Mitte der Seite (deshalb wirken die Ränder »ausgefranst«).

Schritt 3

Wenn Sie einen Absatz rechtsbündig oder in Blocksatz setzen möchten, positionieren Sie den Cursor entsprechend und klicken auf **Text rechtsbündig ausrichten** bzw. auf das Symbol **Blocksatz** ❷.

Absatzformatierung

Die Ausrichtung gehört zu den Absatzformaten, also zu Formateinstellungen, die sich auf einen oder mehrere Absätze beziehen. Als Absatz versteht Word den Text zwischen zwei Absatzmarken (das Formatierungszeichen, das aussieht wie ein Klavierhammer).

Schritt 4

Wenn mehrere Absätze gleichzeitig ausgerichtet werden sollen, müssen Sie die Absätze zunächst markieren. Danach klicken Sie auf das Symbol für die gewünschte Ausrichtung.

Schritt 5

Sie können die Ausrichtung auch in einem Dialog einstellen. Den Dialog **Absatz** öffnen Sie, indem Sie auf den Pfeil an der Gruppe **Absatz** ❸ klicken. In der Auswahlliste des Feldes **Ausrichtung** wählen Sie eine Option.

Schritt 6

Gefällt Ihnen ein zentrierter oder rechtsbündiger Absatz nicht, können Sie ganz einfach wieder zur linksbündigen Standardeinstellung zurückkehren. Setzen Sie den Cursor in den Absatz, und klicken Sie auf **Text linksbündig ausrichten**.

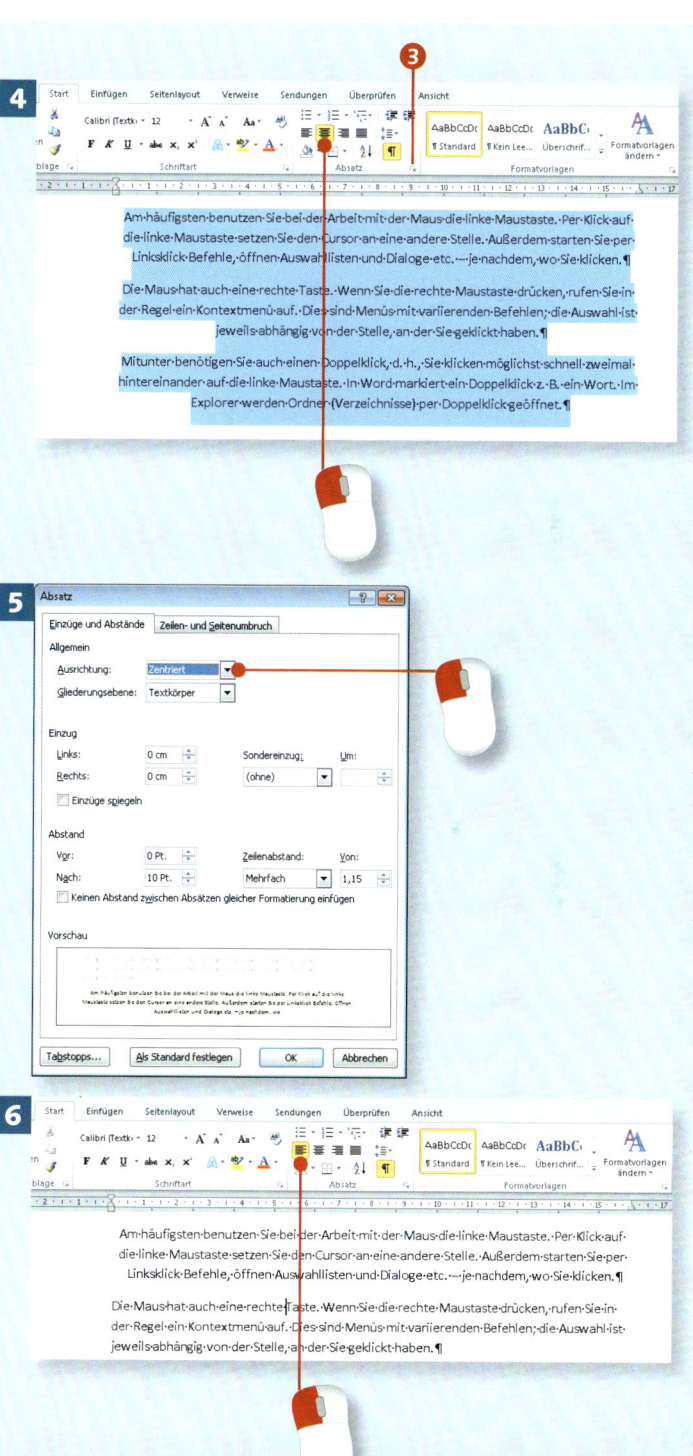

Geschickt markieren

Ein Dreifachklick im linken Randbereich markiert den ganzen Text, ein Doppelklick einen Absatz.

Schriftart und -größe einstellen

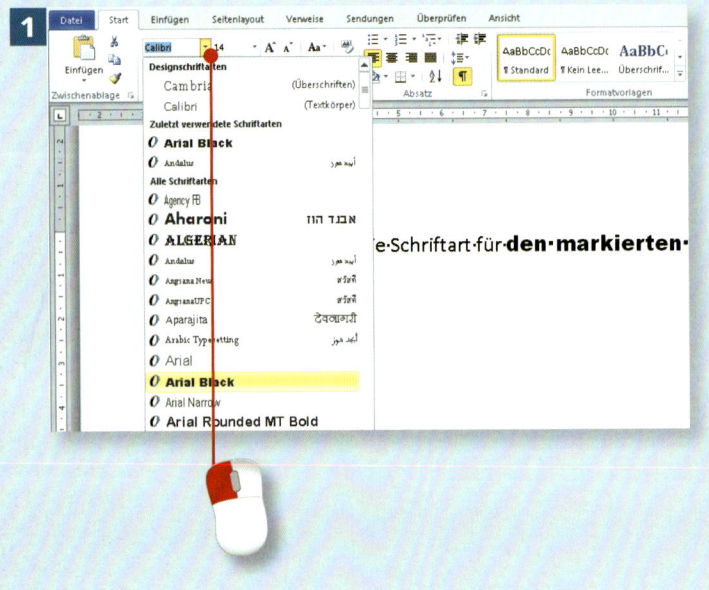

Word bietet schon immer eine große Anzahl unterschiedlicher Schriftarten. Für jeden Geschmack und jeden Zweck ist etwas dabei. Und auch die Schriftgröße können Sie punktgenau einstellen.

Schritt 1

Markieren Sie Text, um dessen Schriftart zu verändern. Dann klicken Sie auf der Registerkarte **Start** auf den Pfeil neben dem Symbol **Schriftart**. Per Mausklick können Sie eine passende Schriftart aus der Liste wählen.

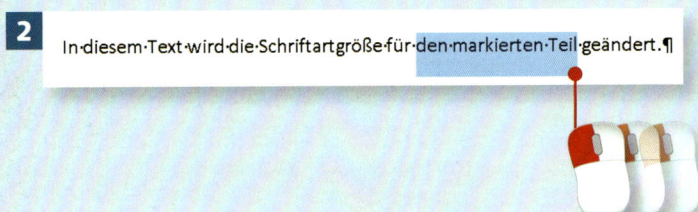

Schritt 2

Um die Schriftgröße zu verändern, markieren Sie den betreffenden Text. Auch nicht zusammenhängende Textpassagen können Sie markieren, indem Sie beim Anklicken die ⎡Strg⎤-Taste drücken.

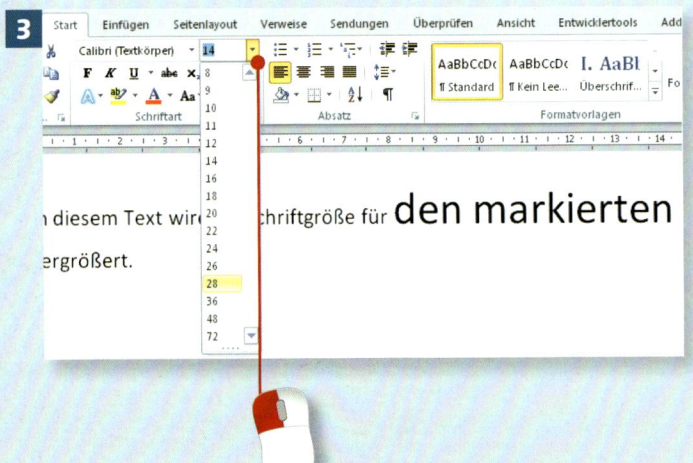

Schritt 3

Dann klicken Sie auf den Pfeil am Symbol **Schriftgrad** (ebenfalls auf der Registerkarte **Start**). Suchen Sie sich per Mausklick eine passende Schriftgröße aus der Liste aus.

Schritt 4

Auch mit den Symbolen **Schriftart vergrößern** und **Schriftart verkleinern** lässt sich die Schriftgröße verändern, nachdem Sie den Text markiert haben. Klicken Sie einfach auf eines der beiden Symbole.

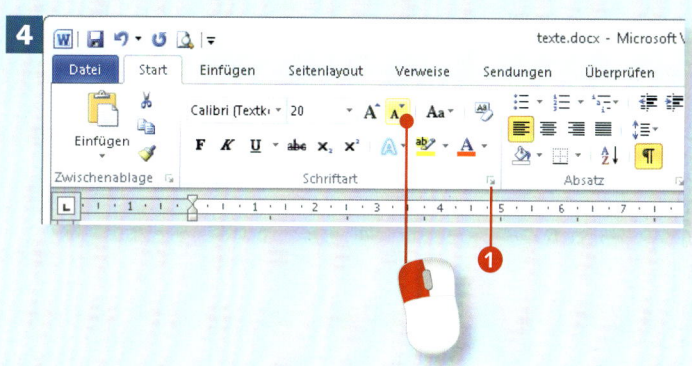

Schritt 5

Sie können die Schriftart und die Schriftgröße auch zusammen in einem Dialog einstellen. Klicken Sie auf der Registerkarte **Start** auf den Pfeil ❶ an der Gruppe **Schriftart**. Wählen Sie im folgenden Dialog (**Schriftart**) in den entsprechenden Feldern die Schriftart und -größe aus.

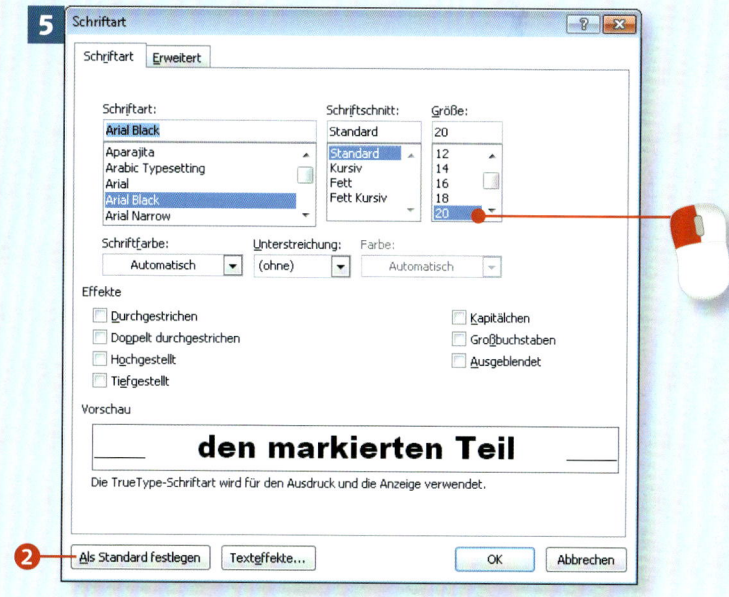

Schritt 6

Der Dialog **Schriftart** bietet auch die Möglichkeit, einen neuen Standard einzustellen. Wählen Sie die gewünschten Einstellungen, und klicken Sie auf die Schaltfläche **Als Standard festlegen** ❷. Im folgenden Dialog aktivieren Sie die Option **Alle Dokumente basierend auf der Vorlage Normal.dotm**.

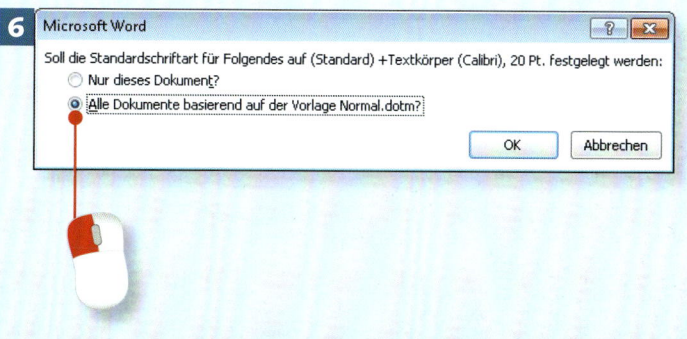

i Den Standard ändern

Wenn Sie die Standardeinstellung ändern, wird jedes neue Dokument, das Sie öffnen, diese Einstellungen haben.

Schriftfarben und Effekte zuweisen

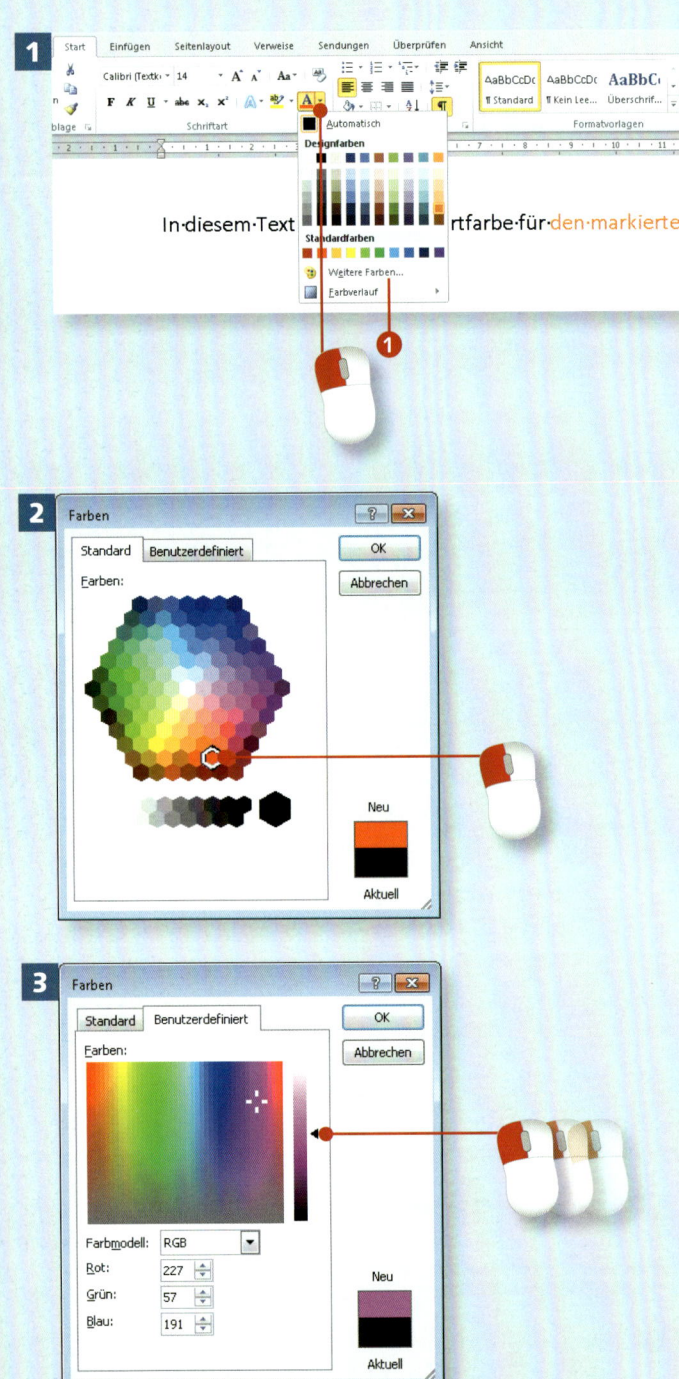

Es gibt viele Möglichkeiten, einen Text optisch aufzuwerten. Mitunter reicht es, eine andere Schriftfarbe zu wählen. Dann gibt es noch Texteffekte, die Schattierungen, Spiegelungen und einiges mehr bieten.

Schritt 1

Zunächst müssen Sie wie gehabt den Text markieren. Klicken Sie dann auf den Pfeil neben dem Symbol **Schriftfarbe**, und wählen Sie eine passende Farbe aus der Palette aus, indem Sie sie anklicken.

Schritt 2

Wenn Sie auf die Option **Weitere Farben** ❶ klicken, sehen Sie eine noch größere Auswahl an Farbtönen. Per Mausklick wählen Sie sie aus.

Schritt 3

Öffnen Sie die Registerkarte **Benutzerdefiniert**. Wenn Sie auf das Farbfeld klicken, stellen Sie die Grundfarbe ein. Ziehen Sie mit gedrückter Maustaste am Pfeil neben dem Farbbalken, um die Auswahl zu verfeinern.

Schritt 4

Um Texteffekte anzuwenden, markieren Sie den Text und klicken auf der Registerkarte **Start** auf den Auswahlpfeil am Symbol **Texteffekte**. Das Menü bietet diverse Füll-Varianten, die Sie per Mausklick auf den ausgewählten Text übertragen.

Schritt 5

Sie finden im Menü eine Menge weiterer Effekte. Wenn Sie den Mauszeiger auf **Kontur** führen, erhalten Sie eine Farbpalette, um eine Farbe für die Kontur der Zeichen auszuwählen. Auch für die Art der Kontur (**Striche**) werden Optionen angeboten.

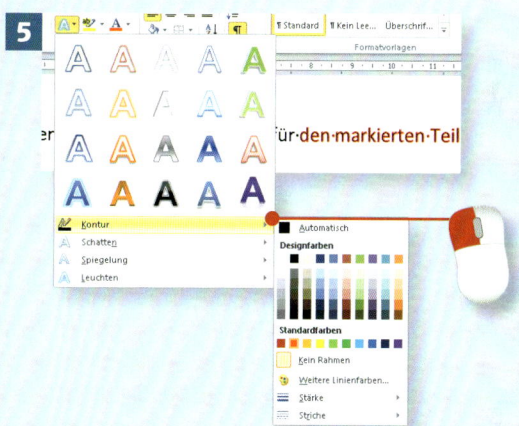

Schritt 6

Besonders interessant wirkt der Effekt **Spiegelung**. Der markierte Text taucht als angedeutete Spiegelung auf. Klicken Sie auf **Spiegelung**, und wählen Sie eine Variante aus dem Untermenü.

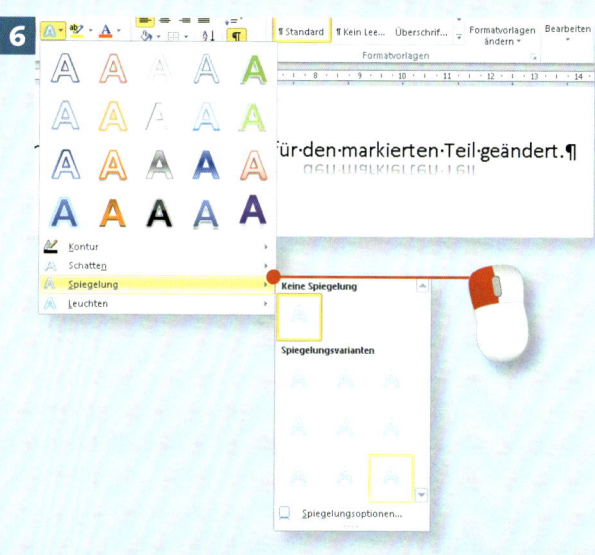

i

Wo ist der Effekt?

Einige Effekte wirken nur, wenn Sie eine entsprechend große Schriftgröße eingestellt haben.

Textpassagen einrücken

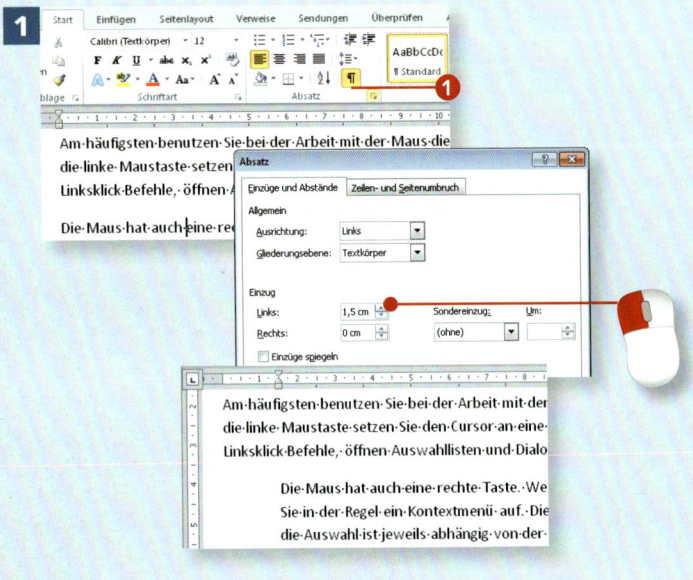

Einzelne Absätze etwas einzurücken, ist seit Langem ein bewährtes Mittel, Textabschnitte zu betonen und vom restlichen Text abzuheben. Mit Word lassen sich Textpassagen mit wenigen Klicks bzw. Schritten einziehen.

Schritt 1

Absätze lassen sich vom Rand ein wenig nach rechts einrücken (*Einzug*). Setzen Sie den Cursor in den Absatz, und klicken Sie auf der Registerkarte **Start** auf den Pfeil an der Gruppe **Absatz** ❶. Im Dialog geben Sie im Feld **Einzug Links** das Maß für den Einzug an, z. B. »1,5 cm«.

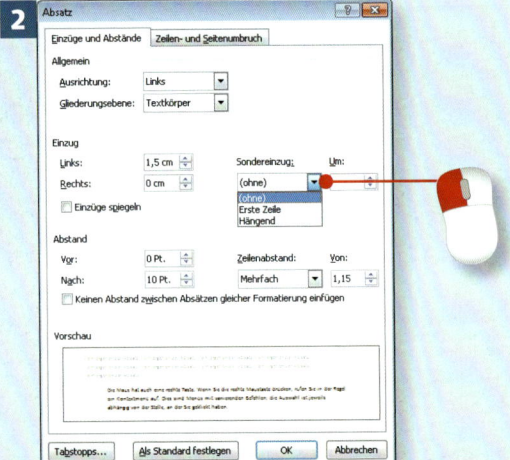

Schritt 2

Word bietet aber auch *Sondereinzüge*. Dahinter verbergen sich der Erstzeileneinzug (nur die erste Zeile des Absatzes wird eingerückt) und ein hängender Einzug (alle Zeilen des Absatzes außer der ersten Zeile werden eingerückt).

Schritt 3

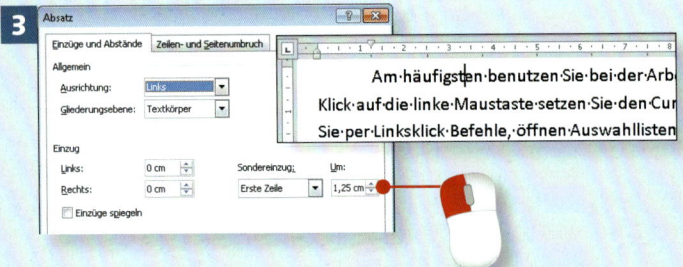

Für den Erstzeileneinzug wählen Sie im Dialog **Absatz** im Feld **Sondereinzug Erste Zeile**. Dann geben Sie im Feld **Um** direkt daneben an, um viele Zentimeter die erste Zeile eingerückt werden soll.

Schritt 4

Für einen hängenden Einzug wählen Sie im Dialog **Absatz** im Feld **Sondereinzug** die Option **Hängend**. Dann geben Sie im Feld **Um** an, um wie viele Zentimeter die Zeilen des Absatzes (außer der ersten) eingerückt werden sollen.

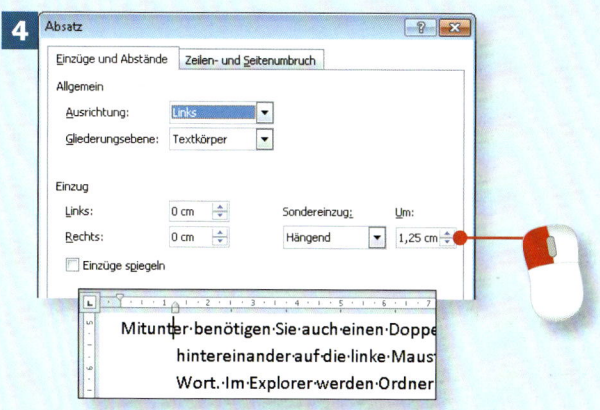

Schritt 5

Sie können die Einzüge auch im Lineal einstellen (Sie aktivieren es auf der Registerkarte **Ansicht**). Links am Lineal finden Sie eine Art Sanduhr ❷, die aus drei Teilen besteht.

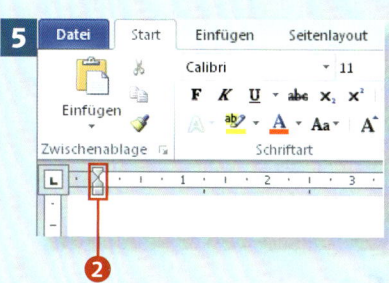

Schritt 6

Um einen »normalen« Einzug für den ganzen Absatz festzulegen, ziehen Sie mit gedrückter Maustaste am unteren Teil der Sanduhr bis zu der gewünschten Zentimetereinstellung. Auf die gleiche Weise bewirkt der obere Teil ❸ einen Erstzeileneinzug und der mittlere Teil ❹ einen hängenden Einzug.

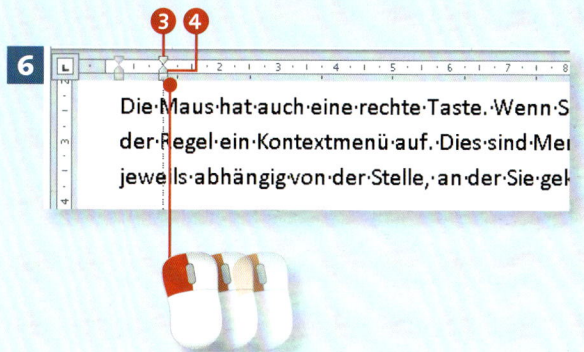

---

i

Erstzeileneinzug

Erstzeileneinzüge sind häufig in längeren, durch viele Absätze strukturierten Texten zu finden, z. B. in Zeitschriftenartikeln.

Schriftformate festlegen

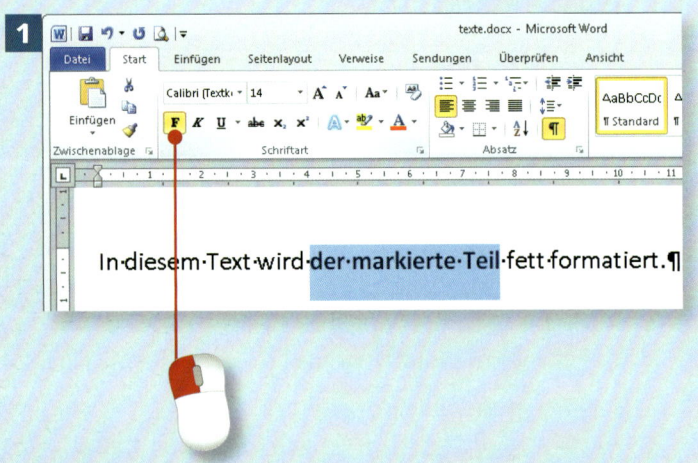

Auf die schnellste und einfachste Art können Sie Textteile hervorheben, indem Sie die Formatierungen fett, kursiv und unterstrichen nutzen. Mit einem Mausklick ist das erledigt!

Schritt 1

Um eine Textpassage fett zu formatieren, markieren Sie den Text und klicken auf das Symbol **F** (Fett) auf der Registerkarte **Start**. Wenn nur ein Wort fett werden soll, reicht es, den Cursor in dieses Wort zu setzen; es muss nicht markiert werden.

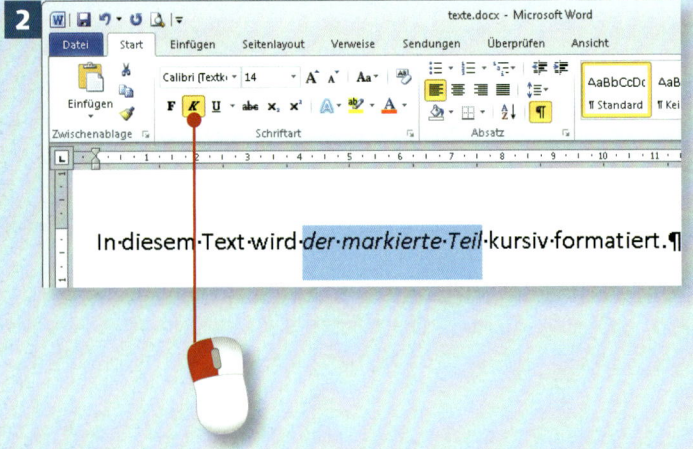

Schritt 2

Das Schriftformat **Kursiv** lässt die Zeichen nach rechts geneigt erscheinen. Auch hierfür markieren Sie zunächst den Text, dann klicken Sie auf der Registerkarte **Start** auf das Symbol **K** (Kursiv). Wie eben erwähnt, ist zur Formatierung eines einzelnen Wortes keine Markierung erforderlich.

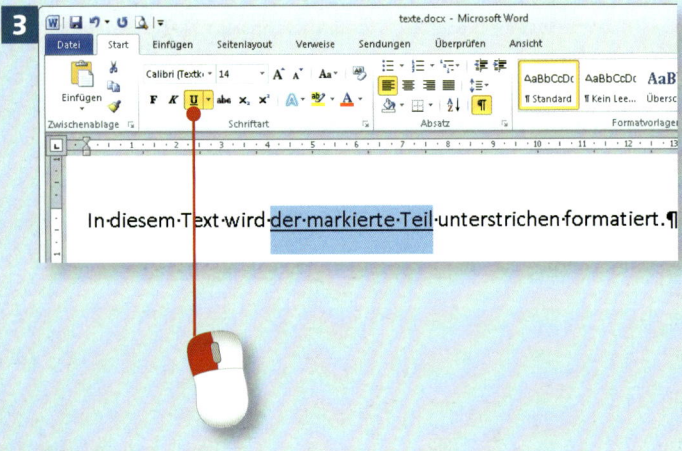

Schritt 3

Eine Textpassage ist im Nu auch unterstrichen. Sie markieren den Text und klicken auf der Registerkarte **Start** auf das Symbol **U** (Unterstrichen). Dies unterstreicht den Text mit einem einfachen Strich.

Schritt 4

Um einem Text eine andere Unterstreichungsart zuzuweisen, z. B. einen Doppelstrich oder eine Wellenlinie, klicken Sie auf den Pfeil am Symbol **U**. In dem sich öffnenden Menü wählen Sie die gewünschte Linienart.

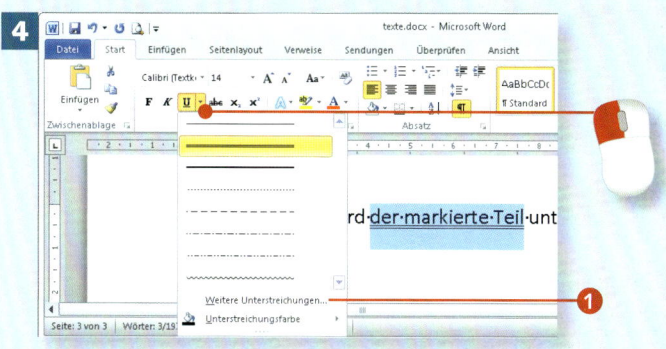

Schritt 5

Zwischen noch mehr Unterstreichungsarten können Sie wählen, wenn Sie in der Auswahlliste des Symbols **U** auf **Weitere Unterstreichungen** ❶ klicken. Im Dialog **Schriftart**, der sich dadurch öffnet, klicken Sie auf den Pfeil am Feld **Unterstreichung** und wählen hier eine Unterstreichung.

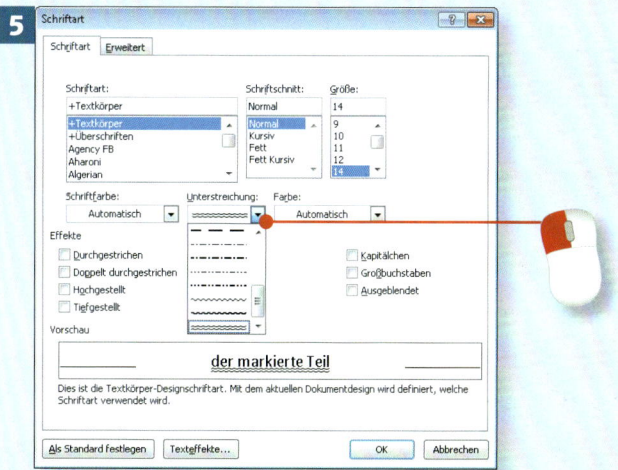

Schritt 6

Sie können einen Text auch farbig unterstreichen. Schnell geht das, wenn Sie auf den Pfeil am Symbol **U** klicken und im Menü auf **Unterstreichungsfarbe**. In der Farbpalette klicken Sie auf die gewünschte Farbe.

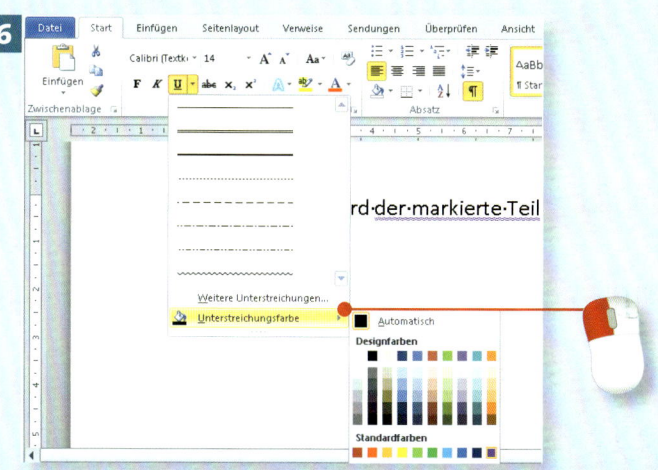

Der Dialog »Schriftart«

Den Dialog, in dem Sie u. a. die unterschiedlichen Unterstreichungsarten einstellen, können Sie auch aufrufen, indem Sie auf den Pfeil an der Gruppe **Schriftart** klicken.

Eine Tabelle einfügen

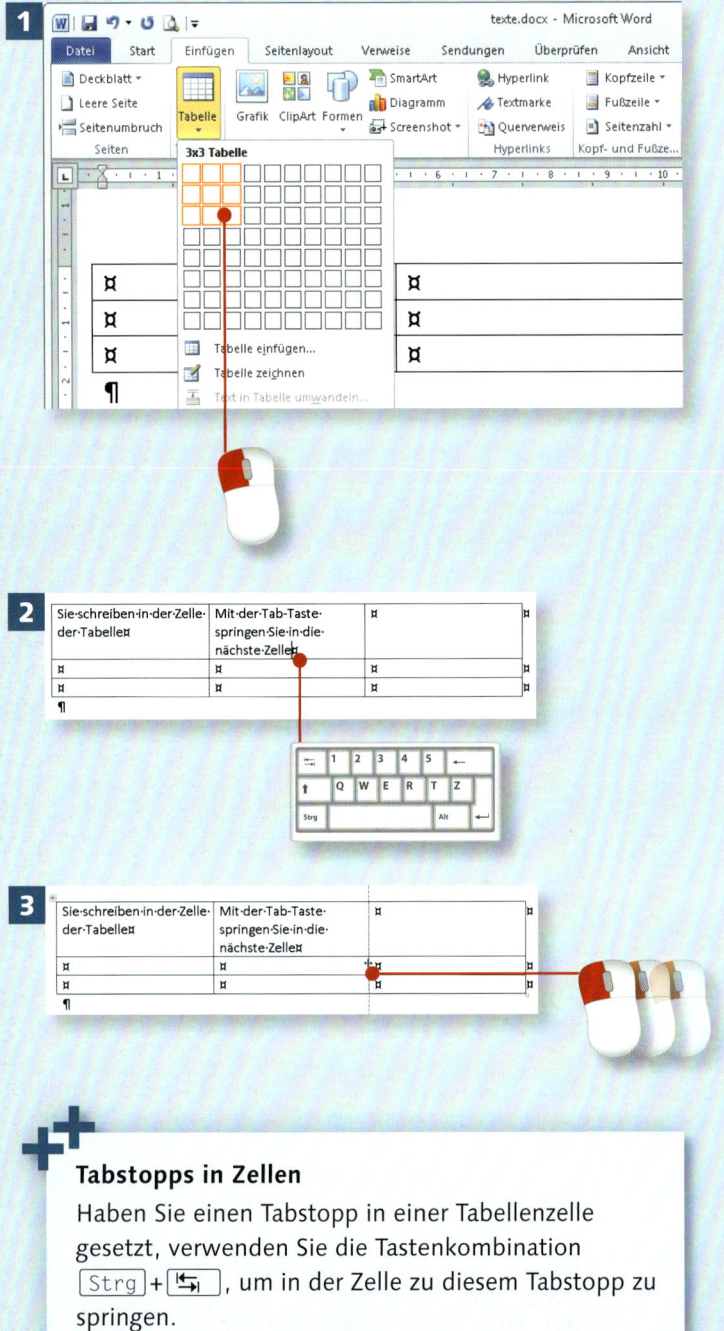

Sollen Texteinträge geordnet unterein-ander und nebeneinander in Zeilen und Spalten stehen, sind Tabellen dafür das geeignete Mittel.

Schritt 1

Um eine Tabelle einzufügen, klicken Sie auf der Registerkarte **Einfügen** auf das Symbol **Tabelle**. Fahren Sie mit der Maus über so viele Spal-ten und Zeilen, wie Sie einfügen möchten (die Kästchen werden rot umrandet), und klicken Sie dann da-rauf. Die Tabelle wird entsprechend eingefügt.

Schritt 2

Sie können sofort losschreiben. In die nächste Zelle gelangen Sie mit der ⇆ -Taste oder der Pfeiltaste → , aber Sie können auch die Maus benutzen und in eine andere Zelle klicken.

Schritt 3

Sie können die Spaltenbreite ver-ändern, indem Sie die Linie zwi-schen zwei Spalten mit gedrückter Maustaste nach links oder rechts verschieben. Genauso verändern Sie die Zeilenhöhe: Verschieben Sie die horizontale Linie.

Tabstopps in Zellen

Haben Sie einen Tabstopp in einer Tabellenzelle gesetzt, verwenden Sie die Tastenkombination Strg + ⇆ , um in der Zelle zu diesem Tabstopp zu springen.

Schritt 4

Um die Breite oder Höhe exakt festzulegen, nutzen Sie die Felder **Tabel-
lenzeilenhöhe** und **Tabellenspalten-
breite** auf der Registerkarte **Layout**
(unter **Tabellentools**). Die Angaben
gelten für die Zeile oder Spalte, in
der der Cursor steht.

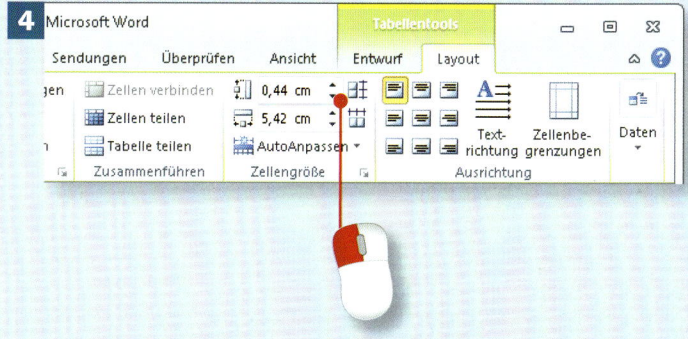

Schritt 5

Standardmäßig haben die Tabellen
eine feste Spaltenbreite. Die Spal-
tenbreite lässt sich aber auch an den
Text anpassen. Dazu klicken Sie auf
AutoAnpassen auf der Registerkarte
Tabellentools ▸ Layout. Hier wählen
Sie **Inhalt automatisch anpassen**.

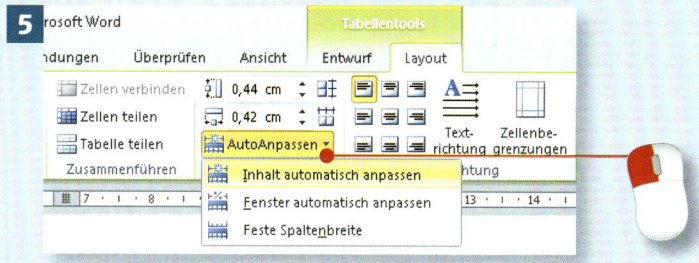

Schritt 6

Im Dialog **Tabelleneigenschaften**
können Sie vieles andere festlegen,
z. B. Spaltenbreite, Zeilenhöhe oder
die Ausrichtung des Textes. Klicken
Sie auf der Registerkarte **Layout**
ganz links auf **Eigenschaften**, um
den Dialog zu öffnen.

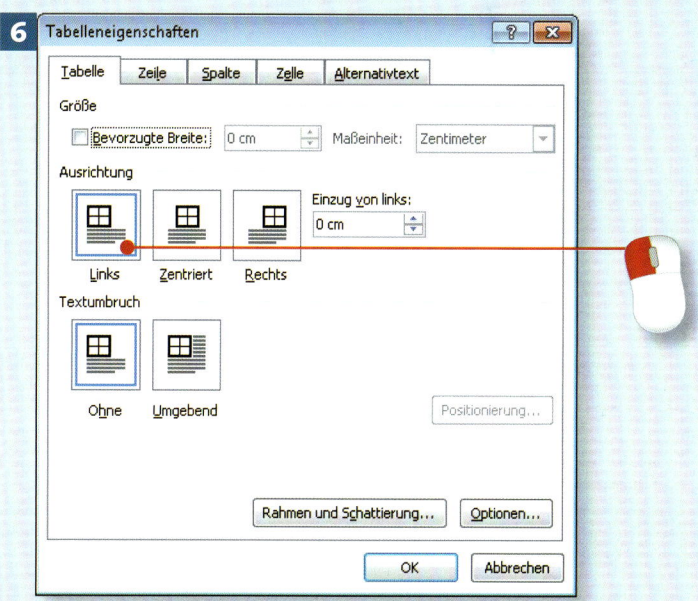

Tabelleneigenschaften
Die Registerkarte **Tabellentools**
erscheint nur, wenn die Tabelle
markiert ist.

Tabellen bearbeiten

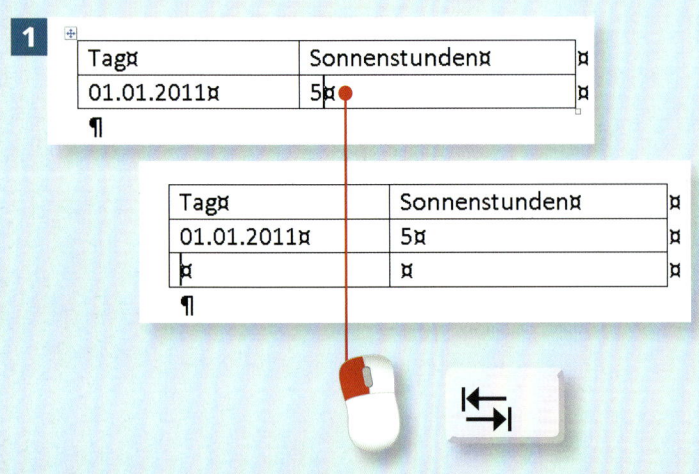

Wenn Sie bei der Arbeit mit Tabellen feststellen, dass Sie mehr Spalten oder Zeilen benötigen, ist das kein Grund, von vorn zu beginnen und eine neue Tabelle einzufügen. Sie können die vorhandene problemlos ergänzen.

Schritt 1

Es ist ganz einfach, die Tabelle um einige Zeilen zu ergänzen. Setzen Sie den Cursor einfach in die letzte Zelle der Tabelle, und drücken Sie die ⇥-Taste.

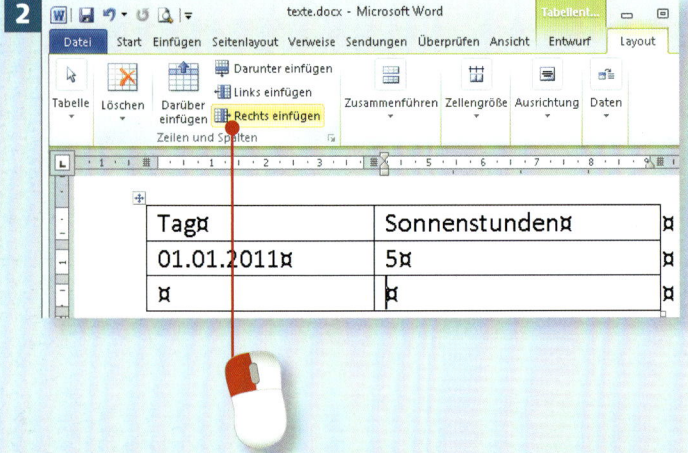

Schritt 2

Auch fehlende Spalten sind kein großes Problem. Setzen Sie den Cursor in die Spalte, neben der Sie eine weitere einfügen möchten. Klicken Sie dann unter **Tabellentools ▸ Layout** auf **Links einfügen** oder **Rechts einfügen**.

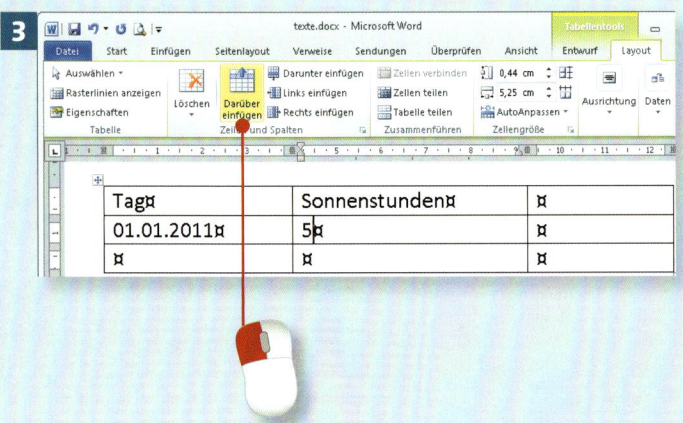

Schritt 3

Mitten in der Tabelle funktioniert die Methode mit der ⇥-Taste nicht. Setzen Sie den Cursor stattdessen in die Zeile, über oder unter der Sie eine weitere Zeile brauchen, und klicken Sie unter **Tabellentools ▸ Layout** auf **Darunter einfügen** oder **Darüber einfügen**.

Schritt 4

Sie können Zeilen oder Spalten auch wieder loswerden. Platzieren Sie den Cursor entsprechend, klicken Sie unter **Tabellentools ▸ Layout** auf **Löschen**, und wählen Sie eine Option.

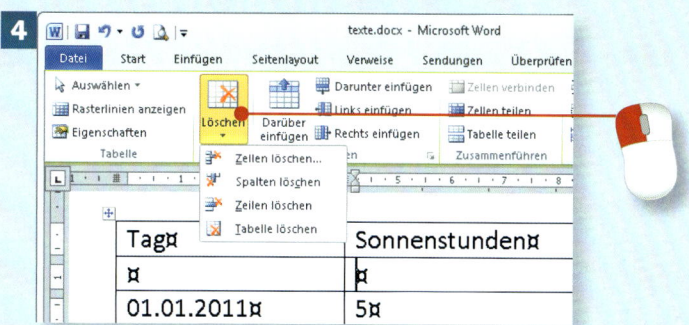

Schritt 5

Das Menü zum Symbol **Löschen** bietet auch die Möglichkeit, eine Tabelle komplett wieder zu entfernen. Wenn der Cursor irgendwo in der Tabelle steht, klicken Sie im Menü auf **Tabelle löschen**.

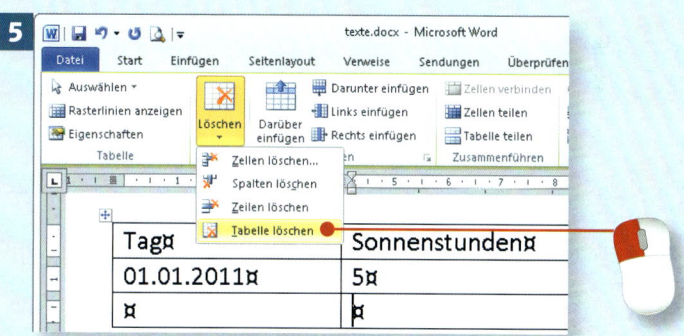

Schritt 6

Zellen lassen sich weiter aufteilen. Setzen Sie den Cursor in die entsprechende Zelle, und klicken Sie auf der Registerkarte **Tabellentools ▸ Layout** auf **Zellen teilen ❶**. Im Fenster geben Sie an, in wie viele Spalten (oder Zeilen) die Zelle unterteilt werden soll.

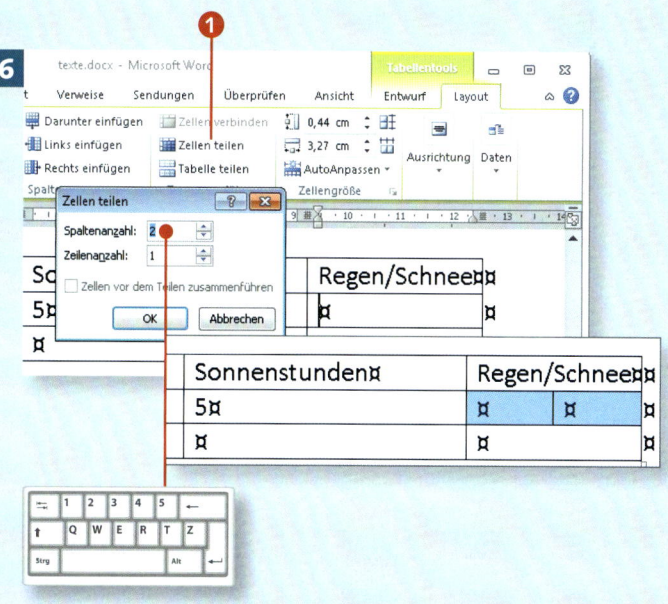

✚ Markieren in der Tabelle

Zellen, Zeilen oder Spalten einer Tabelle lassen sich bequem markieren, wenn Sie auf der Registerkarte **Tabellentools ▸ Layout** ganz links auf den Pfeil am Symbol **Auswählen** klicken und hier Ihre Auswahl treffen.

Eine Tabelle attraktiv gestalten

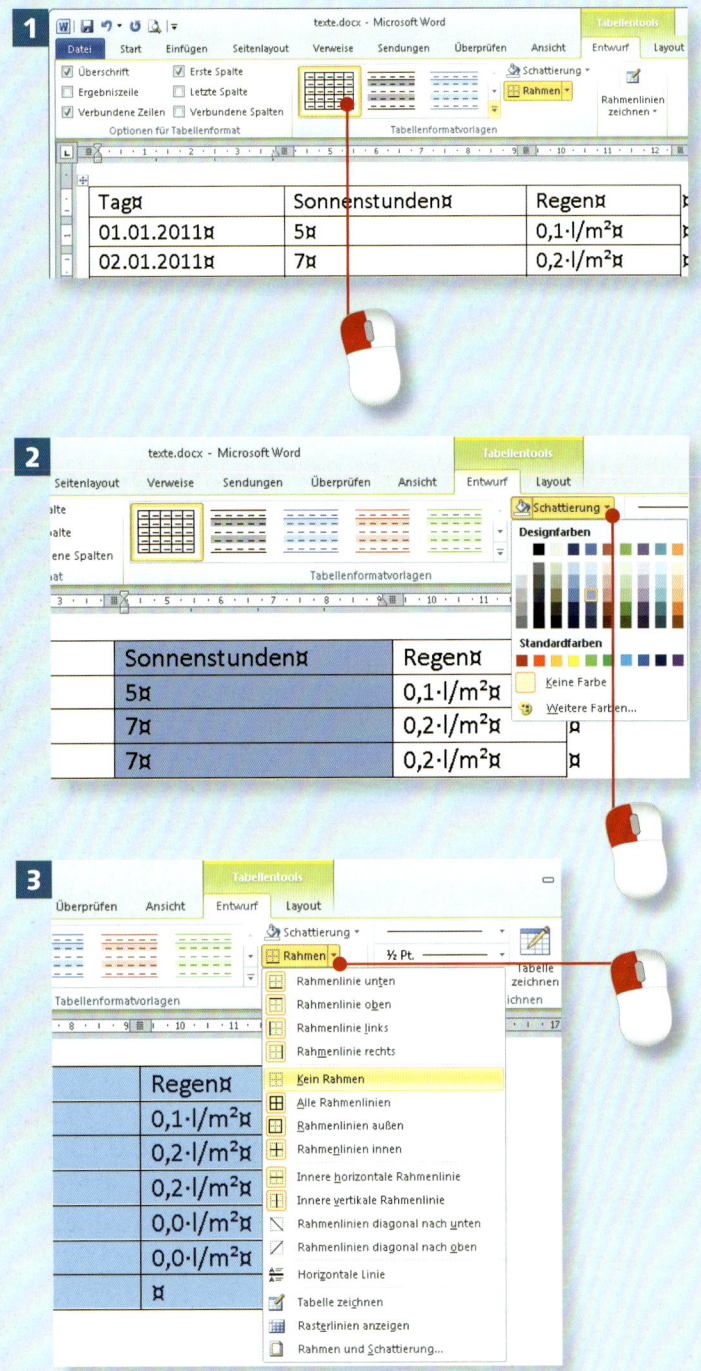

Aus einer schlichten Tabelle kann mit wenigen Handgriffen ein eindrucksvolles Werk werden.

Schritt 1

Setzen Sie den Cursor irgendwo in die Tabelle, und aktivieren Sie die Registerkarte **Tabellentools ▸ Entwurf**. Hier werden *Tabellenformatvorlagen* angeboten. Per Mausklick übertragen Sie eine Vorlage auf Ihre Tabelle.

Schritt 2

Sie können aber auch auf die Tabellenformatvorlagen verzichten und die Tabelle nach Wunsch gestalten. Geben Sie den markierten Zellen z. B. einen farbigen Hintergrund, indem Sie auf der Registerkarte **Tabellentools ▸ Entwurf** das Menü **Schattierung** öffnen und hier eine Farbe wählen.

Schritt 3

Die eingefügte Tabelle hat innen und außen Rahmenlinien. Sie können sie jedoch teilweise oder komplett entfernen. Markieren Sie die betreffenden Zellen oder die ganze Tabelle, und klicken Sie auf der Registerkarte **Entwurf** auf **Rahmen ▸ Kein Rahmen**.

Schritt 4

Einzelne Linien setzen Sie – wenn Sie vorher **Kein Rahmen** gewählt haben – folgendermaßen: Markieren Sie z. B. die oberste Zeile; klicken Sie dann auf der Registerkarte **Tabellentools ▸ Entwurf** auf **Rahmen ▸ Rahmenlinie unten** (das heißt im Klartext: eine Linie unterhalb der Markierung).

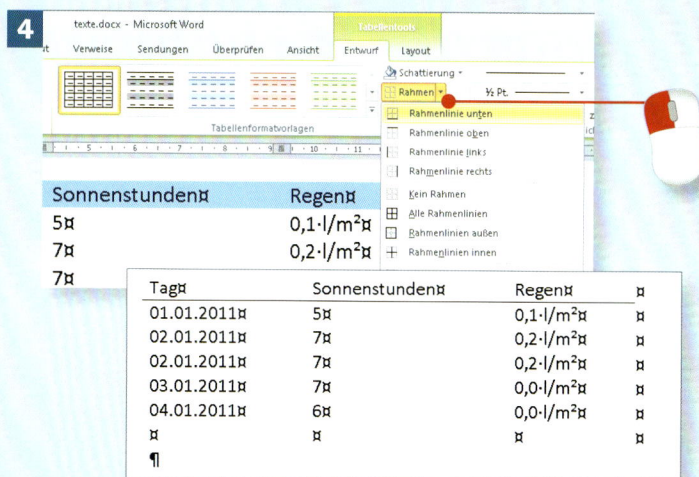

Schritt 5

Für farbige Rahmenlinien oder andere Linienarten öffnen Sie über **Rahmen ▸ Rahmen und Schattierung** einen Dialog, in dem Sie eine Formatvorlage für die Linienart, eine andere Farbe und die Breite der Linie(n) wählen können.

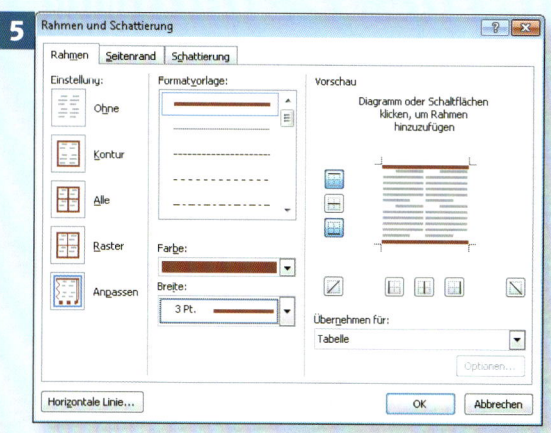

Schritt 6

Wenn Ihre Tabelle eine zentrierte Überschrift erhalten soll, lässt sich das mit verbundenen Zellen lösen. Markieren Sie die erste Zeile, und klicken Sie auf **Tabellentools ▸ Layout ▸ Zellen verbinden**. Nun können Sie die Überschrift über **Start ▸ Zentriert** in die Mitte rücken.

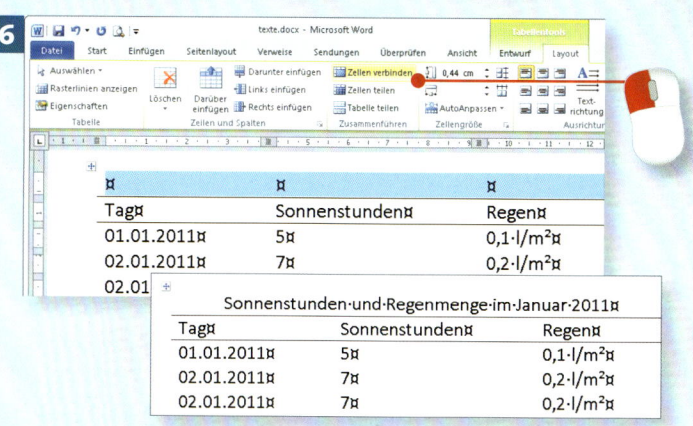

Ein Dokument mit Seitenzahlen versehen

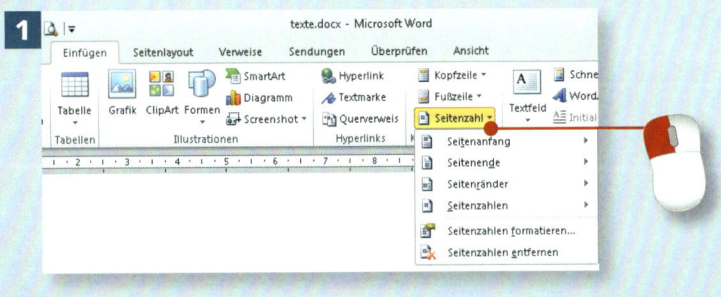

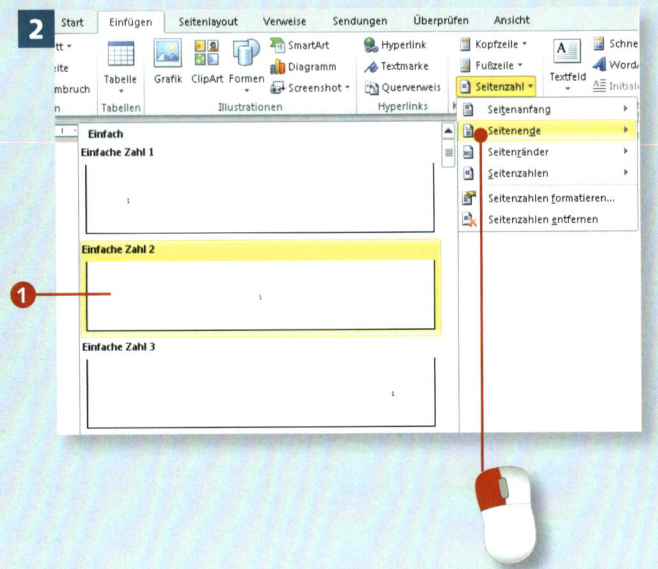

Längere Dokumente sollten seiten-weise durchnummeriert sein. Diese Aufgabe erledigen Sie mit der ent-sprechenden Word-Funktion. Auf diese Weise werden die Seitenzahlen bei Veränderungen stets angepasst.

Schritt 1

Seitenzahlen tauchen in der Regel am Fuß einer Seite auf und wer-den daher am besten auch in die Fußzeile gesetzt. Aktivieren Sie die Registerkarte **Einfügen**. Hier klicken Sie auf das Symbol **Seitenzahl**.

Schritt 2

In dem Menü führen Sie den Maus-zeiger auf **Seitenende**. Im Unter-menü wird eine Reihe unterschied-licher Formate für Seitenzahlen angezeigt.

Schritt 3

Klicken Sie beispielsweise auf den Bereich **Einfache Zahl 2** ❶, um in einer Fußzeile Seitenzahlen einzu-fügen, die zentriert in der Mitte der Seite stehen. Auch die Fußzeile wird mithilfe einer gestrichelten Linie angezeigt.

Seitenzahlen formatieren

Seitenzahlen lassen sich auf dem üblichen Weg for-matieren. Markieren Sie die Zahl, und wählen Sie auf der Registerkarte **Start** die gewünschte Formatierung.

Schritt 4

Sie verlassen den Fußzeilenbereich durch einen Doppelklick auf die »normale« Seite oder indem Sie auf das Symbol **Kopf- und Fußzeile schließen** klicken. Dieses Menü erscheint nur, wenn der Cursor in der Fußzeile steht.

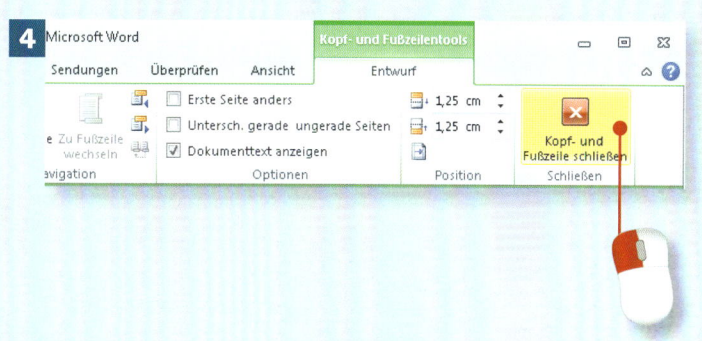

Schritt 5

Sollen die Seitenzahlen weiter unten am Rand erscheinen, verringern Sie die Höhe des Fußzeilenbereichs. Klicken Sie dazu auf der Registerkarte **Entwurf** der **Kopf- und Fußzeilentools** auf den nach unten zeigenden Pfeil am Symbol **Fußzeile von unten**.

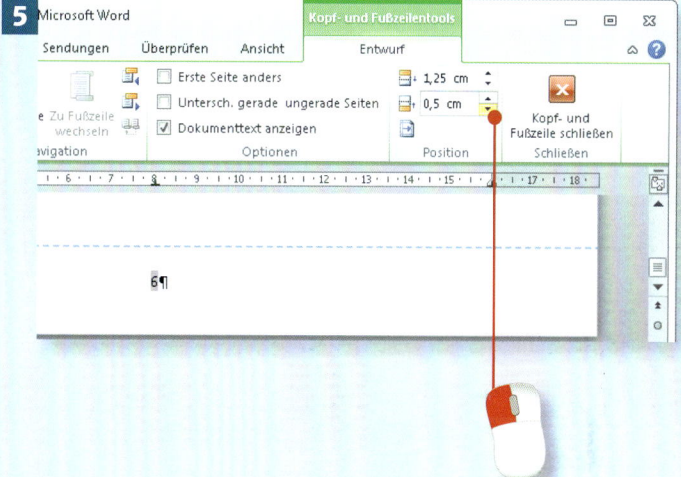

Schritt 6

Wenn Sie Seitenzahlen am oberen Seitenrand einfügen möchten, klicken Sie auf der Registerkarte **Einfügen** einfach auf **Seitenzahl ▸ Seitenanfang**. Klicken Sie in der Auswahl auf das gewünschte Format. Die Seitenzahl erscheint oben auf der Seite in der Kopfzeile.

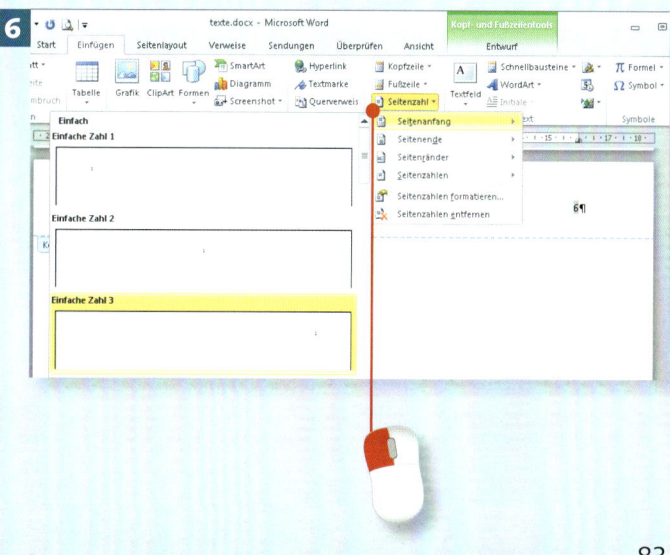

Fußzeilenbereich aktivieren

Durch einen Doppelklick auf die Seitenzahl bzw. den Fußzeilenbereich kehren Sie zur Bearbeitung des Fußzeilenbereichs zurück.

Kopf- und Fußzeilen einfügen

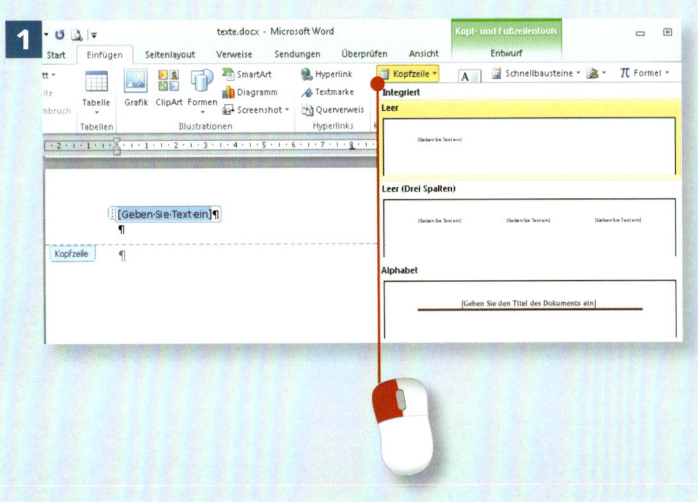

Kopf- und Fußzeilen zu setzen, ist eine äußerst praktische Funktion von Word. Einmal angelegt, taucht der Text automatisch auf jeder Seite des Dokuments auf.

Schritt 1

Um eine Kopf- oder Fußzeile einzufügen, klicken Sie auf der Registerkarte **Einfügen** auf **Kopfzeile** bzw. **Fußzeile**. Für eine schlichte Kopfzeile klicken Sie im Menü auf **Leer**. In Ihrem Dokument öffnet sich der Bereich für die Kopfzeile. Geben Sie hier Ihren Text ein.

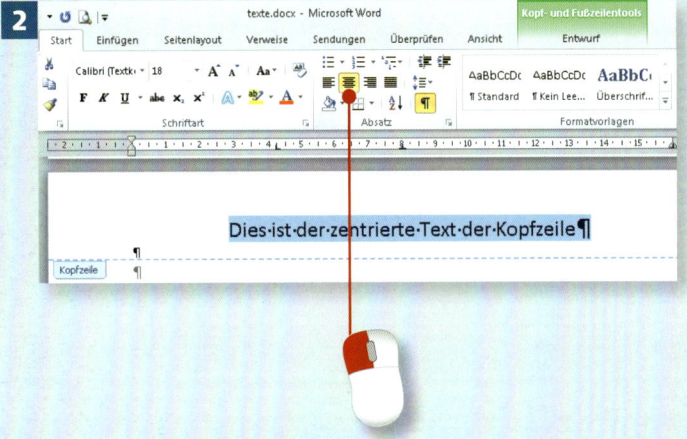

Schritt 2

Um den Text der Kopfzeile zu formatieren, können Sie die klassischen Formatierungen auf der Registerkarte **Start** nutzen. Setzen Sie den Text beispielsweise in die Mitte, indem Sie auf das Symbol **Zentriert** klicken (auf der Registerkarte **Start**).

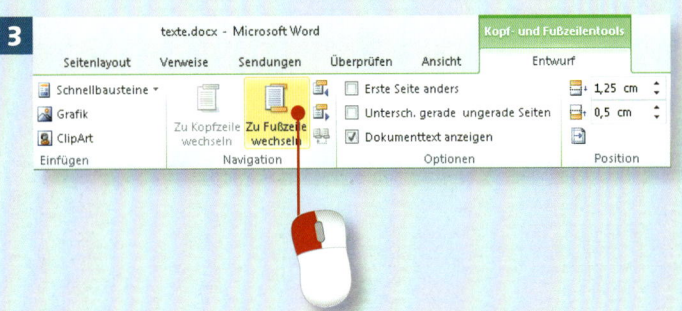

Schritt 3

Auf der Registerkarte **Entwurf** der **Kopf- und Fußzeilentools** gibt es weitere Befehle zur Bearbeitung der Kopf- und Fußzeilen. Um von der Kopfzeile in die Fußzeile zu springen, klicken Sie auf **Zu Fußzeile wechseln**.

Schritt 4

Sie können einer Kopfzeile sogar Grafiken oder ClipArts hinzufügen. Klicken Sie einfach auf die entsprechenden Symbole auf der Registerkarte **Entwurf**, um den Dialog zum Einfügen bzw. den ClipArt-Bereich zu öffnen.

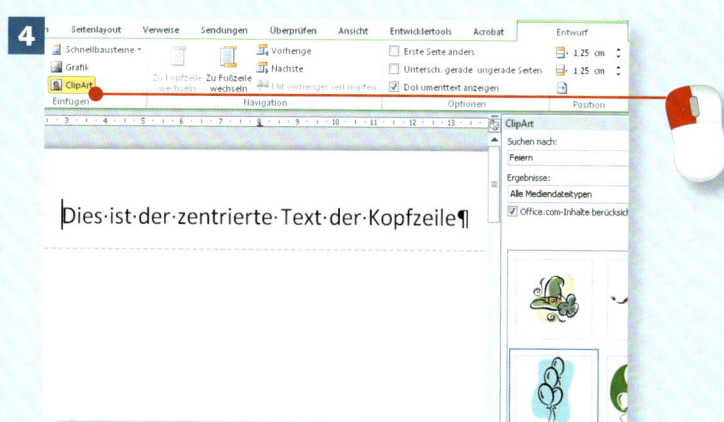

Schritt 5

Um das Datum oder die Uhrzeit einzufügen, klicken Sie auf das Symbol **Datum und Uhrzeit** ❶. Im nächsten Dialog wählen Sie ein Format. Wenn Sie wünschen, dass das Datum jeweils beim Öffnen der Datei aktualisiert wird, aktivieren Sie außerdem die Option **Automatisch aktualisieren** ❷.

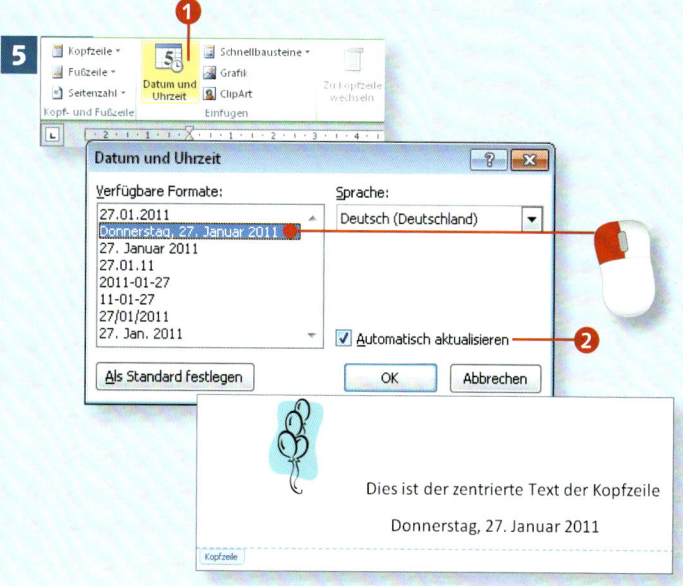

Schritt 6

Den Abstand der Kopf- oder Fußzeile vom Seitenrand regeln Sie in den Feldern **Kopfzeile von oben** und **Fußzeile von unten**. Der Effekt stellt sich unmittelbar ein.

Kopf- und Fußzeilen verlassen
Mit **Kopf- und Fußzeile schließen** ❸ kehren Sie zur Bearbeitung Ihres Dokuments zurück; auch mit einem Doppelklick auf den Fließtext verlassen Sie den Kopf- bzw. Fußzeilenbereich.

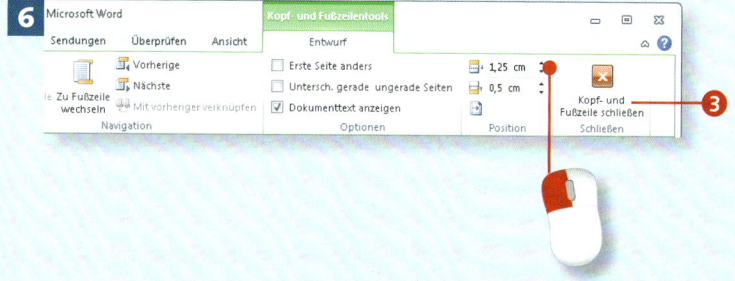

Überschriften nummerieren

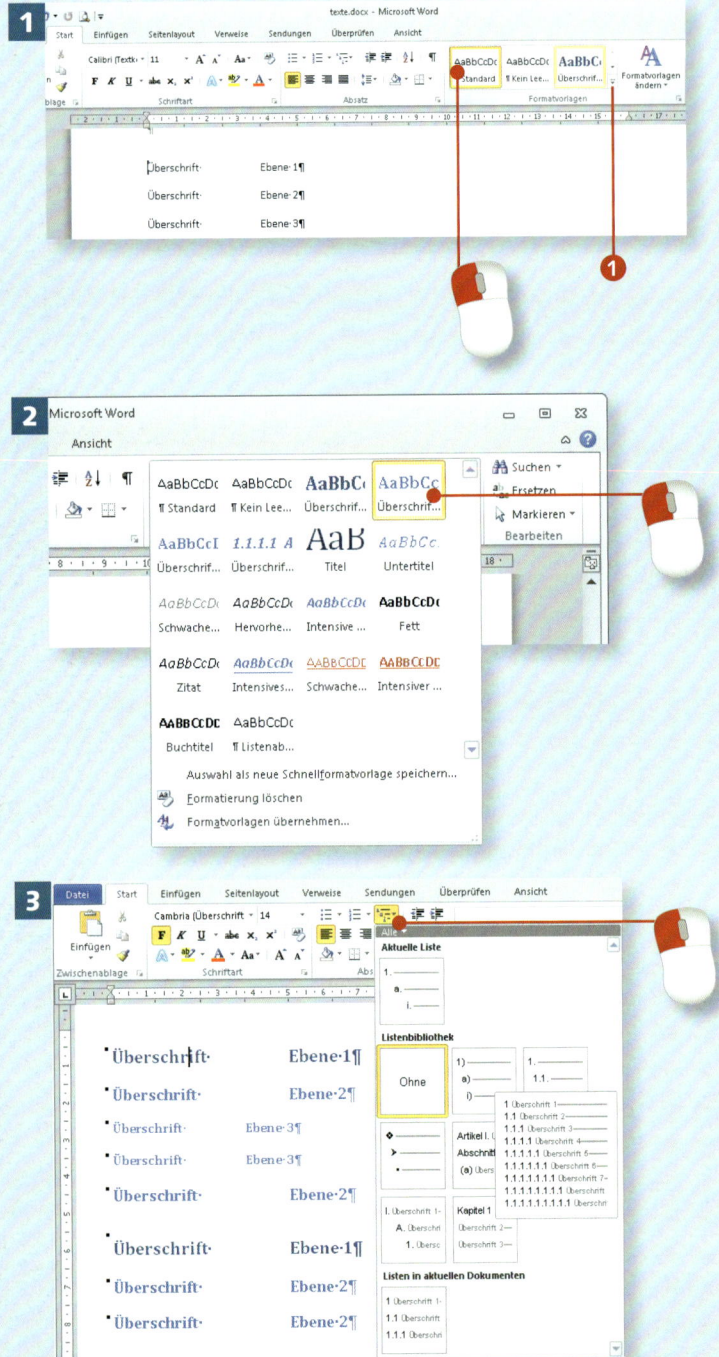

Insbesondere in wissenschaftlichen Arbeiten, aber auch in anderen längeren Dokumenten ist es üblich, den Text mit Überschriften und Unterpunkten zu gliedern.

Schritt 1

Als Erstes weisen Sie Ihren Überschriften die entsprechenden Formatvorlagen zu, also Überschrift 1 (für eine Hauptüberschrift), Überschrift 2 (für eine Unterüberschrift) etc. Setzen Sie dazu den Cursor in die erste Überschrift, und klicken Sie auf der Registerkarte **Start** im Bereich **Formatvorlagen** auf **Überschrift 1**.

Schritt 2

Genauso verfahren Sie mit den anderen Ebenen. Um alle Formatvorlagen für die Überschriften zu sehen, klicken Sie auf den kleinen Pfeil ❶ an der Auswahlliste. Klicken Sie im Menü auf die gewünschte Vorlage.

Schritt 3

Nach dieser Aktion setzen Sie den Cursor in eine Überschrift und klicken auf den Auswahlpfeil des Symbols **Liste mit mehreren Ebenen**. In der Auswahlliste wählen Sie ein Format.

Schritt 4

Sofort nach dieser Aktion sind Ihre Überschriften durchnummeriert. Wenn Sie ein anderes Format wünschen, öffnen Sie erneut das Auswahlmenü des Symbols **Liste mit mehreren Ebenen** und wählen beispielsweise das alphanumerische Format.

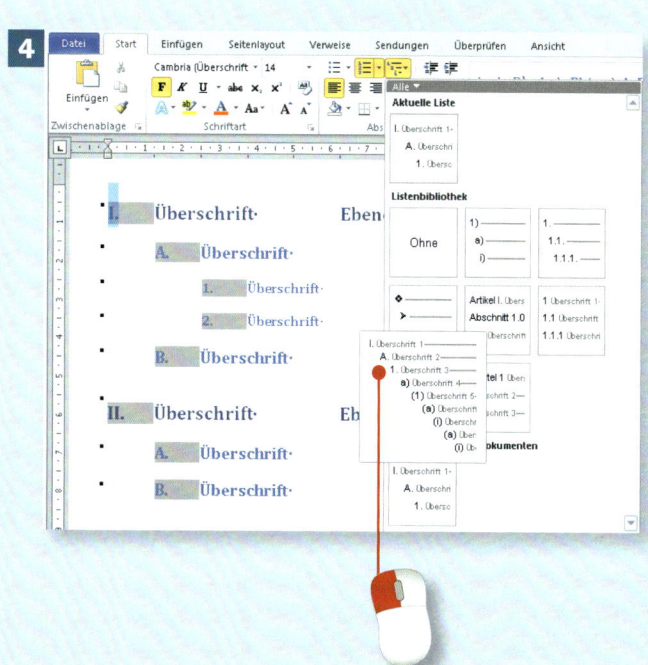

Schritt 5

Wenn Sie eine Überschrift in der Hierarchie verändern möchten, setzen Sie den Cursor in den entsprechenden Absatz und weisen ihm die passende Formatvorlage zu.

Schritt 6

Wenn Sie eine weitere Überschrift haben möchten, schreiben Sie den Text/Absatz an die entsprechende Stelle und vergeben anschließend die zur Ebene passende Formatvorlage.

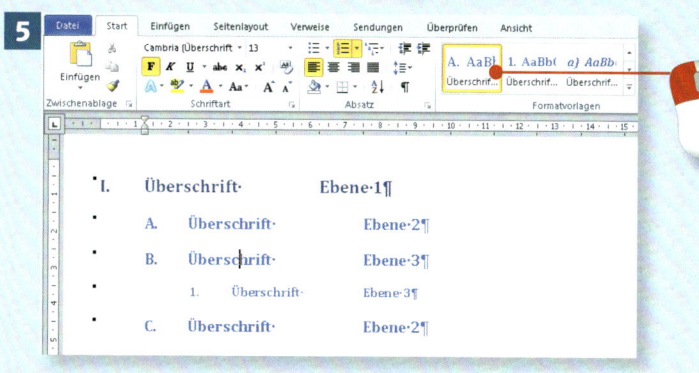

i

Brauchbare Listenformate

In der Listenbibliothek funktionieren (nach meiner Erfahrung) nur die beiden abgebildeten Formate einwandfrei.

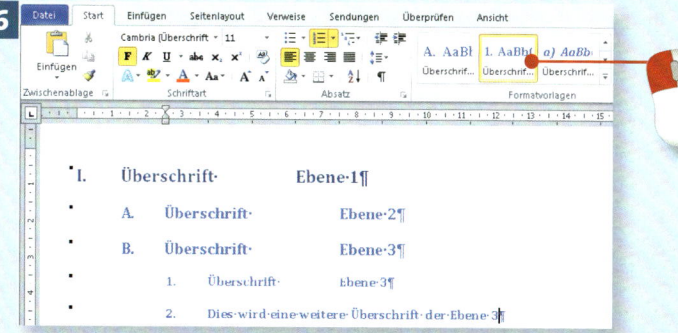

Ein Inhaltsverzeichnis erstellen

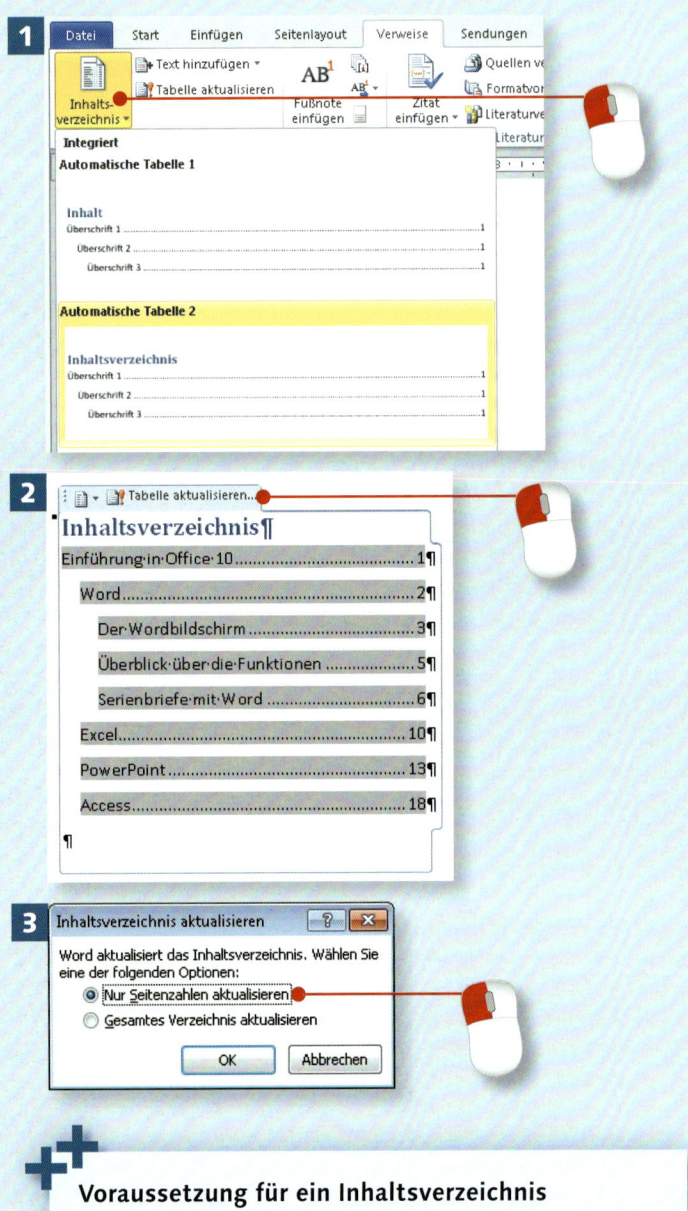

Gerade bei umfangreichen Dokumenten ist ein Inhaltsverzeichnis unerlässlich. Mit der entsprechenden Word-Funktion erstellen Sie Ihr Inhaltsverzeichnis im Nu.

Schritt 1

Setzen Sie den Cursor an die Stelle, an der das Inhaltsverzeichnis erscheinen soll, in der Regel auf eine leere Seite. Auf der Registerkarte **Verweise** klicken Sie auf das Symbol **Inhaltsverzeichnis**. Wählen Sie im Menü **Automatische Tabelle 1** oder **Automatische Tabelle 2**.

Schritt 2

Um das Inhaltsverzeichnis auf den aktuellen Stand zu bringen (also an geänderte Überschriften im Text anzupassen), setzen Sie den Cursor in das Verzeichnis und klicken dann auf **Tabelle aktualisieren** oberhalb des Inhaltsverzeichnisses.

Schritt 3

Im folgenden Dialog wählen Sie eine Option. Wenn Sie eine Überschrift (einen Eintrag) manuell im Inhaltsverzeichnis geändert haben, lassen Sie nur die Seitenzahlen aktualisieren, damit diese Änderung nicht verloren geht.

Voraussetzung für ein Inhaltsverzeichnis

Voraussetzung für ein von Word erstelltes Inhaltsverzeichnis sind Überschriften, die mit Formatvorlagen (Überschrift 1 etc.) formatiert wurden. Siehe dazu Kapitel 4, »Schicke Layouts mit Word«, ab Seite 94.

Schritt 4

Wenn Sie Ihr Inhaltsverzeichnis anpassen, z. B. Überschriften der Ebene 4 mit aufnehmen möchten, dann klicken Sie im Menü auf **Inhaltsverzeichnis einfügen**.

Schritt 5

Im folgenden Dialog **Inhaltsver-zeichnis** auf der gleichnamigen Registerkarte können Sie das Füll-zeichen ❶ ändern, die Hyperlinks ❷ deaktivieren und die einbezogenen Ebenen ❸ verändern. Klicken Sie abschließend auf **OK**.

Schritt 6

Sofern Sie bereits ein Inhaltsver-zeichnis im Dokument hatten, fragt Word in einem Dialog, ob dieses ersetzt werden soll. Klicken Sie hier auf **OK**. Anschließend sehen Sie die Änderung in Ihrem Dokument.

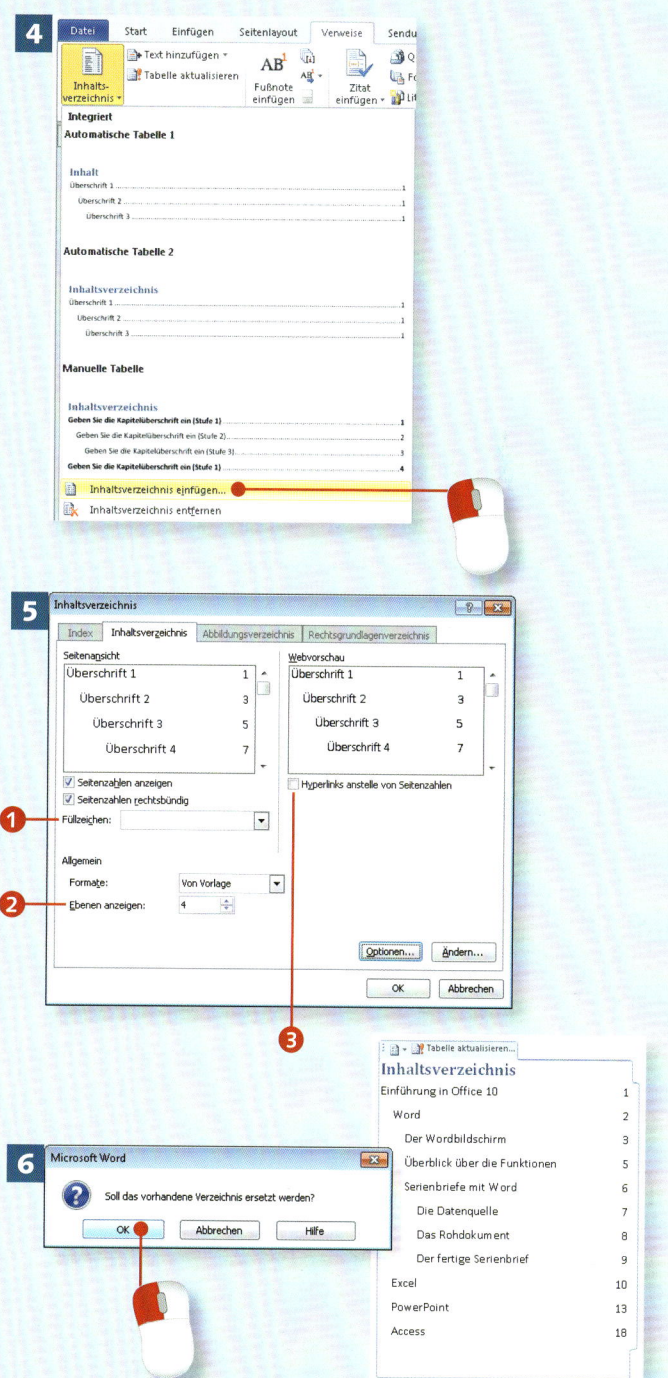

Hyperlinks im Inhaltsverzeichnis

Die Überschriften im Inhaltsver-zeichnis sind *Hyperlinks*. Dies bedeutet, dass Sie per Mausklick direkt zur jeweiligen Überschrift im Dokument springen können.

Ein Dokument in der Druckvorschau betrachten

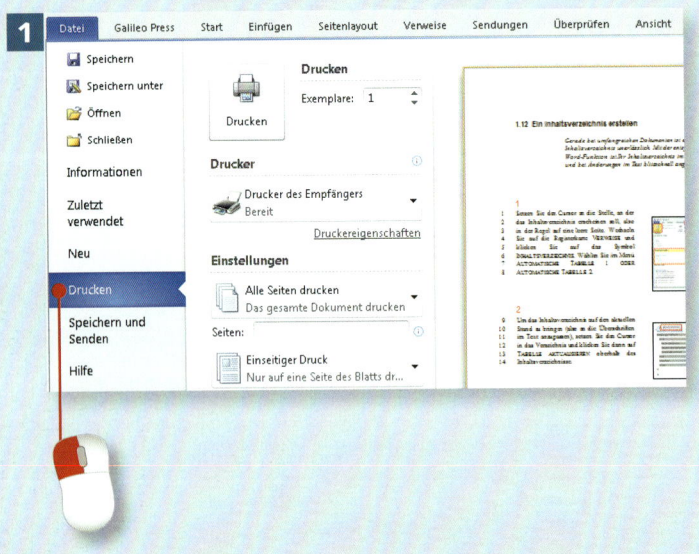

Wenn Sie ein langjähriger Word-Nutzer sind, kennen Sie den Klick auf die Lupe (das Symbol »Seitenansicht«), über die Sie die Druckvorschau eingeblendet haben. Diese Druckvorschau gibt es auch in Word 2010.

Schritt 1

Klicken Sie im Menü **Datei** auf **Drucken**. Die Druckvorschau wird automatisch im rechten Bereich angezeigt. Allerdings kann man hier – im Gegensatz zu früheren Word-Versionen – keine Änderungen mehr vornehmen.

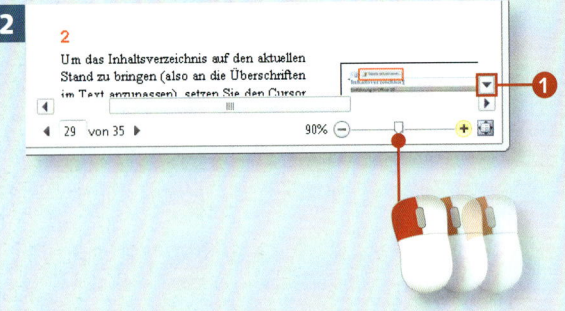

Schritt 2

Mit dem Zoomregler unten rechts am Bildschirm verändern Sie die Größe der Ansicht; mit den Pfeilen der vertikalen Bildlaufleiste **1** können Sie durch das Dokument navigieren.

Schritt 3

Zum Navigieren durch das Dokument können Sie auch die Symbole **Vorherige Seite** bzw. **Nächste Seite** unten am Bildschirm nutzen. Klicken Sie einfach auf den entsprechenden Pfeil.

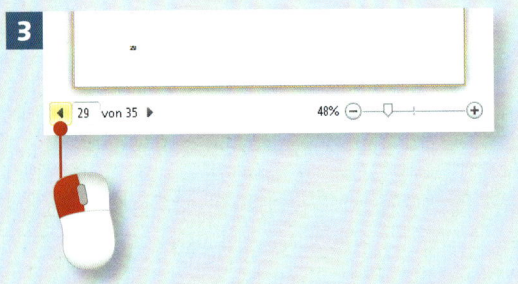

Schritt 4

Um eine Seite des Dokuments auch in der Vorschau komplett auf einer Seite zu sehen, klicken Sie auf das Symbol **Auf Seite zoomen**. Der Zoomfaktor wird automatisch so angepasst, dass die Seite so groß wie möglich angezeigt wird.

Schritt 5

Sie können sich auch mehrere Seiten des Dokuments anzeigen lassen. Führen Sie den Schieberegler des Zooms so weit nach links, bis die Miniseiten auftauchen.

Schritt 6

Die Seitenansicht lässt sich auch per Klick auf das gleichnamige Symbol aufrufen. Legen Sie es in die *Symbolleiste für den Schnellzugriff*, indem Sie auf den Pfeil rechts in der Leiste klicken und im Menü **Seitenansicht und Drucken** wählen. Das Symbol mit der Lupe erscheint in der Leiste.

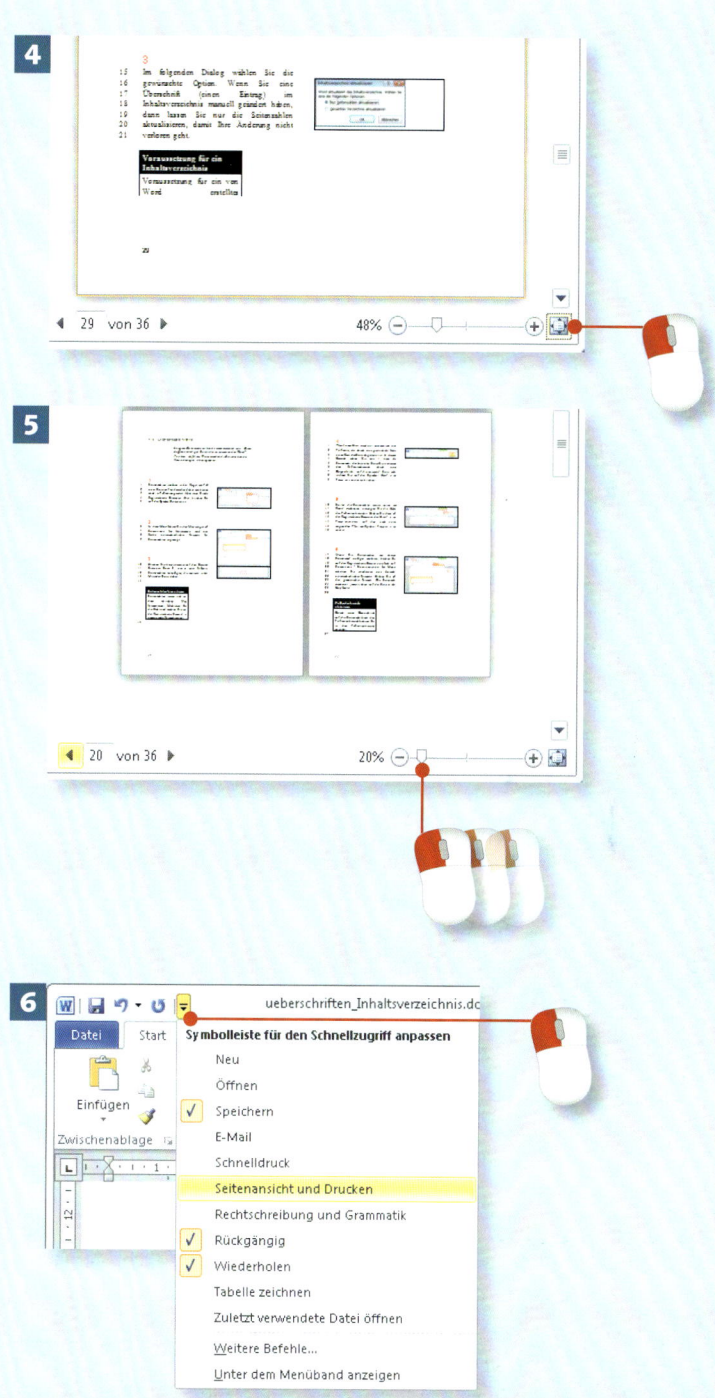

Der Lesemodus

Wenn Sie die alte Seitenansicht vermissen, hilft Ihnen vielleicht der **Vollbild-Lesemodus** (Registerkarte **Ansicht**).

Ein Dokument ausdrucken

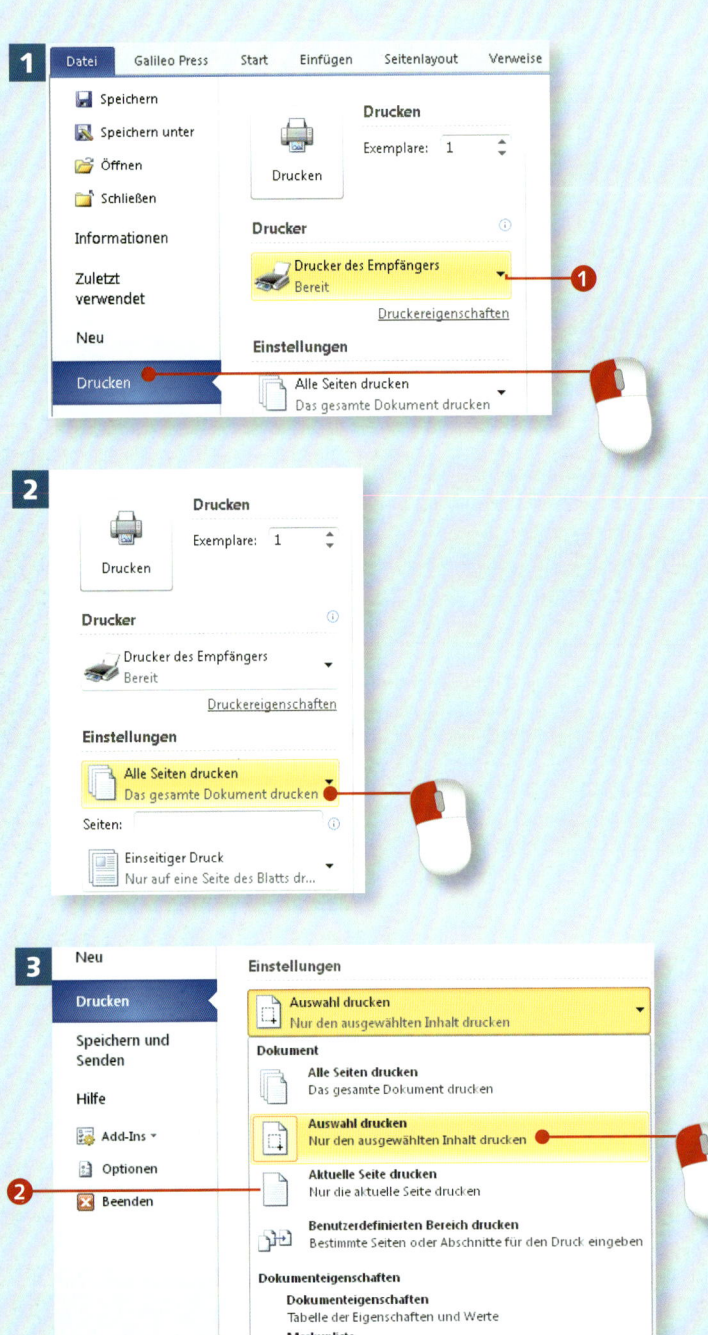

Der Dialog »Drucken« bietet eine Menge praktischer Möglichkeiten. Die wichtigsten Einstellungen stellen wir Ihnen in diesem Abschnitt vor.

Schritt 1

Rufen Sie das Fenster zum Drucken auf, indem Sie **Datei ▸ Drucken** wählen. Prüfen Sie zunächst, ob der richtige Drucker eingestellt ist. Im Bereich **Drucker ❶** können Sie gegebenenfalls einen anderen Drucker auswählen.

Schritt 2

Standardmäßig werden alle Seiten des geöffneten Dokuments gedruckt. Klicken Sie nun auf den Pfeil des ersten Feldes im Bereich **Einstellungen (Alle Seiten drucken)**. Mit den Optionen der Auswahl können Sie festlegen, was gedruckt werden soll.

Schritt 3

Um einen zuvor markierten Bereich zu drucken, wählen Sie in der Auswahlliste der Einstellungen die Option **Auswahl drucken**. Mit der Option **Aktuelle Seite drucken ❷** geschieht genau das: Nur die Seite wird gedruckt, in der der Cursor steht.

Schritt 4

Um bestimmte Seiten auszudrucken, wählen Sie **Benutzerdefinierten Bereich drucken** ❸. Die Seitenzahlen geben Sie durch Komma getrennt ein, z. B. »1,5,7«. Aber auch die Eingabe »3-5« (die Seiten 3 bis 5) funktioniert.

Schritt 5

Standardmäßig wird einseitig gedruckt. Um beidseitig zu drucken, klicken Sie auf den Pfeil am Feld **Einseitiger Druck** und wählen die Option **Beidseitiger Druck**.

Schritt 6

Sie können auch mehrere Seiten auf einem Blatt ausdrucken. Klicken Sie dazu unter **Einstellungen** auf den Pfeil am Feld **1 Seite pro Blatt**. In der Auswahlliste klicken Sie auf die gewünschte Anzahl der Seiten auf einem Blatt. Abschließend klicken Sie ganz oben auf die Schaltfläche **Drucken**, um den Druckauftrag an Ihren Drucker zu schicken.

i Beidseitiger Druck

Wenn Ihr Drucker nicht mit beidseitigem Druck umgehen kann, müssen Sie in Schritt 5 die letzte Option wählen und das Papier manuell umdrehen.

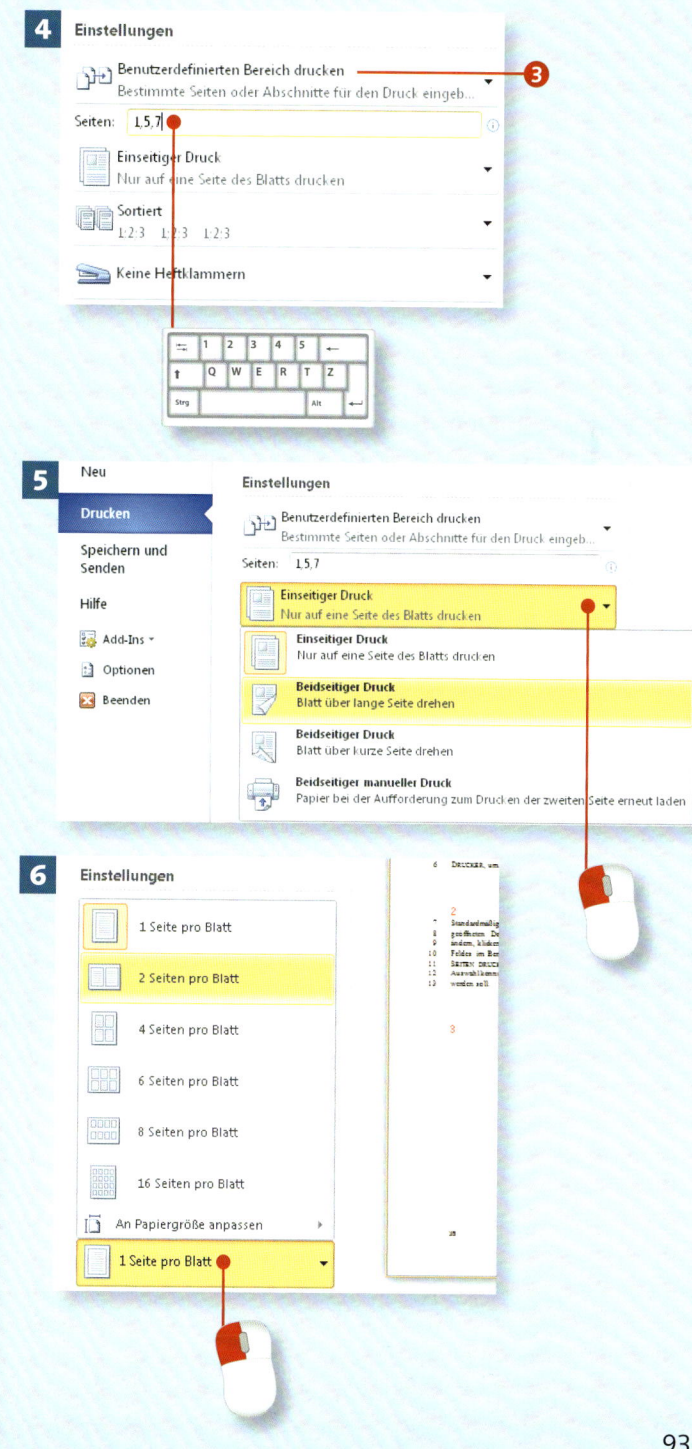

Kapitel 4
Schicke Layouts mit Word

Word ist zwar ein Textverarbeitungsprogramm, bietet aber auch viele Möglichkeiten für eine grafische Gestaltung. In diesem Kapitel zeigen wir Ihnen den Umgang mit Bildern und wie Sie mithilfe von Formatvorlagen schicke Layouts erzeugen.

Aufzählungszeichen und Nummerierungen

Zunächst geht es darum, einen Text mit Aufzählungszeichen zu versehen und Absätze auf diese Weise durchzunummerieren. Sie erfahren u. a., wie Sie über den Dialog **Symbol** ❶ auch eher ungewöhnliche Aufzählungszeichen nutzen können.

Dokumente verschönern

Die meisten Dokumente wirken mit Fotos einfach lebendiger. Sobald Sie ein Foto eingefügt haben, lässt es sich mit den **Bildtools** ❷ bearbeiten und korrigieren. Auch die Funktion **WordArt** ist nicht neu, aber immer wieder verblüffend. Wir zeigen Ihnen, wie aus einfachen Textzeilen dekorative Schriftzüge werden.

Formatvorlagen zuweisen

Eine Formatvorlage ❸ bündelt diverse Gestaltungen in einer Art Schablone, die Sie Absätzen per Mausklick zuweisen können. Dokumentvorlagen, die ebenfalls Thema dieses Kapitels sind, gehen noch einen Schritt weiter: Sie können ganze Textpassagen, Bilder oder Formateinstellungen umfassen.

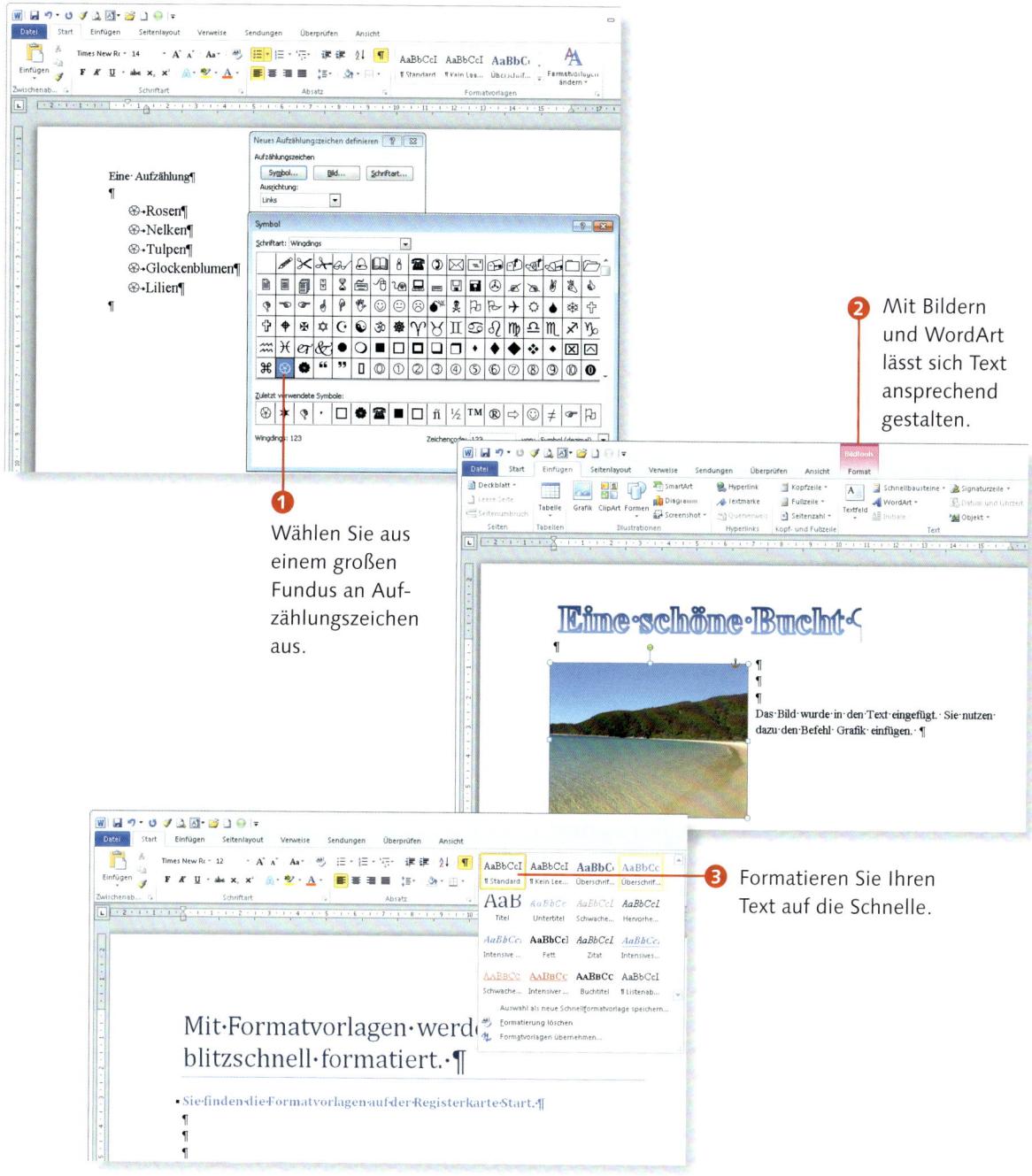

2 Mit Bildern und WordArt lässt sich Text ansprechend gestalten.

1 Wählen Sie aus einem großen Fundus an Aufzählungszeichen aus.

3 Formatieren Sie Ihren Text auf die Schnelle.

Ansprechende Aufzählungen und Nummerierungen

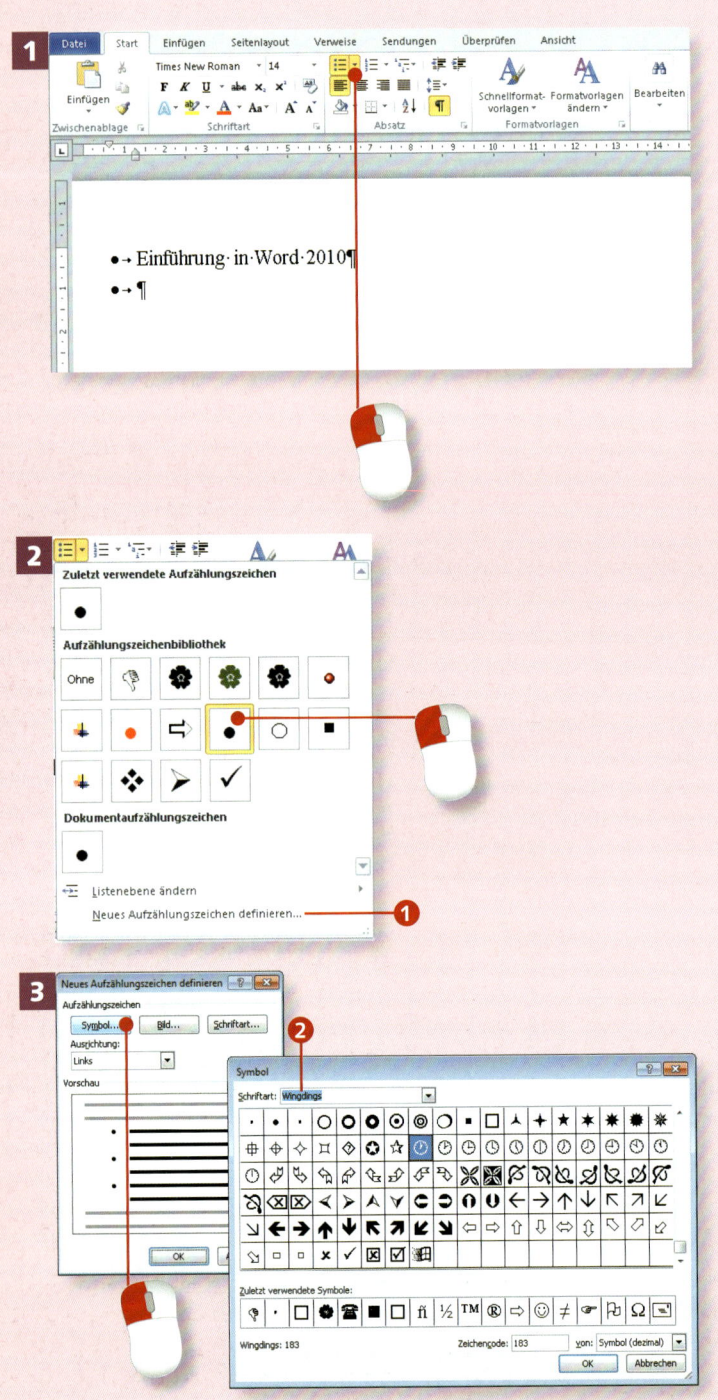

Wenn Text untereinandergeschrieben werden soll, sind Aufzählungszeichen eine gute Methode, die Aufmerksamkeit des Lesers auf diese Zeilen zu lenken.

Schritt 1

Auf der Registerkarte **Start** gibt es das Symbol **Aufzählungszeichen**. Wenn Sie darauf klicken, wird Ihrem Text das zuletzt verwendete Aufzählungszeichen zugewiesen. Der nächste Aufzählungspunkt erscheint, sobald Sie die ⏎-Taste drücken.

Schritt 2

Um ein neues Zeichen einzufügen, klicken Sie auf den Pfeil neben **Aufzählungszeichen**. Per Mausklick wählen Sie ein Zeichen aus der **Aufzählungszeichenbibliothek**, in der die zuletzt genutzten Zeichen aufgeführt sind.

Schritt 3

Um aus einem noch größeren Fundus zu wählen, klicken Sie im Menü des Symbols **Aufzählungszeichen** auf **Neues Aufzählungszeichen definieren** ❶ und im Fenster auf **Symbol**. Der gleichnamige Dialog bietet je nach Schriftart ❷ eine Fülle unterschiedlichster Zeichen.

Schritt 4

Für eine einfache Nummerierung klicken Sie auf der Registerkarte **Start** auf das Symbol **Nummerierung**. Es erscheint eine eingerückte 1. Dann schreiben Sie Ihren Text. Sobald Sie die ⏎-Taste gedrückt haben, wird die Nummerierung fortgesetzt.

Schritt 5

Sowohl Zahl als auch Text werden etwas eingerückt (0,63 cm). Sie können die Einzüge mithilfe der Markierungen im Lineal verändern. Verschieben Sie einfach die Symbole für den Einzug.

Schritt 6

Andere Nummerierungszeichen erhalten Sie, wenn Sie auf den Pfeil am Symbol **Nummerierung** klicken. In der **Nummerierungsbibliothek** klicken Sie auf die gewünschte Nummerierung, z. B. eine Ziffer mit Klammer.

i

Nummerierungswert ändern

Word nummeriert fortlaufend. Für einen anderen Wert klicken Sie auf den Pfeil am Symbol **Nummerierung** und wählen **Nummerierungswert festlegen**. Im Dialog geben Sie im Feld **Wert festlegen auf** die Anfangszahl ein.

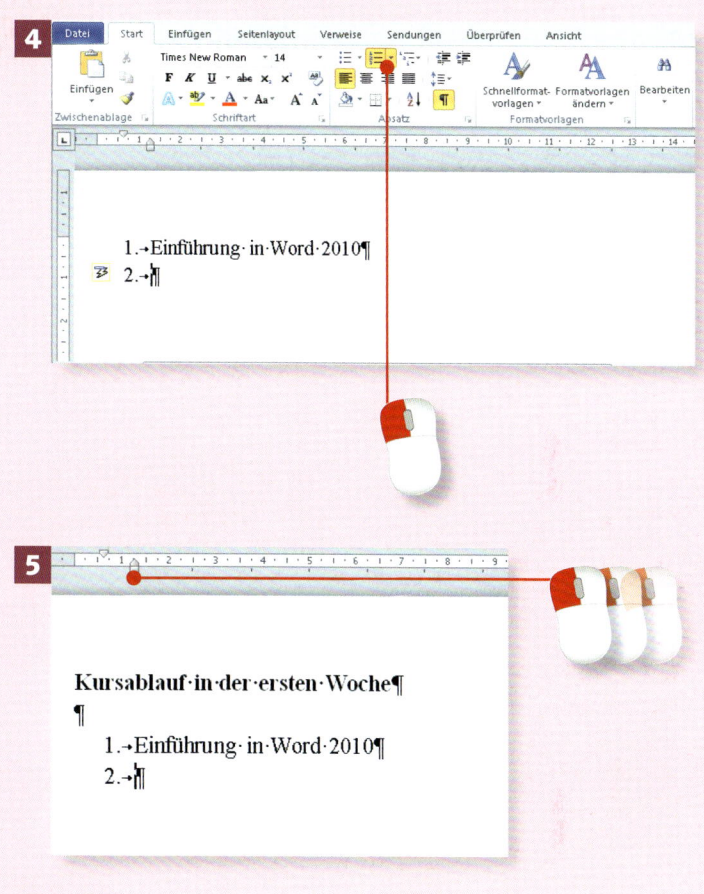

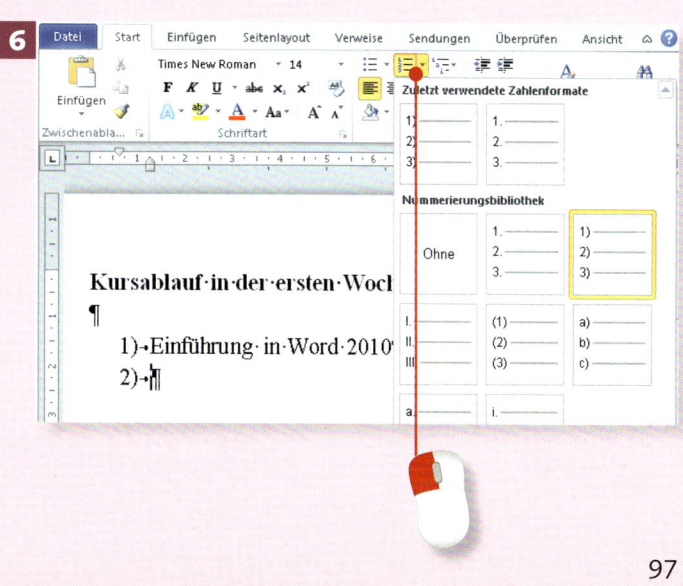

Ein Foto einfügen und bearbeiten

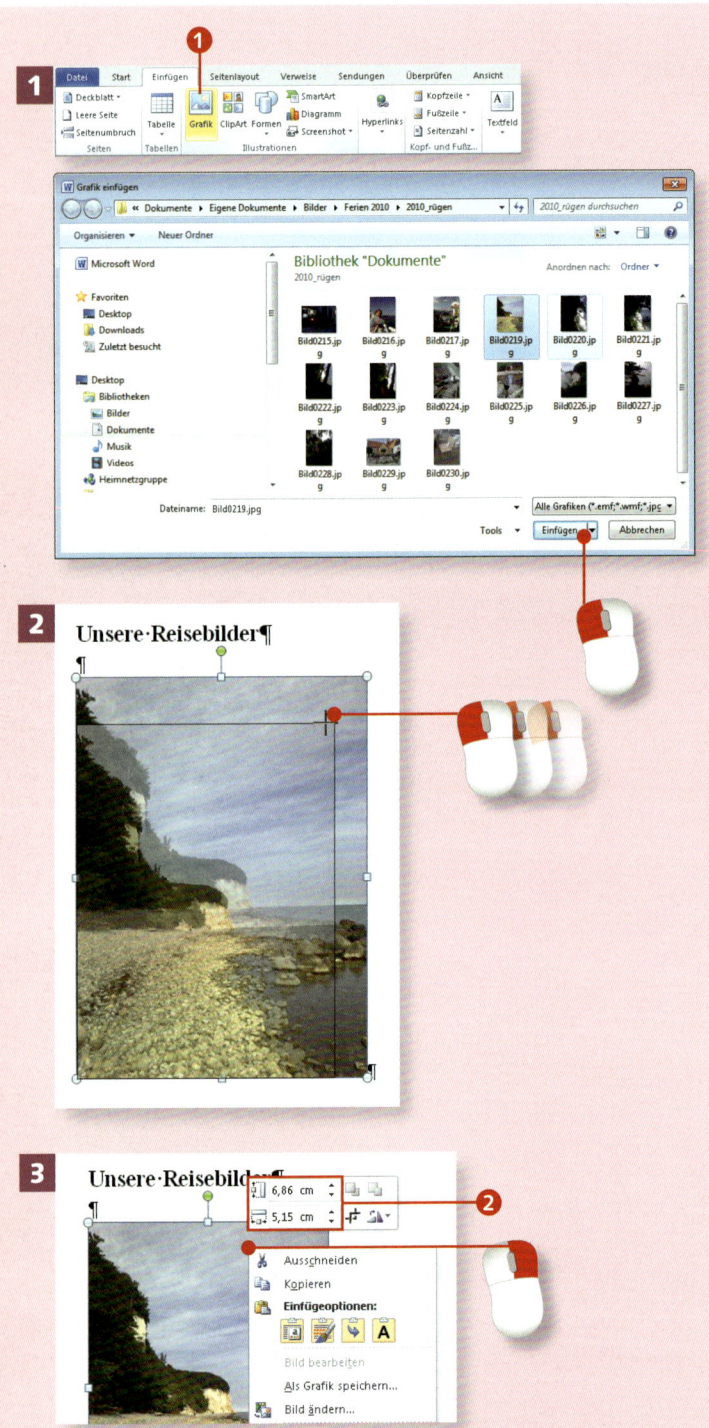

Sie sind in Word nicht darauf beschränkt, mit Texten zu arbeiten. Das Programm kann auch bestens mit Bildern umgehen.

Schritt 1

Um ein Foto einzufügen, klicken Sie auf der Registerkarte **Einfügen** auf **Grafik** ❶. Im Dialog **Grafik einfügen** öffnen Sie den Ordner, in dem das Bild liegt, markieren es und klicken auf **Einfügen**.

Schritt 2

Um die Größe des Bildes zu ändern, markieren Sie es. Sie sehen acht Ziehpunkte. Ziehen Sie einen Eckpunkt mit gedrückter Maustaste nach innen oder außen (am besten mit zusätzlich gedrückter ⇧-Taste, um die Proportionen beizubehalten).

Schritt 3

Sie können die Bildgröße auch exakt angeben. Klicken Sie das Bild mit rechts an. In dem kleinen Menü mit den Feldern **Formhöhe** und **Formbreite** ❷ können Sie die Maße verändern, indem Sie auf die Pfeile klicken oder eine Größe eingeben.

Schritt 4

Mit der Zeilenumbruchart legen Sie fest, wie sich das Bild zum Text verhält. Klicken Sie das Bild mit rechts an, und wählen Sie **Zeilenumbruch** und im Untermenü z. B. **Quadrat**. Der Standard ist **Mit Text in Zeile**.

Schritt 5

Mit der Standardeinstellung **Mit Text in Zeile** ❸ lässt sich ein Bild behandeln wie ein Textzeichen, d. h., Sie können es zentrieren oder rechtsbündig ausrichten.

Schritt 6

Um das Bild mit der Maus versetzen zu können, muss die Zeilenumbruchart z. B. auf **Passend** ❹ oder **Quadrat** geändert werden. Nun ziehen Sie das Bild mit gedrückter Maustaste an die gewünschte Stelle.

Zeilenumbruchart

Die Zeilenumbruchart des Bildes entscheidet über das Zusammenspiel zwischen Text und Grafiken. Ein Text kann z. B. genau um das Bild fließen (**Passend**) oder auf dem Bild erscheinen (**Hinter den Text**).

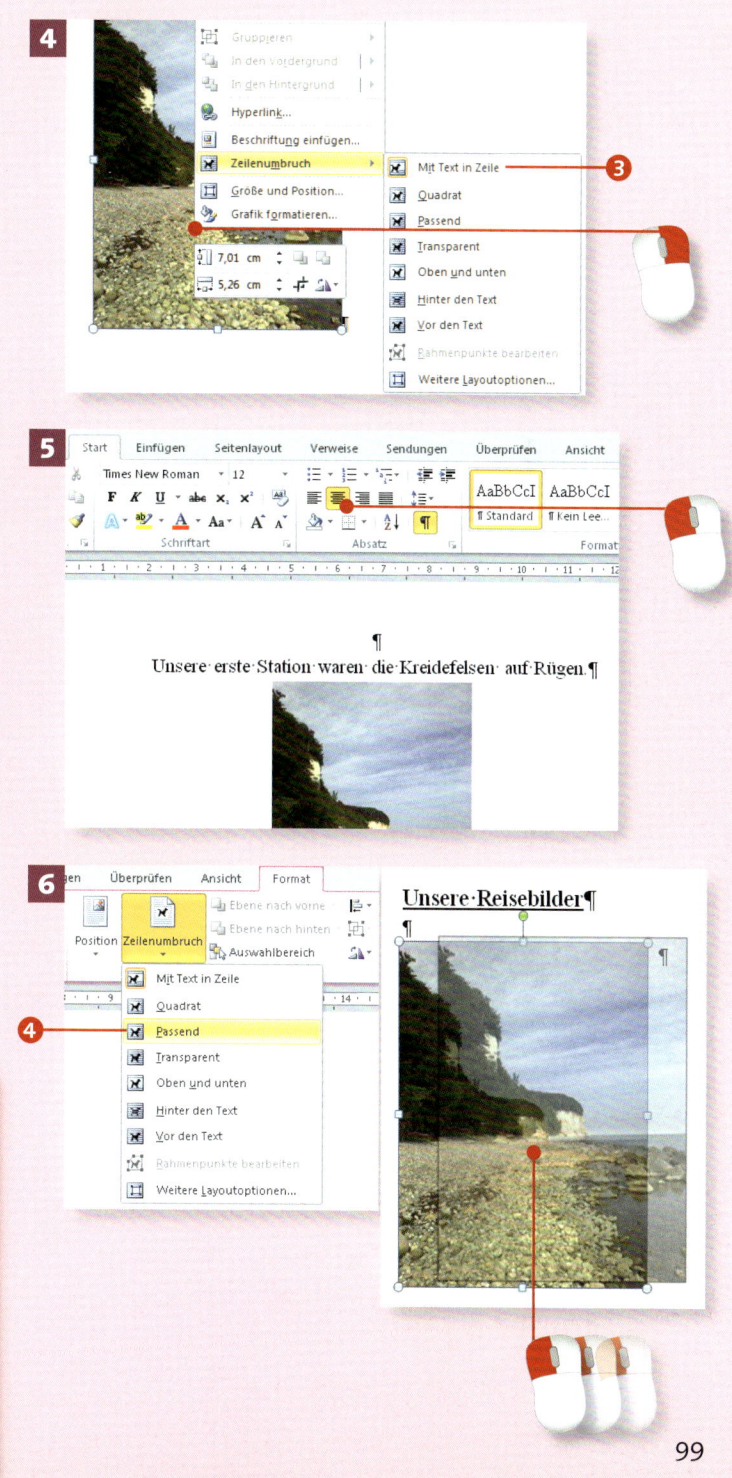

Ein Foto einfügen und bearbeiten (Forts.)

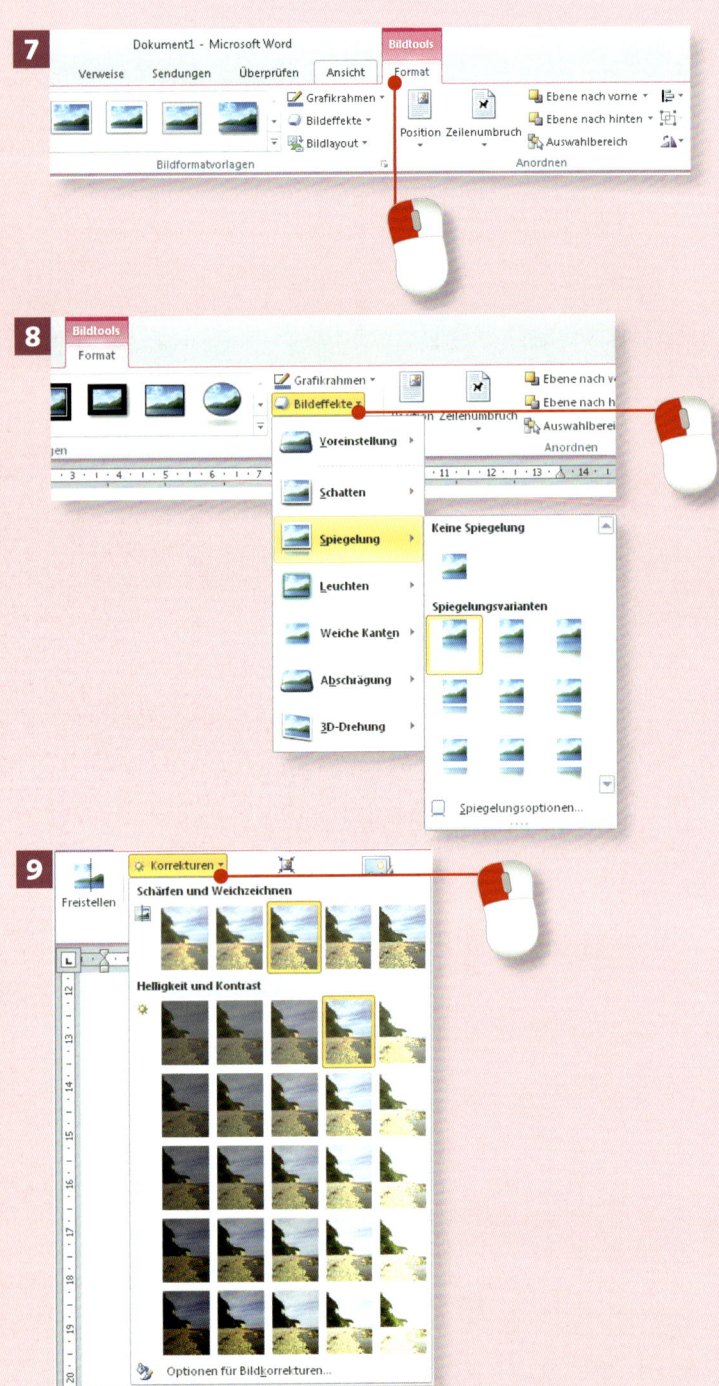

Schritt 7

Die Registerkarte **Bildtools ▸ Format** bietet ein ganzes Bündel an Bearbeitungsmöglichkeiten. Unterschiedliche Formen mit oder ohne Rahmen, Schatten etc. können Sie über die **Bildformatvorlagen** zuweisen.

Schritt 8

Auch im Menü **Bildeffekte** bzw. in den jeweiligen Untermenüs gibt es ausgesprochen interessante Effekte, z. B. diverse Spiegelungsvarianten und Schatteneinstellungen.

Schritt 9

Wenn dem Bild, das Sie eingefügt haben, Schärfe, Kontrast oder Helligkeit fehlen, können Sie es mit den Funktionen des Symbols **Korrekturen** nachbessern. Fahren Sie mit dem Mauszeiger einfach über die Vorschaubildchen, um den jeweiligen Effekt zu sehen.

Bilder verankern

Wenn ein Bild nicht mit dem Absatz verschoben werden soll, müssen Sie es verankern. Wählen Sie dazu **Bildtools ▸ Format ▸ Position ▸ Weitere Layoutoptionen ▸ Position**. Aktivieren Sie hier die Option **Verankern**.

Schritt 10

Um dem Bild eine andere Farbe oder einen anderen Farbton zuzuweisen, nutzen Sie die Angebote des Symbols **Farbe**. Hier finden Sie auch die Option **Ausgeblichen** ❶ (in der Kategorie **Neu einfärben**), die sich besonders dafür eignet, ein Bild in den Hintergrund zu legen.

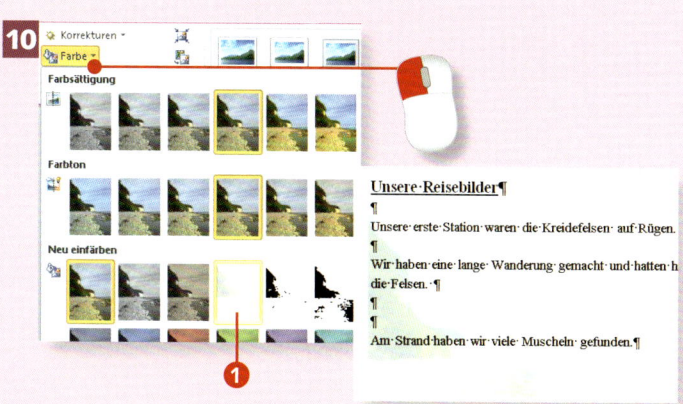

Schritt 11

Und zum Schluss: die Option **Künstlerische Effekte**. Mit den Einstellungen dieses Menüs wird ein Bild regelrecht verfremdet und zu einem »Kunstwerk«. Hier stehen Ihnen **Weichzeichnen**, **Strichzeichnung**, **Mosaik**, **Glas-Effekt** und einige Effekte mehr zur Verfügung.

Schritt 12

Auf der Registerkarte **Format** finden Sie rechts auch das Symbol **Zuschneiden** ❷. Mit diesem Instrument können Sie ein Bild – wie der Name sagt – auf bestimmte Bereiche zuschneiden. Klicken Sie das Symbol an, setzen Sie den Mauszeiger an eine der Zuschneidemarken am Bild, und ziehen Sie mit gedrückter Maustaste nach innen. Klicken Sie dann irgendwo außerhalb des Bildes.

Mehr Pep mit WordArt

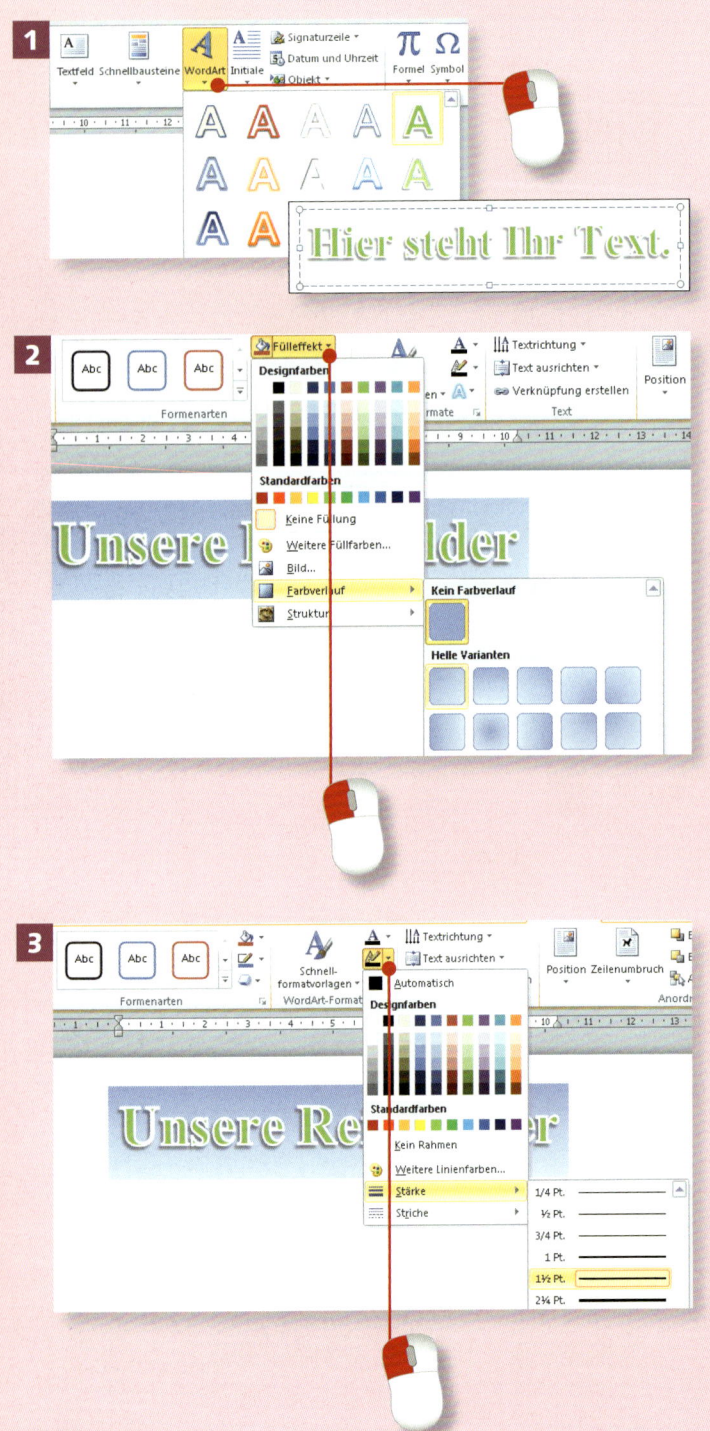

Mit WordArt wird aus einer Textzeile ein dekorativer Schriftzug, der sich z. B. gut für Werbezettel, Slogans oder Plakattexte eignet.

Schritt 1

Klicken Sie auf der Registerkarte **Einfügen** in der Gruppe **Text** auf **WordArt**, und entscheiden Sie sich im Menü für ein Design. Nun wird eine Grafik in Ihr Dokument eingefügt, in der »Hier steht Ihr Text« zu lesen ist. Überschreiben Sie diesen Text mit Ihrem eigenen.

Schritt 2

Um den Text mit einer anderen Farbe zu füllen oder ihm einen Farbverlauf zu geben, klicken Sie auf der Registerkarte **Format** in der Gruppe **Formenarten** auf den Pfeil neben **Fülleffekt**. Im Menü wählen Sie die gewünschte Farbe oder führen den Mauszeiger auf **Farbverlauf**.

Schritt 3

Die Kontur des Schriftzugs ändern Sie, indem Sie auf der Registerkarte **Format** in der Gruppe **WordArt-Formate** auf den Pfeil neben **Textkontur** klicken. Hier wählen Sie eine Farbe, die **Stärke** der Kontur und die Linienart (über den Menüpunkt **Striche**).

Schritt 4

Um einen Grafikeffekt auf den Text bzw. das WordArt anzuwenden, klicken Sie in der Gruppe **WordArt-Formate** auf **Texteffekte**. Im Menü bzw. den jeweiligen Untermenüs finden Sie eine Vielzahl von Effekten, z. B. **Schatten**, **Leuchten** und **Abschrägung**.

Schritt 5

Um dem Schriftzug selbst eine andere Form zu geben, klicken Sie auf **Texteffekte ▸ Transformieren**. Das Untermenü bietet viele unterschiedliche Formen (**Kreis**, **Bogen**, **Wellen** etc.).

Schritt 6

Einen interessanten Effekt weisen Sie mit **Fülleffekt ▸ Bild** zu. Im Dialog wählen Sie ein Bild, das dann den Hintergrund bildet. Allerdings sind die meisten Bilder nicht für diesen Zweck geeignet, da sie an das Textfeld angepasst und dadurch verzerrt werden.

i

Transformation bearbeiten

Wenn Sie dem WordArt eine Transformation zugewiesen haben, erhält es zusätzliche Ziehpunkte, mit denen Sie seine Stärke und Intensität bearbeiten können.

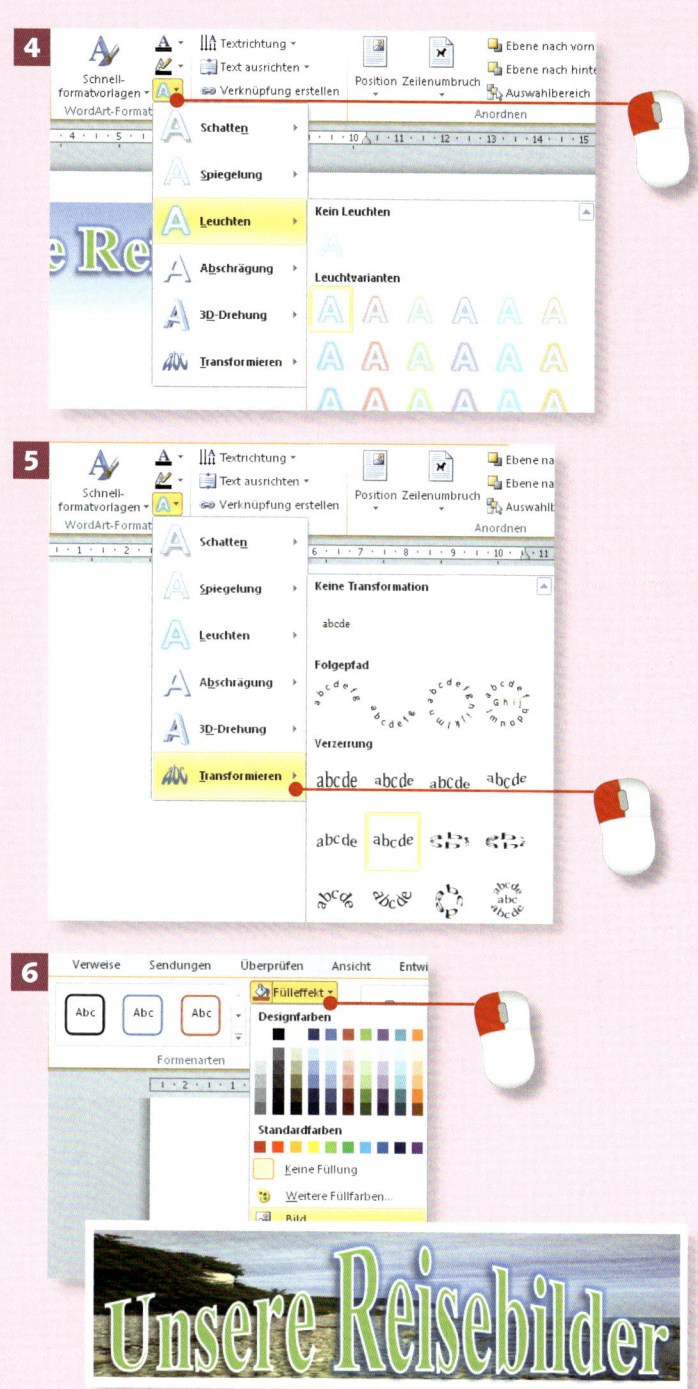

Hintergrundfarbe und Rahmenlinien einstellen

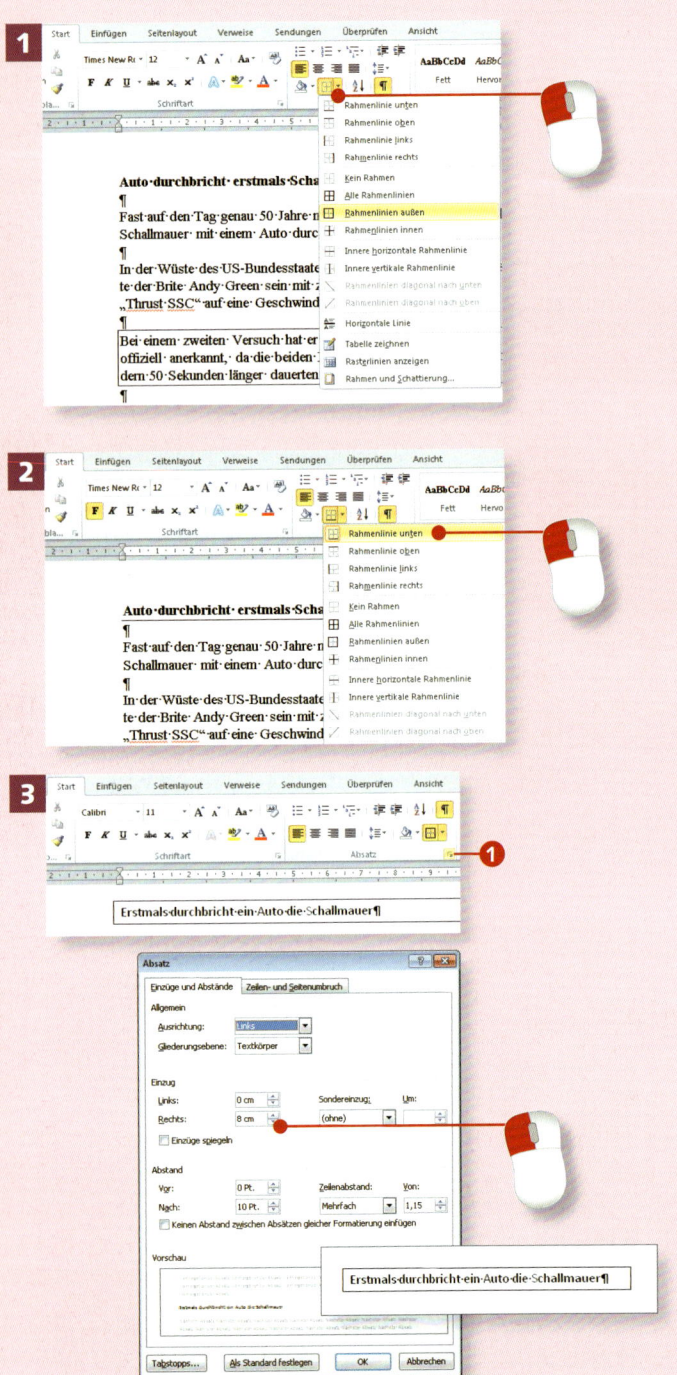

Text zu umranden oder einzelne Linien zu setzen, sind effektive Mittel, bestimmte Passagen vom Rest des Textes abzuheben.

Schritt 1

Um einen Rahmen um einen Absatz zu ziehen, setzen Sie den Cursor in den betreffenden Absatz. Dann klicken Sie auf der Registerkarte **Start** auf den Pfeil am Symbol **Rahmen**. Im Menü wählen Sie den Eintrag **Rahmenlinien außen**.

Schritt 2

Mit den Optionen im Menü des Symbols **Rahmen** können Sie nicht nur einen geschlossenen Rahmen um eine Textpassage setzen, sondern auch einzelne Linien ziehen. Um beispielsweise eine Linie unterhalb eines Absatzes zu erzeugen, klicken Sie auf **Rahmenlinie unten**.

Schritt 3

Sie rahmen eine linksbündige Überschrift ein und stellen fest, dass der Rahmen zu lang ist? Dieses Problem lösen Sie mit einem Einzug. Klicken Sie auf der Registerkarte **Start** auf den Pfeil der Gruppe **Absatz** ❶, und geben Sie im Feld **Einzug ▸ Rechts** einen Wert ein, z. B. »8 cm«.

Schritt 4

Um einen Rahmen zu setzen, der sich exakt um ein markiertes Stück Text legt, klicken Sie im Menü des Symbols **Rahmen** auf **Rahmenlinien außen**. Achten Sie vorher darauf, dass Sie die Absatzmarke nicht mit markieren.

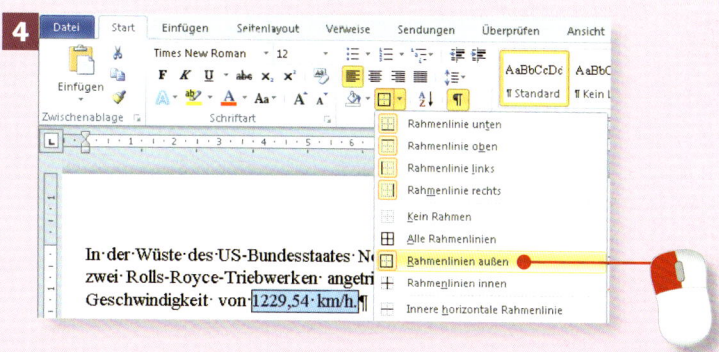

Schritt 5

Um weitere Optionen für Rahmen und Linien zu sehen, klicken Sie im Menü des Symbols **Rahmen** ganz unten auf **Rahmen und Schattierung**. Im zugehörigen Dialog können Sie u.a. die Linienart und die Farbe des Rahmens einstellen.

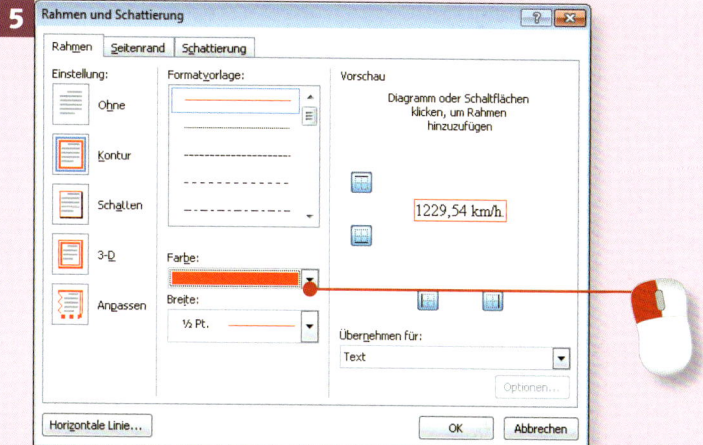

Schritt 6

Im Dialog **Rahmen und Schattierung** finden Sie auch die Registerkarte **Schattierung**. Wenn Sie auf den Pfeil am Feld **Füllung** klicken, wird eine Farbpalette eingeblendet. Per Mausklick auf ein Farbkästchen weisen Sie dem Rahmen bzw. dem markiertem Bereich eine Hintergrundfarbe zu.

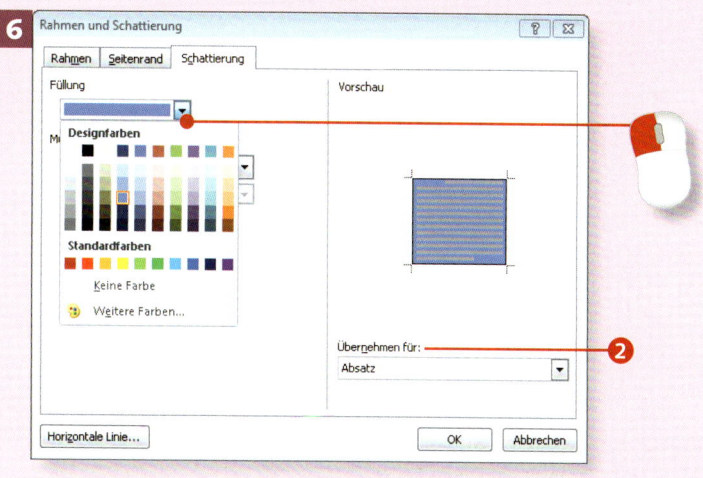

Absatz oder Text?

Achten Sie auf die Eingabe im Feld **Übernehmen für** ➋. Hier legen Sie fest, auf welchen Bereich sich die Einstellungen beziehen sollen.

Schönere Dokumente mit Formatvorlagen

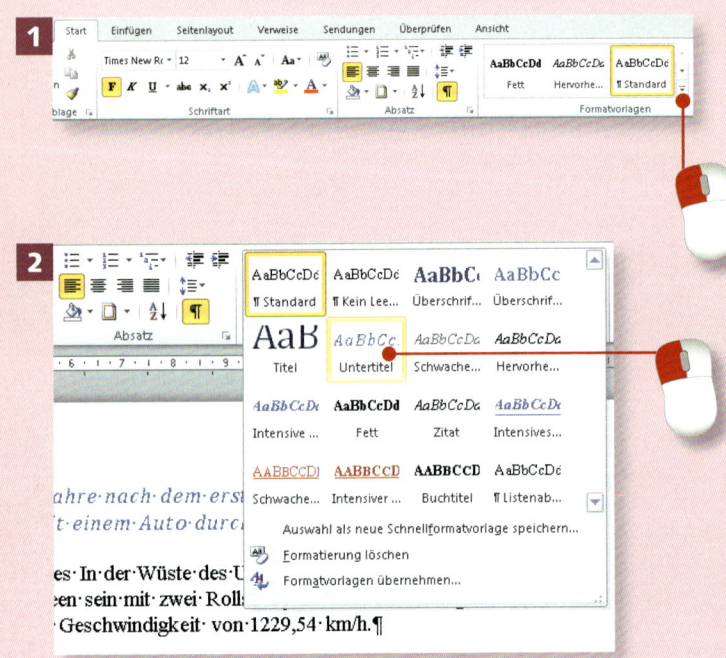

Formatvorlagen bündeln diverse Formatierungen in Vorlagen, die Sie Absätzen einfach per Mausklick zuweisen können. Eine praktische Sache, die wir Ihnen hier zeigen.

Schritt 1

Um eine Formatvorlage zuzuweisen, setzen Sie den Cursor in den entsprechenden Absatz und klicken auf der Registerkarte **Start** auf den Pfeil an der Auswahl der **Formatvorlagen**. Im Menü sehen Sie die *Schnellformatvorlagen*.

Schritt 2

Wenn Sie mit der Maus über die Bezeichnungen fahren, sehen Sie die Auswirkungen direkt im Text. Klicken Sie auf eine Vorlage, um sie für den aktuellen Absatz zu übernehmen.

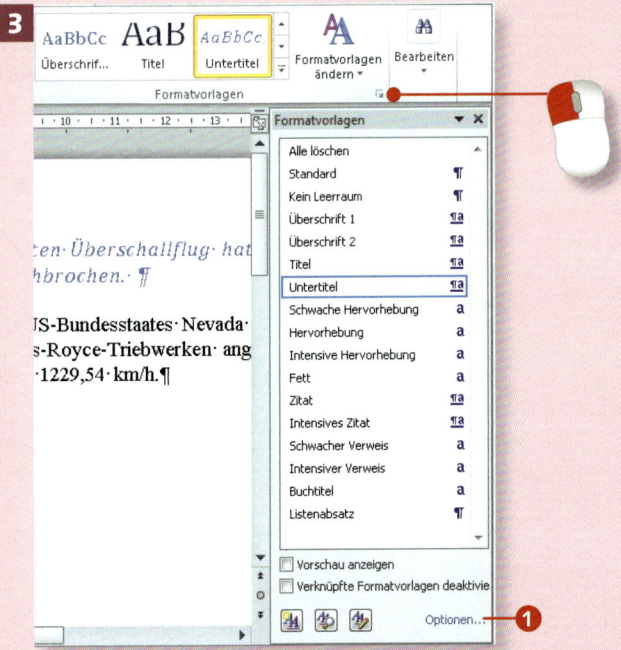

Schritt 3

Um das gesamte Angebot an Formatvorlagen zu erhalten, klicken Sie auf den Pfeil an der Gruppe **Formatvorlagen**. Daraufhin wird im rechten Bereich der Aufgabenbereich **Formatvorlagen** eingeblendet, in dem eine größere Auswahl angezeigt wird.

Schritt 4

Um alle vorhandenen Formatvorlagen zu sehen, klicken Sie ganz unten auf den Link **Optionen** ❶. Im Dialog wählen Sie im Feld **Anzuzeigende Formatvorlagen** die Option **Alle Formatvorlagen**.

Schritt 5

Wenn Sie an einem Dokument arbeiten, in dem Sie nur bestimmte Formatvorlagen verwenden möchten, wählen Sie im Feld **Anzuzeigende Formatvorlagen** die Einstellung **Verwendet**. Die Liste im Aufgabenbereich wird dann erheblich übersichtlicher.

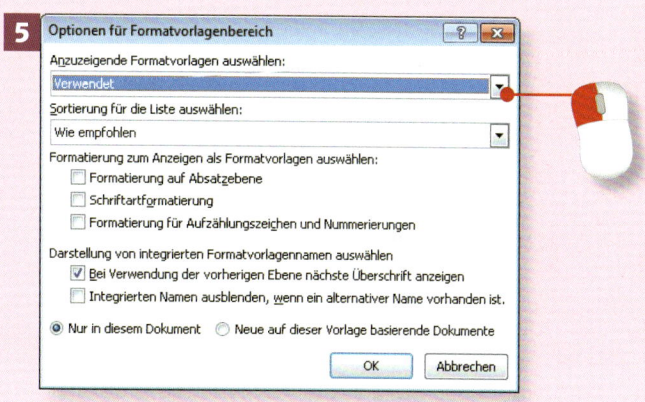

Schritt 6

Sobald Sie mit der Maus auf eine der Formatvorlagen im Aufgabenbereich zeigen, werden die zugehörigen Formatierungseinstellungen eingeblendet.

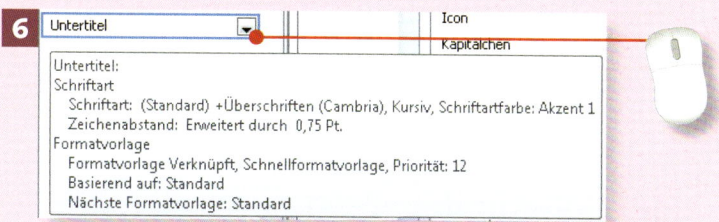

Formatvorlagen nutzen

Insbesondere bei längeren Dokumenten sind Formatvorlagen nützlich, weil sich wiederkehrende Formatierungen mit einem Mausklick zuweisen lassen. Auch das Ändern z. B. aller Überschriften geht schnell: Sie müssen nur die entsprechende Formatvorlage anpassen.

Formatvorlagen anpassen

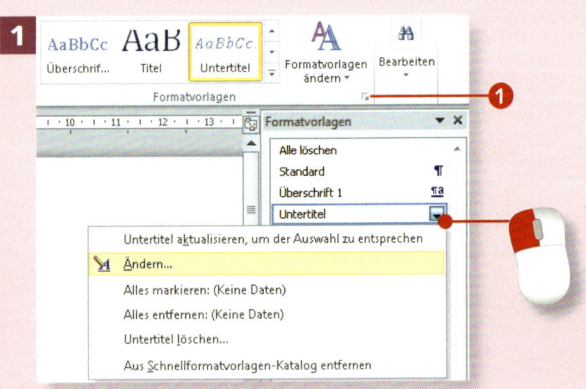

Passen die Eigenschaften einer Formatvorlage nicht ganz zu Ihren Vorstellungen? Das ist kein Problem, Sie können sie an Ihre Wünsche anpassen und dann verwenden.

Schritt 1

Wenn Sie auf den Pfeil an der Gruppe **Formatvorlagen** ❶ klicken, werden die Formatvorlagen im Aufgabenbereich angezeigt. In der Liste klicken Sie auf den Pfeil rechts an der Vorlage, die Sie ändern möchten. Im Menü wählen Sie **Ändern**.

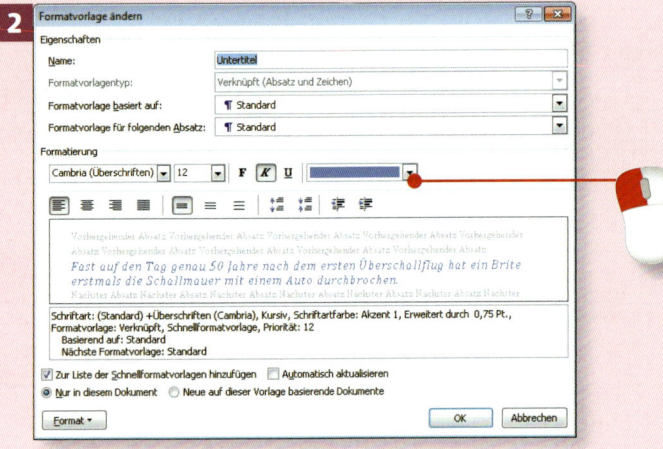

Schritt 2

Der Dialog **Formatvorlage ändern** öffnet sich. Einige Formatierungseinstellungen können Sie direkt hier ändern, z. B. die Schriftgröße und/oder die Farbe.

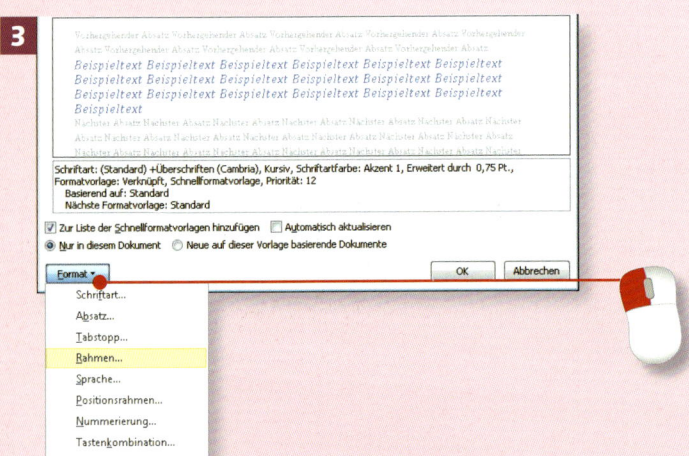

Schritt 3

Manche Einstellungen finden Sie nicht unmittelbar im Dialog. Um beispielsweise einen Rahmen festzulegen, klicken Sie auf **Format** und wählen im Menü **Rahmen**. Dies öffnet den Dialog **Rahmen und Schattierung**.

Schritt 4

Wenn die (geänderte) Formatvorlage in der Gruppe **Schnellformatvorlagen** auf der Registerkarte **Start** auftauchen soll, aktivieren Sie die Option **Zur Liste der Schnellformatvorlagen hinzufügen**.

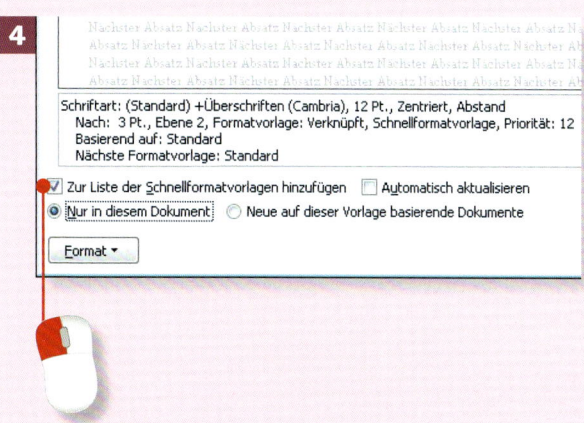

Schritt 5

Wenn die Veränderungen an der Formatvorlage nur im aktuellen Dokument gelten sollen, setzen Sie das Häkchen vor **Nur in diesem Dokument**. In neuen Dokumenten hat die Formatvorlage dann wieder die Standardeinstellungen (wie in der Dokumentvorlage).

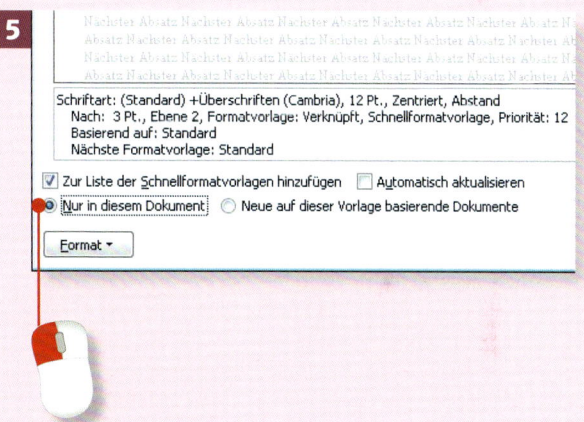

Schritt 6

Achten Sie auf jeden Fall auf das Feld **Formatvorlage für folgenden Absatz**. Hier legen Sie fest, in welchem Format Sie weiterschreiben, nachdem Sie die ⏎-Taste gedrückt haben.

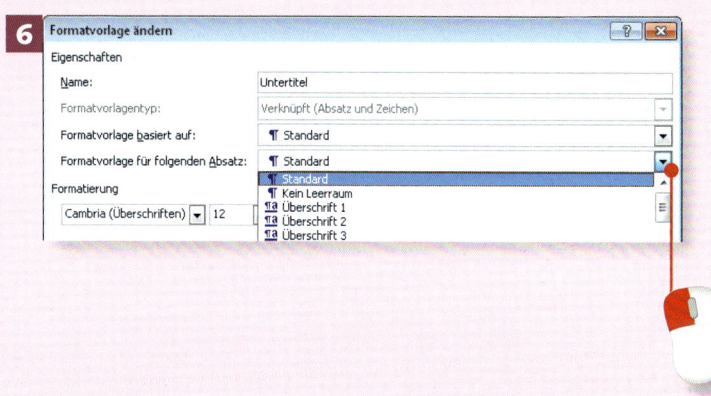

Neue Formatvorlage

Ein Klick auf das Symbol **Neue Formatvorlage** im Aufgabenbereich **Formatvorlagen** öffnet den eben beschriebenen Dialog. Anstatt eine Formatvorlage zu ändern, können Sie hier auch eine neue Formatvorlage mit einem eigenen Namen anlegen.

Eine eigene Dokumentvorlage erstellen

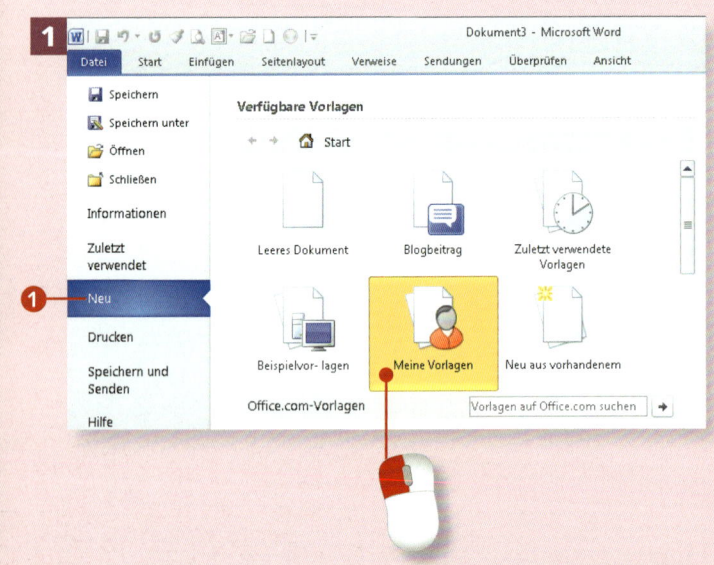

Eine Dokumentvorlage enthält alle Einstellungen, die Sie für die Erstellung eines Dokuments benötigen: Seitenlayout, Formatierungen, Formatvorlagen etc. So nimmt ein neues Dokument im Nu Form an.

Schritt 1

Für Dokumente, die Sie häufig schreiben und die immer das gleiche Layout haben sollen, sparen Sie sich mit einer Dokumentvorlage als Grundgerüst viel Arbeit. Um eine neue Vorlage anzulegen, klicken Sie auf **Datei ▸ Neu ❶**. Im Dialog wählen Sie **Meine Vorlagen**.

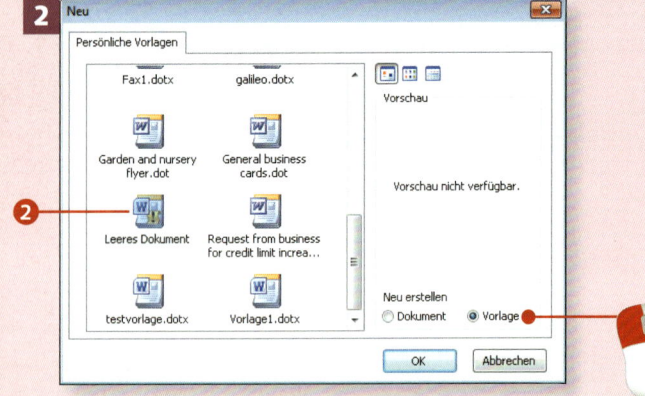

Schritt 2

Im Dialog **Neu** wählen Sie **Leeres Dokument ❷** und aktivieren rechts unten im Dialog die Option **Vorlage**. Klicken Sie dann auf **OK**.

Schritt 3

In dem Dokument nehmen Sie die Einstellungen für die neue Vorlage vor. Sie können z. B. Texte und Formatierungen einbinden. All diese Elemente sind später in den Dokumenten bereits vorhanden, die auf dieser Dokumentvorlage basieren.

Schritt 4

Sie können die Vorlage auch um eine Kopfzeile ergänzen. Klicken Sie dazu auf der Registerkarte **Einfügen** auf das Symbol **Kopfzeile**, und wählen Sie im Untermenü das gewünschte Layout, z. B. **Alphabet**.

Schritt 5

Passen Sie nun die Texte und das Layout der Kopfzeile an den Einsatzzweck der Dokumentvorlage an. Formatieren Sie die Eingaben nach Wunsch, also beispielsweise mit den Mitteln der Zeichenformatierung im Bereich **Schriftart** auf der Registerkarte **Start**.

Schritt 6

Klicken Sie zum Speichern der Vorlage auf **Datei ▸ Speichern**. Im Dialog ist bereits der Ordner **Templates** ❸ geöffnet. Hier müssen Sie Dokumentvorlagen ablegen, damit sie im Dialog **Neu** zur Verfügung stehen. Geben Sie der Vorlage einen Namen, und belassen Sie es beim Dateityp **Word-Vorlage (*.dotx)**. Bestätigen Sie mit **Speichern**.

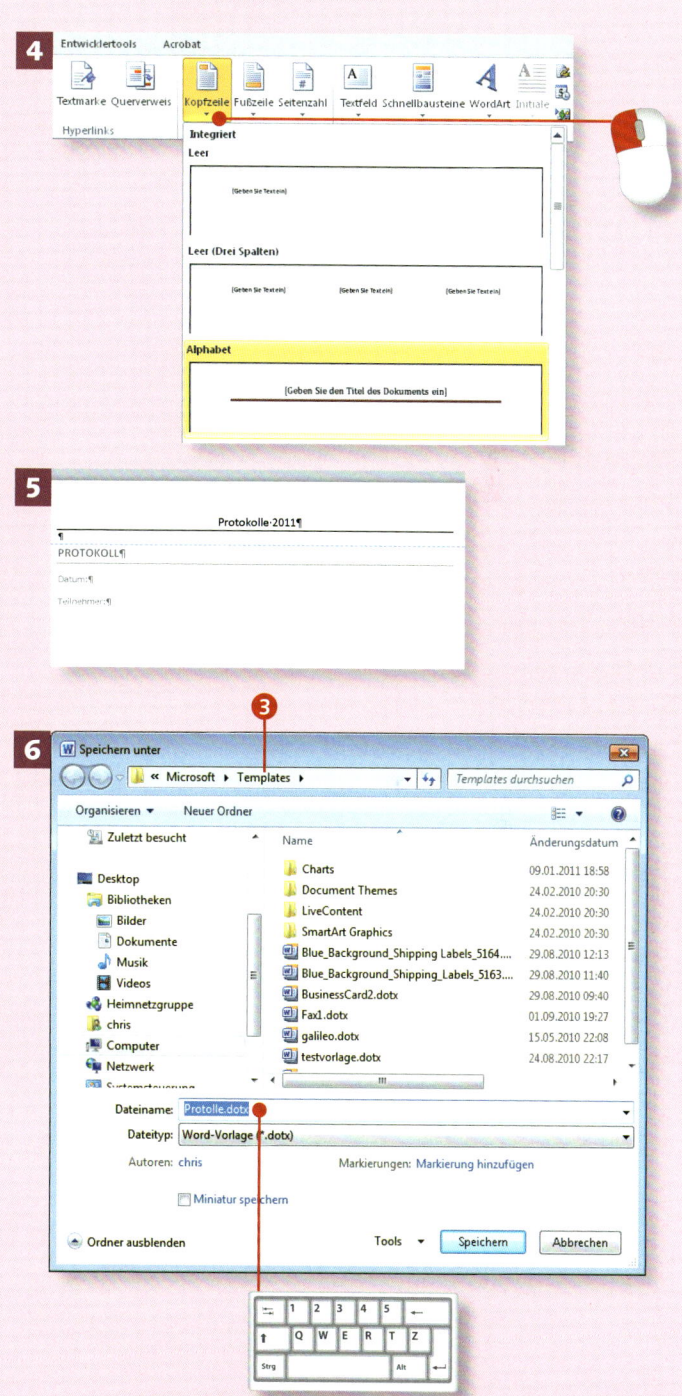

Kapitel 5
Mit Excel rechnen

Bei der Arbeit mit Excel stehen natürlich Tabellen und Berech-
nungen mithilfe dieser Tabellen im Vordergrund. In diesem
Kapitel erfahren Sie, wie Sie Text und Zahlen in Excel einge-
ben und wie Sie mit dem Programm einfache Rechnungen
anstellen können.

Text und Zahlen eingeben und bearbeiten

In den ersten Abschnitten führen wir Sie in die Grundlagen des Umgangs mit Excel ein.
Wir zeigen, wie man Text und Zahlen eingibt ❶, sich in einer Tabelle bewegt, Zellinhalte
löscht, korrigiert und formatiert und Spalten oder Zeilen einfügt.

Berechnungen durchführen

Bei der Arbeit mit Excel geht es in erster Linie um Berechnungen. Daher erklären wir
Ihnen, wie Sie Summen ❷ bilden und andere Grundrechenarten mithilfe von Excel-Funk-
tionen durchführen.

Werte und Formeln ausfüllen

Mit der Funktion des AutoAusfüllens ❸ bietet Excel eine tolle Möglichkeit, Text oder Zahlen in andere Zellen zu übertragen, ohne alles von Hand eingeben zu müssen. Sie werden
sehen, dass sich auf diese Weise auch Formeln vervielfältigen lassen.

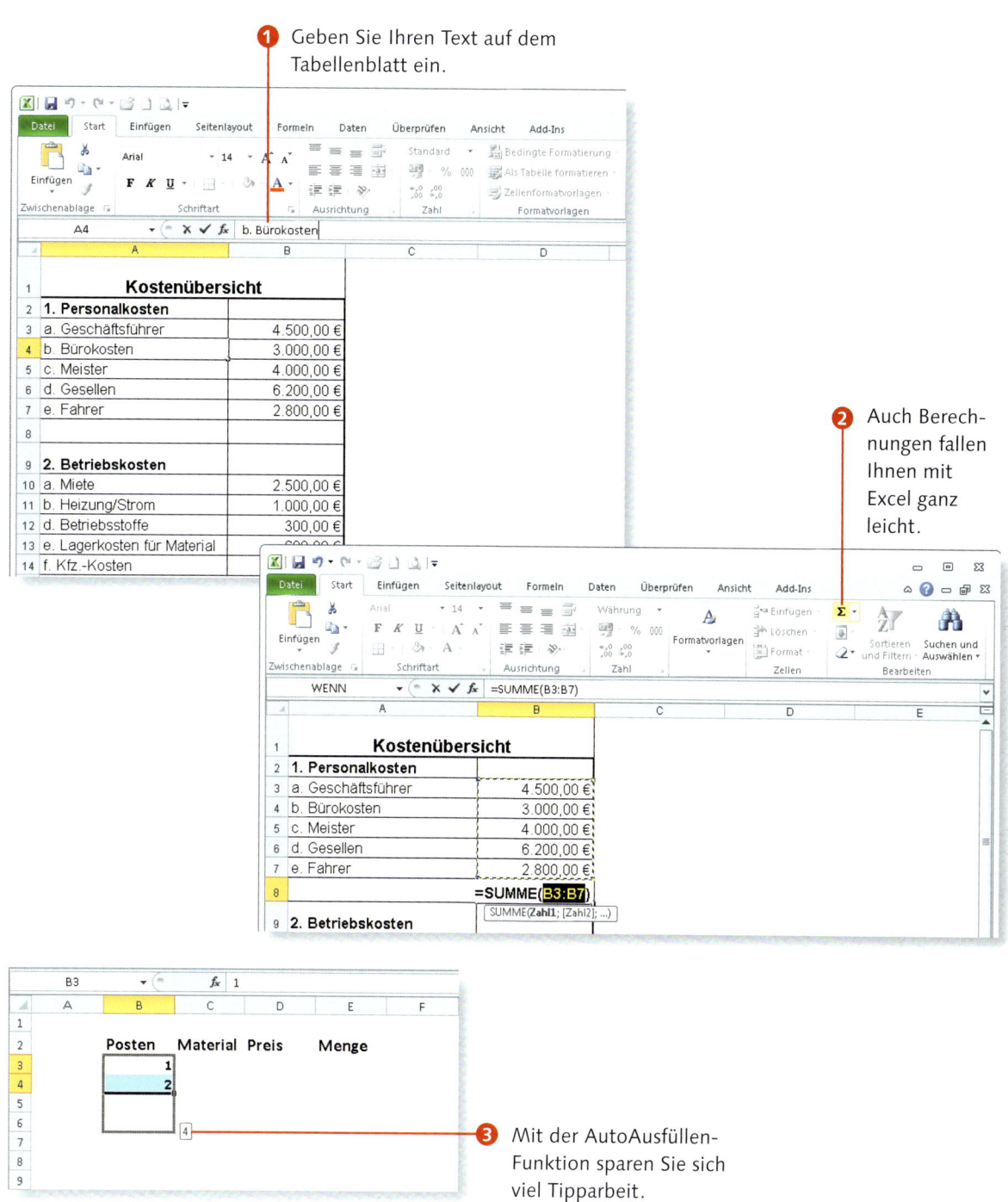

1 Geben Sie Ihren Text auf dem Tabellenblatt ein.

2 Auch Berechnungen fallen Ihnen mit Excel ganz leicht.

3 Mit der AutoAusfüllen-Funktion sparen Sie sich viel Tipparbeit.

113

Excel starten

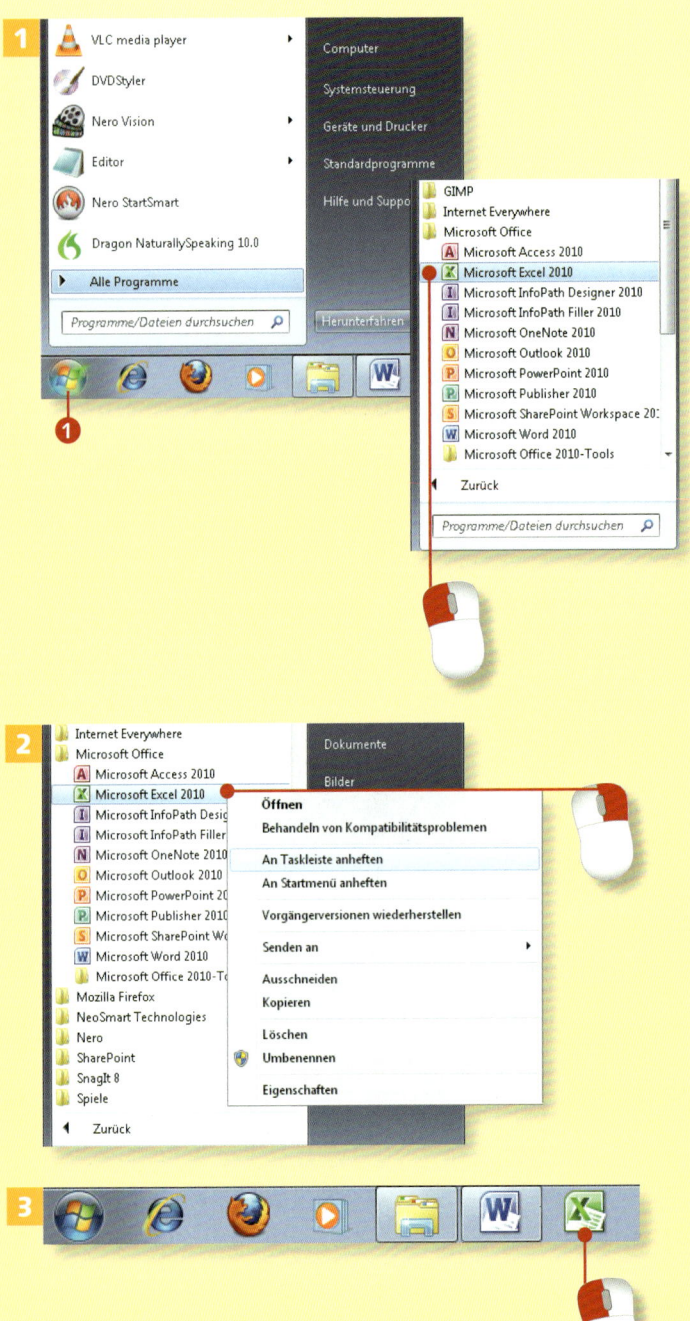

Wenn Sie mit Excel arbeiten möchten, ist der erste Schritt logischerweise, das Programm aufzurufen. Dazu gibt es diverse Möglichkeiten, die wir Ihnen in diesem Abschnitt zeigen.

Schritt 1

Wenn Sie am Anfang Ihrer Arbeit mit Excel stehen, rufen Sie Excel »klassisch« auf: Klicken Sie auf die Schaltfläche **Start** ❶ unten links am Bildschirm, dann auf **Alle Programme ▸ Microsoft Office ▸ Microsoft Excel 2010**.

Schritt 2

Dieser lange Weg lässt sich abkürzen. Legen Sie Excel z. B. auf die Taskleiste, um es per Mausklick aufrufen zu können. Klicken Sie dazu den Programmeintrag im Startmenü mit der rechten Maustaste an, und wählen Sie **An Taskleiste anheften**.

Schritt 3

Daraufhin erscheint das Excel-Symbol in der Taskleiste. Nun reicht ein einfacher Klick auf dieses Symbol, um das Programm aufzurufen.

Schritt 4

Sie können das Excel-Symbol auch direkt auf den Desktop legen. Dazu klicken Sie den Programmeintrag im Startmenü mit der rechten Maustaste an, wählen im Kontextmenü **Senden an** und im Untermenü **Desktop (Verknüpfung erstellen)**. Per Doppelklick auf das Excel-Symbol auf dem Desktop rufen Sie das Programm dann auf.

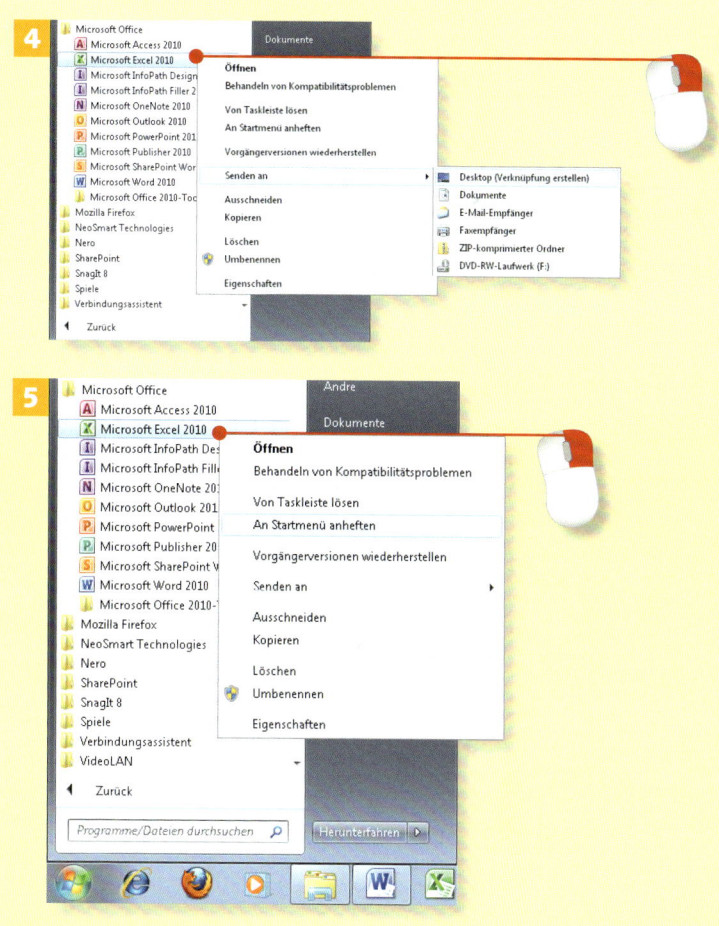

Schritt 5

Wenn Sie Excel ein paar Mal aufgerufen haben, erscheint der Programmeintrag automatisch direkt im Startmenü, also gleich nach dem Klick auf das **Start**-Symbol. Dafür können Sie auch selbst sorgen. Klicken Sie den Programmeintrag **Microsoft Excel 2010** mit der rechten Maustaste an, und wählen Sie im Kontextmenü **An Startmenü anheften**.

Schritt 6

Auch über den Windows-Explorer lässt sich Excel aufrufen. Wenn Sie im Windows-Explorer doppelt auf eine Excel-Datei klicken (zu erkennen am Excel-Symbol und der Erweiterung *.xlsx*), wird diese Datei direkt in Excel geöffnet.

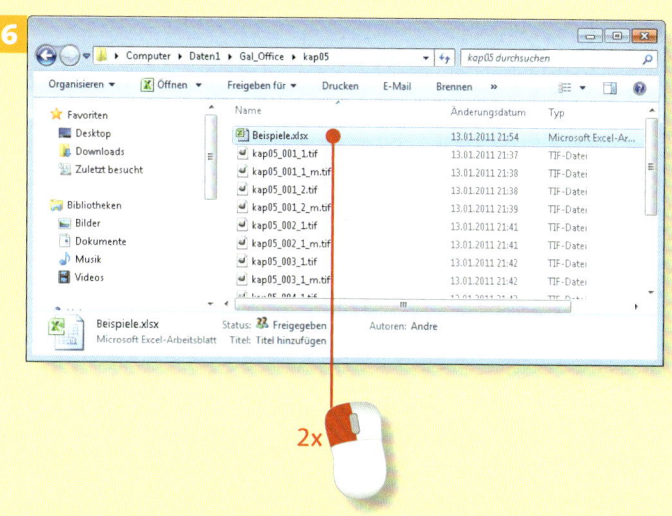

Text und Zahlen in Zellen eingeben

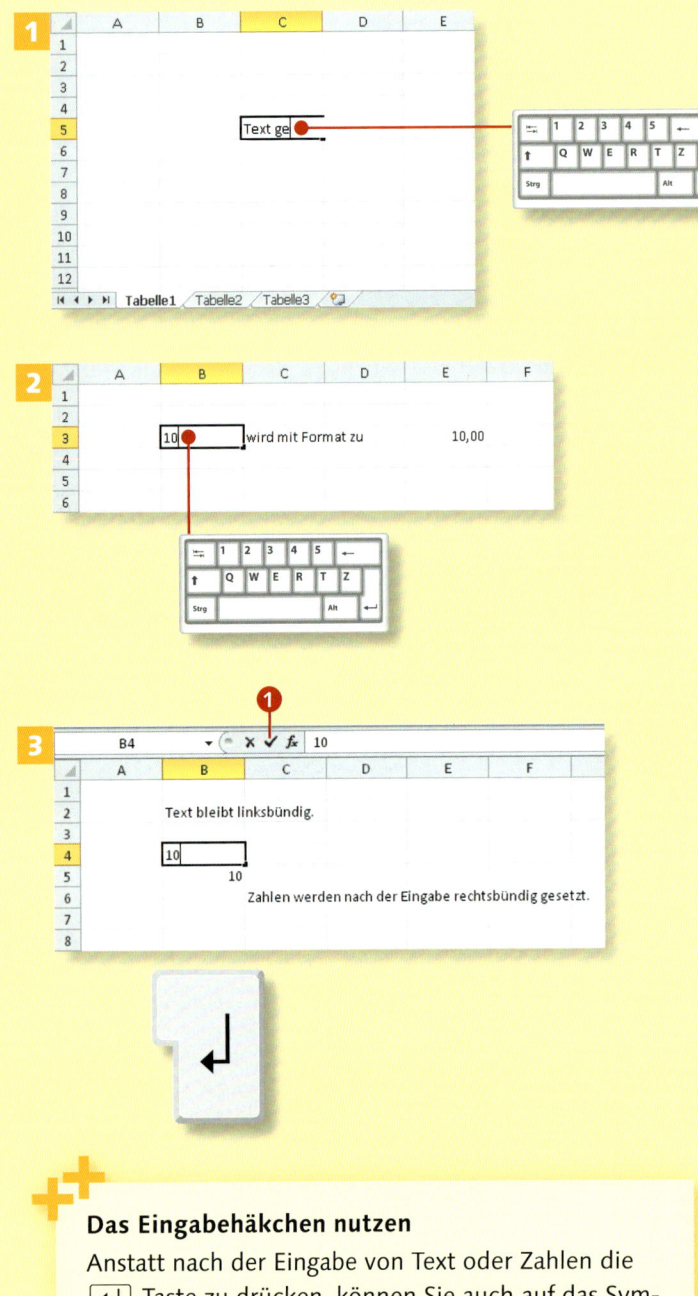

Der Excel-Bildschirm ist automatisch in Spalten und Zeilen eingeteilt. Aus den Schnittpunkten ergeben sich die sogenannten Zellen. In diese Zellen tragen Sie Zahlen oder auch Text ein.

Schritt 1

Klicken Sie in die Zelle, in die Sie Text oder Zahlen eingeben möchten. Dann können Sie im Prinzip drauflosschreiben. Bei Zahlen mit Dezimalstellen nutzen Sie als Trennzeichen ein Komma. Drücken Sie nach der Eingabe die ⏎-Taste.

Schritt 2

Den Wert 10,00 beispielsweise schreiben Sie aber einfach nur als 10. Die beiden Nullen nach dem Komma werden über ein Zahlenformat eingestellt (dies beschreiben wir in den Abschnitten »Markieren und Gestalten« ab Seite 120 und »Dezimalstellen ein- und ausblenden« ab Seite 134).

Schritt 3

Die eingegebenen Zahlen werden nach dem Drücken der ⏎-Taste automatisch rechtsbündig gesetzt. Text bleibt in der Standardeinstellung linksbündig stehen.

Das Eingabehäkchen nutzen

Anstatt nach der Eingabe von Text oder Zahlen die ⏎-Taste zu drücken, können Sie auch auf das Symbol **Eingeben** ❶ in der Bearbeitungsleiste klicken.

Schritt 4

Sie können auch Zahlen oder Text eingeben, der über die Spaltenbreite hinausgeht. Falls die Zelle rechts daneben leer ist, wird der Überhang angezeigt, ansonsten wird die Anzeige abgeschnitten. Der Text ist aber dennoch komplett gespeichert. Zur Anzeige können Sie die Spalte verbreitern.

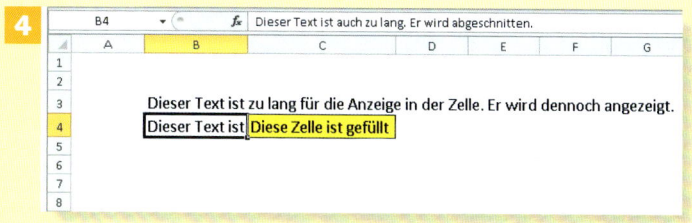

Schritt 5

Zum Verbreitern der Spalte setzen Sie den Mauszeiger genau an die vertikale Linie zwischen den Buchstaben in der Kopfleiste. Der Mauszeiger verwandelt sich in ein Kreuz. Nun ziehen Sie mit gedrückter Maustaste nach rechts.

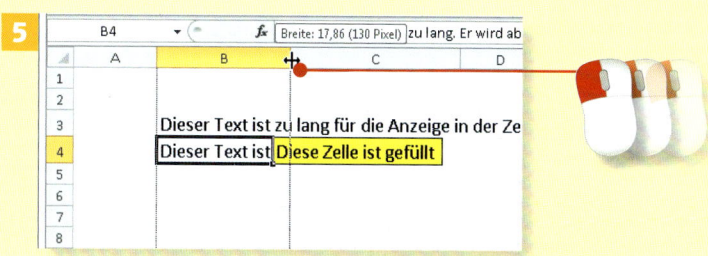

Schritt 6

Achten Sie auf die Bearbeitungsleiste. Der Inhalt der aktiven Zelle wird dort angezeigt. Zum Korrigieren einer Eingabe setzen Sie den Cursor in diese Leiste und korrigieren dort so, wie Sie sonst auch in einem Textdokument korrigieren würden.

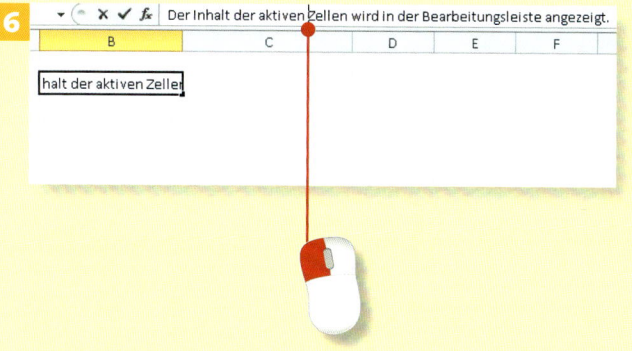

Spaltenbreite anpassen

Praktisch: Wenn Sie doppelt auf die Trennlinie zwischen den Buchstaben klicken, wird die Breite der Spalte automatisch an den längsten Eintrag in der Spalte angepasst.

Bewegen in der Tabelle

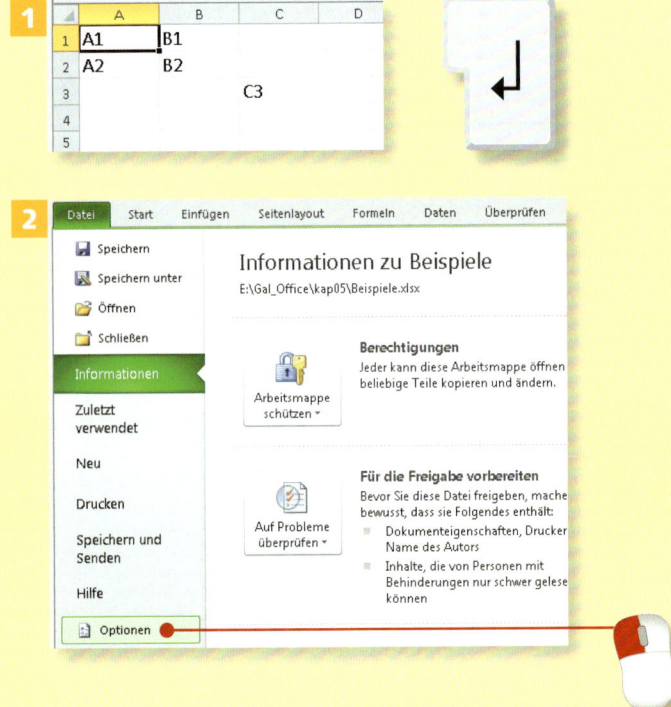

Ein Excel-Tabellenblatt ist in Zeilen, Spalten und Zellen eingeteilt. Die Daten stehen in den Zellen. Um zwischen diesen Zellen zu navigieren, können Sie die Maus oder die Tastatur nutzen.

Schritt 1

Die Zellen werden nach ihrer Position auf dem Tabellenblatt benannt. Die Zelle ganz links oben liegt in der Koordinate A1, hat also die Zelladresse A1. In der Standardeinstellung rutschen Sie durch Drücken der ⏎-Taste eine Zelle tiefer, also zur Zelle A2.

Schritt 2

Dieses Verhalten lässt sich ändern, z. B. können Sie dafür sorgen, dass Sie nach Drücken der ⏎-Taste zur nächsten Zelle rechts wandern. Rufen Sie über **Datei ▸ Optionen** die Excel-Optionen auf.

Schritt 3

Im Bereich **Erweitert** ❶ der Excel-Optionen klicken Sie unter **Bearbeitungs-Optionen** auf den Pfeil am Feld **Richtung**. Hier können Sie zwischen **Unten**, **Rechts**, **Oben** und **Links** wählen.

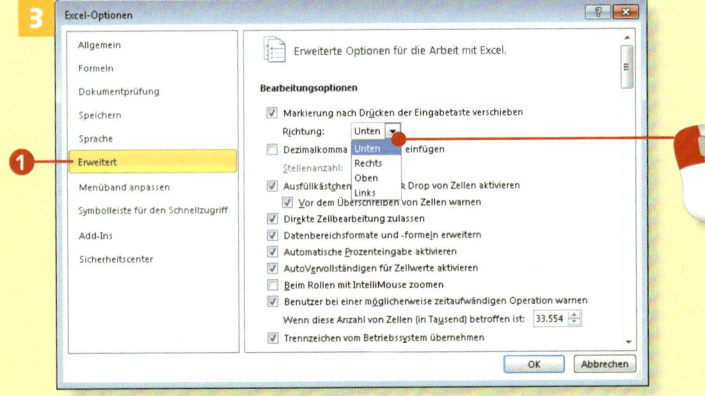

Zelladressen eingeben

Wenn Sie die Zelladressen manuell eingeben, kommt es nicht darauf an, ob Sie groß- oder kleinschreiben. »a1« ist genauso gut wie »A1«.

Schritt 4

Um sich auf dem Tabellenblatt zu bewegen, können Sie natürlich die Maus nutzen. Klicken Sie einfach auf die Zelle, die Sie aktivieren möchten. Die Zelle wird schwarz umrandet. Der Inhalt der Zelle wird in der Bearbeitungsleiste angezeigt ❷. Die entsprechenden Spalten- und Zeilenköpfe, aus denen sich die Zelladresse bildet, werden farblich hervorgehoben.

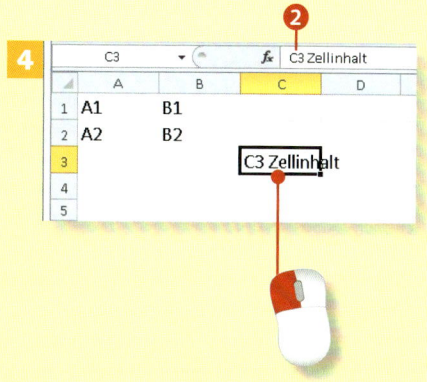

Schritt 5

Ebenso gut navigieren Sie mit der ⇥-Taste oder mit einer der vier Pfeiltasten zu der gewünschten Zelle. Mit der ⇥-Taste bewegen Sie den Cursor allerdings nur nach rechts; um nach links zu wandern, müssen Sie zusätzlich die ⇧-Taste gedrückt halten.

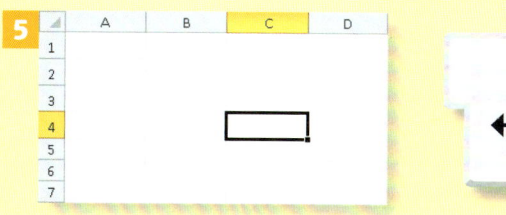

Schritt 6

Excel bietet nicht nur ein Tabellenblatt, sondern in der Standardeinstellung drei Tabellenblätter. Klicken Sie einfach auf das Register **Tabelle2** (bzw. **Tabelle3**), um ein anderes Tabellenblatt zu aktivieren. Für ein neues Tabellenblatt klicken Sie auf **Tabellenblatt einfügen ❸**.

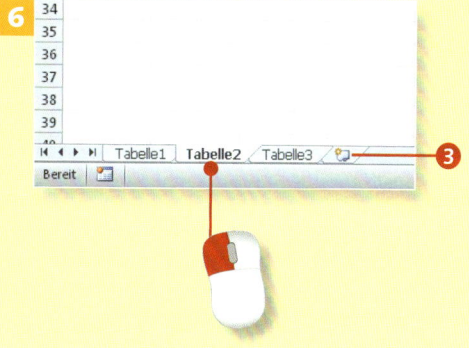

Tabellenblätter
Die Tabellenblätter gehören jeweils zu einer Excel-Mappe. Wenn Sie eine Mappe speichern, speichern Sie also auch alle Tabellenblätter.

Markieren und gestalten

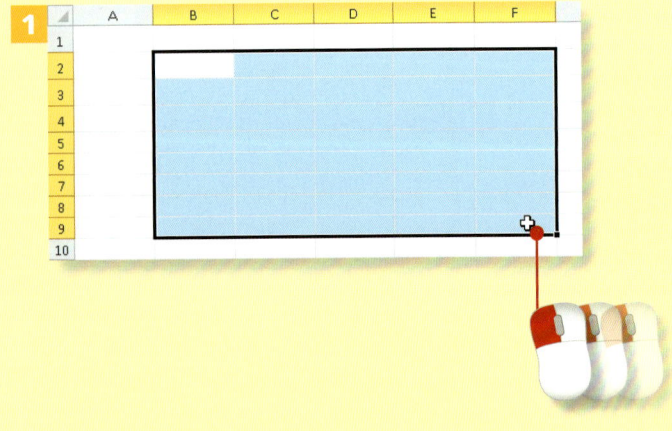

Es gibt viele Möglichkeiten, Zellen bzw. Spalten und Zeilen zu markieren. Wir zeigen Ihnen in diesem Abschnitt diverse Kniffe.

Schritt 1

Sie können einfach mit gedrückter Maustaste über den zu markierenden Bereich fahren. Auch wenn die erste Zelle des Bereichs nicht dunkler unterlegt wird, ist sie dennoch markiert.

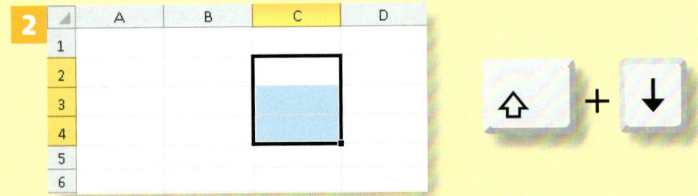

Schritt 2

Sie können auch sehr bequem mit den Pfeiltasten markieren. Halten Sie die ⇧-Taste gedrückt, und wandern Sie mit einer der Pfeiltasten entweder nach rechts, links, oben oder unten. Der Bereich wird jeweils spalten- bzw. zeilenweise markiert.

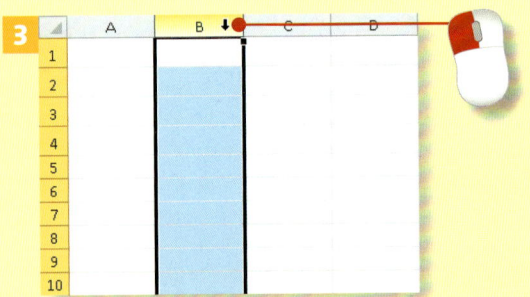

Schritt 3

Eine ganze Spalte markieren Sie, indem Sie den Mauszeiger auf die Spaltenbezeichnung in der Kopfleiste führen (der Mauszeiger wird zu einem nach unten weisenden Pfeil) und klicken. Analog funktioniert dies zum Markieren einer Zeile.

Schritt 4

Zum Formatieren markierter Zellbe-
reiche (oder einer Zelle) nutzen Sie
die üblichen Einstellungsmöglichkeiten auf der Registerkarte **Start**.
Im Bereich **Schriftart** finden Sie
die Einstellungen für die Schriftart,
Schriftgröße, Schriftfarbe etc.

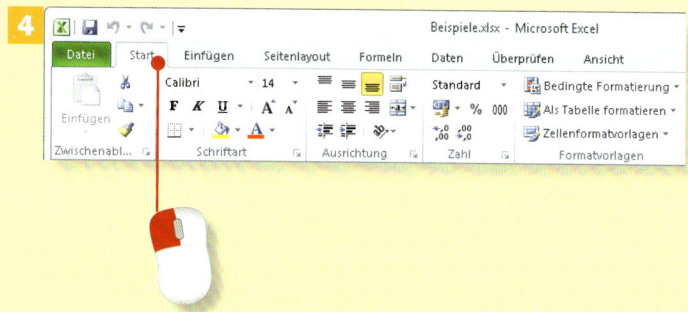

Schritt 5

Die Ausrichtung der Zellinhalte
verändern Sie mit den Befehlen in
der Gruppe **Ausrichtung** ❶ auf der
Registerkarte **Start**. Hier stehen u. a.
die Funktionen für eine linksbündige, zentrierte oder rechtsbündige
Ausrichtung zur Verfügung.

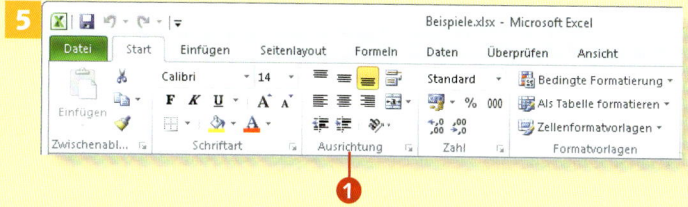

Schritt 6

Auch die vertikale Ausrichtung des
Zellinhalts lässt sich beeinflussen.
Um die Standardeinstellung **Unten
ausrichten** zu verändern, klicken Sie
auf die Symbole **Oben ausrichten**
(der Inhalt der Zelle rutscht an den
oberen Rand der Zelle) oder **Zentriert ausrichten** ❷.

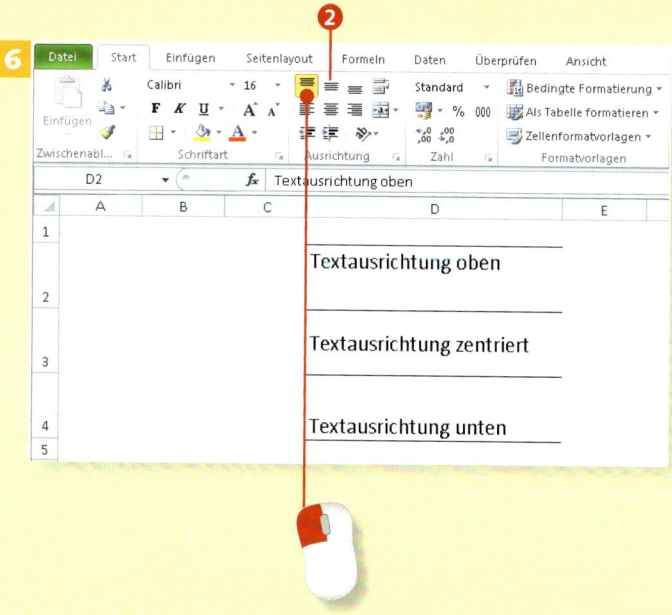

Markieren und gestalten (Forts.)

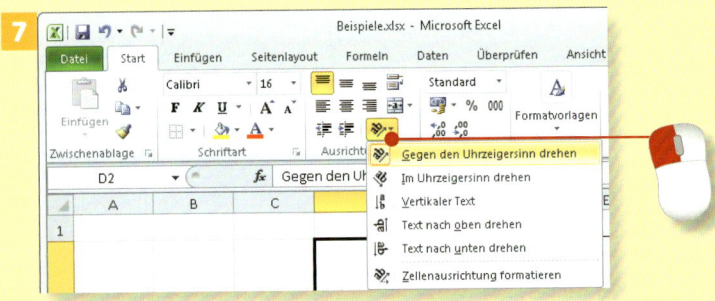

Schritt 7

Sie finden in diesem Bereich auch das Symbol **Ausrichtung**. Die Auswahl dieses Symbols (Klick auf den Pfeil) bietet die Möglichkeit, Text oder Zahlen in einem diagonalen Winkel zu drehen. Sie wählen z. B. **Gegen den Uhrzeigersinn drehen**.

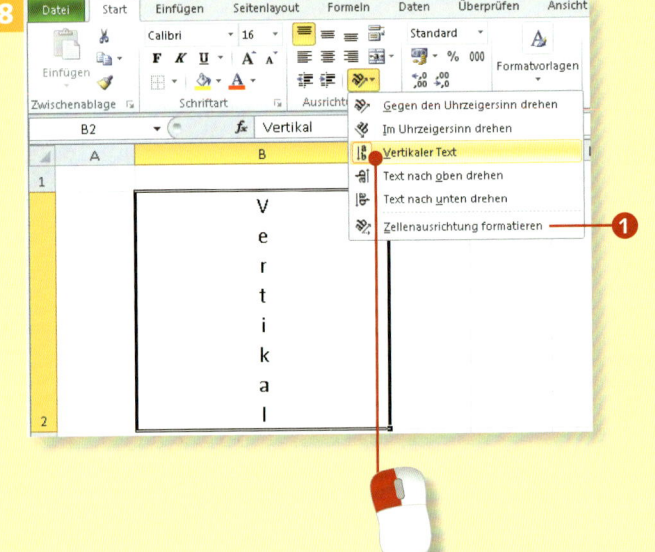

Schritt 8

Um den Zellinhalt komplett vertikal zu schreiben, sodass die Buchstaben oder die Zahlen untereinander stehen, wählen Sie im Menü des Symbols **Ausrichtung** die Option **Vertikaler Text**.

Schritt 9

Um die diagonale Drehung selbst zu bestimmen, klicken Sie im Auswahlmenü des Symbols **Ausrichtung** auf **Zellenausrichtung formatieren** ❶. Dadurch öffnet sich der Dialog **Zellen formatieren** mit der Registerkarte **Ausrichtung**. Ziehen Sie hier mit gedrückter Maustaste an dem Zeiger im Bereich **Ausrichtung**.

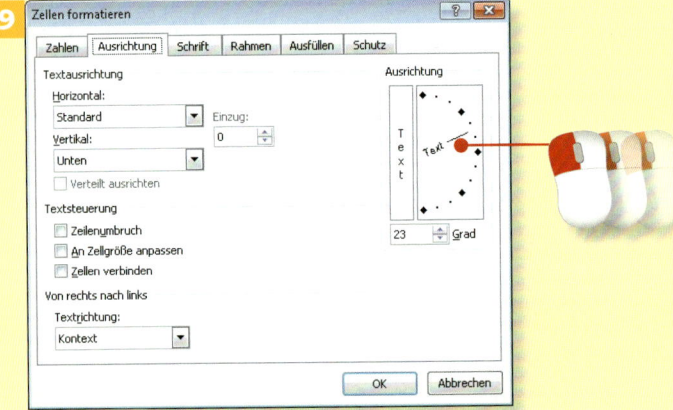

Den Grad eingeben

Anstatt an dem Zeiger zu ziehen, um den Zellinhalt diagonal auszurichten, können Sie im Feld darunter auch eine Gradzahl eingeben.

Schritt 10

Sie haben diverse Möglichkeiten, Zahlen zu formatieren. Ein Klick auf das Symbol **Buchhaltungszahlenformat** weist einer Zahl zwei Nachkommastellen und das Euro-Zeichen zu.

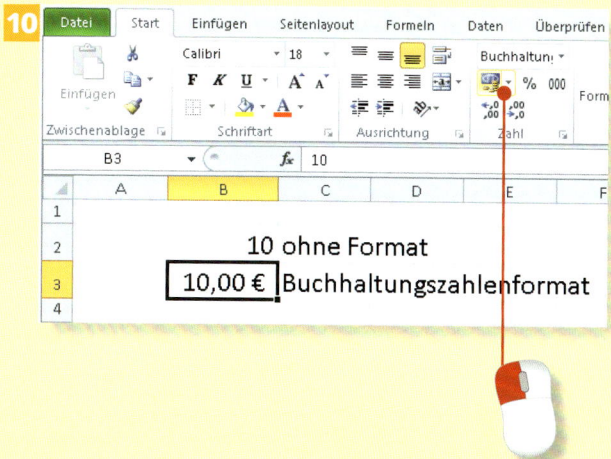

Schritt 11

Für weitere Zahlenformate öffnen Sie den Dialog **Zellen formatieren** und hier die Registerkarte **Zahlen**. Sie können diesen Dialog auf mehreren Wegen aufrufen. Klicken Sie beispielsweise auf den Pfeil am Bereich **Zahl** auf der Registerkarte **Start**.

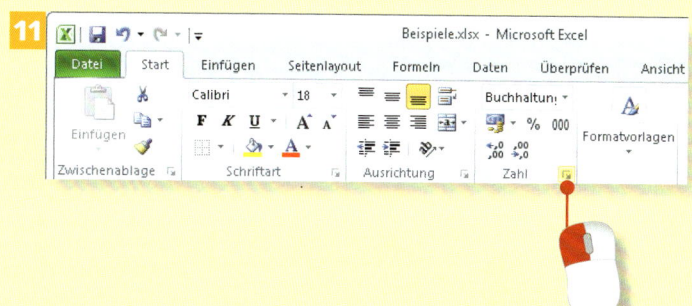

Schritt 12

Im Dialog **Zellen formatieren** auf der Registerkarte **Zahlen** wählen Sie zunächst die Kategorie, z. B. **Zahl** ❷. Anschließend können Sie das Feintuning durchführen. Fügen Sie das 1.000er-Trennzeichen ❸ hinzu, und bestimmen Sie die Formatierung für negative Werte.

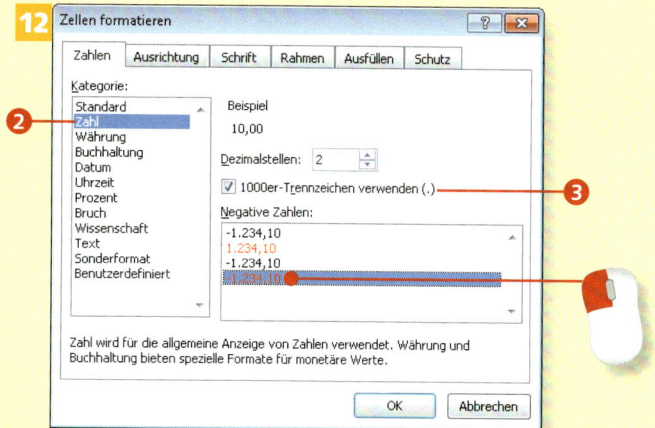

Zellen umranden

Im Dialog **Zellen formatieren** sehen Sie die Registerkarte **Rahmen**. Hier können Sie ganze Tabellen oder markierte Bereiche mit einem Rahmen versehen. Über die Farbpalette auf der Registerkarte **Ausfüllen** erhalten Zellen einen farbigen Hintergrund.

Zellinhalte löschen und korrigieren

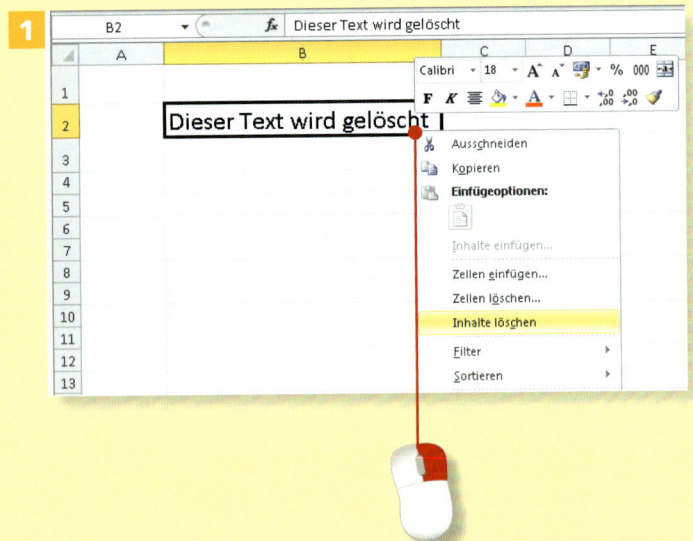

Es gibt diverse Möglichkeiten, Zellinhalte zu löschen oder zu korrigieren. Dafür ist die Bearbeitungsleiste von besonderer Bedeutung.

Schritt 1

Um den gesamten Inhalt einer oder mehrerer Zellen zu löschen, markieren Sie den Bereich und drücken dann die Entf-Taste. Alternativ rufen Sie mit der rechten Maustaste das Kontextmenü auf und wählen **Inhalte löschen**.

Schritt 2

Sie können auch das Symbol **Löschen** im Bereich **Bearbeiten** (der Registerkarte **Start**) nutzen. Klicken Sie auf den Pfeil, und wählen Sie **Alle löschen**. Um nur die Formatierung des Zellinhalts zu entfernen, klicken Sie auf **Formate löschen**.

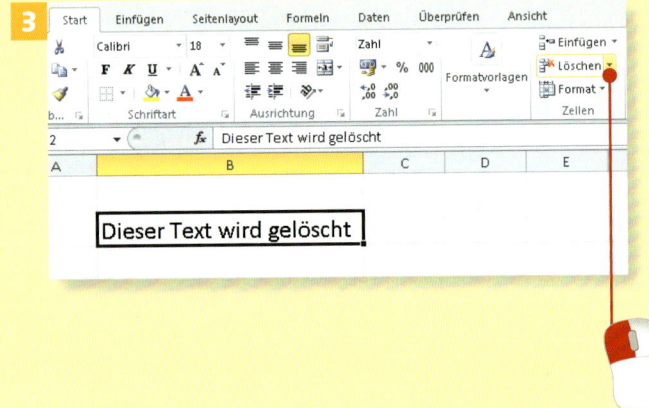

Schritt 3

Wenn Sie eine Zeile oder eine Spalte (inklusive Inhalt) entfernen möchten, klicken Sie in die Zeile oder Spalte. Falls Sie mehrere Zeilen oder Spalten auf einmal löschen möchten, müssen diese vorher markiert werden. Dann klicken Sie im Bereich **Zellen** auf den Pfeil am Symbol **Löschen**.

Schritt 4

Im Menü wählen Sie **Blattzeilen löschen** bzw. **Blattspalten löschen**. Die Zeilen/Spalten werden ohne weitere Nachfrage entfernt.

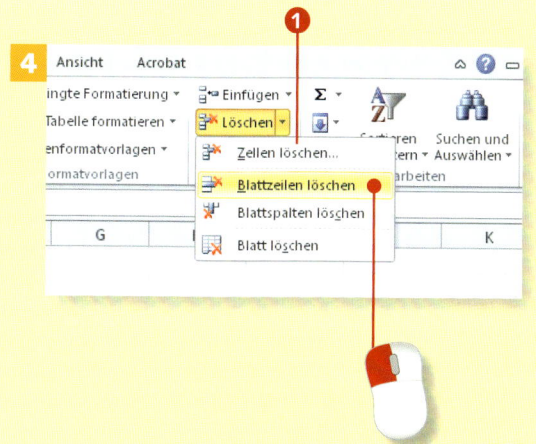

Schritt 5

Sie können auch einen kleinen Dialog aufrufen und dann entscheiden, ob eine Zeile oder Spalte gelöscht werden soll. Klicken Sie dazu im Menü des Symbols **Löschen** auf **Zellen löschen** ❶, und wählen Sie die entsprechende Option.

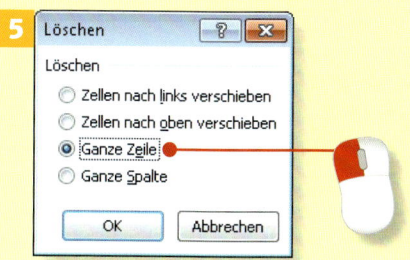

Schritt 6

Zum Korrigieren nutzen Sie die Bearbeitungsleiste, in der der Inhalt der aktiven Zelle steht. Setzen Sie den Cursor in die Leiste, und korrigieren Sie wie üblich je nach Cursorposition mit der [Entf]-Taste oder [←]-Taste. Fehlende Zeichen fügen Sie einfach ein.

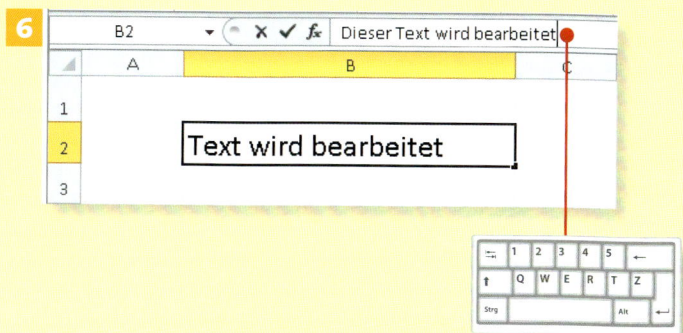

Korrektur in der Zelle

Anstatt Korrekturen in der Bearbeitungsleiste vorzunehmen, können Sie den Cursor auch per Doppelklick in die Zelle setzen oder die [F2]-Taste drücken. Auch auf diese Weise lassen sich die Eingaben wie üblich korrigieren.

Zeilen und Spalten einfügen

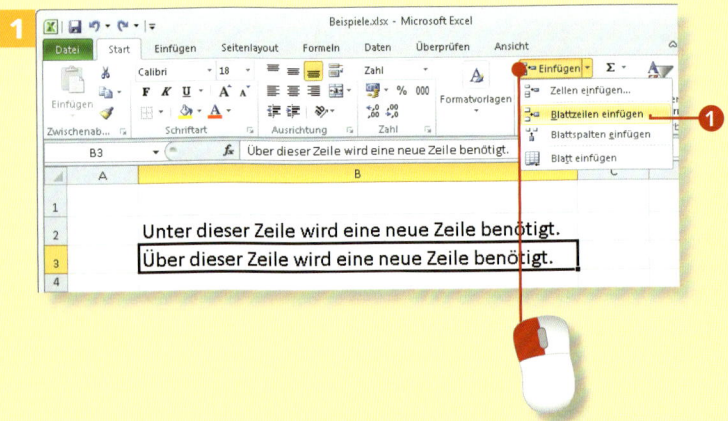

Es kommt vor, dass Sie innerhalb einer bereits geschriebenen Tabelle eine weitere Spalte oder Zeile benötigen. Das ist kein Problem, Sie können beides nachträglich einfügen.

Schritt 1

Um eine Zeile innerhalb einer Tabelle einzufügen, aktivieren Sie die Zeile, *über der* eine Zeile eingefügt werden soll. Klicken Sie dann auf den Pfeil am Symbol **Einfügen** auf der Registerkarte **Start**.

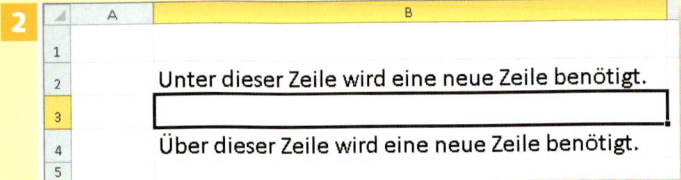

Schritt 2

Wählen Sie in dem Menü des Symbols **Einfügen** die Option **Blattzeilen einfügen** ❶. Die neue Zeile wird ergänzt. Um mehrere Zeilen gleichzeitig einzufügen, markieren Sie so viele Zeilen, wie Sie benötigen, und klicken dann auf **Blattzeilen einfügen**.

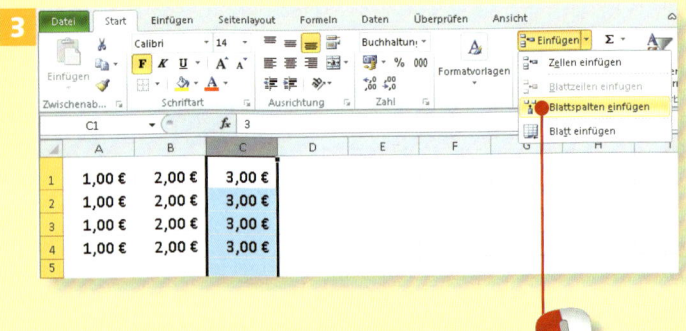

Schritt 3

Spalten einzufügen, ist genauso einfach. Aktivieren Sie die Spalte, *links neben der* eine Spalte eingefügt werden soll. Klicken Sie dann auf den Pfeil am Symbol **Einfügen**. In der Auswahlliste wählen Sie **Blattspalten einfügen**.

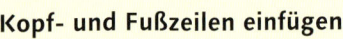

Kopf- und Fußzeilen einfügen

Auch in Excel lassen sich Kopf- bzw. Fußzeilen einfügen (Informationen, die auf jeder gedruckten Seite angezeigt werden). Sie finden den entsprechenden Befehl **(Kopf- und Fußzeile)** auf der Registerkarte **Einfügen**.

Schritt 4

Anstatt Spalten bzw. Zeilen direkt einzufügen, können Sie auch einen Dialog aufrufen und dann festlegen, ob Sie eine Spalte oder Zeile einfügen möchten. Klicken Sie dazu auf die Option **Zellen einfügen** im Menü des Symbols **Einfügen**.

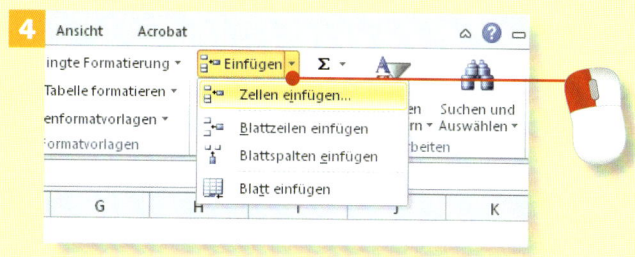

Schritt 5

Im Dialog **Zellen einfügen** aktivieren Sie die Option **Ganze Zeile** oder **Ganze Spalte**. Die Zeile wird oberhalb der aktuellen Zeile eingefügt, die Spalte links von der aktuellen Spalte.

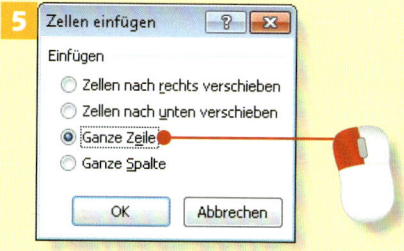

Schritt 6

Den Dialog **Zellen einfügen** können Sie auch im Kontextmenü einer Zelle aufrufen. Klicken Sie die entsprechende Zelle mit der rechten Maustaste an, und wählen Sie im Menü **Zellen einfügen**.

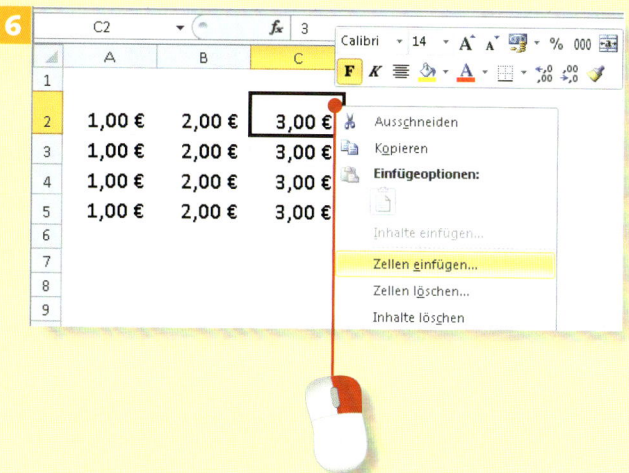

Summen erzeugen

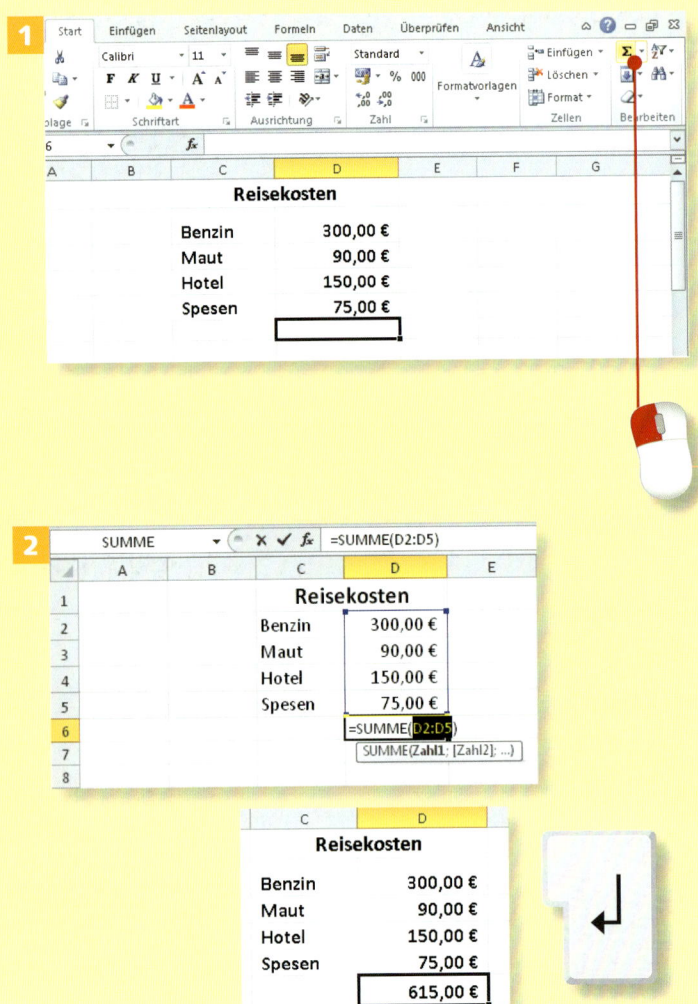

Zum Addieren von Zahlen bietet Excel ein besonderes Symbol, mit dem Sie eine Summe blitzschnell errechnen können.

Schritt 1

Dank des Summensymbols ist es denkbar einfach, eine Zahlenreihe in einer Spalte zu addieren. Markieren Sie die leere Zelle unterhalb der Zahlenkolonne, und klicken Sie auf das Symbol **Summe** in der Gruppe **Bearbeiten** der Registerkarte **Start**.

Schritt 2

Sie sehen dann einen Laufrahmen, der die Zahlen umschließt. In der Ergebniszelle erscheint die Summenformel. Drücken Sie jetzt einfach die ⏎-Taste. Das Ergebnis der Addition, also die Summe, erscheint in der Zelle.

Schritt 3

Falls der Laufrahmen nicht die Zellen umfasst, die addiert werden sollen, können Sie ihn verändern. Ziehen Sie mit gedrückter Maustaste über die Zellen, aus denen die Summe gebildet werden soll, und drücken Sie dann die ⏎-Taste.

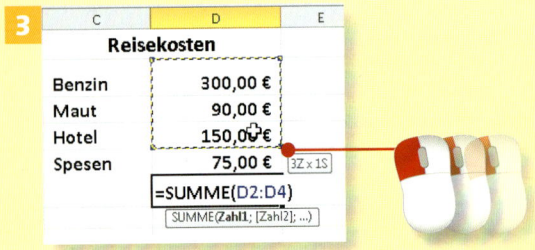

Schritt 4

Sie können die zu addierenden Zahlen auch zuerst markieren (sofern es sich um einen zusammenhängenden Bereich handelt) und dann auf das Summen-Symbol klicken; das Ergebnis erscheint unterhalb oder (bei einer Zeile) rechts neben den Zahlen.

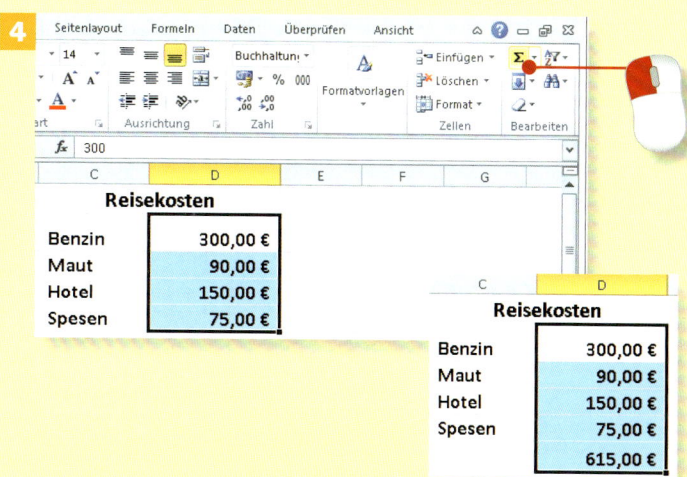

Schritt 5

Achten Sie nach der Summenbildung auf die Bearbeitungsleiste ❶. Wenn Sie die Zelle mit dem Ergebnis markieren, erscheint in der Bearbeitungsleiste die Formel für die Summe und nicht das Ergebnis. So können Sie auch zukünftig nachvollziehen, in welchen Bereichen Sie gerechnet haben.

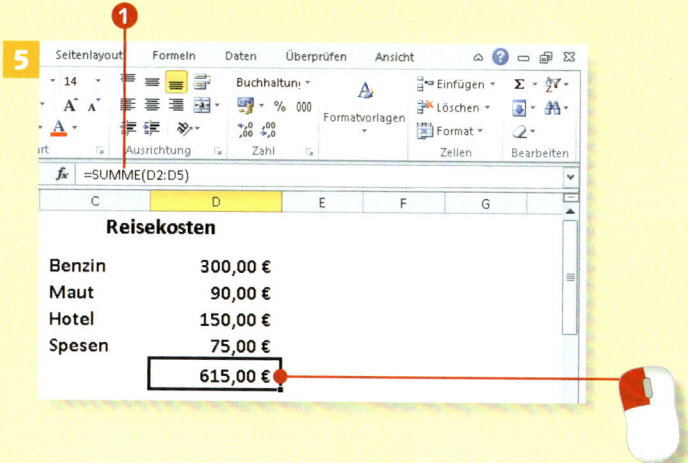

Schritt 6

Wenn Sie Zahlen addieren möchten, die verstreut in einer Tabelle liegen, können Sie auf herkömmliche Weise rechnen. Sie geben in der Ergebniszelle das Gleichheitszeichen ein. Dann klicken Sie die erste Zahl/Zelle an, drücken die + -Taste, klicken die nächste Zahl/Zelle an, drücken die + -Taste etc. Zum Schluss drücken Sie die ↵ -Taste.

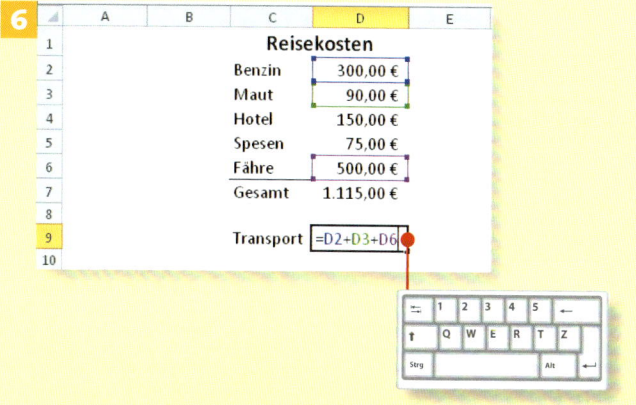

Formeln für die Grundrechenarten

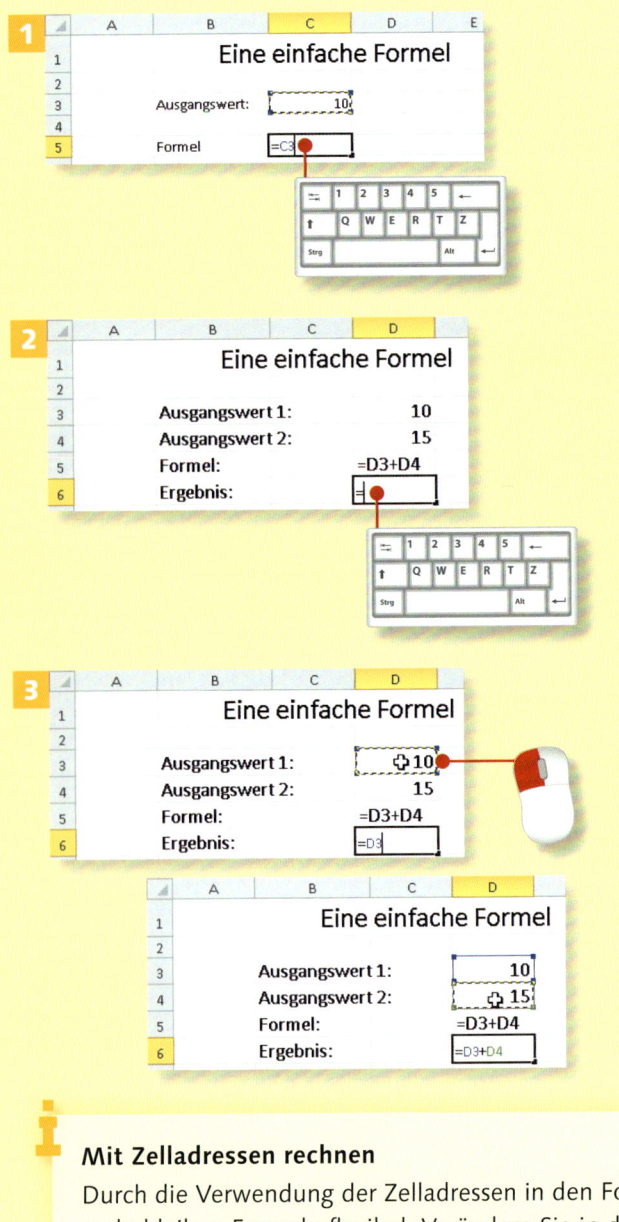

Excel ist ein toller Rechenkünstler, aber entscheidend sind die Formeln/ Funktionen, die Sie eingeben. Ist die Formel falsch, werden Sie auch ein falsches Ergebnis erhalten.

Schritt 1

Zunächst sollen Sie auf einige Grundregeln beim Rechnen mit Excel hingewiesen werden: Schreiben Sie die Formel in die Ergebniszelle, beginnen Sie jede Formel mit einem Gleichheitszeichen, und nutzen Sie die Zelladressen (z. B. A1) und nicht die konkreten Zahlen.

Schritt 2

Um Zahlen zu addieren, müssen Sie nicht unbedingt das Summen-Symbol nutzen. Arbeiten Sie einfach mit der ⊞-Taste: Aktivieren Sie die Ergebniszelle, und tippen Sie das Gleichheitszeichen (⇧+0) ein.

Schritt 3

Nun klicken Sie die erste Zahl/Zelle an und drücken die ⊞-Taste. Dann klicken Sie die nächste Zahl/Zelle an. Sollen nur diese beiden Zellen addiert werden, drücken Sie die ↵-Taste. Ansonsten wiederholen Sie den Vorgang mit den nächsten Zellen.

Mit Zelladressen rechnen

Durch die Verwendung der Zelladressen in den Formeln bleiben Formeln flexibel. Verändern Sie in der Tabelle einen Wert, wird das Ergebnis ohne Weiteres aktualisiert (weil Excel mit dem jeweiligen Inhalt der Zelle rechnet).

Schritt 4

Ähnlich bilden Sie auch die Formeln für andere Grundrechenarten. Für eine Subtraktion nutzen Sie anstelle der [+]-Taste den normalen Bindestrich auf der Tastatur oder das Minuszeichen auf dem Nummernblock.

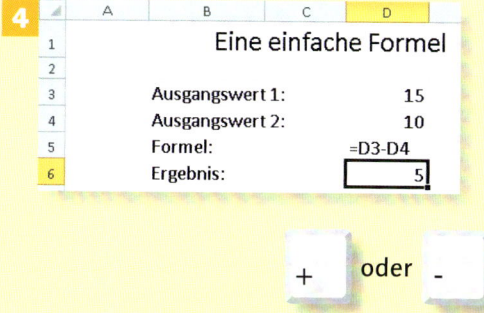

Schritt 5

Sie wollen Zahlen multiplizieren? Auch das ist schnell gemacht. Schreiben Sie das Gleichheitszeichen in die Ergebniszelle, klicken Sie die erste Zelle an, und drücken Sie das Sternchen auf der Tastatur ([⇧]+[+]) oder das entsprechende Zeichen auf dem Nummernblock. Dann klicken Sie die zweite Zelle an und drücken die [↵]-Taste.

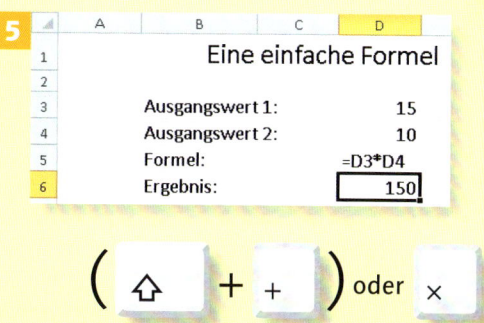

Schritt 6

Ähnlich bilden Sie auch die Formel für eine Division. Um eine Zahl durch eine andere zu teilen, verwenden Sie entweder den Schrägstrich ([⇧]+[7]) oder das Teilungszeichen auf dem Nummernblock; ansonsten gehen Sie genauso vor wie bei den anderen Grundrechenarten.

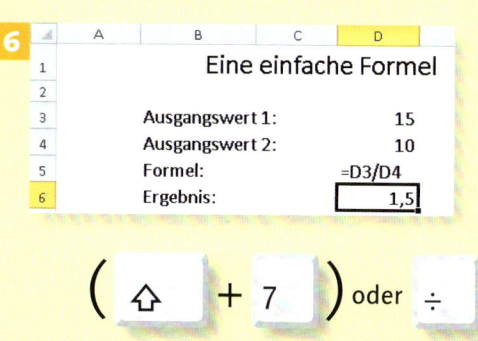

Formeln für die Grundrechenarten (Forts.)

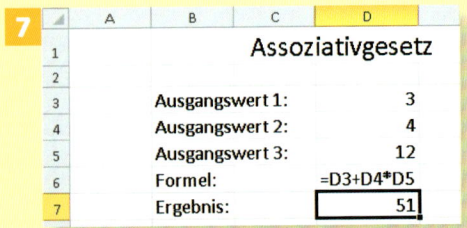

Schritt 7

Sie wenden beim Rechnen »normale« mathematische Regeln an. Vor allem gilt die Regel »Punkt- geht vor Strichrechnung«, Sie müssen also unter Umständen Klammern in der Formel verwenden (⬆ + 8 oder ⬆ + 9).

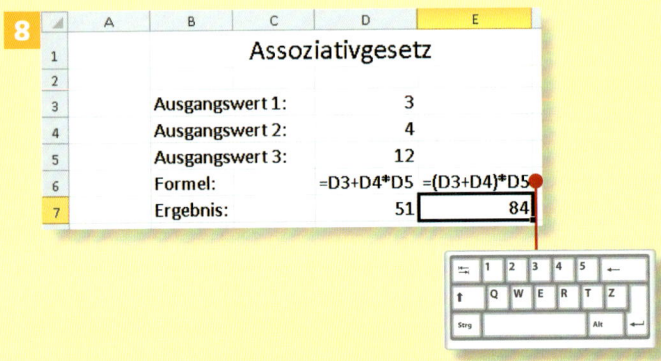

Schritt 8

Wenn Sie also z. B. 3 und 4 addieren und dann mit 12 multiplizieren wollen, muss die Formel lauten: =(3+4)*12. Anstelle der Zahlen verwenden Sie natürlich die jeweiligen Zelladressen.

Schritt 9

Auch Prozentrechnung ist in Excel einfach. Wenn Sie 3 % von 145 errechnen möchten, schreiben Sie »3%« in eine Zelle, »145« in eine andere. In der Ergebniszelle multiplizieren Sie die beiden Zellen einfach. Das Prozentzeichen sorgt automatisch für die Teilung durch 100.

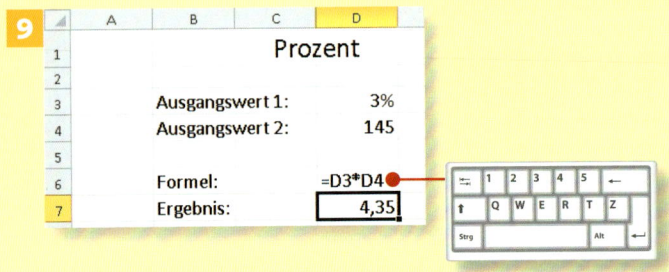

Zellinhalte ohne Text

Achten Sie beim Rechnen mit Zellinhalten darauf, dass in diesen Zellen kein Text steht. Schreiben Sie z. B. nicht »19 % MwSt.« in eine Zelle, sondern »MwSt.« in die Zelle daneben.

Schritt 10

Zum Errechnen eines Prozentsatzes ist es am einfachsten, für die Ergebniszelle ein Prozentformat einzustellen. Klicken Sie auf der Registerkarte **Start** in der Gruppe **Zahl** auf das Symbol **Prozentformat**. Dieses Format sorgt dafür, dass der Zellinhalt mit hundert multipliziert wird.

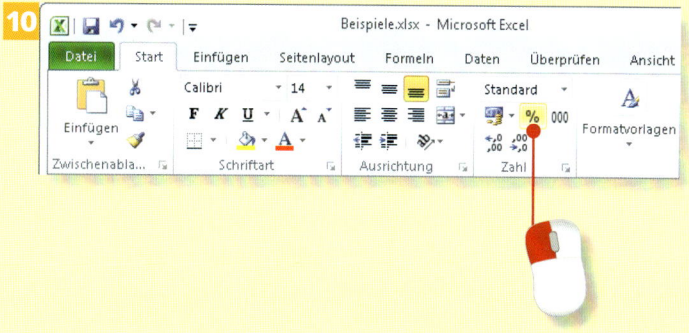

Schritt 11

Wenn z. B. die Ausgaben für Ihre Miete in der Zelle D3 stehen und Ihre Gesamtausgaben in der Zelle D4, lautet die Formel zur Berechnung des Mietanteils in Prozent dann einfach: =D3/D4 (vorausgesetzt, dass die Ergebniszelle das Zahlenformat **Prozent** hat).

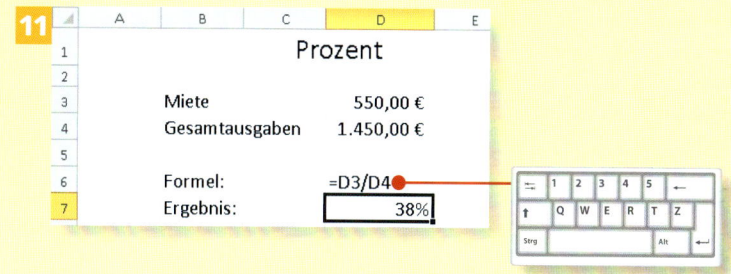

Schritt 12

Ist die Ergebniszelle bei einer solchen Berechnung nicht mit dem Zahlenformat **Prozent** versehen, müssten Sie die Formel um »*100« ergänzen. Das Ergebnis erscheint dann allerdings ohne Prozentzeichen.

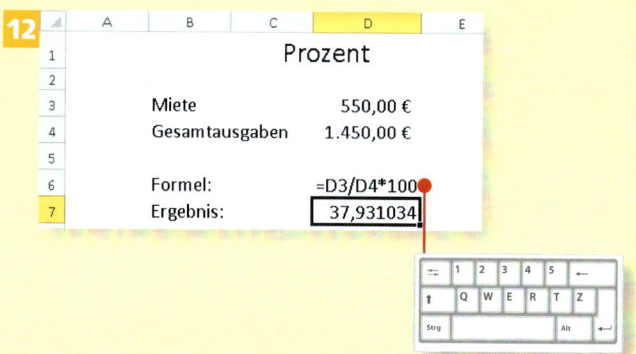

Dezimalstellen ein- und ausblenden

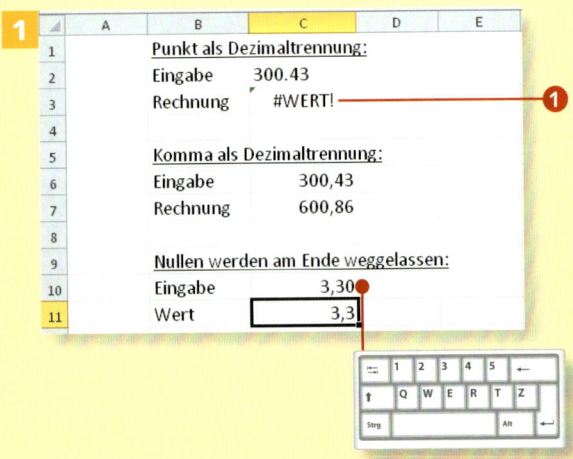

Excel kümmert sich um die Zahlenformate und kann Dezimalstellen hinzufügen bzw. entfernen. Aus einer 3 in einer Zelle kann mit drei Mausklicks der Wert 3,000 werden.

Schritt 1

Wichtig ist, dass Sie bei Zahlen mit Dezimalstellen das Komma und nicht den Punkt verwenden. Mit einem Punkt kann Excel nicht rechnen und gibt einen Fehler aus ❶. Nullen nach dem Komma schreiben Sie nicht mit. Wenn Sie z. B. 3,30 schreiben, wird (im Zahlenformat **Standard**) die letzte 0 abgeschnitten.

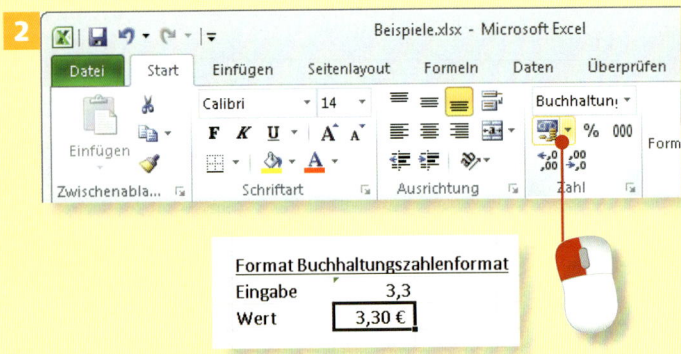

Schritt 2

Zum Formatieren von Zahlen nutzen Sie die Einstellungsmöglichkeiten im Bereich **Zahlen** auf der Registerkarte **Start**. Zwei Nachkommastellen mit einem Euro-Zeichen erhalten Sie durch einen Mausklick auf das Symbol **Buchhaltungszahlenformat**.

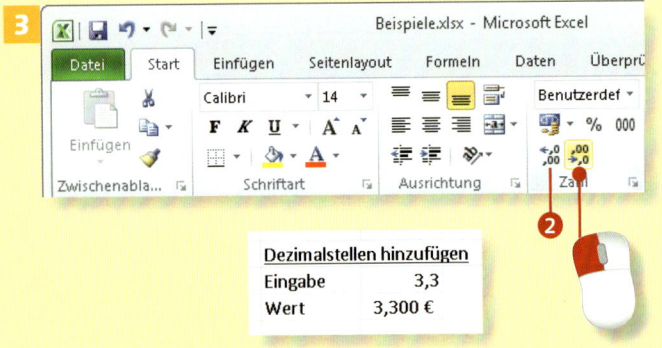

Schritt 3

Um Dezimalstellen zu ergänzen, klicken Sie auf das Symbol **Dezimalstelle hinzufügen**. Umgekehrt klicken Sie auf **Dezimalstelle löschen** ❷, um Dezimalstellen zu entfernen.

Schritt 4

Bei längeren Zahlen macht der sogenannte Tausenderpunkt die Zahl lesbarer. Klicken Sie einfach auf das Symbol **1.000er-Trennzeichen**. Dadurch wird aus 1000 in der Anzeige eine 1.000,00.

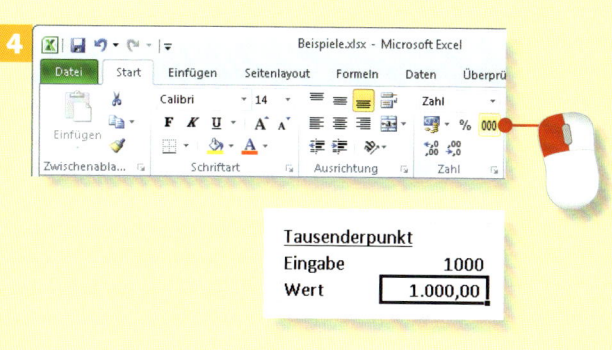

Schritt 5

Sie können sich auch eine Auswahlliste mit Formaten anzeigen lassen. Klicken Sie auf den Pfeil am Symbol **Zahlenformat**. Ein Klick auf **Mehr** ❸ in der Liste ruft den Dialog **Zellen formatieren** mit der Registerkarte **Zahlen** auf.

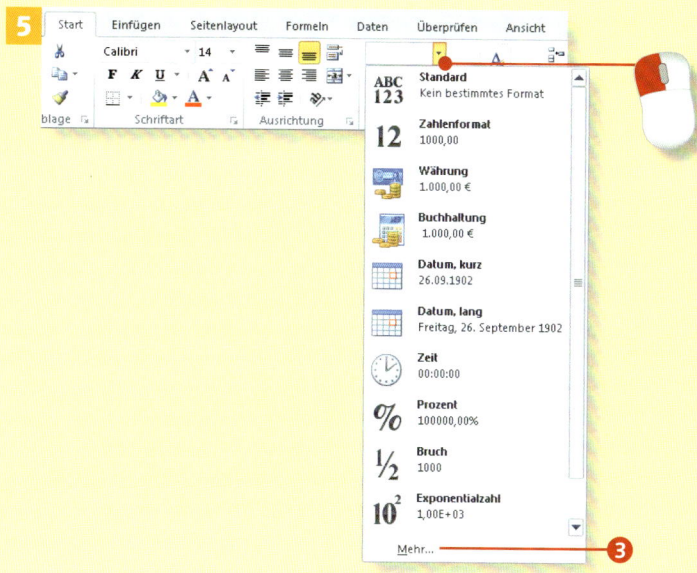

Schritt 6

Wenn Sie in einer Zelle anstelle des Euro-Zeichens ein anderes Währungssymbol verwenden möchten, aktivieren Sie auf der Registerkarte **Zahlen** im Bereich **Kategorie** den Eintrag **Währung** bzw. **Buchhaltung** ❹. Im rechten Bereich öffnen Sie die Auswahlliste des Feldes **Symbol**. Hier finden Sie u. a. das Dollarzeichen und das Zeichen für das Britische Pfund.

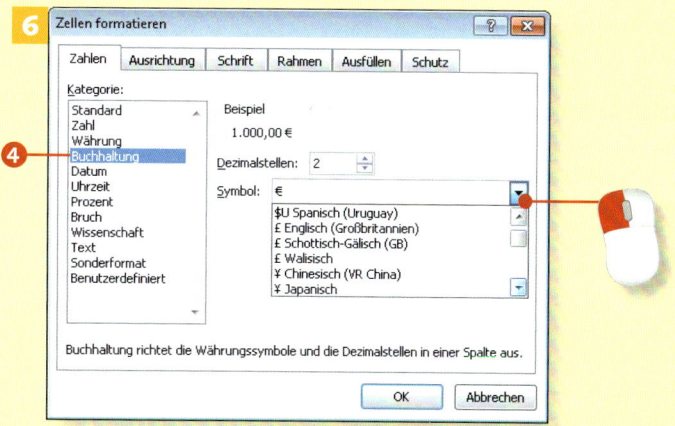

❗ Nur ein Symbol!

Bei Änderung des Währungssymbols führt Excel keine Umrechnung durch! Standen in einer Zelle vorher 100 €, bleibt es auch bei 100 $.

Weitere Tabellen anlegen

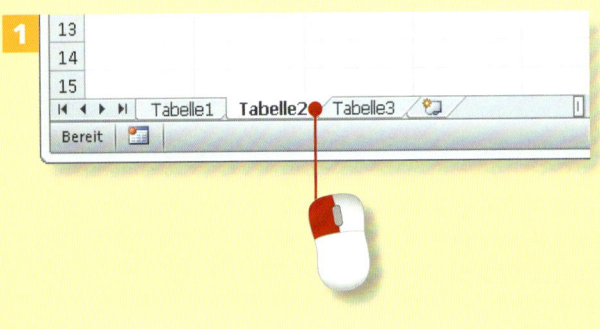

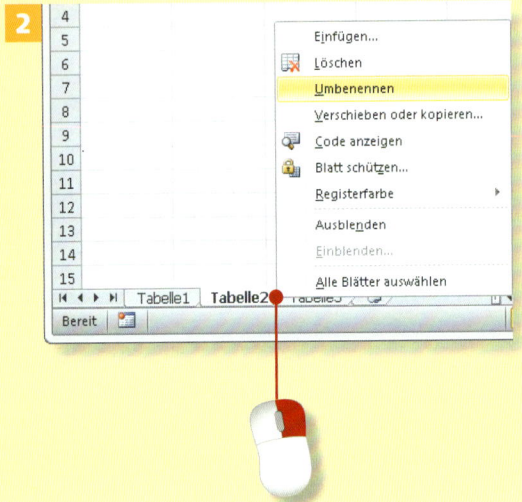

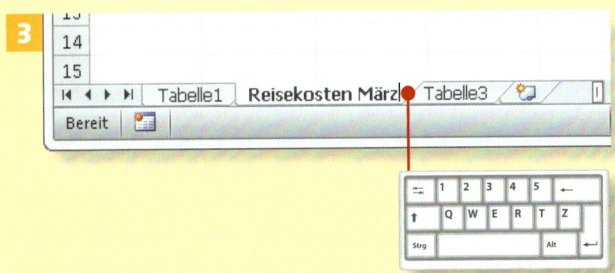

Es ist sinnvoll, weitere thematisch zusammenhängende Tabellen auf jeweils neuen Tabellenblättern anzulegen. Dadurch können Sie per Mausklick schnell die richtige Tabelle ansteuern.

Schritt 1

Eine neue Tabelle, die thematisch zu der ersten Tabelle gehört, können Sie auf einem neuen Tabellenblatt anlegen. Klicken Sie am unteren Bildschirmrand, dort, wo Sie die Tabellenblattregister sehen, auf **Tabelle2**.

Schritt 2

Dadurch wird ein jungfräuliches Tabellenblatt angezeigt (das zur aktuellen Excel-Mappe gehört). Für die Übersichtlichkeit ist es sinnvoll, dem Tabellenblatt einen Namen zu geben. Klicken Sie das Register mit der rechten Maustaste an, und wählen Sie im Kontextmenü **Umbenennen**.

Schritt 3

Daraufhin ist der bisherige Tabellenname **Tabelle2** markiert (schwarz unterlegt). Tippen Sie nun einfach den gewünschten Namen, und drücken Sie die ⏎-Taste.

✚✚ Umbenennen per Doppelklick

Um einem Tabellenblatt einen neuen Namen zu geben, funktioniert auch der Doppelklick auf das Register.

Schritt 4

Reichen die standardmäßig vorhandenen drei Tabellenblätter nicht aus, können Sie weitere einfügen. Klicken Sie dazu einfach auf das Symbol **Tabellenblatt einfügen** rechts neben dem Register **Tabelle3**.

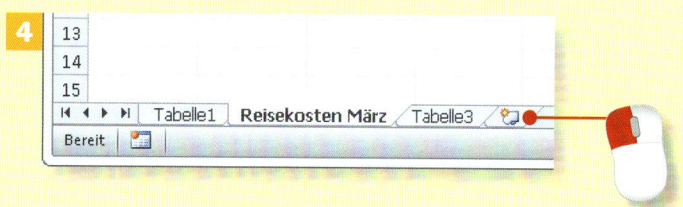

Schritt 5

Das neue Tabellenblatt wird rechts neben dem letzten Tabellenblatt eingefügt. Um es zu verschieben, klicken Sie das Register mit der rechten Maustaste an und wählen im Kontextmenü **Verschieben oder kopieren**. Bei vielen Tabellenblättern werden einige Register ausgeblendet. Mit den Pfeiltasten ganz links wandern Sie durch die Tabellenblätter ❶.

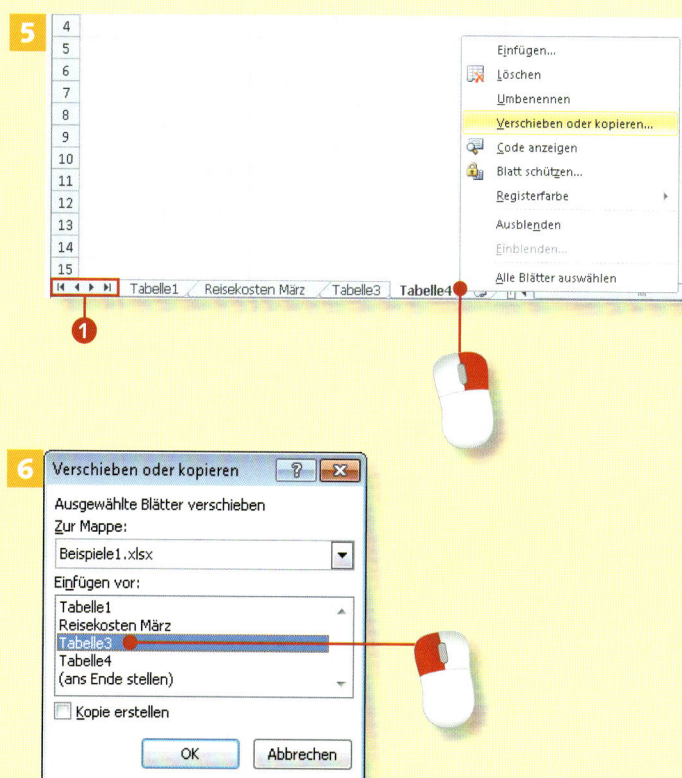

Schritt 6

In dem dazugehörenden Menü klicken Sie das Tabellenblatt an, vor dem Sie das neue Blatt positionieren möchten, und bestätigen das mit **OK**. Mit der Option **Ans Ende stellen** rutscht ein Tabellenblatt ganz nach rechts.

Farbe für die Register

Sie können den einzelnen Registern auch eine Farbe gönnen. Wählen Sie im Kontextmenü eines Registers **Registerfarbe**, und entscheiden Sie sich für eine Farbe aus der Farbpalette.

»AutoAusfüllen« und Formeln kopieren

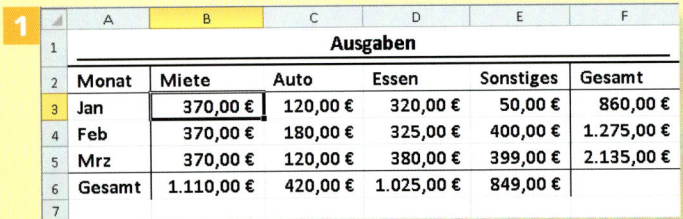

Mit der Möglichkeit des Ausfüllens stellt Excel eine äußerst praktische Funktion zur Verfügung, die Ihnen viel Tipparbeit erspart.

Schritt 1

Wenn sich in einer Tabelle ein Wert (Zahl oder Text) über mehrere Zeilen oder Spalten wiederholt, können Sie diesen Wert »ausfüllen«: Sie schreiben ihn nur einmal und füllen die restlichen Zellen damit aus.

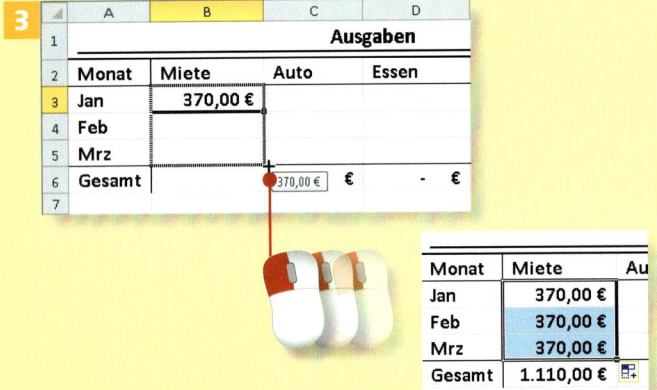

Schritt 2

Sie erstellen z. B. eine Tabelle über Ihre Ausgaben. Der Wert für die Miete ist Monat für Monat identisch. Sie schreiben diesen Wert einmal in die erste Zelle. Dann setzen Sie den Mauszeiger genau an die rechte Ecke der Zelle, auf das kleine schwarze Quadrat (der Mauszeiger wird dann zu einem Kreuz).

Schritt 3

Nun ziehen Sie mit gedrückter Maustaste über die nächsten Zellen. Der Zellinhalt wird in die Zellen übertragen, wenn Sie die Maustaste loslassen. Während des Ziehens werden die jeweiligen Werte in einer Infobox angezeigt.

++ Das Symbol »Füllbereich«

Wenn Sie Mühe haben, das kleine Quadrat an der Zelle zu treffen, können Sie auch folgendermaßen vorgehen: Schreiben Sie den Wert, und markieren Sie die Zellen, die Sie ausfüllen möchten. Dann klicken Sie auf **Start ▸ Bearbeiten ▸ Füllbereich** und wählen die Ausfüllrichtung.

Schritt 4

Sie können mit der Methode des Ausfüllens auch sogenannte Reihen bilden. Wenn Sie beispielsweise »1.« in eine Zelle tippen, können Sie diese Reihe mit 2., 3. etc. fortsetzen. Setzen Sie den Mauszeiger an das kleine Quadrat, und ziehen Sie in die gewünschte Richtung.

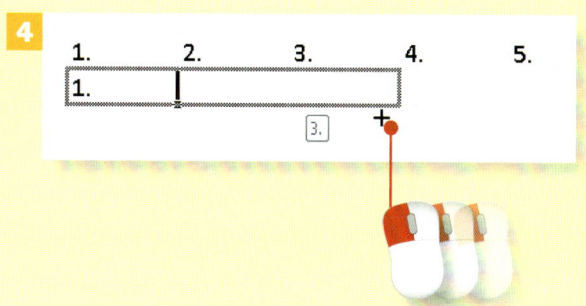

Schritt 5

Durch den Punkt hinter der 1 erkennt Excel, dass Sie eine fortlaufende Nummerierung ausfüllen möchten. Wenn Sie Zahlen hochzählen möchten, ohne einen Punkt zu schreiben, müssen Sie die beiden ersten Anfangswerte in die Zellen schreiben, also z. B. »1« und »2«. Diese beiden Anfangswerte markieren Sie.

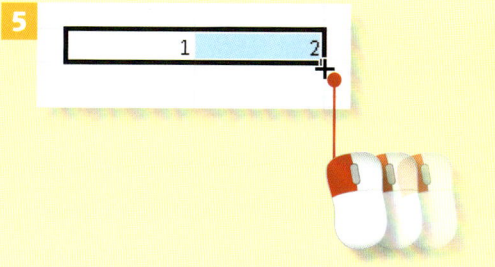

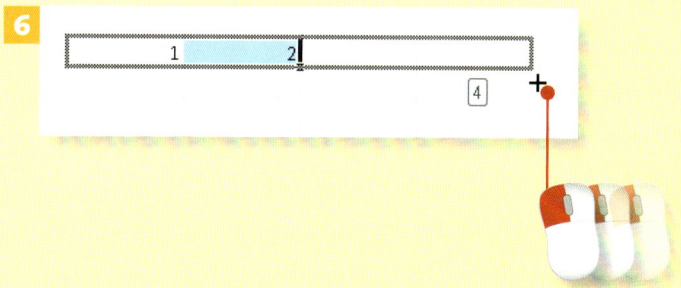

Schritt 6

Dann setzen Sie den Mauszeiger auf das Quadrat an der rechten Ecke der unteren Zelle und ziehen in die gewünschte Richtung. Sie sehen, dass Sie auch auf diese Weise eine fortlaufende Nummerierung erhalten.

Datumsreihen ausfüllen

Auch fortlaufende Datumsangaben lassen sich prima ausfüllen. Schreiben Sie beispielsweise »1.1.2011«. Excel erkennt das Datumsformat und formatiert die Eingabe als 01.01.2011. Diese Reihe wird mit 02.01.2011 etc. fortgesetzt.

»AutoAusfüllen« und Formeln kopieren (Forts.)

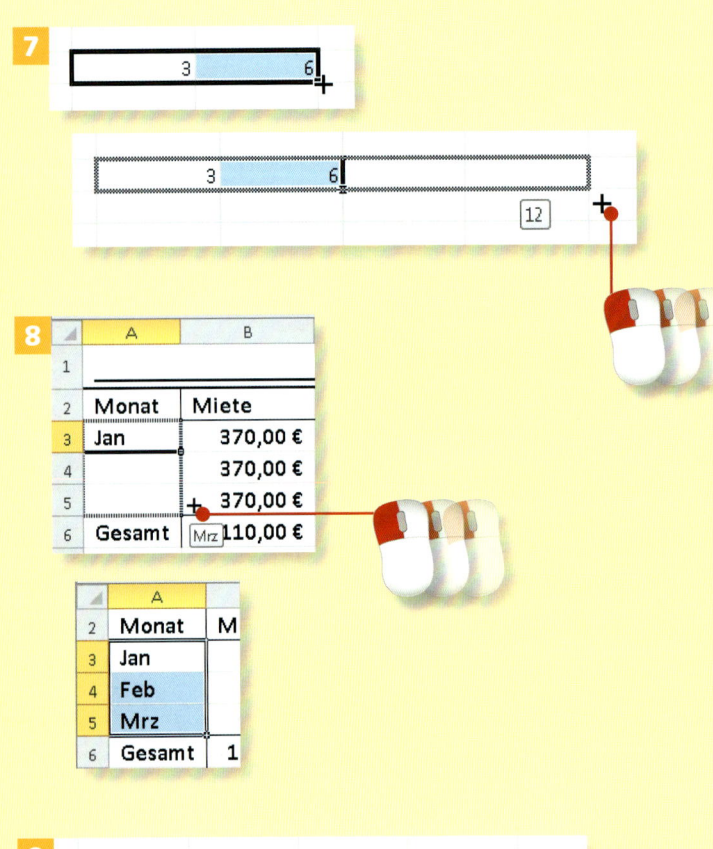

Schritt 7

Da Excel durch die beiden Anfangs-werte, die Sie eingeben, ein Muster erkennt, können Sie auch ungleich-mäßige Reihen ausfüllen. Sie schrei-ben z. B. eine »3« und eine »6«. Nun markieren Sie diese beiden Zellen, setzen den Mauszeiger auf das Qua-drat an der unteren Zelle und ziehen in die gewünschte Richtung. Sie sehen, die Reihe wird mit 9, 12 etc. fortgesetzt.

Schritt 8

Die Ausfüllmethode hat noch mehr in petto. Es gibt bestimmte Da-tenreihen, die fortgesetzt werden, sobald Sie den Anfangswert eingege-ben haben. Schreiben Sie z. B. »Jan« (oder »Januar«) in eine Zelle, und ziehen Sie nun an dem kleinen Aus-füllquadrat. Die Reihe wird fortge-setzt mit »Feb« (oder »Februar«) etc.

Schritt 9

Auch Wochentage lassen sich auf diese Weise ausfüllen. Schreiben Sie als Anfangswert beispielsweise »Montag« (oder »Mo«). Excel kann hier sogar mit englischen Wochen-tagen dienen. Wenn Sie »Mon« eingeben, wird die Liste mit Tue etc. fortgesetzt.

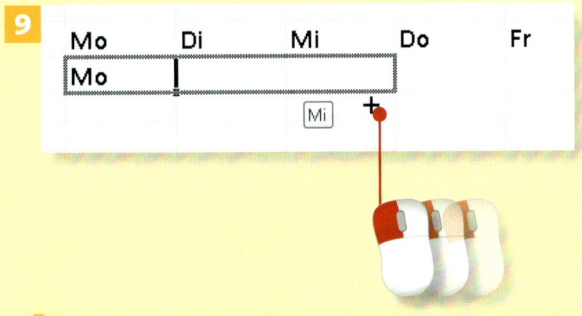

ℹ Listen beginnen

Sie müssen diese Listen nicht mit dem Anfangswert beginnen. Genauso gut können Sie beispielsweise »Mittwoch« in eine Zelle schreiben und die Reihe ausfüllen.

Schritt 10

Sie können über **Datei ▸ Optionen ▸ Erweitert** auch eigene Listen erstellen. Im Fenster **Excel-Optionen** klicken Sie im Bereich **Allgemein** auf **Benutzerdefinierte Listen bearbeiten**. Im zugehörigen Dialog geben Sie im Bereich **Listeneinträge** ❶ die Daten untereinander (oder durch Komma getrennt) ein und klicken auf **Hinzufügen**. Danach können Sie diese Liste verwenden.

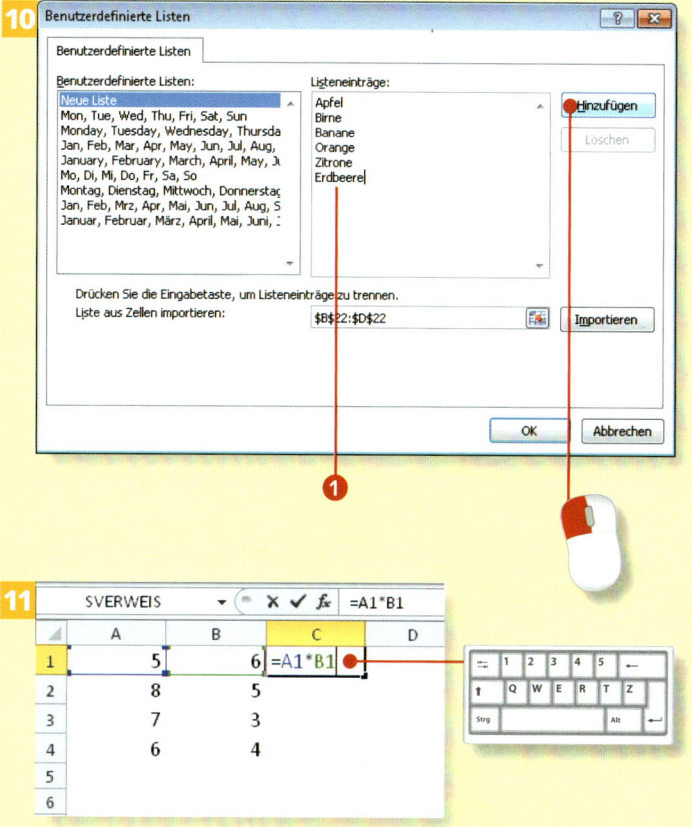

Schritt 11

Besonders hilfreich ist die Möglichkeit, auch Formeln in anderen Zellen auszufüllen, sofern es sich um einen *relativen Bezug* handelt. Wenn Sie in C1 den Zellinhalt von A1 und B1 multiplizieren (=A1*B1), können Sie diese Formel nach unten kopieren.

Schritt 12

Setzen Sie den Mauszeiger an das kleine Quadrat, und ziehen Sie mit gedrückter Maustaste nach unten. Auch die Zellinhalte der Zellen A2 und B2 (etc.) werden multipliziert. Die Zelladressen in der Formel werden also je nach Ausfüllrichtung angepasst.

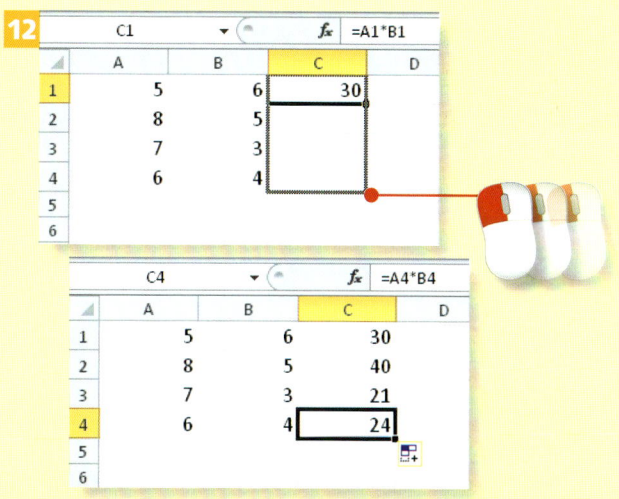

Zellbezüge: Mehrwertsteuer und Bruttopreis

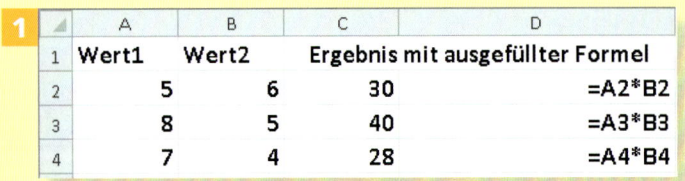

	A	B	C	D
1	Wert1	Wert2	Ergebnis mit ausgefüllter Formel	
2	5	6	30	=A2*B2
3	8	5	40	=A3*B3
4	7	4	28	=A4*B4

In diesem Abschnitt geht es um Berechnungen mit absoluten Bezügen. Wir zeigen Ihnen, wie Sie auch bei solchen Rechenoperationen Formeln ausfüllen können.

Schritt 1

Im Beispiel der Schritte 4 und 5 des vorangegangenen Abschnitts handelte es sich um einen relativen Bezug: Die Formel konnte problemlos nach unten ausgefüllt werden, weil mit Zelladressen gerechnet wurde, die durch das Ausfüllen einfach »weitergezählt« wurden (A2, A3, A4 etc.).

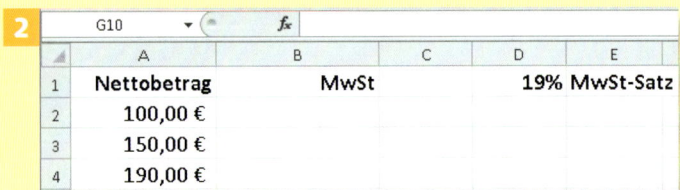

	G10	fx			
	A	B	C	D	E
1	Nettobetrag	MwSt			19% MwSt-Satz
2	100,00 €				
3	150,00 €				
4	190,00 €				

Schritt 2

Es gibt aber Rechenoperationen, bei denen ein Wert »fest« ist; dann handelt es sich um einen *absoluten Bezug*. Beispielsweise enthält die Tabelle eine Reihe von Nettobeträgen, und der Mehrwertsteuersatz (19 %) steht in einer Extra-Zelle irgendwo neben der Tabelle, z. B. in D1.

	B2	fx =A2*D1			
	A	B	C	D	E
1	Nettobetrag	MwSt			19% MwSt-Satz
2	100,00 €	19,00 €			
3	150,00 €				
4	190,00 €				

Schritt 3

Um nun die Bruttobeträge zu errechnen, benötigen Sie eine einfache Formel: der Nettobetrag multipliziert mit 19 %. Geben Sie also die Formel »=A2*D1« in die erste Ergebniszelle ein.

Schritt 4

Für die weiteren Berechnungen benötigen Sie jedes Mal die Zelladresse, in der *19 %* steht. Dies ist ein absoluter Bezug. Also greifen Sie zu einem Trick, um die Formel ausfüllen zu können. Sie schreiben die entsprechende Zelladresse mit Dollarzeichen, also folgendermaßen: D1.

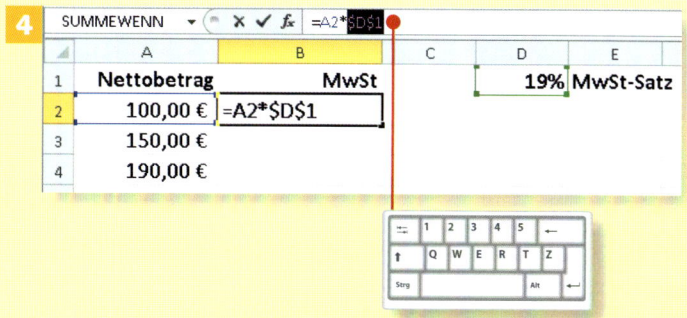

Schritt 5

Durch die Dollarzeichen erkennt Excel, dass es sich bei dieser Zelladresse um einen festen (absoluten) Wert handelt. Bestätigen Sie die geänderte Formel mit der ⏎-Taste. Die Berechnung wird jetzt funktionieren wie gewünscht.

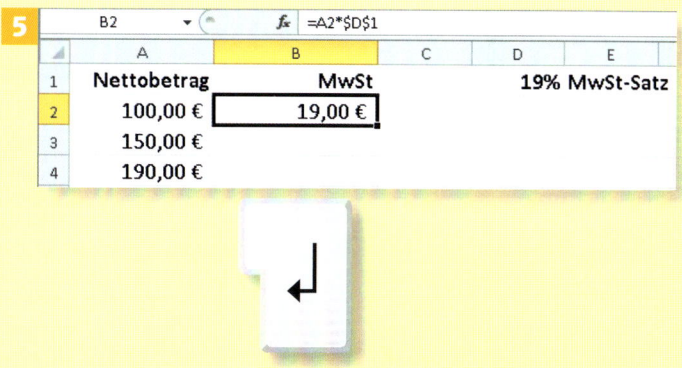

Schritt 6

Setzen Sie den Mauszeiger an das kleine Quadrat, und übertragen Sie die Formel per AutoAusfüllen in die nächsten Zellen. Die Berechnung wird in jeder Zeile korrekt durchgeführt, da der MwSt-Satz für jede Zeile aus der Zelle D1 genommen wird.

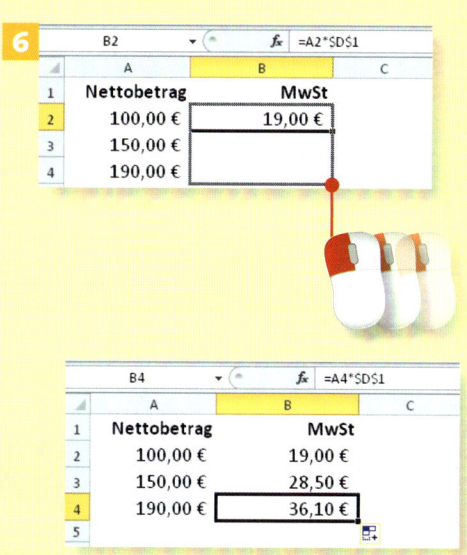

Kapitel 6
Diagramme mit Excel

Diagramme sind eine gute Methode, um Zahlenmaterial interessant und anschaulich darzustellen. Sehen Sie in diesem Kapitel selbst, wie einfach das geht und wie Sie Diagramme weiterbearbeiten können.

Ein Diagramm erstellen

Die klassischen Diagrammformen stehen Ihnen in Excel mit einem Klick zur Verfügung. Auf der Basis einer Tabelle erstellen Sie beispielsweise im Nu ein Säulendiagramm ❶.

Die Diagrammtools

Mit den Mitteln der **Diagrammtools** ❷ lässt sich jedes Diagramm ganz leicht bearbeiten und formatieren. Weisen Sie ihm zum Beispiel einen anderen Aufbau (ein anderes Layout) oder eine neue Farbgebung zu.

1 Excel bietet eine Fülle von
Diagrammtypen an.

2 Sie können
das Aussehen
Ihrer Diagramme
leicht verändern.

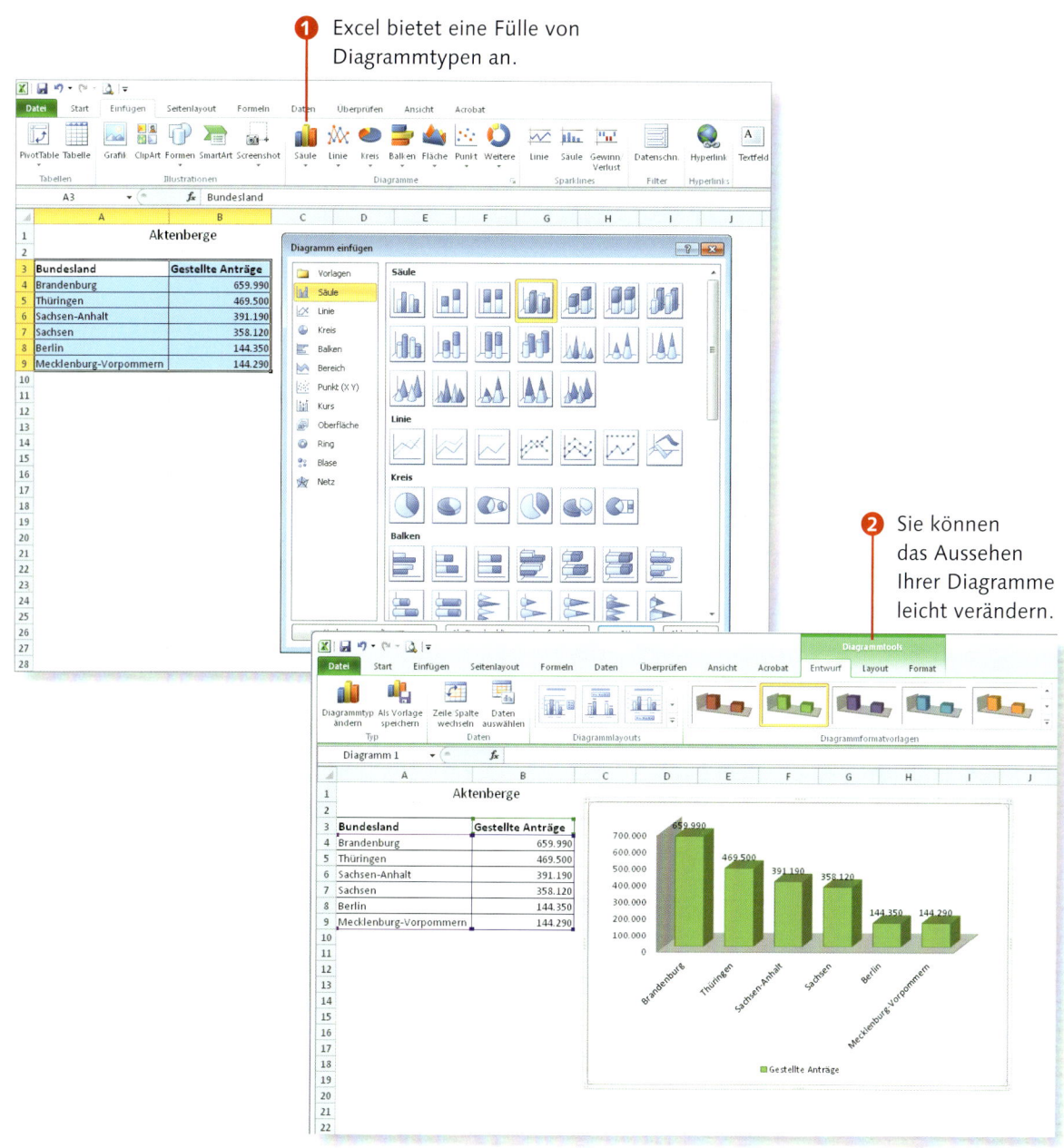

Ein Säulendiagramm erzeugen

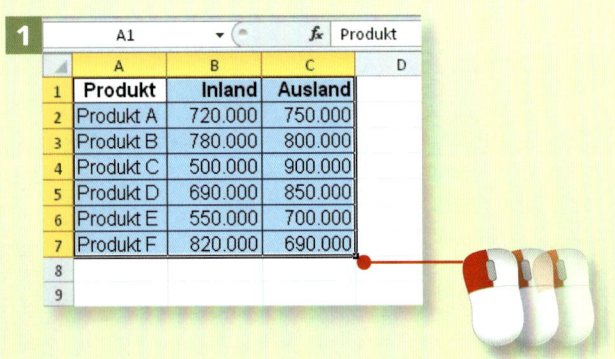

Diagramme sind ein probates Mittel, um Zahlenmaterial anschaulich darzustellen. Mit Excel können Sie in wenigen Schritten beeindruckende Diagramme erstellen.

Schritt 1

Ein Diagramm basiert zunächst immer auf einer Tabelle. In dieser Tabelle markieren Sie die Spalten und/oder Zeilen, die (bzw. deren Zellinhalt) für das Diagramm wichtig sind.

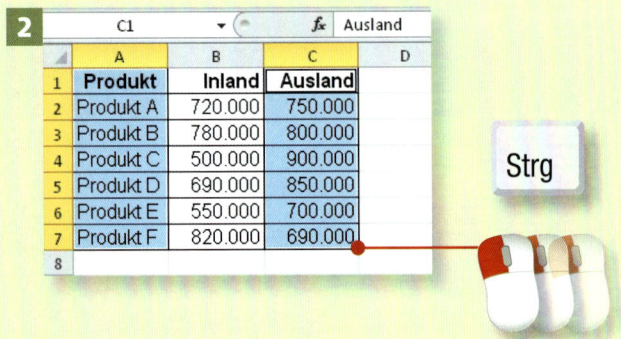

Schritt 2

Wenn nur einzelne, nicht zusammenhängende Spalten bzw. Zeilen der Tabelle für das Diagramm wichtig sind, nutzen Sie die Möglichkeit der Mehrfachmarkierung: Halten Sie die Strg-Taste gedrückt, und markieren Sie dann mit der Maus die benötigten Spalten oder Zeilen.

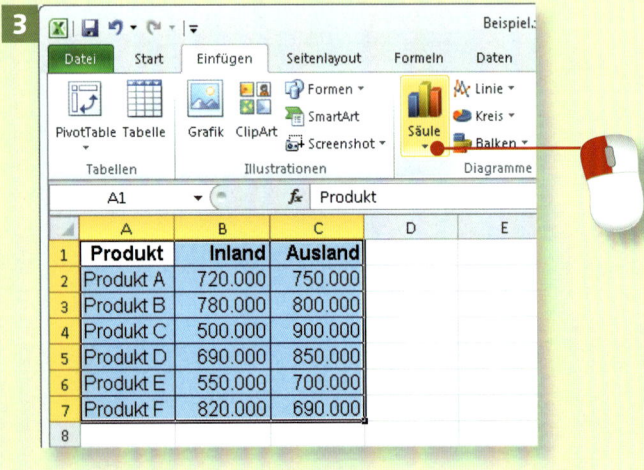

Schritt 3

In unserem Beispiel erstellen wir ein Säulendiagramm. Nachdem Sie die Tabelle markiert haben, aktivieren Sie die Registerkarte **Einfügen**. Hier klicken Sie auf den Pfeil am Symbol **Säule**.

Schritt 4

Das Menü bietet eine Reihe unterschiedlicher Varianten des Dateitypus Säule. Wir favorisieren ein schlichtes Diagramm und klicken im Bereich **2D-Säule** auf die erste Variante, **Gruppierte Säulen**.

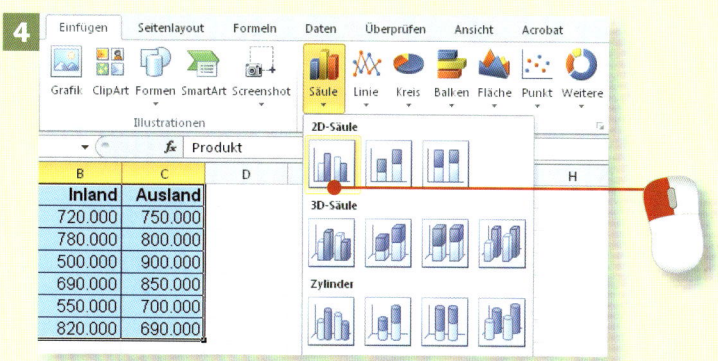

Schritt 5

Das Ergebnis lässt nicht lange auf sich warten. Sofort erscheint das entsprechende Diagramm auf Ihrem Tabellenblatt. Die Legenden »Inland« und »Ausland« wurden automatisch aus den Überschriften der Tabelle gebildet.

Schritt 6

Um das Diagramm an den gewünschten Ort zu schieben, führen Sie den Mauszeiger darauf. Sobald Sie den Vierfachpfeil sehen, können Sie das Diagramm mit gedrückter Maustaste bewegen.

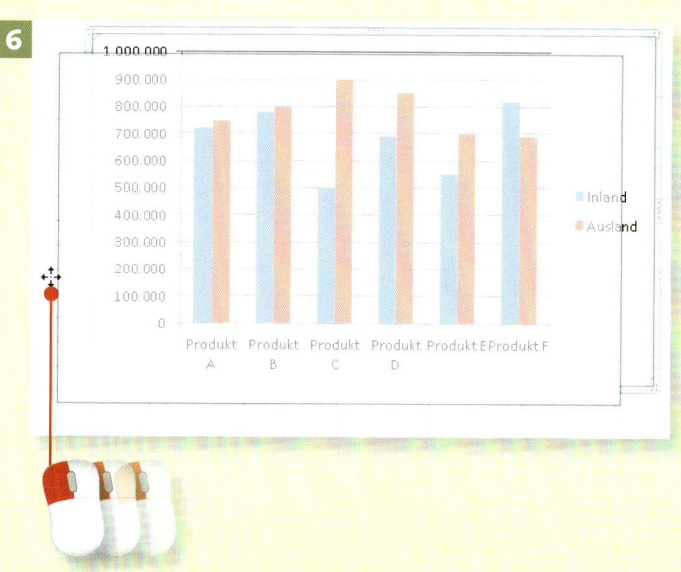

Welcher Diagrammtyp passt?

Die Wahl des Diagrammtyps hängt davon ab, was Sie damit demonstrieren wollen. Während Säulendiagramme z. B. für den Vergleich von Werten geeignet sind, zeigen Kreisdiagramme anteilige Werte an einem Ganzen.

Ein Säulendiagramm nachbearbeiten

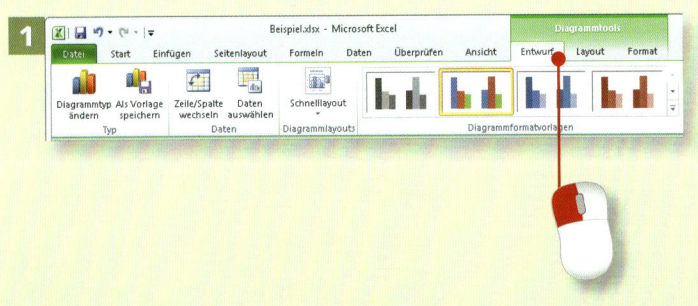

Wie Sie gesehen haben, ist ein Diagramm im Nu erstellt. Vielleicht genügt es aber Ihren optischen Ansprüchen noch nicht. Dann können Sie es auf verschiedene Arten bearbeiten und formatieren.

Schritt 1

Klicken Sie das Diagramm an, um das Register **Diagrammtools** zu öffnen. Auf den drei Registerkarten der Tools finden Sie alle Befehle und Funktionen zur weiteren Bearbeitung eines Diagramms.

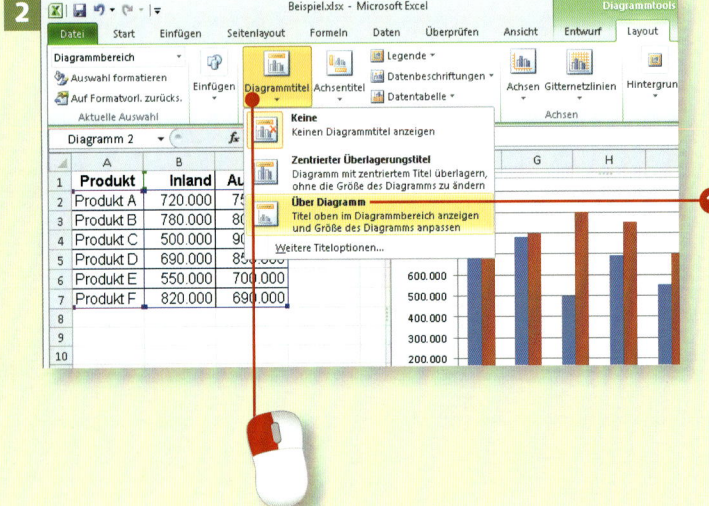

Schritt 2

Als Erstes soll das Diagramm einen Titel erhalten, damit man auf den ersten Blick erkennt, worum es geht. Aktivieren Sie die Registerkarte **Layout**, und klicken Sie auf das Symbol **Diagrammtitel**.

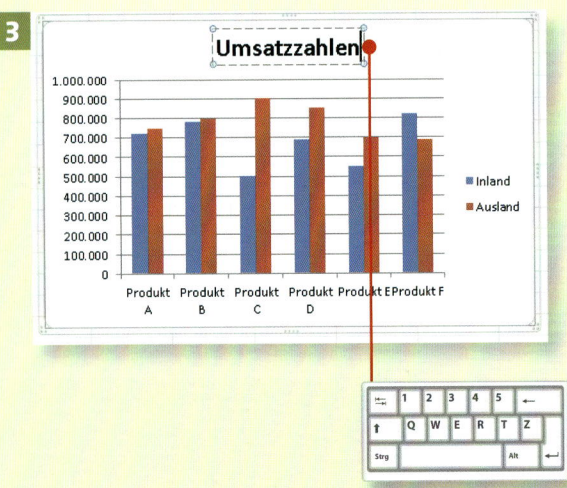

Schritt 3

Wählen Sie im Auswahlmenü **Über Diagramm** ❶. In das Textfeld schreiben Sie den Text für die Überschrift, z. B. »Umsatzzahlen«.

Schritt 4

Auch die Achsen sollen eine Beschriftung erhalten. Dies erledigen Sie ebenfalls auf der Registerkarte **Layout**. Klicken Sie auf den Pfeil am Symbol **Achsentitel**, und wählen Sie **Titel der horizontalen Primärachse ▸ Titel unter Achse**.

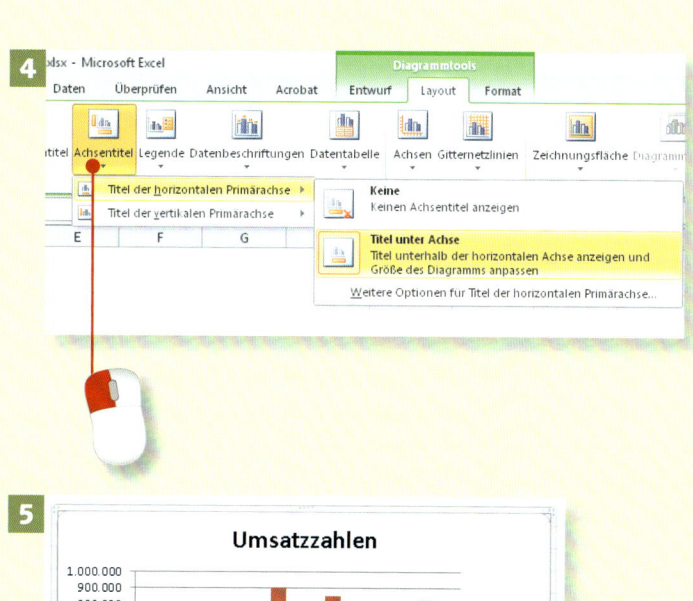

Schritt 5

Unter dem Diagramm erscheint ein Textfeld. Löschen Sie daraus den Standardtext »Achsentitel«, und schreiben Sie einen passenden Text hinein, z. B. »Produktpalette«.

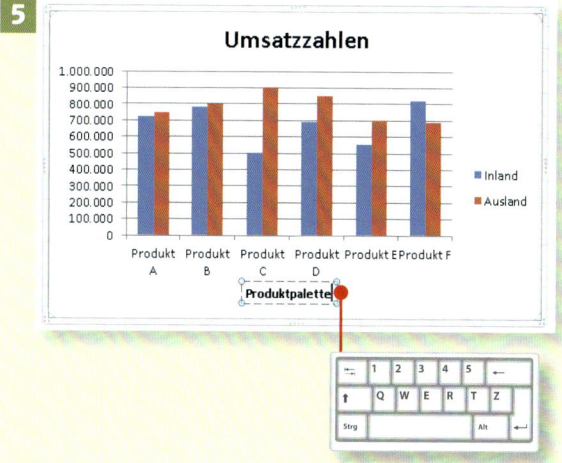

Schritt 6

Ähnlich verfahren Sie für die Beschriftung der vertikalen Achse. Wählen Sie im Menü des Symbols **Achsentitel** die Option **Titel der vertikalen Primärachse ▸ Gedrehter Titel**. In das Textfeld schreiben Sie die Beschriftung, z. B. »Umsätze«.

Die Textfelder formatieren

Um die Textfelder für die Beschriftungen zu bearbeiten, klicken Sie sie mit der rechten Maustaste an. Im Kontextmenü wählen Sie **Achsentitel formatieren**. Im gleichnamigen Dialog können Sie Hintergrundfarben, Rahmen(farben) etc. einstellen.

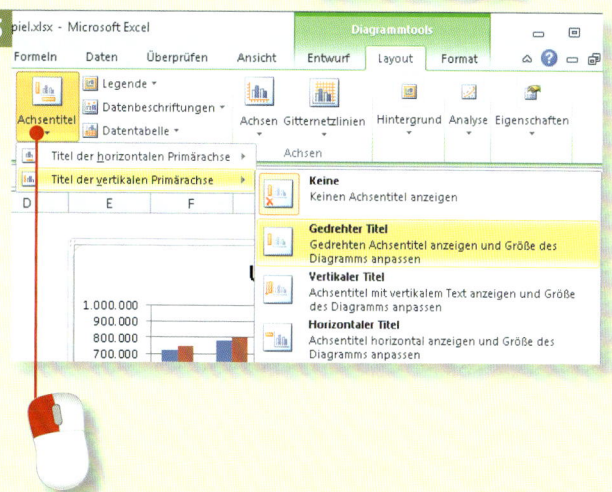

Ein Säulendiagramm nachbearbeiten (Forts.)

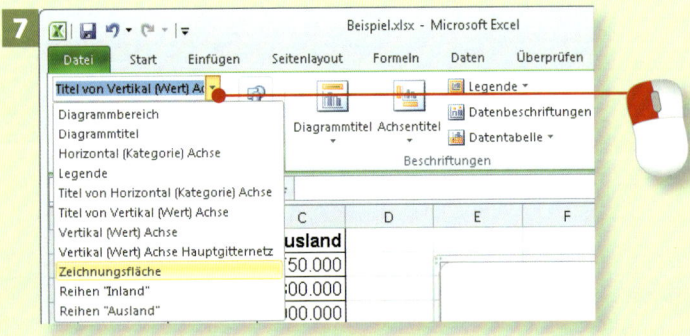

Schritt 7

Ein Diagramm besteht aus diversen Elementen, z. B. dem Diagrammbereich, der Zeichnungsfläche etc. All diese Elemente können gesondert formatiert werden. Als Erstes markieren Sie dazu das entsprechende Element. Am einfachsten geht dies, wenn Sie auf der Registerkarte **Layout** auf den Pfeil am Symbol **Diagrammelemente** klicken.

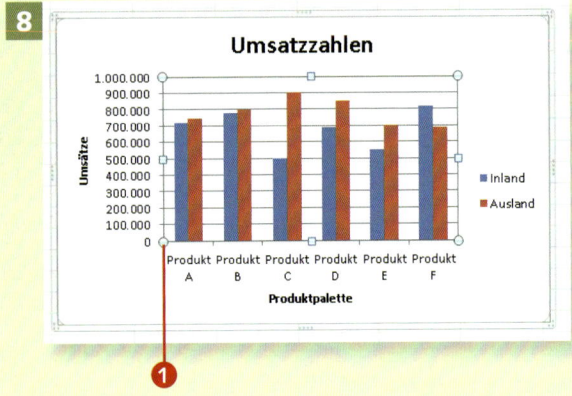

Schritt 8

In dem Auswahlmenü wählen Sie das Element, das Sie bearbeiten möchten, z. B. **Zeichnungsfläche**. Sie sehen, dass sich ein Markierungsrahmen ❶ um diese Fläche im Diagramm legt.

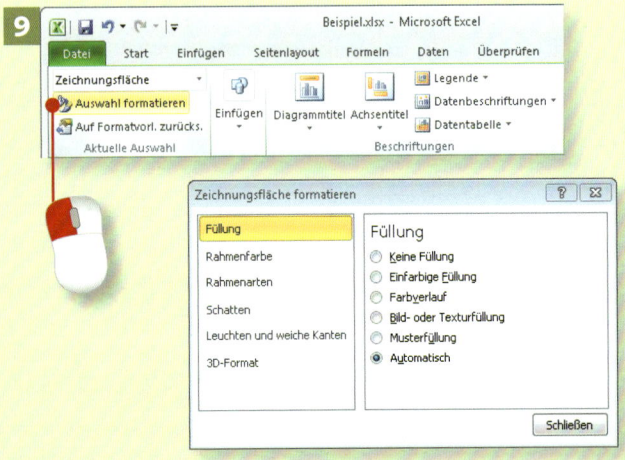

Schritt 9

Zum Formatieren klicken Sie auf das Symbol **Auswahl formatieren**. Dieses Symbol ruft je nach markiertem Diagrammelement unterschiedliche Dialoge/Optionen auf; für die Bearbeitung der Zeichnungsfläche erhalten Sie einen Dialog, der Füllungen, Rahmenfarben etc. anbietet.

Schritt 10

Um die Zeichnungsfläche mit einer Hintergrundfarbe zu versehen, aktivieren Sie im Dialog **Zeichnungsfläche formatieren** die Option **Einfarbige Füllung** ❷ und wählen dann per Klick auf das Feld **Farbe** eine Farbe aus der Farbpalette aus

Schritt 11

Wenn Sie sich nicht die Mühe machen möchten, das Diagramm mit seinen einzelnen Elementen Stück für Stück zu formatieren, können Sie auch Vorlagen nutzen. Aktivieren Sie dazu die Registerkarte **Entwurf**. Hier finden Sie den Eintrag **Diagrammformatvorlagen**.

Schritt 12

Die gesamte Auswahl der Diagrammformatvorlagen erhalten Sie per Klick auf den Pfeil **Weitere** ❸ rechts an der Gruppe. Sobald Sie eine der Vorlagen anklicken, wird das Format auf Ihr Diagramm übertragen. Aber seien Sie sich bewusst, dass diese Vorlagen alle vorherigen Einstellungen überlagern.

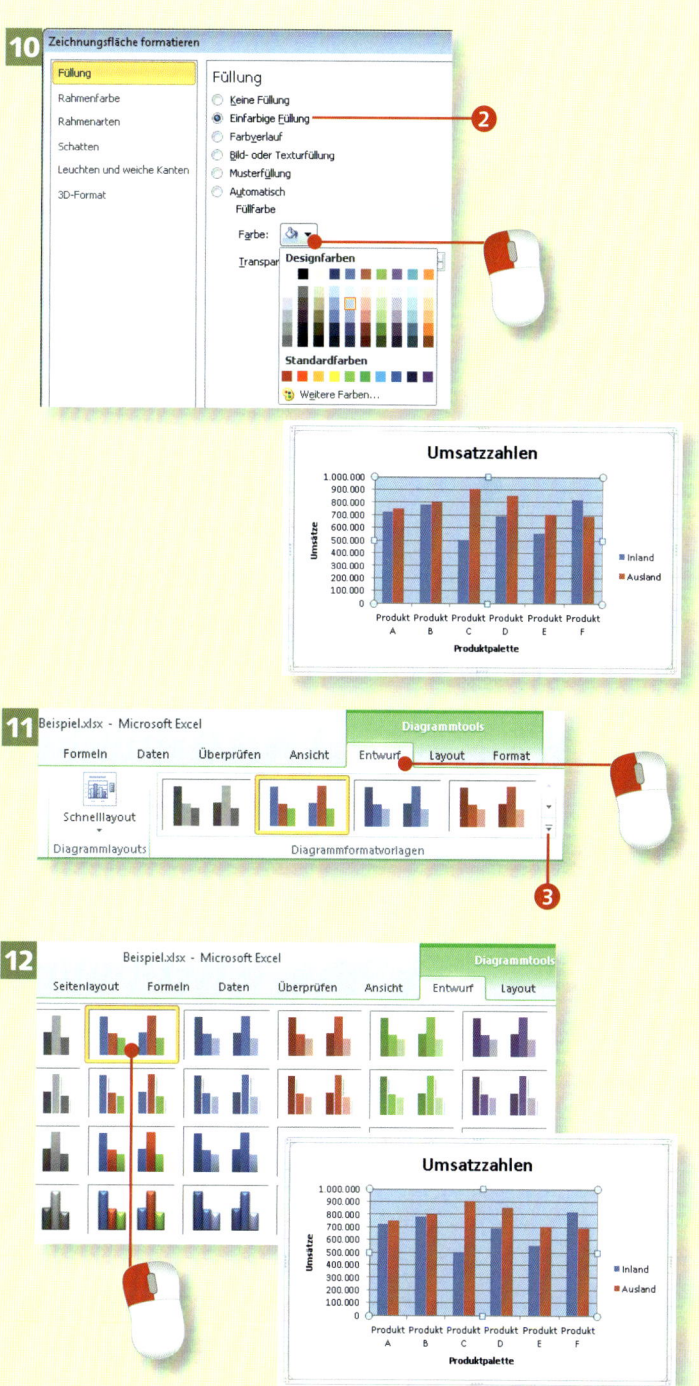

Ein Kreisdiagramm erzeugen und bearbeiten

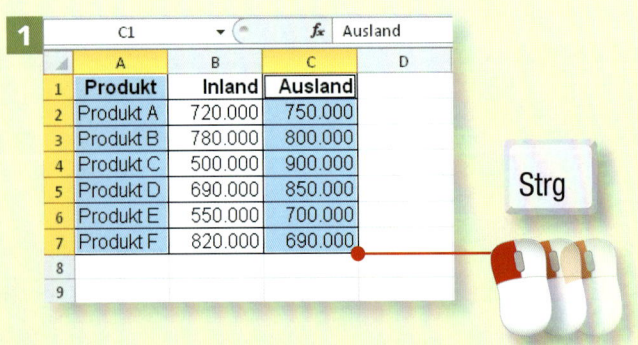

Kreisdiagramme – im Volksmund als Tortendiagramme bekannt – lassen auf einen Blick bestimmte Anteile an einem Ganzen erkennen. Selbst Prozentzahlen können hinzugefügt werden, ohne dass Sie Ihre Rechenkünste bemühen müssen.

Schritt 1

In dem geplanten Kreisdiagramm soll angezeigt werden, welchen Anteil die einzelnen Produkte am Umsatz im Ausland haben. Folglich müssen die Spalten *Produkt* und *Ausland* markiert werden (mit gedrückter Strg -Taste).

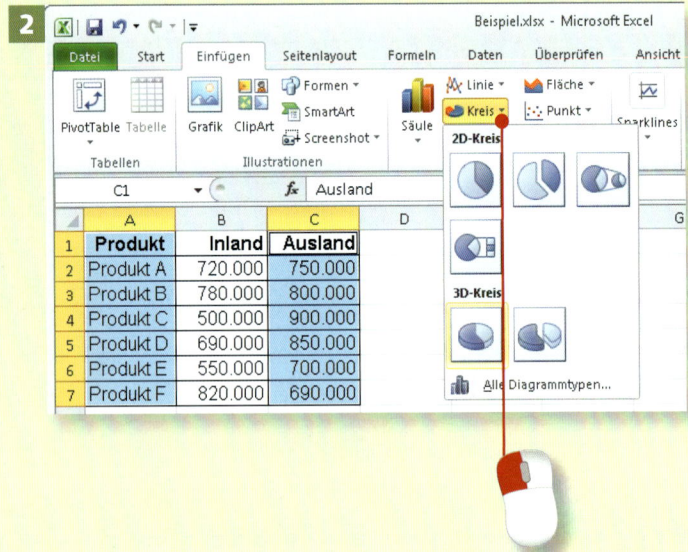

Schritt 2

Wenn beide Spalten markiert sind, klicken Sie auf der Registerkarte **Einfügen** auf den Pfeil am Symbol **Kreis**. Im Auswahlmenü bietet Excel Varianten eines Kreisdiagramms. Klicken Sie auf den einfachen **3D-Kreis**.

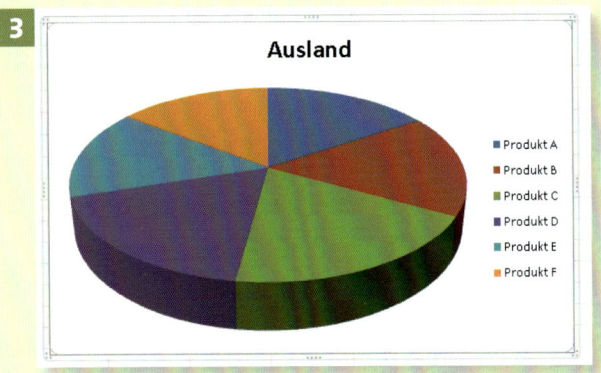

Schritt 3

Wieder hat Excel blitzschnell ein Diagramm erstellt. Die einzelnen Produkte bilden die Legende. Die »Tortenstücke« symbolisieren in unterschiedlichen Farben den jeweiligen Anteil am Umsatz.

Schritt 4

Die Überschrift »Ausland« soll geändert werden. Aktivieren Sie das Diagramm, und klicken Sie zweimal auf den Diagrammtitel (kein Doppelklick). Daraufhin können Sie den Text des Titels ändern. Schreiben Sie die Überschrift »Anteile am Auslandsumsatz«.

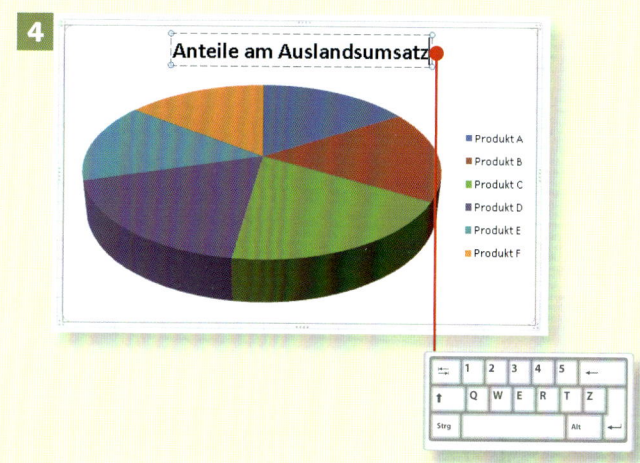

Schritt 5

Der Titel soll etwas verschönert werden. Markieren Sie per Mausklick das Textfeld des Diagrammtitels, und aktivieren Sie die Registerkarte **Format**. Klicken Sie dann im Bereich **Formenarten** auf den Auswahlpfeil für die Formen (**Weitere**).

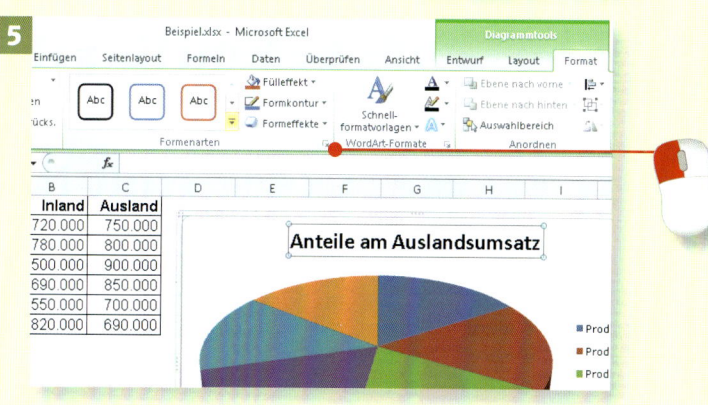

Schritt 6

In dem Auswahlmenü des Symbols **Formenarten** wählen Sie beispielsweise einen schicken 3D-Effekt, indem Sie auf **Intensiver Effekt** – **Rot**, **Akzent 2** klicken.

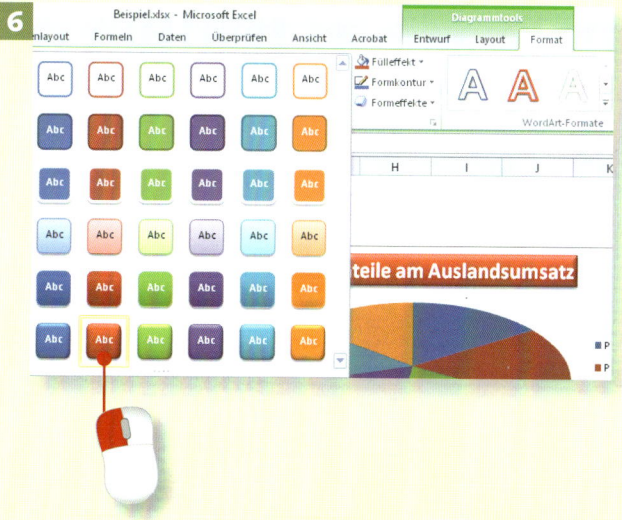

Textfelder formatieren

In den Menüs der Symbole **Fülleffekt**, **Formkontur** und **Formeffekte** finden Sie eine Fülle von Gestaltungs- und Einstellungsmöglichkeiten für Textfelder.

Ein Kreisdiagramm erzeugen und bearbeiten (Forts.)

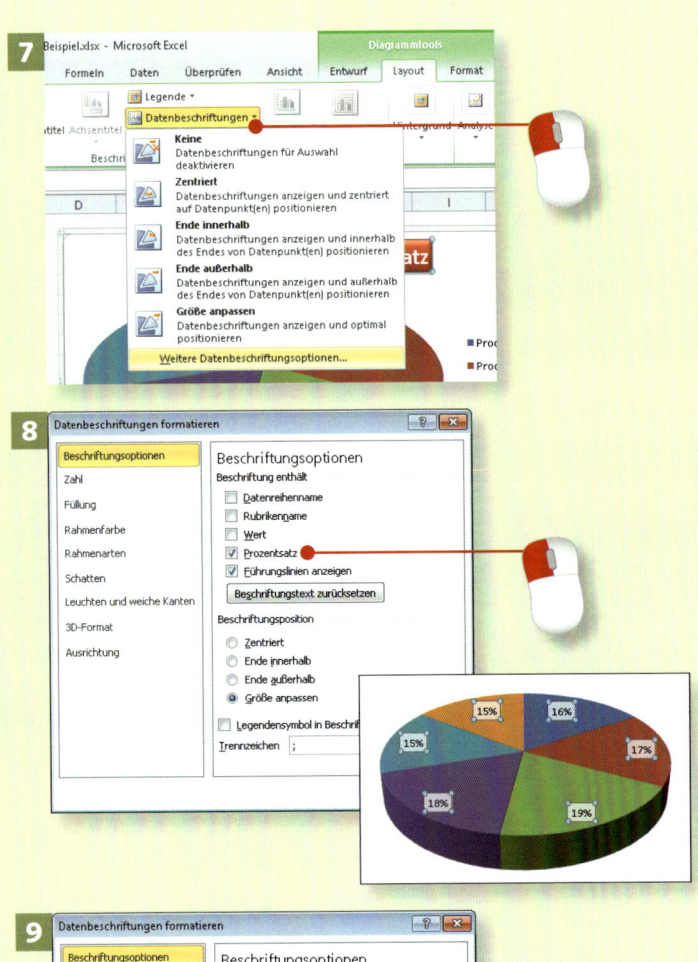

Schritt 7

Lassen Sie sich die Prozentsätze anzeigen. Excel erspart Ihnen das Rechnen. Klicken Sie einfach auf der Registerkarte **Layout** das Symbol **Datenbeschriftungen** an, und wählen Sie **Weitere Datenbeschriftungsoptionen**.

Schritt 8

Im Dialog **Datenbeschriftungen formatieren** setzen Sie ein Häkchen vor **Prozentsatz**, und klicken dann auf **Schließen**. Sie sehen nun die Tortenstücke mit entsprechenden Prozentsätzen, können also auf den ersten Blick erkennen, welches Produkt am erfolgreichsten war.

Schritt 9

Auch die Produktbezeichnungen können direkt auf den Segmenten auftauchen. Dazu aktivieren Sie im Dialog **Datenbeschriftungen formatieren** die Option **Rubrikenname**.

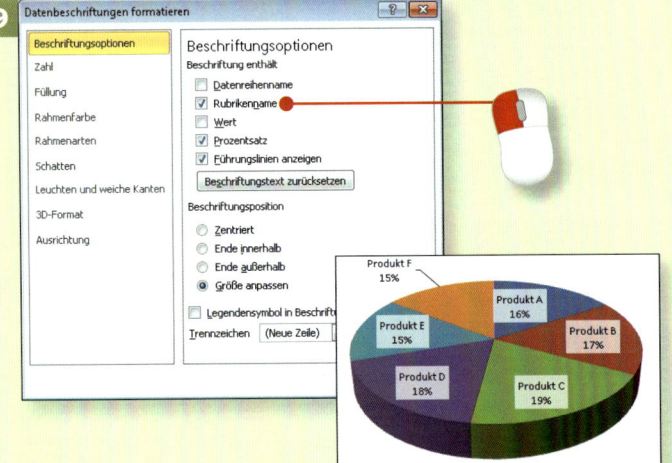

Das Diagramm ist verknüpft

Das Diagramm ist direkt mit der zugrunde liegenden Tabelle verbunden. Wenn Sie einen Wert in der Tabelle ändern, ändert sich automatisch auch die Größe des Tortenstücks (der Prozentsatz).

Schritt 10

Die Tortenstücke haben automatisch jeweils eine andere Farbe. Sie können einzelnen Segmenten eine andere Farbe geben. Markieren Sie ein Segment per Mausklick (zweimal hintereinander, nicht doppelt!) oder über die Auswahlliste des Feldes **Diagrammelemente** auf der Registerkarte **Layout** ganz links (z. B. **Reihen »Ausland« Punkt »Produkt A«**).

Schritt 11

Klicken Sie dann auf das Symbol **Auswahl formatieren** ❶ auf der Registerkarte **Layout**. Im Dialog **Datenpunkt formatieren** aktivieren Sie **Füllung** und im rechten Bereich **Einfarbige Füllung**. Klicken Sie dann auf den Auswahlpfeil am Feld **Farbe**, und entscheiden Sie sich für eine kräftige Kontrastfarbe.

Schritt 12

Auf der Registerkarte **Entwurf** gibt es zahlreiche Diagrammformatvorlagen, mit denen das Diagramm mit einem Rutsch ein schickes Aussehen erhält. Außerdem finden Sie hier diverse **Diagrammlayouts**, mit denen Sie Beschriftungen, die Legende und die Überschrift variieren können.

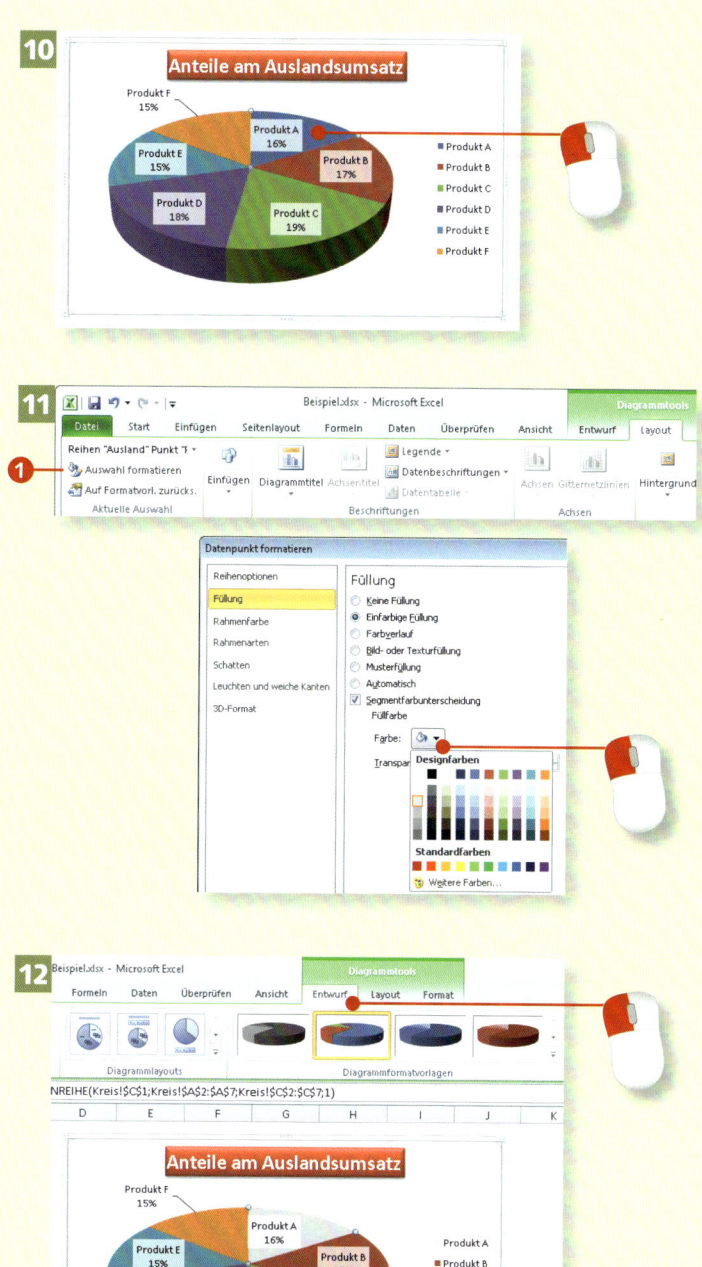

Kapitel 7
Listen und Datenbanken in Excel

Excel kann auch als Datenbankprogramm genutzt werden.
Wie Sie Listen erstellen oder Daten sortieren und filtern,
erfahren Sie in diesem Kapitel.

Listen und Datenbanken anlegen

Wir beschreiben zunächst, wie Sie eine einfache Liste anlegen ❶, wie Sie diese Liste formatieren und ihre Einträge alphabetisch sortieren können. Darüber hinaus lernen Sie die Filterfunktion von Excel kennen und erfahren, wie Sie Ihre Datenbanken am besten planen.

Formate für den Export

Außerdem gehen wir auf gängige Formate ein, in denen Sie Excel-Dateien für den Datenaustausch speichern können. Im Dialog **Speichern unter** ❷ können Sie als Dateityp beispielsweise das Format XLS einstellen, damit sich die Datei auch mit älteren Excel-Versionen als 2010 öffnen lässt.

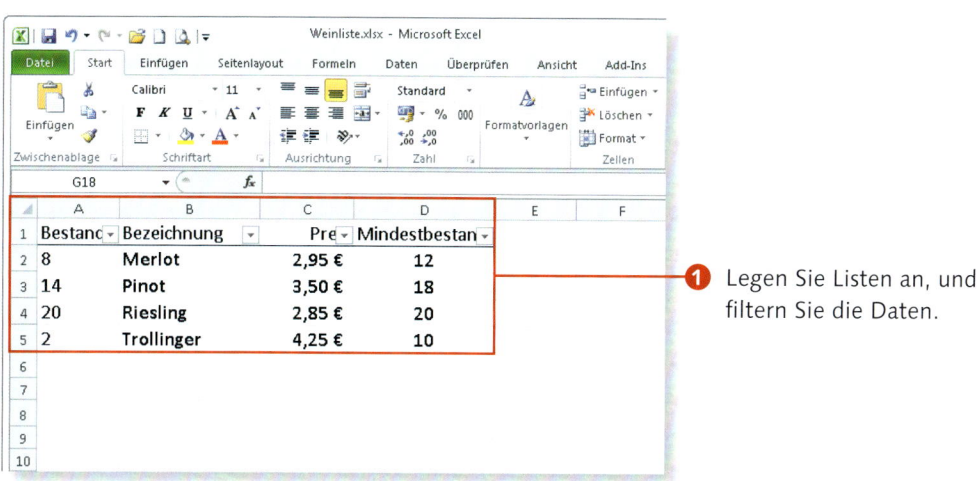

❶ Legen Sie Listen an, und filtern Sie die Daten.

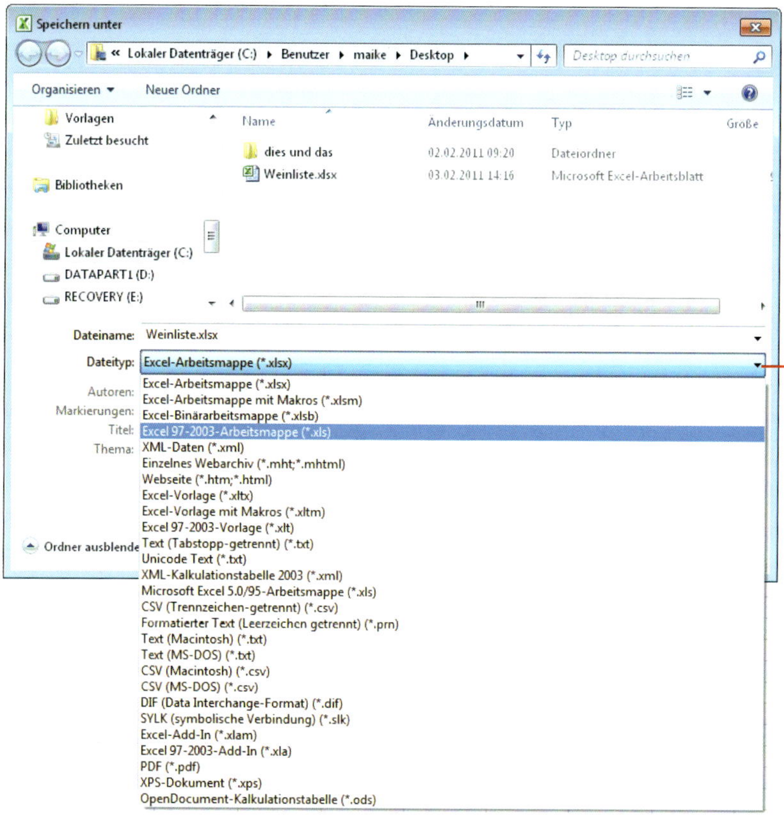

❷ Ihnen stehen viele verschiedene Formate zur Verfügung.

Eine einfache Liste erstellen

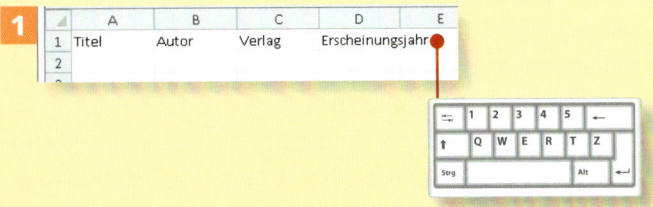

Excel ist zwar kein Datenbankpro-gramm, aber es bietet gewisse Funk-tionen, mit denen man Listen verwal-ten und ähnlich nutzen kann.

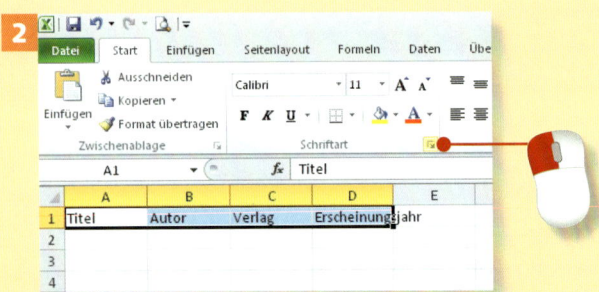

Schritt 1

Da der Bildschirm in Spalten und Zeilen eingeteilt ist, ist es einfach, eine tabellarische Liste zu erstellen. Schreiben Sie die Überschriften der Liste Spalte für Spalte in eine Zeile. Im Beispiel erstellen wir eine Bücherliste.

Schritt 2

Die Überschriften lauten: *Titel*, *Autor*, *Verlag*, *Erscheinungsjahr*. Markieren Sie die Zeile, und öffnen Sie den Dia-log **Zellen formatieren**, indem Sie auf der Registerkarte **Start** auf den Pfeil an der Gruppe **Schriftart** (oder **Ausrichtung** oder **Zahl**) klicken.

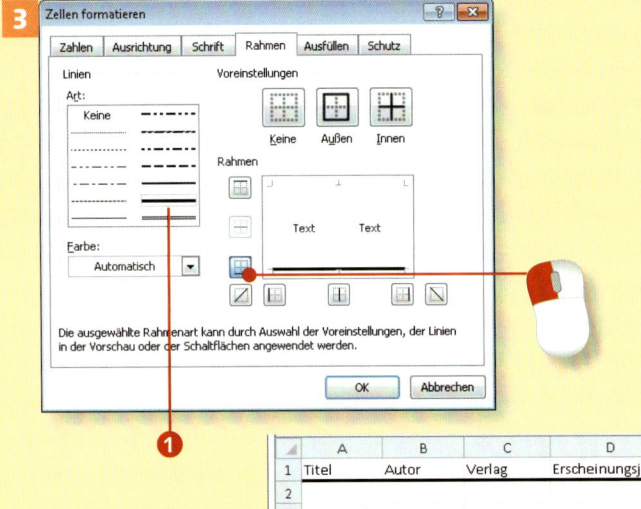

Schritt 3

Im Dialog **Zellen formatieren** akti-vieren Sie die Registerkarte **Rahmen**. Wählen Sie eine Linienart **1**, und klicken Sie dann auf das Symbol, das eine Linie unterhalb der Markierung symbolisiert. Passen Sie anschlie-ßend die Spaltenbreiten an.

Linien setzen
Anstatt auf das kleine Symbol zu klicken, können Sie genauso gut auf die untere Linie des angedeuteten Rahmens klicken.

Schritt 4

Für die Eingabe der Daten ist es sinnvoll, dafür zu sorgen, dass der Text in den Zellen umbrochen wird. Markieren Sie mehrere Zeilen unterhalb der Überschriften, und klicken Sie auf der Registerkarte **Start** auf den Pfeil an der Gruppe **Ausrichtung**. So öffnen Sie den Dialog **Zellen formatieren** direkt mit der Registerkarte **Ausrichtung**.

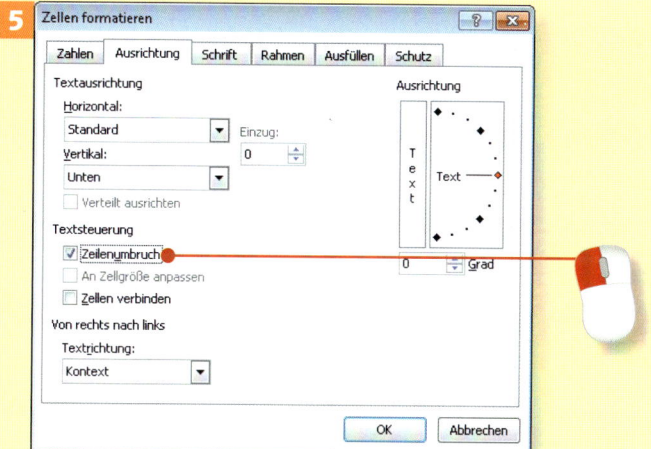

Schritt 5

Im Bereich **Textsteuerung** aktivieren Sie die Option **Zeilenumbruch**. Mit dieser Einstellung wird Text, den Sie in einer Zelle eingeben, entsprechend der Spaltenbreite umbrochen und in der nächsten Zeile fortgesetzt.

Schritt 6

Füllen Sie nun die Tabelle mit den Daten. Sie werden sehen, dass längere Eingaben am Ende der Zelle dank des Zeilenumbruchs in die nächste Zeile rutschen.

Zeilenumbrüche einfügen

Einen Zeilenumbruch können Sie auch ganz bequem festlegen, indem Sie auf der Registerkarte **Start** auf das Symbol **Zeilenumbruch** klicken.

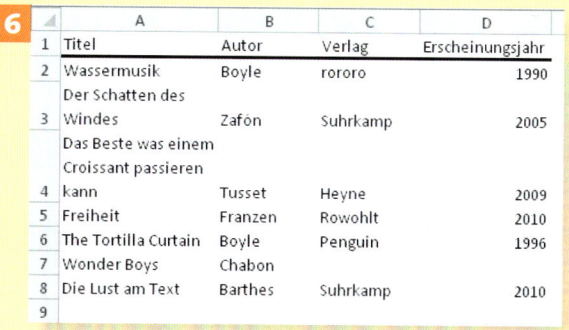

	A	B	C	D
1	Titel	Autor	Verlag	Erscheinungsjahr
2	Wassermusik	Boyle	rororo	1990
3	Der Schatten des Windes	Zafón	Suhrkamp	2005
4	Das Beste was einem Croissant passieren kann	Tusset	Heyne	2009
5	Freiheit	Franzen	Rowohlt	2010
6	The Tortilla Curtain	Boyle	Penguin	1996
7	Wonder Boys	Chabon		
8	Die Lust am Text	Barthes	Suhrkamp	2010
9				

Daten in Listen sortieren

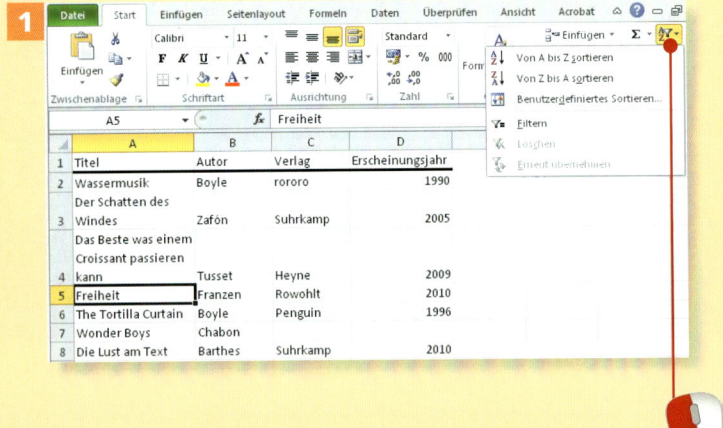

Ignorieren Sie bei der Eingabe von Daten ruhig die alphabetische (oder auch eine numerische) Reihenfolge. Excel kann das im Nu für Sie erledigen.

Schritt 1

Um alphabetisch zu sortieren, setzen Sie den Cursor in die Spalte, deren Eingaben geordnet werden sollen, z. B. in die Spalte *Titel*. Klicken Sie dann auf der Registerkarte **Start** auf das Symbol **Sortieren und Filtern**.

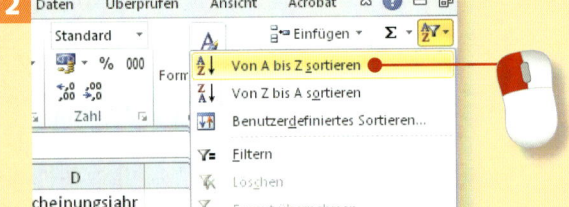

Schritt 2

In dem dazugehörigen Menü wählen Sie die Option **Von A bis Z sortieren**. Der Erfolg zeigt sich unmittelbar. Die Eingaben wurden in eine alphabetische Reihenfolge gebracht (natürlich nicht nur die Titel, sondern die kompletten Datensätze).

Schritt 3

Wenn Sie (z. B.) nach Autor sortieren möchten und ein Name taucht mehrfach auf, nimmt Excel automatisch das erste Feld zum Sortieren hinzu. *Boyle – The Tortilla Curtain* steht nach der Sortierung also vor *Boyle – Wassermusik*.

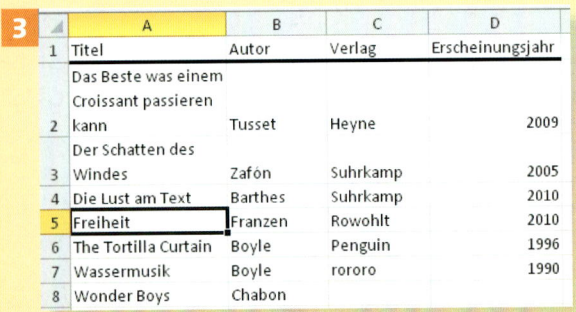

Schritt 4

Sie können auch eine bestimmte Sortierreihenfolge erzwingen. Sie möchten beispielsweise nach Autor und im zweiten Kriterium nach Erscheinungsjahr sortieren? Setzen Sie den Cursor in das Feld *Autor*, klicken Sie auf **Sortieren und Filtern** und im Menü auf **Benutzerdefiniertes Sortieren**.

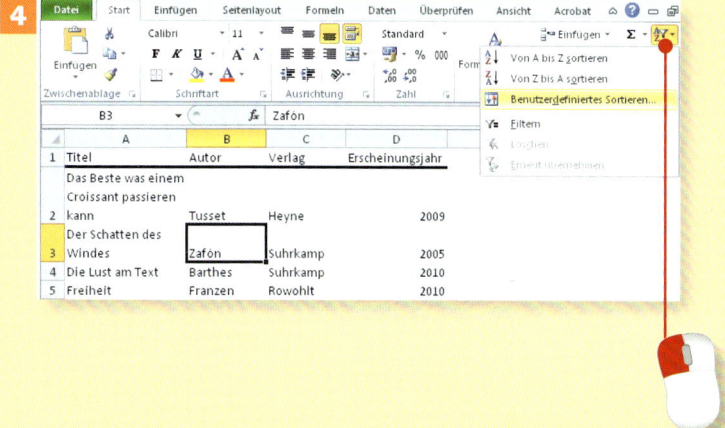

Schritt 5

Im Dialog **Sortieren** wählen Sie im Feld **Sortieren nach** ❶ den Eintrag *Autor*. In den anderen beiden Feldern belassen Sie es bei **Werte** und **A bis Z**. Für das zweite Sortierkriterium klicken Sie auf **Ebene hinzufügen** ❷ und wählen im Feld **Dann nach** den Eintrag *Erscheinungsjahr*. Nach einem Klick auf **OK** erhalten Sie das Ergebnis.

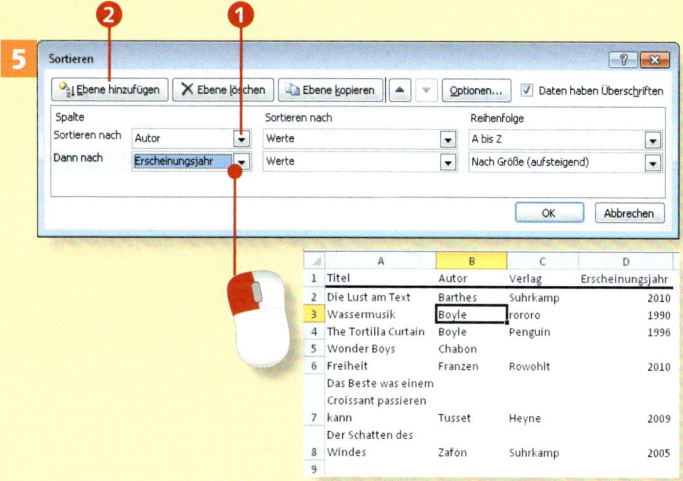

Schritt 6

Um nur nach dem Erscheinungsjahr zu sortieren, setzen Sie den Cursor in die entsprechende Spalte und klicken im Menü des Symbols **Sortieren und Filtern** auf **Nach Größe sortieren (aufsteigend)**. Auf diese Weise steht das älteste Buch am Anfang der Liste.

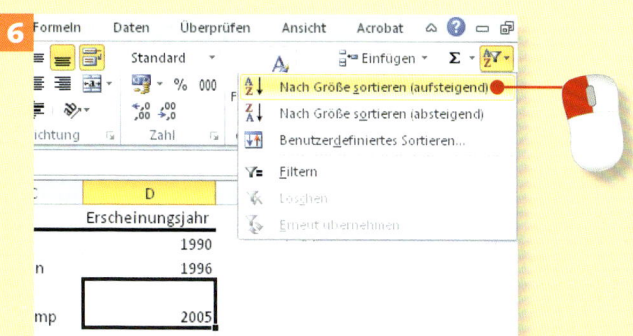

Auswählen und Filtern

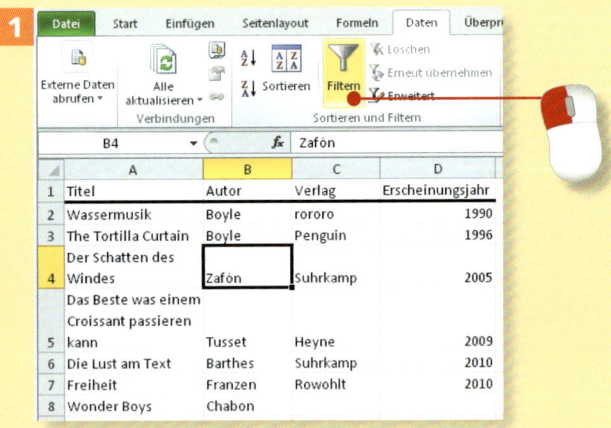

Excel bietet ein paar einfache Wege der Filterung von Datensätzen; außerdem können Sie Bedingungen definieren und Ihre Auswahl mit UND oder ODER einschränken.

Schritt 1

Markieren Sie irgendeine Zelle in der Liste, und aktivieren Sie die Registerkarte **Daten**. Hier klicken Sie auf das Symbol **Filtern**.

Schritt 2

Die Überschriften der Spalten haben nach dieser Aktion Auswahlpfeile erhalten. Wenn Sie auf einen dieser Pfeile klicken, öffnet sich ein Menü, in dem die Einträge der entsprechenden Spalte mit einem Auswahlkästchen angezeigt werden.

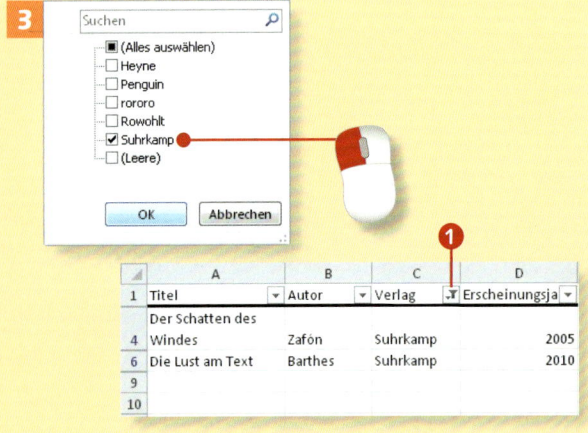

Schritt 3

Um den Filter anzuwenden, deaktivieren Sie einfach die Einträge, die nicht angezeigt werden sollen. Um nur die Bücher anzeigen zu lassen, die bei Suhrkamp erschienen sind, deaktivieren Sie alle anderen Häkchen und bestätigen Ihre Auswahl mit **OK**. Das Symbol am Feld ❶ verändert sich.

Schritt 4

Um den Filter bzw. alle Filter aufzuheben und wieder alle Datensätze anzeigen zu lassen, klicken Sie auf das kleine Filtersymbol ❷ an der jeweiligen Überschrift und aktivieren im Menü den Eintrag **(Alles auswählen)**.

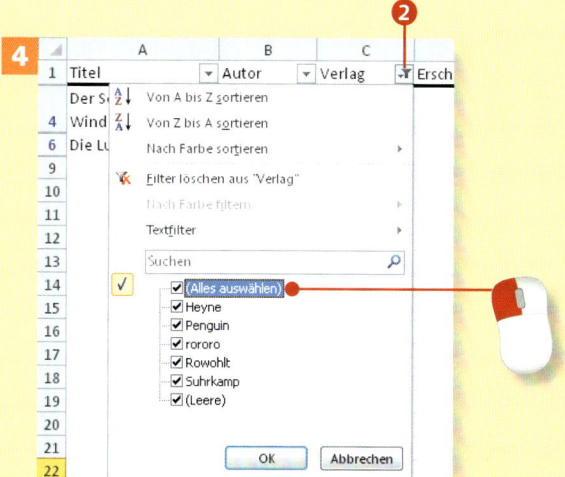

Schritt 5

Excel bietet die Möglichkeit, Filterkriterien selbst zu definieren. Klicken Sie auf den Auswahlpfeil der zu durchsuchenden Spalte, und wählen Sie im Menü **Textfilter** (bzw. **Zahlenfilter**) ▸ **Benutzerdefinierter Filter**.

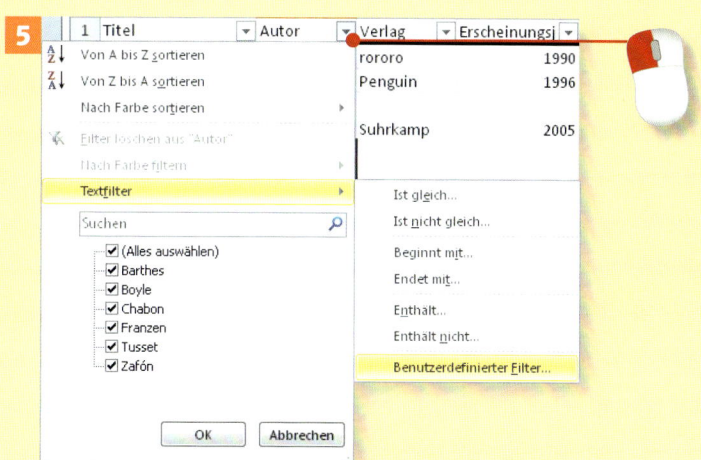

Schritt 6

Im Dialog **Benutzerdefinierter AutoFilter** können Sie Bedingungen für die Auswahl der anzuzeigenden Datensätze festlegen. Sie möchten sich beispielsweise alle Autoren mit dem Anfangsbuchstaben B anzeigen lassen. In diesem Fall wählen Sie **entspricht** ❸ und geben im Feld daneben »B*« ein.

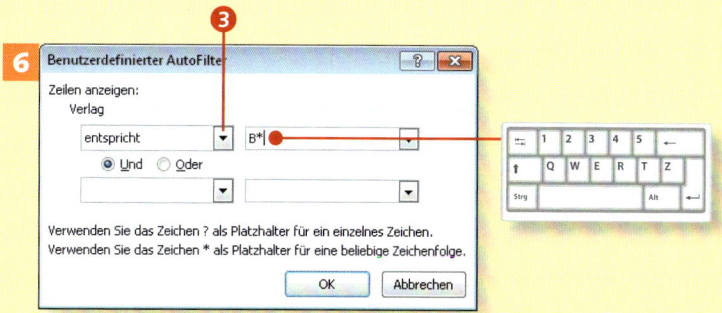

Auswählen und Filtern (Forts.)

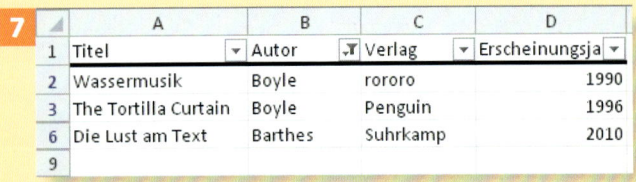

Schritt 7

Das Sternchen ist eine Art Joker und steht für eine beliebige Zeichenfolge. Nachdem Sie Ihre Einstellung bestätigt haben, erhalten Sie eine Liste, in der – entsprechend den Auswahlkriterien – nur die Datensätze auftauchen, deren Autorennamen mit B beginnen.

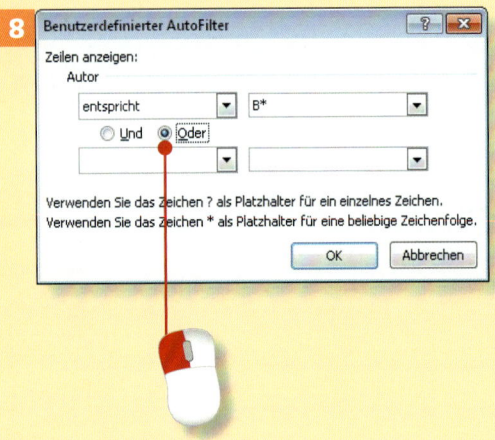

Schritt 8

Derartige Selektionen lassen sich auch kombinieren. Sollen z. B. nicht nur alle Autoren mit dem Anfangsbuchstaben B angezeigt werden, sondern gleichzeitig auch alle Namen mit Z, erstellen Sie eine *Oder-Abfrage*. Rufen Sie den Dialog **Benutzerdefinierter AutoFilter** auf, und aktivieren Sie die Option **Oder**.

Schritt 9

In den beiden Feldern definieren Sie die Auswahl wie beim ersten Mal; Sie wählen in der zweiten Zeile im ersten Feld wieder **entspricht**, und im Feld daneben geben Sie »Z*« ein.

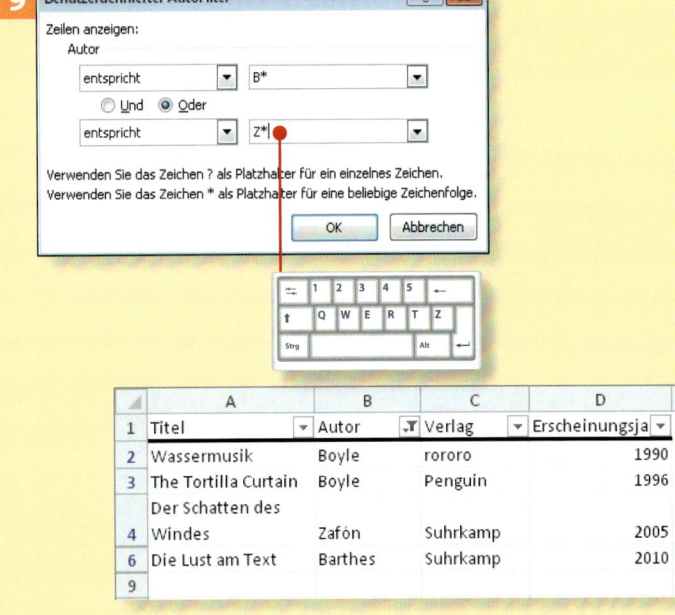

Nach Anfangsbuchstaben filtern
Klicken Sie auf den Auswahlpfeil am Feld, im Menü auf **Textfilter** und im Untermenü auf **Beginnt mit**. Im Dialog geben Sie neben dem Feld **beginnt mit** ein »B« ein.

Schritt 10

Anders funktioniert die *Und-Abfrage*. Wenn Sie die Option **Und** wählen, werden nur die Datensätze angezeigt, die beide Selektionskriterien erfüllen. Ein Beispiel: Öffnen Sie den Dialog **Benutzerdefinierter Auto-Filter**, und geben Sie zunächst bei **beginnt mit** den Anfangsbuchstaben »B« ein. Dann klicken Sie auf **Und**.

Schritt 11

Um alle Autoren mit dem Anfangsbuchstaben B anzuzeigen, aber nicht die, deren Name mit Bo beginnt, stellen Sie in der **Und**-Zeile **beginnt nicht mit** ein und geben im Feld daneben »Bo« ein.

Schritt 12

Wenn Sie nach dem Erscheinungsjahr filtern möchten, nutzen Sie den Operator **ist größer als**. Sollen z. B. alle Bücher angezeigt werden, die nach 2006 erschienen sind, definieren Sie also: **ist größer als** und geben im Feld daneben »2006« ein.

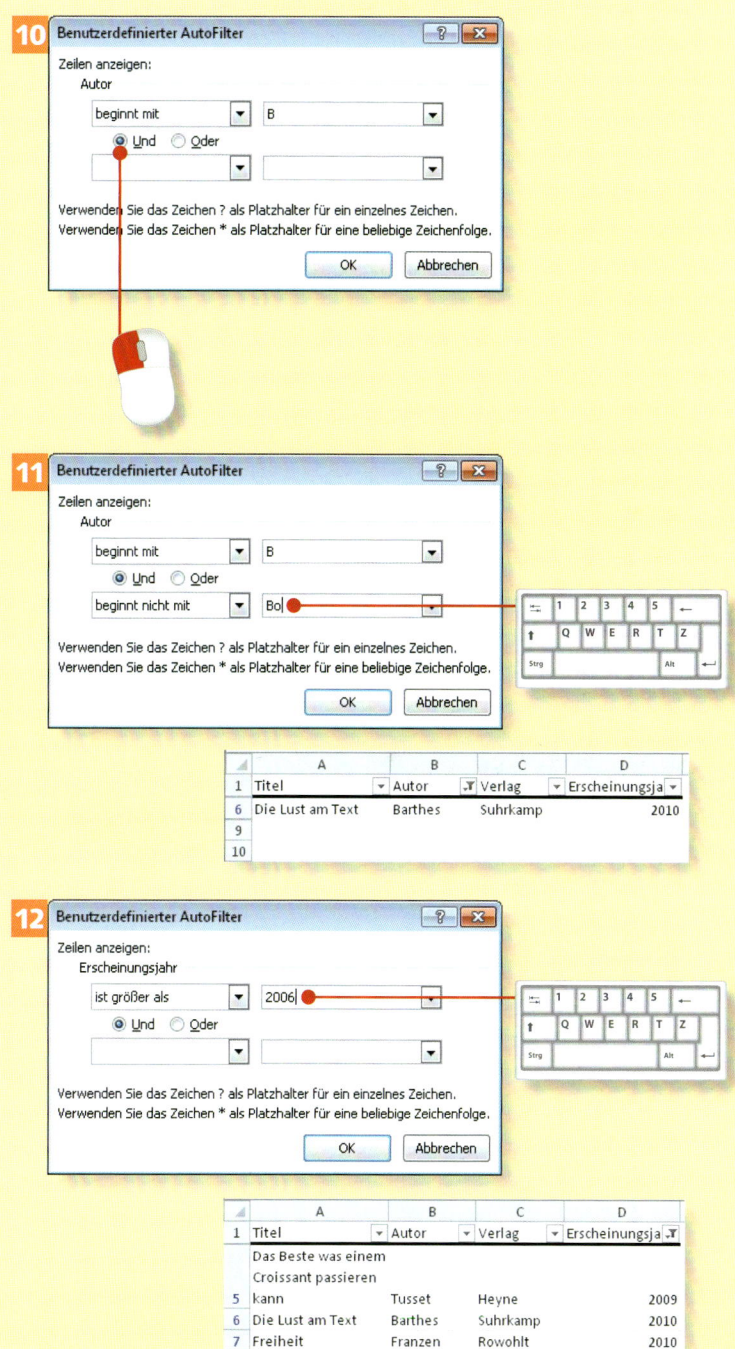

Eine Datenbanktabelle planen

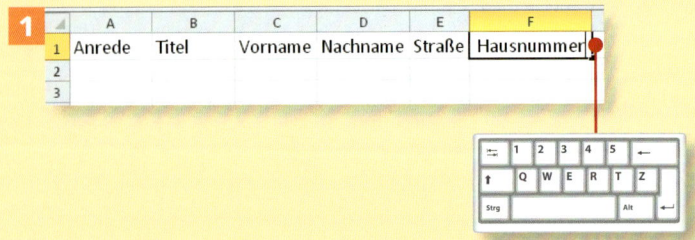

Der Umgang mit Datentabellen ist einfacher, wenn Sie sich vorher einige Gedanken machen. Am Beispiel einer einfachen Adressliste zeigen wir Ihnen die wichtigsten Schritte und Überlegungen.

Schritt 1

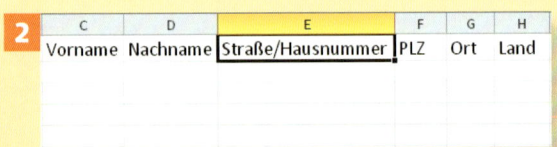

Sammeln Sie die Informationen, die Sie erfassen möchten, z. B. Anrede, Titel, Vorname, Nachname, Straße, Hausnummer etc. Schreiben Sie sie jeweils in eine Spalte.

Schritt 2

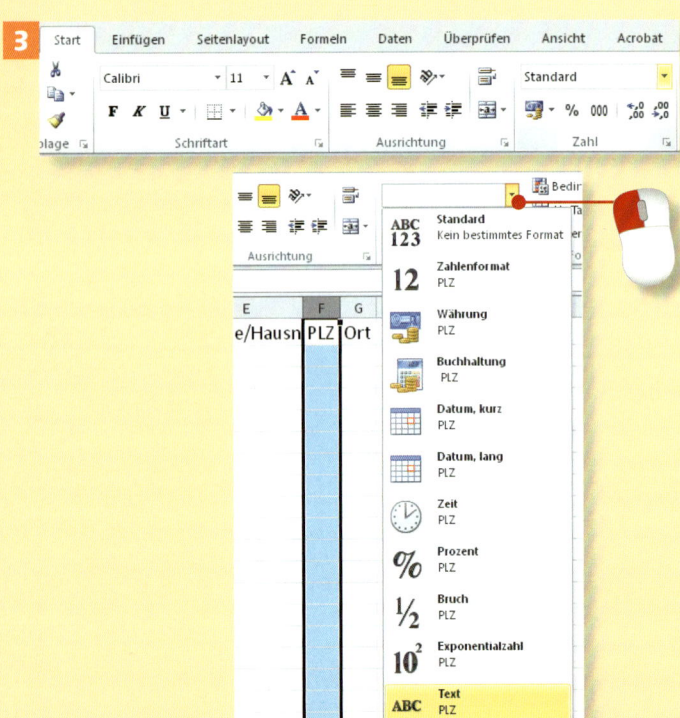

Fassen Sie Informationen zusammen, die Sie bei der zukünftigen Verwendung der Daten nicht einzeln einsetzen werden; Sie können demnach *Straße* und *Hausnummer* in einer Spalte zusammenfassen (die Spalte für die Hausnummer also löschen), aber nicht *Vorname* und *Nachname*.

Schritt 3

Je nachdem, welche Datentypen in den Spalten erwartet werden, passen Sie die Formatierung an (**Start ▸ Zahl ▸ Zahlenformat**). Damit auch Postleitzahlen, die mit einer Null beginnen, richtig erscheinen, müssen Sie dieser Spalte explizit das Zellenformat **Text** zuweisen.

Schritt 4

Um der Spalte mit der Postleitzahl das passende Format zuzuweisen, markieren Sie sie. Rufen Sie dann den Dialog **Zellen formatieren** auf (über den kleinen Pfeil rechts unten an der Gruppe **Schriftart**), und wählen Sie auf der Registerkarte **Zahlen** den Eintrag **Text**.

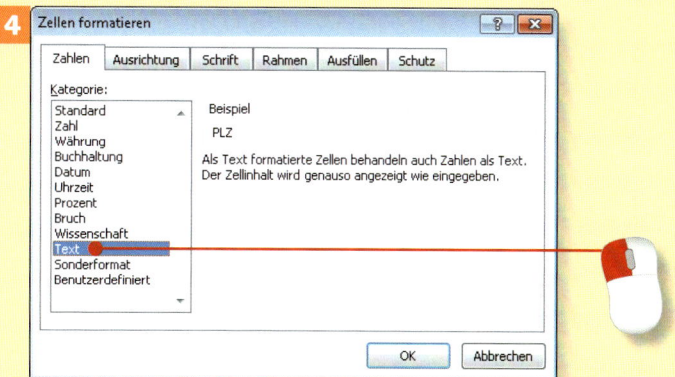

Schritt 5

Überlegen Sie sich, welche Werte in welcher Spalte auftauchen können/werden und ob Einschränkungen sinnvoll sind. Im Beispiel kann man die Spalte *Anrede* auf *Herr* und *Frau* und die Spalte *Titel* auf *Dr.* und *Prof.* beschränken.

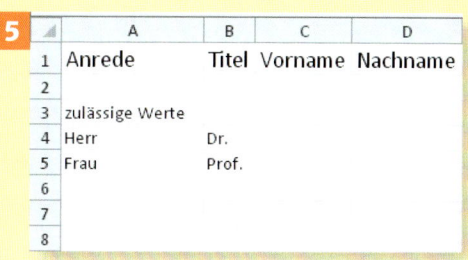

Schritt 6

Um diese Beschränkung für die Felder einzugeben, markieren Sie die Zellen in der Spalte A unter *Anrede* und klicken auf der Registerkarte **Daten** auf das Symbol **Datenüberprüfung**.

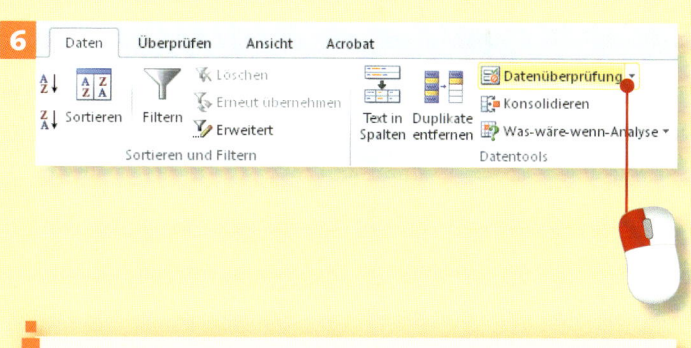

Datenüberprüfung

Mit der Datenüberprüfung sorgen Sie dafür, dass nur bestimmte Werte in eine Zelle eingegeben werden dürfen. Sie haben die Möglichkeit, eine Eingabemeldung zu formulieren, die erscheint, wenn die Zelle aktiviert wird. Bei nicht gültigen Werten erscheint ein kleiner Dialog mit einer Fehlermeldung.

Eine Datenbanktabelle planen (Forts.)

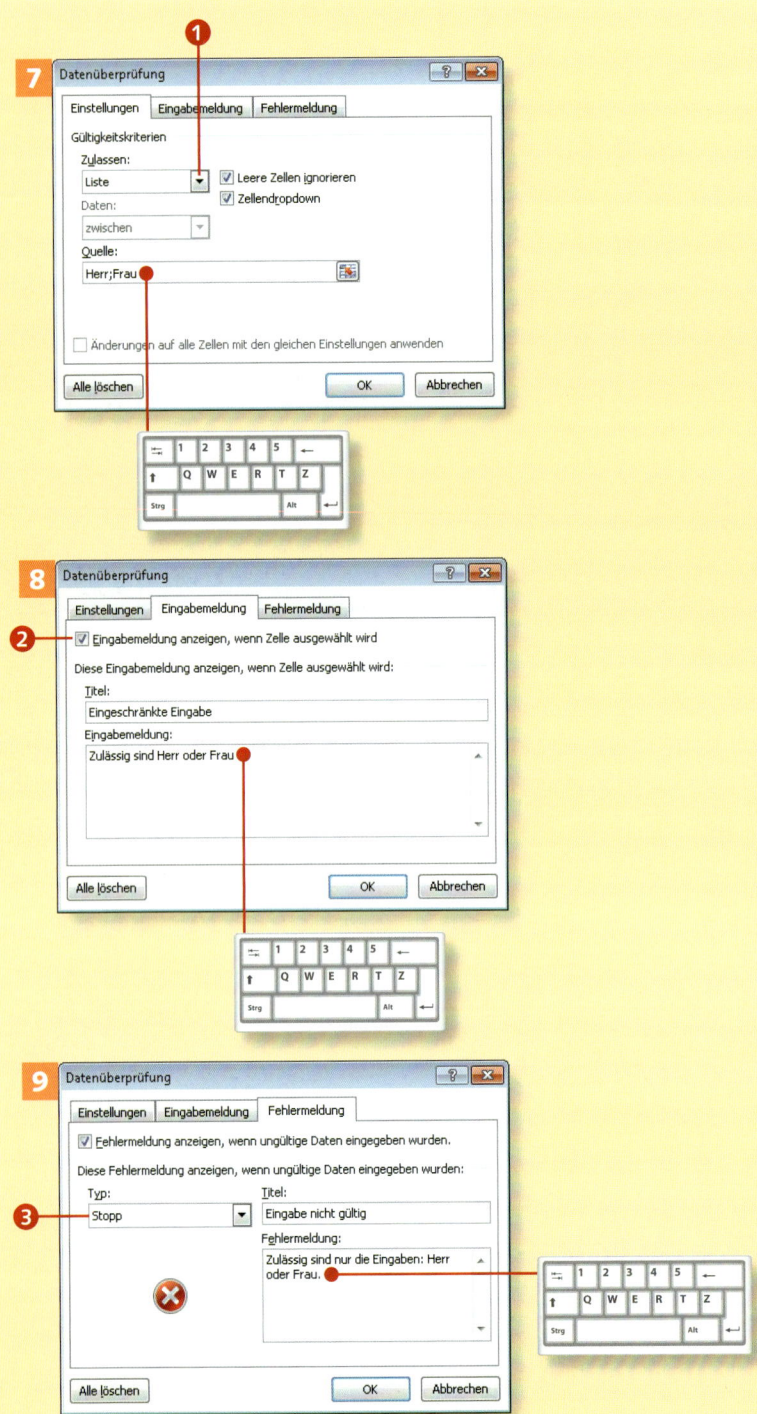

Schritt 7

Im Dialog **Datenüberprüfung** auf der Registerkarte **Einstellungen** wählen Sie im Feld **Zulassen** den Eintrag **Liste** ❶. In das Feld **Quelle** tippen Sie die zulässigen Werte durch Semikolon getrennt ein.

Schritt 8

Wechseln Sie jetzt auf die Registerkarte **Eingabemeldung**. Geben Sie einen Titel für die Meldung ein und einen Text im Feld **Eingabemeldung**. Wenn Sie auf die Eingabemeldung verzichten möchten, deaktivieren Sie die oberste Option ❷.

Schritt 9

Aktivieren Sie die Registerkarte **Fehlermeldung**. Hier entscheiden Sie sich für ein Symbol ❸ und geben einen Text für die Fehlermeldung ein, die erscheinen soll, wenn ungültige Werte eingegeben werden.

Schritt 10

Die Datenüberprüfung unterstützt die Sammlung von konsistenten Daten. Wenn Sie eine Anrede eingeben möchten und auf die Zelle klicken, erscheint die festgelegte Eingabemeldung. An der Zelle ist nun ein Auswahlpfeil, über den Sie die zulässigen Werte auswählen können.

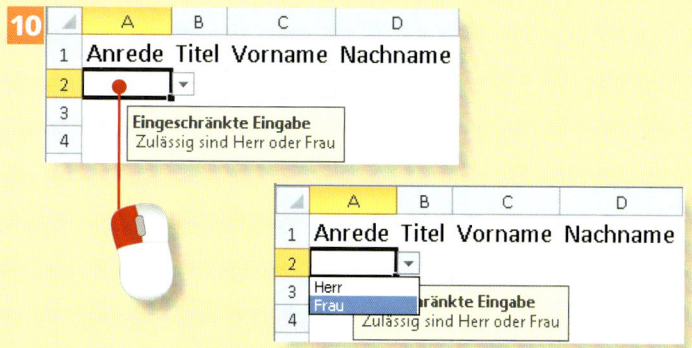

Schritt 11

Sie können einen ungültigen Wert eingeben. Aber sobald Sie die Zelle verlassen, entweder per ⇆-Taste, per ↵-Taste oder indem Sie mit der Maus in eine andere Zelle klicken, erscheint ein Dialog mit der Fehlermeldung.

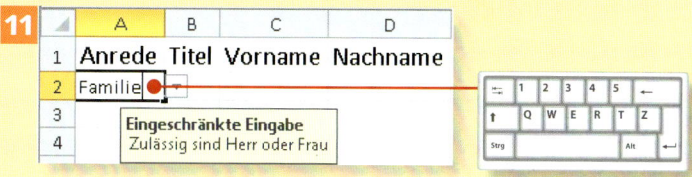

Schritt 12

Wenn Sie hier auf **Wiederholen** klicken, ist die fragliche Zelle mit dem ungültigen Wert wieder aktiviert. Mit **Abbrechen** wird der zuletzt in der Zelle gespeicherte Wert angezeigt.

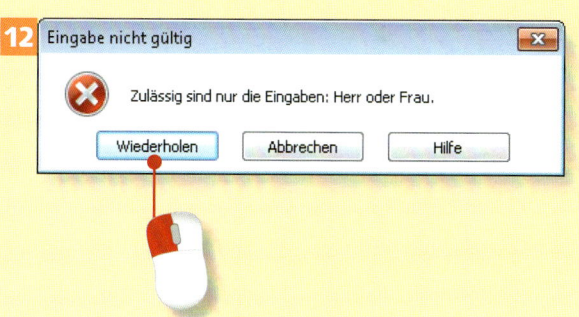

Verhalten der Datenüberprüfung

Auf der Registerkarte **Fehlermeldung** des Dialogs **Datenüberprüfung** können Sie zwischen drei Typen wählen. Die Typen **Warnung** und **Information** lassen ungültige Werte zu, weisen aber unterschiedlich »streng« auf den Fehler hin; der Typ **Stopp** verhindert jegliche fehlerhafte Eingabe.

Daten in ein Universalformat exportieren

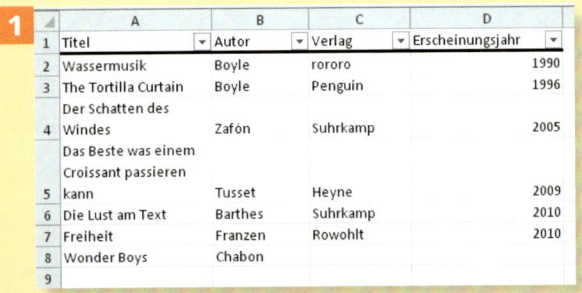

Wenn Sie Ihre Daten in Excel gesammelt haben, können Sie diese problemlos in gängige Formate für den Datenaustausch speichern. Wir zeigen Ihnen hier die Schritte.

Schritt 1

Aktivieren Sie das Tabellenblatt, auf dem sich Ihre Datenliste befindet. Dies ist notwendig, da einige Exportformate nur mit einem Arbeitsblatt umgehen können.

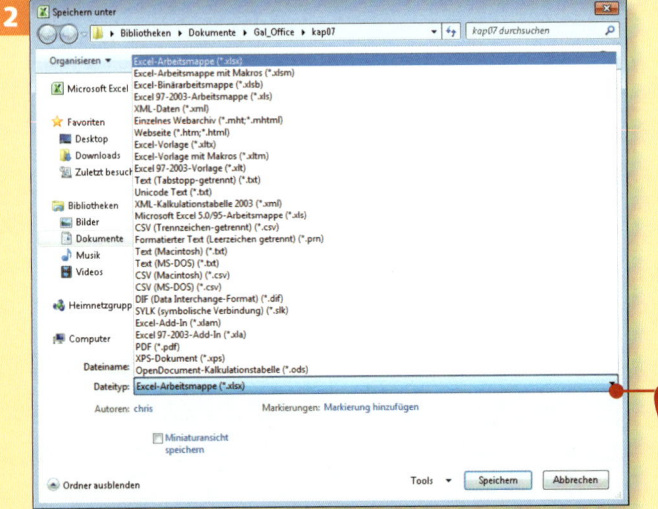

Schritt 2

Klicken Sie auf **Datei ▸ Speichern unter**. Im gleichnamigen Dialog klicken Sie auf den Auswahlpfeil des Feldes **Dateityp**. In dieser Auswahlliste sehen Sie alle Dateitypen, die Excel beim Speichern unterstützt.

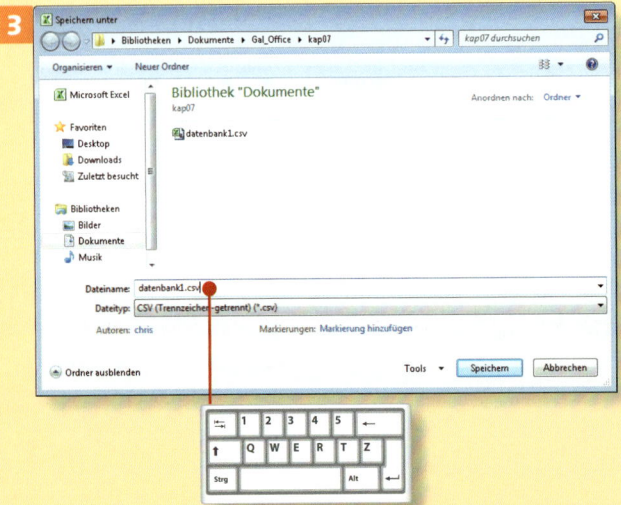

Schritt 3

Wählen Sie als Dateityp das gewünschte Format. Sehr gängig ist das Format **CSV (Trennzeichengetrennt) (*.csv)**. Dieser Dateityp speichert jeden Datensatz in einer Zeile, wobei alle Felder durch Semikolon getrennt werden. Vergeben Sie im entsprechenden Feld auch einen Dateinamen.

Schritt 4

Anschließend weist Excel Sie darauf hin, dass der ausgewählte Dateityp nur ein Arbeitsblatt speichern kann. Klicken Sie in diesem Dialog auf **OK**.

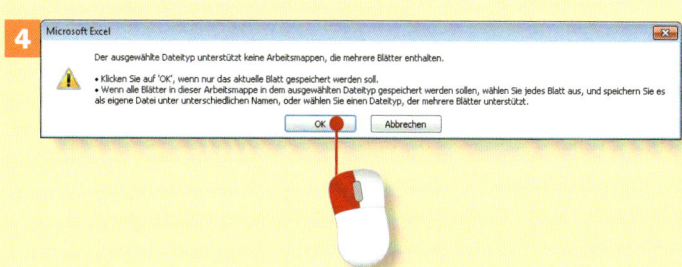

Schritt 5

Da das CSV-Format keine Formatierungen unterstützt, weist Excel Sie in einem weiteren Dialog darauf hin. Sofern Sie die Arbeitsmappe noch nicht gespeichert hatten, klicken Sie im Dialog auf **Nein** und holen das Speichern nach. Beginnen Sie dann erneut bei Schritt 1. Wenn Sie auf **Ja** klicken, wird der Export durchgeführt.

Schritt 6

Sie erkennen den Export daran, dass in der Titelleiste **Dateiname. csv – Microsoft Excel** ❶ steht. Ansonsten sieht noch alles so aus wie zuvor. Auch alle Tabellenblätter sind noch vorhanden. Den Unterschied sehen Sie erst, wenn Sie die Datei schließen und anschließend wieder öffnen.

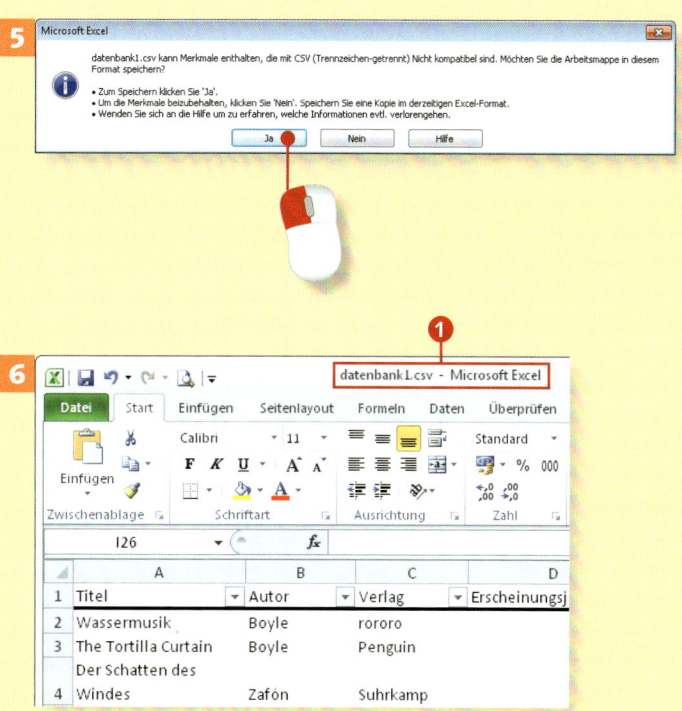

Das CSV-Format

Dieses Format ist ein gängiges Format, um Daten zwischen Programmen auszutauschen. Es lässt sich im Allgemeinen problemlos in die meisten Datenbankprogramme importieren. Auch Excel unterstützt den Import von CSV-Dateien.

Daten in ein Universalformat exportieren (Forts.)

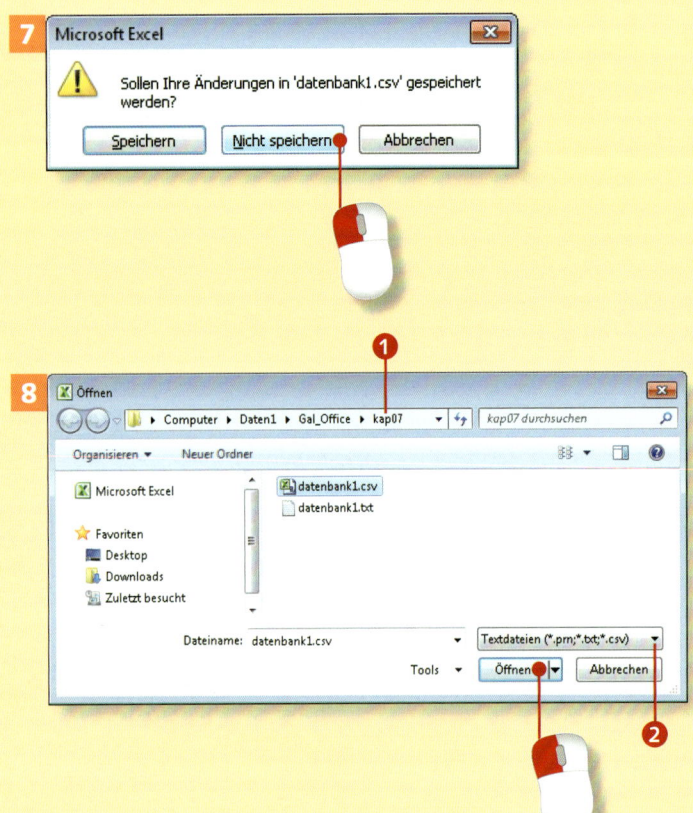

Schritt 7

Schließen Sie die Datei. Die Nachfrage, ob Sie die Änderungen speichern möchten, können Sie mit **Nicht speichern** beantworten, da Sie ja die aktuelle Fassung der Datei exportiert haben.

Schritt 8

Klicken Sie auf **Datei ▸ Öffnen**. Wechseln Sie in den Ordner, in dem Sie die CSV-Datei gespeichert haben ❶, und wählen Sie in der Auswahlliste ❷ den Eintrag **Textdateien**. Anschließend markieren Sie die CSV-Datei und klicken auf **Öffnen**.

Schritt 9

Jetzt sehen Sie die Änderung gegenüber einer »normalen« Excel-Datei deutlich: Es gibt nur noch ein Arbeitsblatt mit den Daten, und alle Formatierungen sind verschwunden.

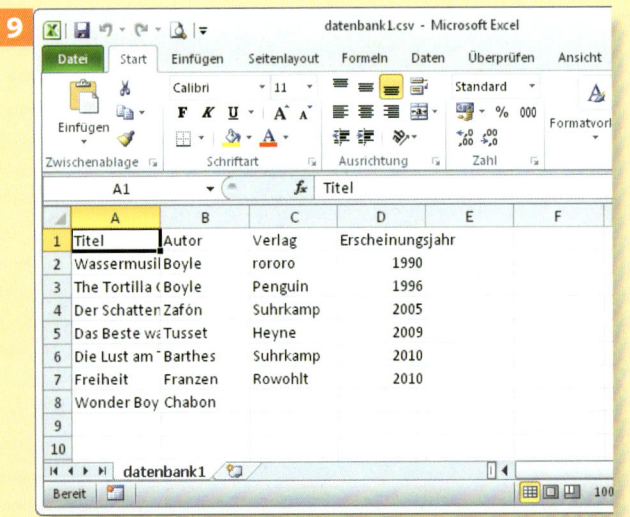

Welches Dateiformat?

Welches Dateiformat Sie für den Export und Austausch Ihrer Daten verwenden, ist abhängig davon, welches Format das Programm unterstützt, in das die Daten importiert werden sollen.

Schritt 10

Wenn Sie die Datei im Editor öffnen (**Start ▸ Alle Programme ▸ Zubehör ▸ Editor ▸ Datei ▸ Öffnen**), sehen Sie, dass die Daten jeweils in einer Zeile stehen und die einzelnen Felder durch Semikolon getrennt sind.

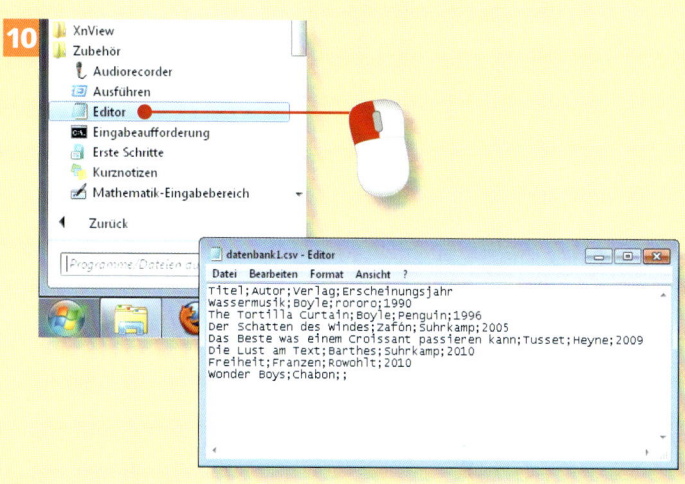

Schritt 11

Ein weiteres gängiges Format ist das XML-Format, denn es ist auf verschiedenen Systemen nutzbar. Wählen Sie im Dialog **Speichern unter** den Dateityp **XML-Kalkulationstabelle 2003**. Wenn Sie diese Datei im Editor öffnen, sehen Sie zunächst viele XML-Tags, die die Formatierung der Datei beschreiben, und erst mittendrin stehen die eigentlichen Daten.

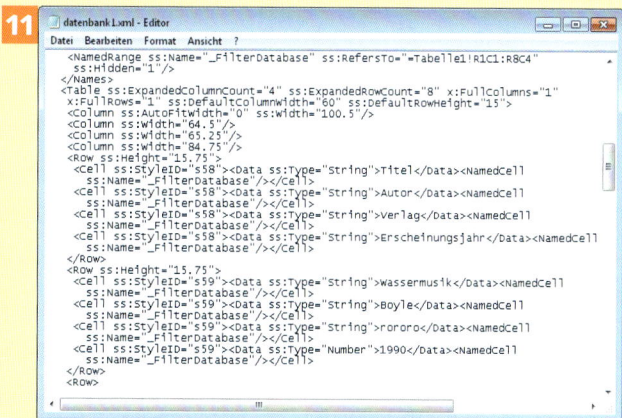

Schritt 12

Ein weiteres relativ gängiges Format ist das DIF-Format. Wählen Sie im Feld **Dateityp** das Format **DIF (Data Interchange-Format) (*.dif)**, wenn Sie nur einzelne Tabellenblätter exportieren wollen.

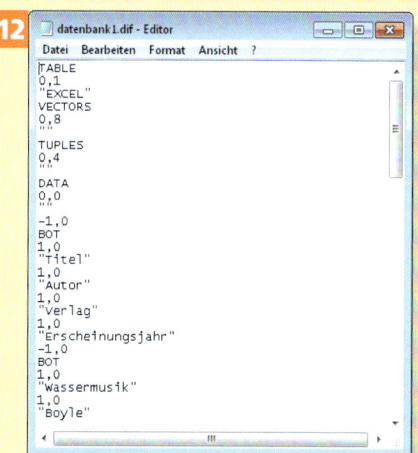

Kapitel 8
E-Mails verwalten mit Outlook

*Outlook ist in erster Linie ein E-Mail-Programm. Sobald Sie
ein Konto eingerichtet haben, können Sie E-Mails versenden
und empfangen, sie bearbeiten, beantworten und weiterleiten.*

Mails schreiben und versenden

Im Nachrichtenfenster **1** geben Sie die E-Mail-Adresse des Empfängers ein und schreiben
den Text Ihrer Nachricht. Bevor Sie die E-Mail mit einem Klick auf **Senden** auf den Weg
schicken, können Sie einen Anhang einfügen oder die E-Mail z. B. als besonders wichtig
kennzeichnen.

Mails lesen, beantworten und löschen

E-Mails, die an Sie geschickt werden, landen im **Posteingang** **2**. Per Doppelklick öffnen
Sie die E-Mail. Klicken Sie auf das Symbol **Antworten**, um direkt auf die E-Mail zu reagieren. Mit einem Rechtsklick auf den Ordner **Posteingang** öffnen Sie dessen Kontextmenü und können neue Unterordner anlegen, um Ihre E-Mails zu sortieren. Spammails im
Ordner **Junk-E-Mail** löschen Sie im Kontextmenü mit einem Klick auf den Befehl **Ordner
leeren** auf einen Schlag.

1 Schreiben Sie Ihre Nachricht, und ergänzen Sie sie um weitere Informationen.

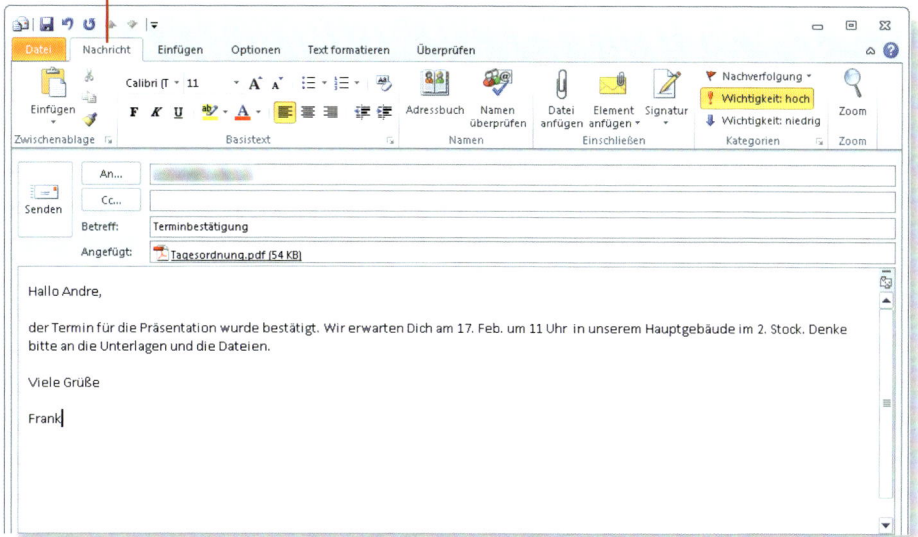

2 Ihre E-Mails werden im Posteingang zum Bearbeiten gesammelt.

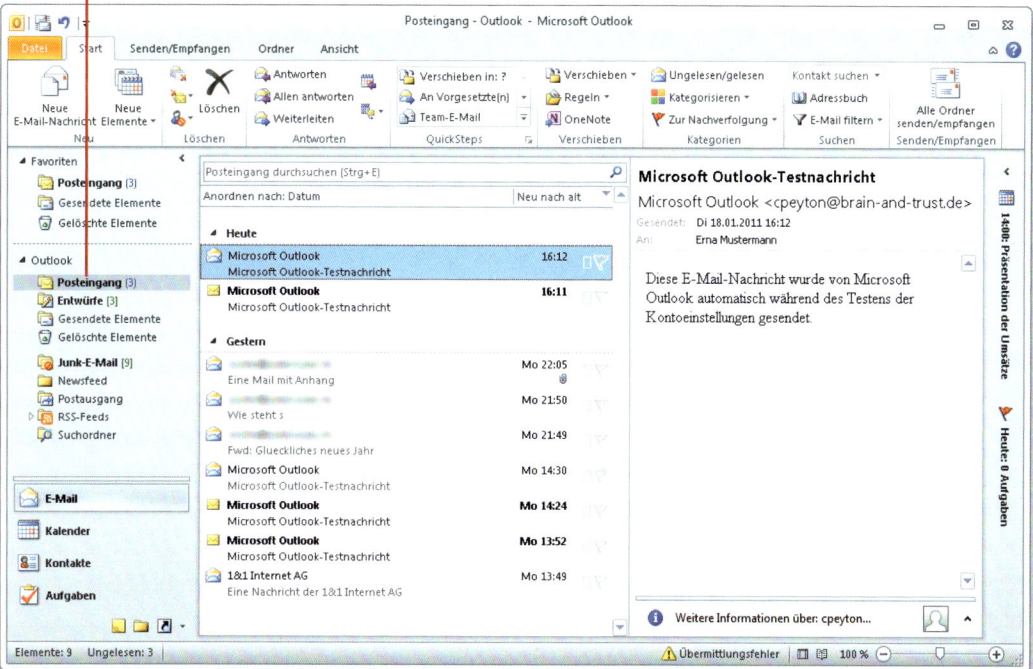

Ein E-Mail-Konto einrichten und testen

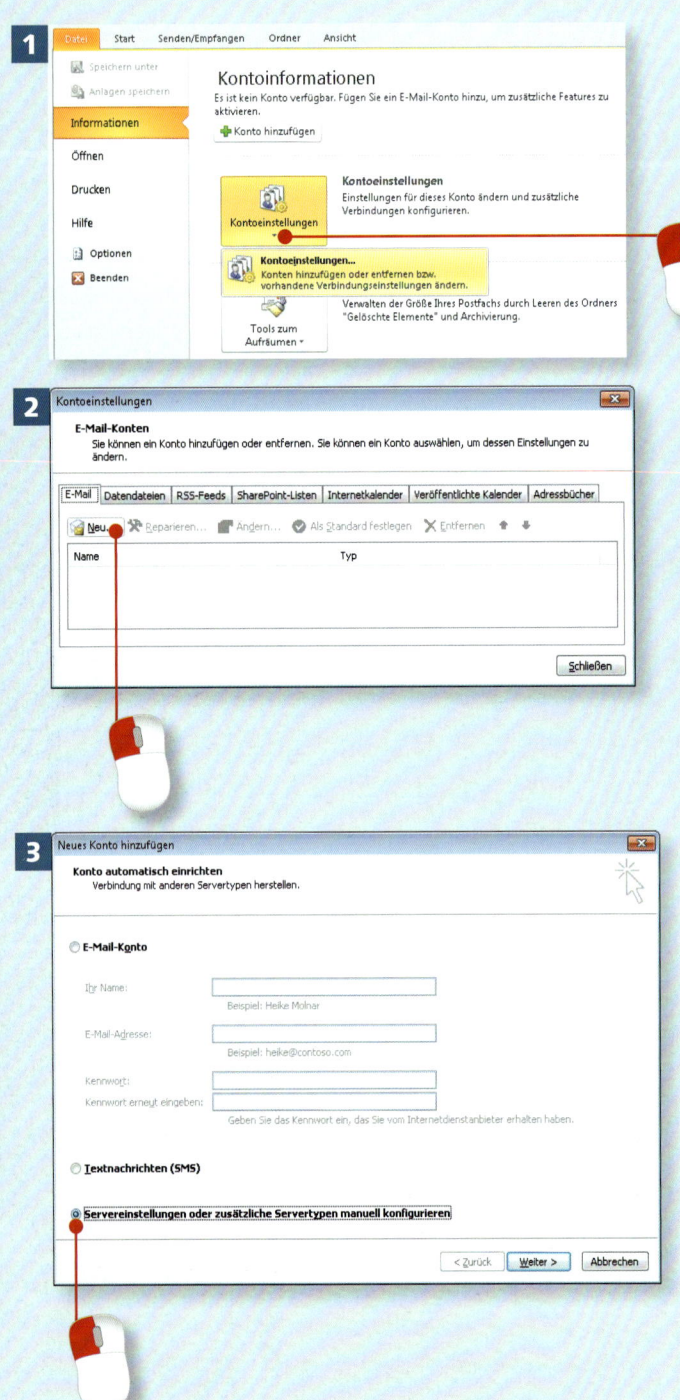

Bevor Sie mit Outlook E-Mails empfangen und versenden können, müssen Sie Ihr E-Mail-Konto konfigurieren. Das klingt komplizierter, als es ist. Wir zeigen Ihnen, wie einfach dies geht.

Schritt 1

Starten Sie Outlook über **Start ▸ Alle Programme ▸ Microsoft Office ▸ Outlook 2010**. Klicken Sie auf **Datei ▸ Informationen**. Wählen Sie im Menü der Schaltfläche **Kontoeinstellungen** den Eintrag **Kontoeinstellungen**.

Schritt 2

Im Dialog **Kontoeinstellungen** klicken Sie auf der Registerkarte **E-Mail** auf die Schaltfläche **Neu**. Auf dieser Registerkarte finden Sie alle konfigurierten E-Mail-Konten aufgelistet – bis jetzt also keins!

Schritt 3

Im folgenden Dialog **Neues Konto hinzufügen** wählen Sie die Option **Servereinstellungen oder zusätzliche Servertypen manuell konfigurieren**, weil die automatische Konfiguration erfahrungsgemäß oft nicht funktioniert.

Schritt 4

Wählen Sie dann die oberste Option **Internet-E-Mail**, da Sie ein Mail-Konto konfigurieren möchten. Falls Sie Ihre Zugangsdaten bisher noch nicht parat halten, ist es an der Zeit, diese jetzt zu suchen, da Sie sie im nächsten Schritt brauchen werden.

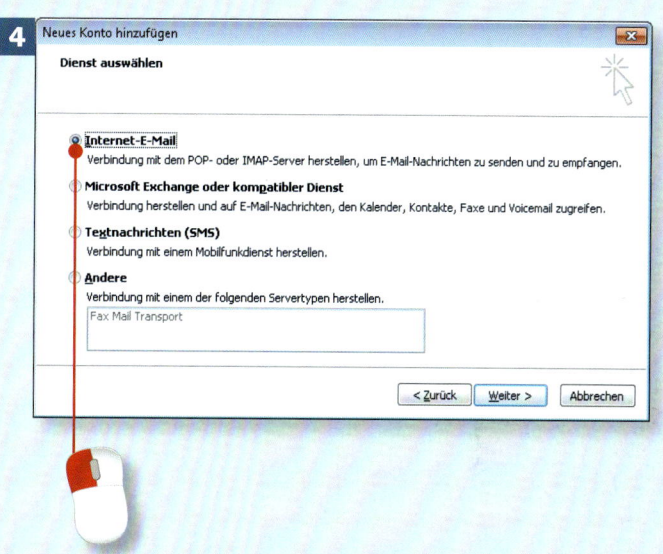

Schritt 5

Im Dialog **Internet-E-Mail-Einstellungen** füllen Sie alle Felder aus. Im Feld **Ihr Name** geben Sie Ihren richtigen Namen ein (dieser Name wird beim Empfänger einer Nachricht angezeigt). Im Feld **E-Mail-Adresse** tragen Sie die E-Mail-Adresse ein, die Sie von Ihrem Provider bekommen haben. Auch die Informationen für die Felder **Posteingangsserver** und **Postausgangsserver (SMTP)** sollte Ihr Provider Ihnen mitgeteilt haben.

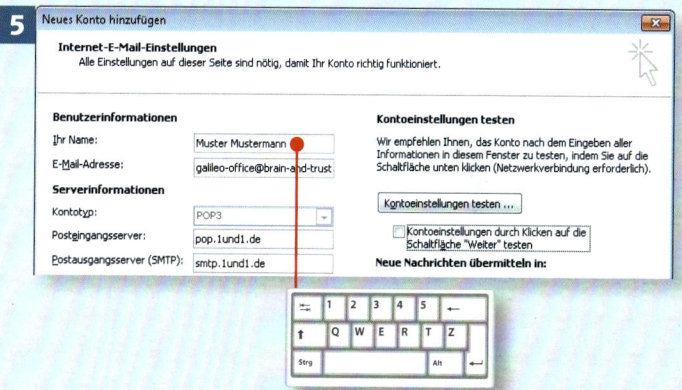

Schritt 6

Es fehlen noch die **Anmeldeinformationen**. Auch den Benutzernamen und das Kennwort haben Sie von Ihrem Provider erhalten. Der **Benutzername** ist häufig mit Ihrer E-Mail-Adresse identisch. Aktivieren Sie die Option **Kennwort speichern**, damit Sie nicht bei jeder Verbindung mit dem Mailserver das Kennwort erneut eingeben müssen.

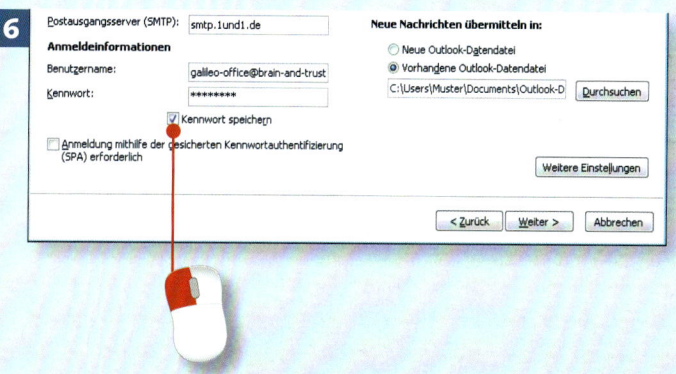

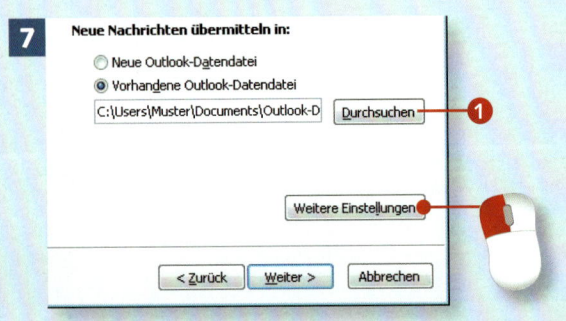

Schritt 7

Jetzt legen Sie noch fest, wohin die empfangenen E-Mails gespeichert werden sollen. Normalerweise verwenden Sie die vorhandene Datendatei. Aktivieren Sie diese Option, und wählen Sie die entsprechende Datei über die Schaltfläche **Durchsuchen** aus ❶. Die meisten Provider verlangen inzwischen eine Authentifizierung für den Mailversand. Klicken Sie also auf die Schaltfläche **Weitere Einstellungen**.

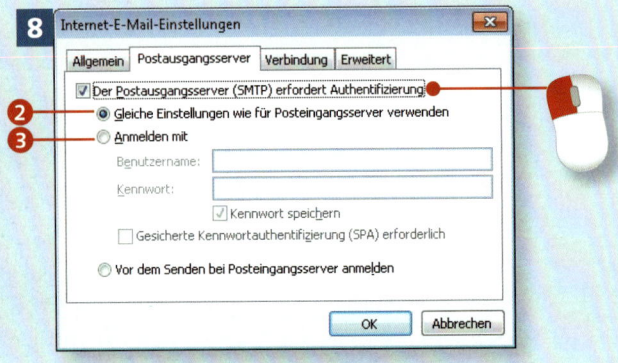

Schritt 8

Wechseln Sie auf die Registerkarte **Postausgangsserver**. Aktivieren Sie hier die oberste Option. In den meisten Fällen verwenden die Postausgangsserver die gleichen Zugangsdaten wie der Eingangsserver, sodass Sie es bei der vorausgewählten Option belassen können ❷. Hat Ihr Provider Ihnen spezielle Daten für den Postausgangsserver gegeben, können Sie diese im Bereich **Anmelden mit** eingeben ❸.

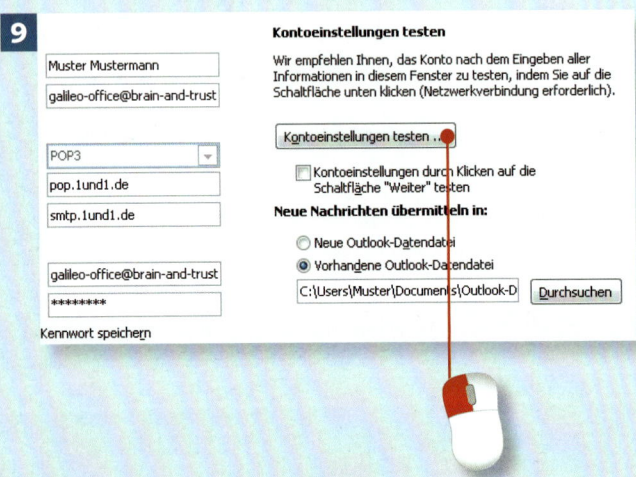

Schritt 9

Der Dialog **Internet-E-Mail-Einstellungen** ist soweit ausgefüllt. Testen Sie die Kontoeinstellungen mit der entsprechenden Schaltfläche.

Schritt 10

Zunächst wird versucht, eine Verbindung zum Posteingangsserver und dem Postausgangsserver herzustellen. Sie sollten also mit dem Internet verbunden sein. Wenn alles glattgeht, erhalten Sie auf der Registerkarte **Aufgaben** zwei Zeilen mit der Statusanzeige **Erledigt**. Etwaige Fehler werden auf der gleichnamigen Registerkarte aufgelistet.

Schritt 11

Wenn die Kontoeinstellungen korrekt sind, können Sie den Testdialog schließen und die weiteren Dialoge mit **Weiter** bestätigen. Abschließend erhalten Sie eine Erfolgsmeldung. Klicken Sie hier auf **Fertigstellen**.

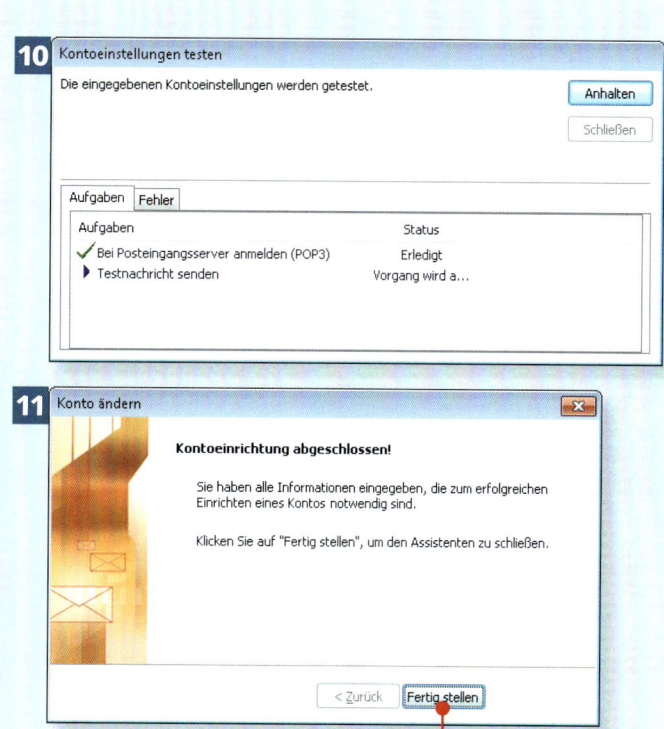

Schritt 12

Das neue Konto wird im Dialog **Kontoeinstellungen** angezeigt. Wenn Sie die Kontoeinstellungen bearbeiten möchten, markieren Sie das entsprechende Konto, und klicken Sie auf die Schaltfläche **Ändern**. Sie erhalten dann den bereits gezeigten Dialog mit Ihren Eingaben.

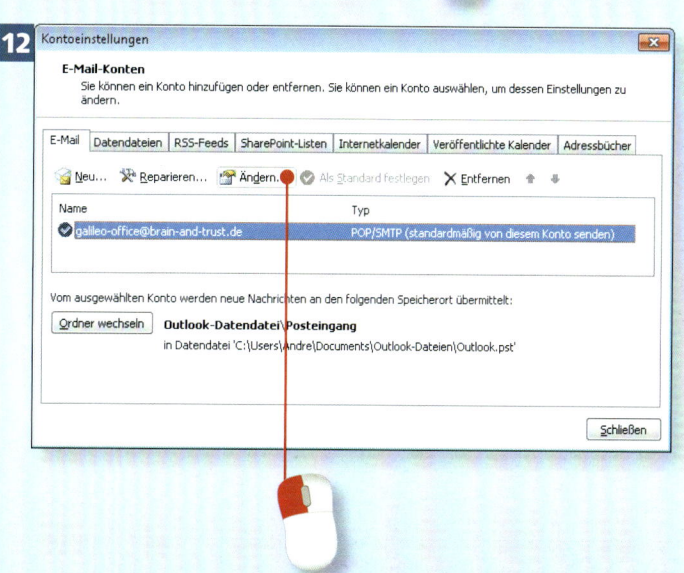

Postordner im Überblick

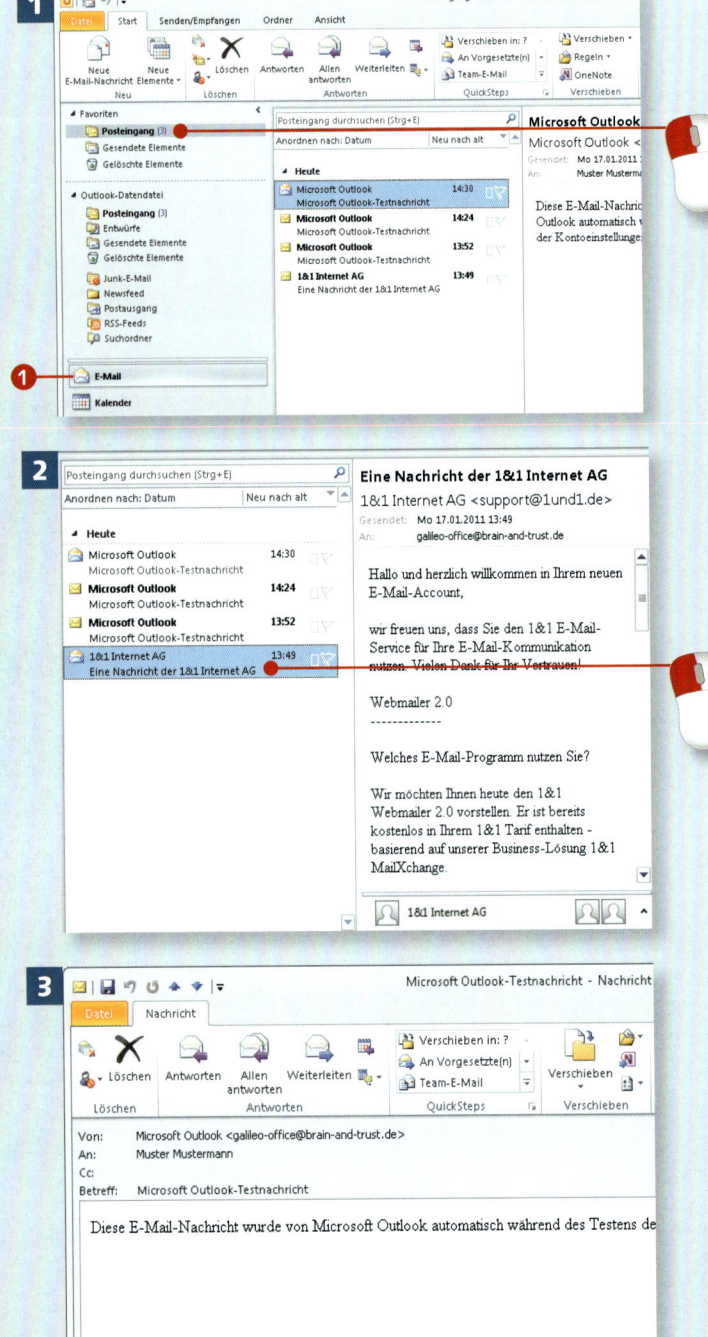

Für die Verwaltung Ihrer E-Mail-Korrespondenz sieht Outlook von Haus aus einige Ordner vor: Posteingang, Gesendet, Entwürfe, Gelöscht und Junk-E-Mail.

Schritt 1

Klicken Sie im Navigationsbereich von Outlook auf **E-Mail** ❶. Daraufhin öffnen sich die Mail-Ordner. Klicken Sie hier auf **Posteingang**. Im mittleren Bereich sehen Sie nun alle erhaltenen E-Mails (mit der Betreffzeile). Die ungelesenen Mails sind fett hervorgehoben.

Schritt 2

Um eine E-Mail als Vorschau zu sehen, klicken Sie sie in der Liste an. Sobald Sie eine E-Mail in der Vorschau betrachtet haben, wird die Betreffzeile nicht mehr fett hervorgehoben.

Schritt 3

Ein Doppelklick auf eine E-Mail in dieser Liste öffnet ein neues Fenster, das nur diese E-Mail anzeigt. Dieses Fenster enthält auf der Registerkarte **Nachricht** Befehle zur schnellen und bequemen Bearbeitung der E-Mail.

Schritt 4

Im Navigationsbereich gibt es auch den Eintrag **Entwürfe** mit einer Zahl dahinter. Diese Zahl zeigt an, wie viele E-Mails sich in dem Ordner befinden. Der Ordner **Entwürfe** ist dazu gedacht, E-Mails zu speichern, die Sie begonnen, aber noch nicht weggeschickt haben. Per Klick öffnen Sie den Ordner. Daraufhin sehen Sie eine Liste der E-Mails, die sich in diesem Ordner befinden.

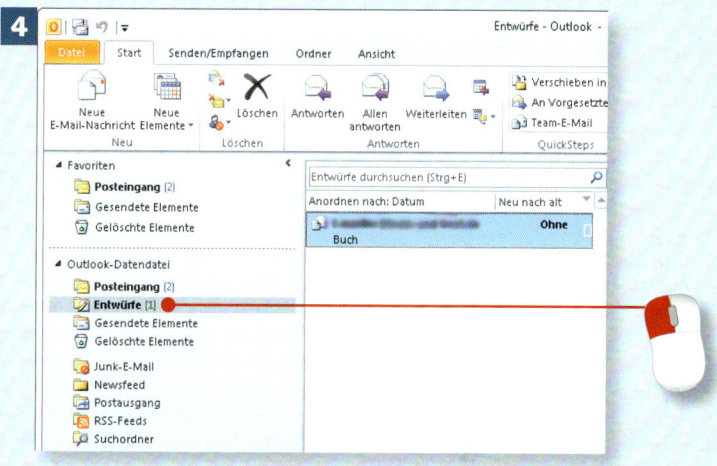

Schritt 5

Klicken Sie auf **Gesendete Objekte**, um – wie der Name sagt – eine Liste aller von Ihnen bereits gesendeten E-Mails zu erhalten. Nach dem Versand werden die Mails automatisch in diesem Ordner gespeichert.

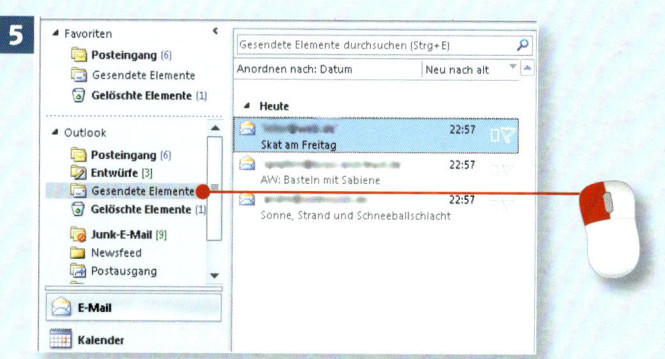

Schritt 6

In den Ordner **Junk-E-Mail** verschiebt Outlook automatisch alle ankommenden E-Mails, die gewissen Kriterien entsprechen, sodass Outlook davon ausgeht, dass es sich hier um Spammails handelt. Vermissen Sie also eine Mail, kann es sein, dass Outlook sie als Spam identifiziert und in diesen Ordner verschoben hat.

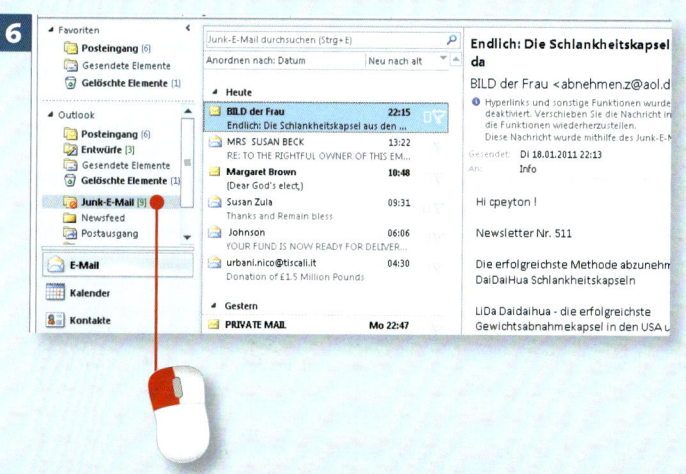

E-Mails schreiben und versenden

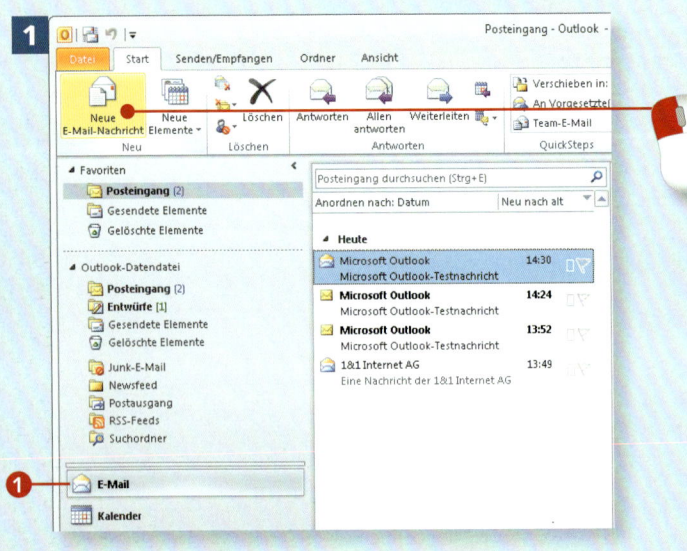

Die wichtigste Funktion eines E-Mail-Programms wie Outlook ist es, E-Mails zu schreiben und zu senden.

Schritt 1

Um eine neue E-Mail zu schreiben, klicken Sie im Navigationsbereich auf **E-Mail** ❶. Anschließend klicken Sie auf der Registerkarte **Start** auf das Symbol **Neue E-Mail-Nachricht**.

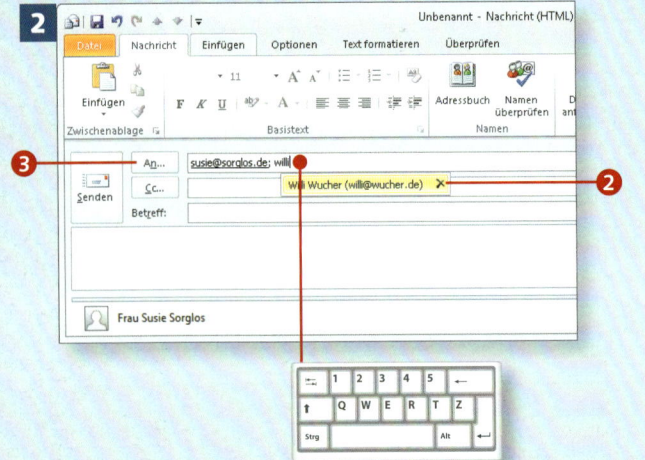

Schritt 2

Es wird ein neues Fenster geöffnet. Schreiben Sie die E-Mail-Adresse des Empfängers in die Zeile **An**. Mehrere Adressen werden per Semikolon getrennt. Wenn eine E-Mail-Adresse bekannt ist (z. B. aus den Outlook-Kontakten), wird ein Vorschlag eingeblendet ❷; drücken Sie dann die ⏎-Taste, um diese E-Mail-Adresse zu übernehmen.

Schritt 3

Sie können auch auf die Schaltfläche **An** ❸ klicken. Daraufhin wird ein Dialog geöffnet, in dem Sie Ihre Kontakte per Klick in die Empfängerliste aufnehmen können. Markieren Sie dazu den Kontakt, und klicken Sie anschließend auf die Schaltflächen **An**, **Cc** oder **Bcc**, je nachdem, wie die Adresse verwendet werden soll.

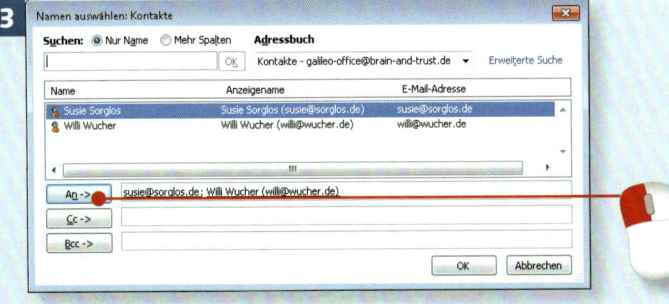

Schritt 4

Geben Sie Ihrer neuen E-Mail eine aussagekräftige Betreffzeile ❹. Anschließend schreiben Sie den Text der E-Mail. Hierbei stehen Ihnen die üblichen Formatierungen zur Verfügung, die Sie bereits aus Word kennen.

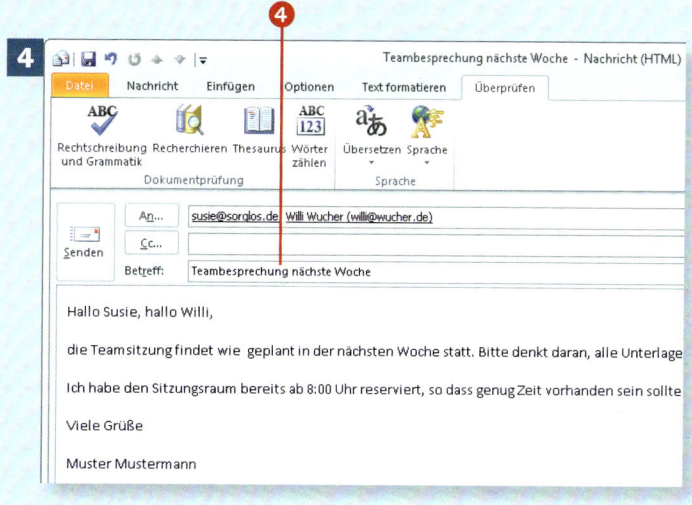

Schritt 5

Sie können E-Mails in verschiedenen Formaten verschicken. Je nachdem, welches Format Sie wählen, sind unterschiedliche Formatierungen möglich. Um E-Mails ganz ohne Formatierung zu versenden, wählen Sie das TXT-Format. Klicken Sie dazu auf der Registerkarte **Text formatie-ren** auf das Symbol **Nur Text**.

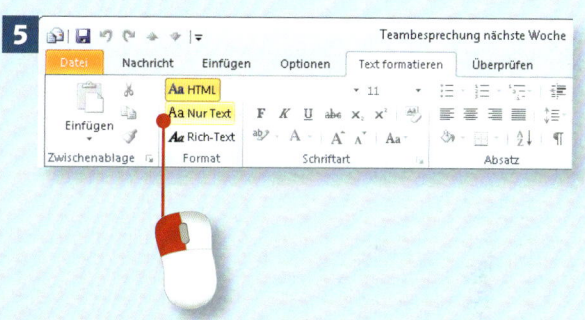

Schritt 6

Wenn Sie mitunter mit der deutschen Rechtschreibung auf Kriegsfuß stehen, können Sie auch in Outlook auf die Rechtschreibprüfung zurückgreifen. Wechseln Sie dazu auf die Registerkarte **Überprüfen**. Anschließend klicken Sie auf das Symbol **Rechtschreibung und Grammatik**. Sie erhalten den gleichen Dialog, den Sie bereits aus Word kennen.

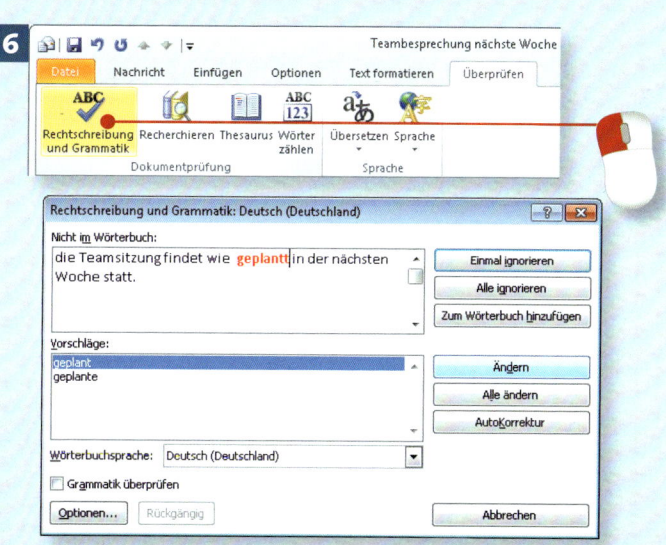

E-Mails schreiben und versenden (Forts.)

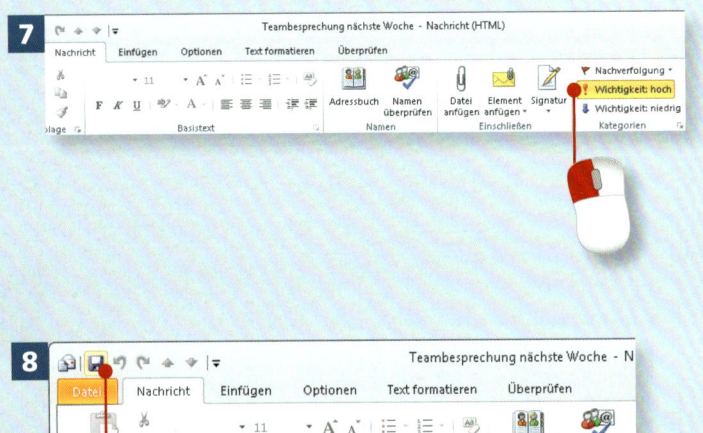

Schritt 7

Sie können den Empfänger auf die Dringlichkeit Ihrer Nachricht hinweisen. Klicken Sie dazu auf der Registerkarte **Nachricht** auf das Symbol **Wichtigkeit: hoch**. Eine so gekennzeichnete Nachricht wird im Posteingang des Empfängers besonders hervorgehoben. Wie die Hervorhebung aussieht, hängt vom E-Mail-Programm des Empfängers ab.

Schritt 8

Wenn Sie die Arbeit an einer E-Mail unterbrechen und das bisher Geschriebene speichern möchten, klicken Sie auf das Symbol **Speichern** auf der *Symbolleiste für den Schnellzugriff*. Anschließend können Sie die E-Mail-Nachricht unbesorgt schließen.

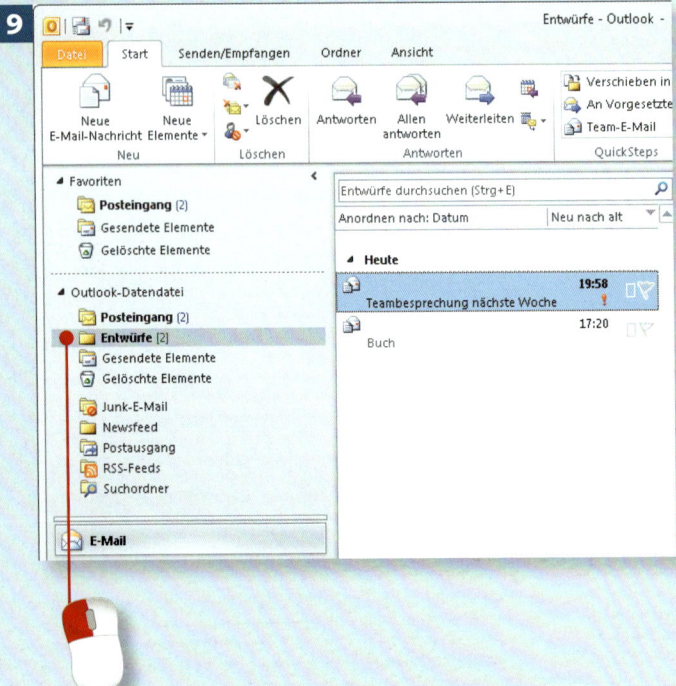

Schritt 9

Sie finden alle gespeicherten E-Mails im Ordner **Entwürfe** wieder. Klicken Sie im Navigationsbereich auf **Entwürfe** und anschließend doppelt auf die zu bearbeitende E-Mail. Diese wird in einem neuen Fenster geöffnet.

Schritt 10

Nun steht dem Versand der E-Mail nichts mehr im Wege. Klicken Sie also einfach auf das Symbol **Senden**. Zuvor können Sie auswählen, welches Konto für den Versand verwendet wird (mit der entsprechenden Absender-Adresse). Klicken Sie dazu auf den Auswahlpfeil der Schaltfläche **Von** ❶ und anschließend auf das gewünschte Konto.

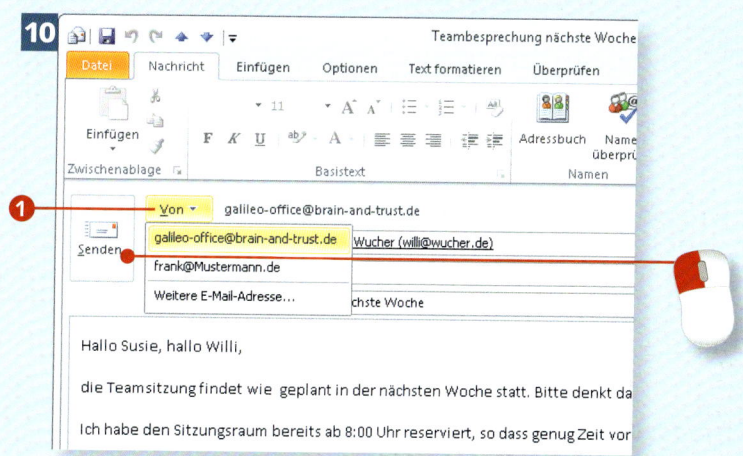

Schritt 11

In der Standardeinstellung werden alle E-Mails sofort an den E-Mail-Server weitergeleitet. Sollte dieser Server jedoch nicht erreichbar sein, weil z. B. keine Internetverbindung besteht, werden die Nachrichten im Ordner **Postausgang** zwischengespeichert. Klicken Sie im Navigationsbereich auf **Postausgang**, um sich diese Mails anzusehen.

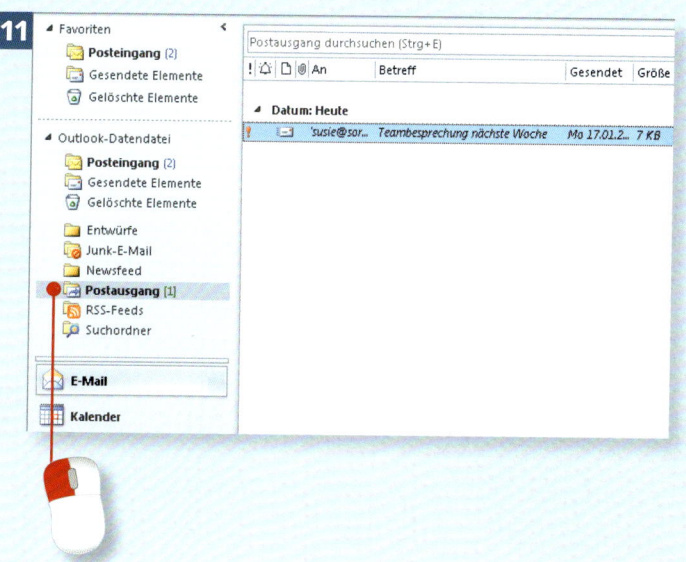

Schritt 12

Sollten noch Nachrichten im **Postausgang** vorliegen, können Sie den Versand manuell anstoßen. Klicken Sie dazu auf der Registerkarte **Senden/Empfangen** auf das Symbol **Alle senden**. Damit wird der Postausgang leer geräumt, und alle Nachrichten werden verschickt.

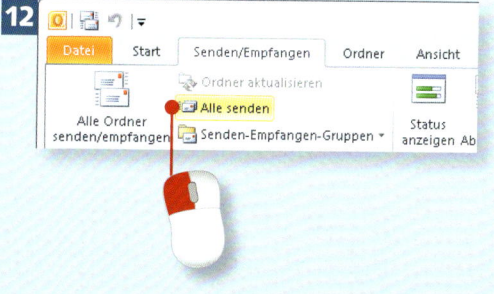

E-Mails mit Anlagen versenden

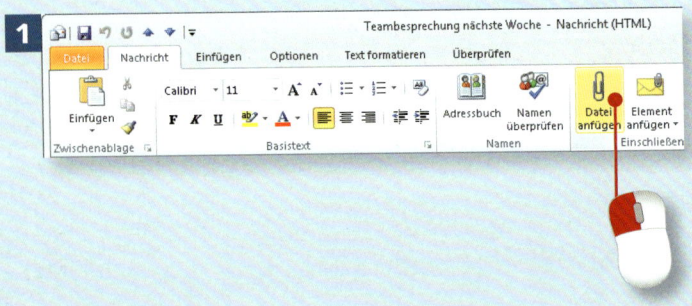

Schön an der Kommunikation mit E-Mails ist, dass Sie zusammen mit Ihren Nachrichten auch Dateien verschicken können.

Schritt 1

Wenn Sie eine E-Mail schreiben, an die Sie eine Datei anhängen möchten, klicken Sie auf der Registerkarte **Nachricht** auf das Symbol **Datei anfügen**.

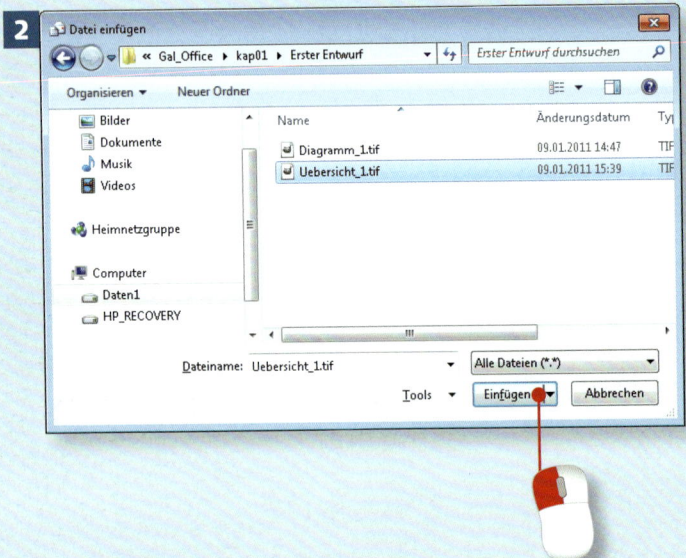

Schritt 2

Im Dialog **Datei einfügen** wählen Sie eine Datei aus. Dann klicken Sie auf die Schaltfläche **Einfügen**. Sie können auch mehrere Dateien in diesem Dialog markieren und in einem Rutsch an die E-Mail anheften.

Schritt 3

Wenn Sie Dateien an Ihre E-Mail angeheftet haben, finden Sie unter der Zeile **Betreff** die Zeile **Angefügt** ❶. In dieser Zeile werden die Dateien per Semikolon getrennt aufgelistet. Hinter dem Dateinamen sehen Sie in Klammern die Größenangabe. Achten Sie darauf, dass Ihre E-Mails mit Dateien nicht zu groß werden, sodass Sie sie noch problemlos verschicken können.

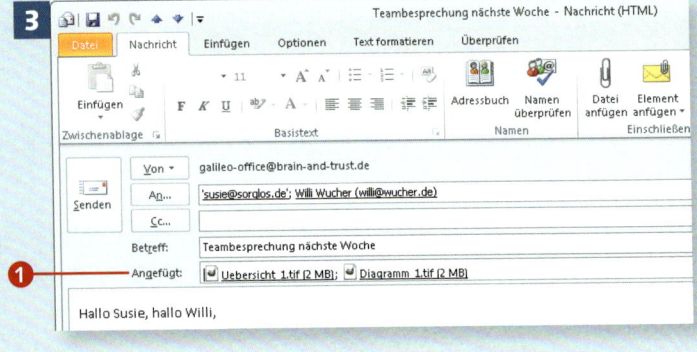

Schritt 4

Wenn Sie versehentlich eine Datei zu viel angeheftet haben, können Sie diese auch schnell wieder aus Ihrer Nachricht entfernen. Klicken Sie die entsprechende Datei mit der rechten Maustaste an, und wählen Sie im Kontextmenü den Eintrag **Entfernen**.

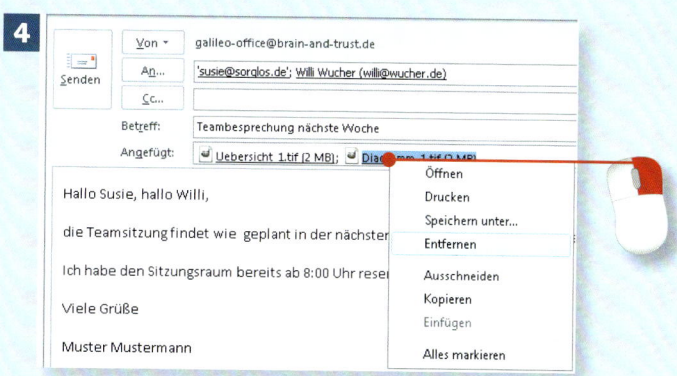

Schritt 5

Sie können nicht nur Dateien an Ihre E-Mails anfügen, sondern auch Outlook-Elemente wie zum Beispiel **Kontakte**. Bedenken Sie aber, dass der Empfänger auch Outlook verwenden muss, um mit den Kontakten umgehen zu können. Klicken Sie auf die Schaltfläche **Element anfügen**. Wählen Sie im Menü den Eintrag **Outlook-Element**.

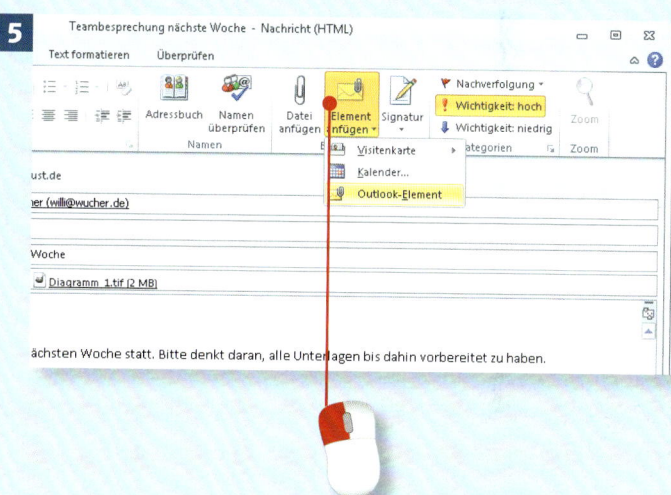

Schritt 6

Wählen Sie im folgenden Dialog das gewünschte Element aus. Klicken Sie im oberen Bereich zum Beispiel auf **Kontakte**. Anschließend erhalten Sie eine Liste all Ihrer Kontakte. Markieren Sie den gewünschten Kontakt, und klicken Sie auf **OK**.

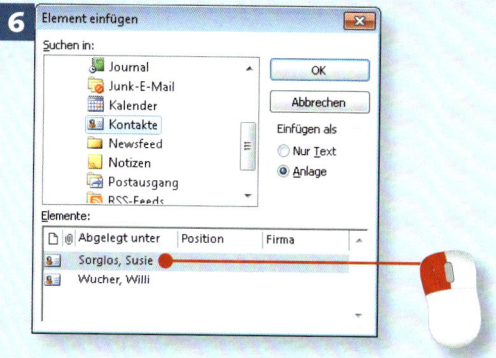

i

Dateigröße

Achten Sie darauf, nicht zu große Dateien anzuhängen. Ein guter Richtwert sind 2 bis 3 MB.

Abrufen neuer E-Mails

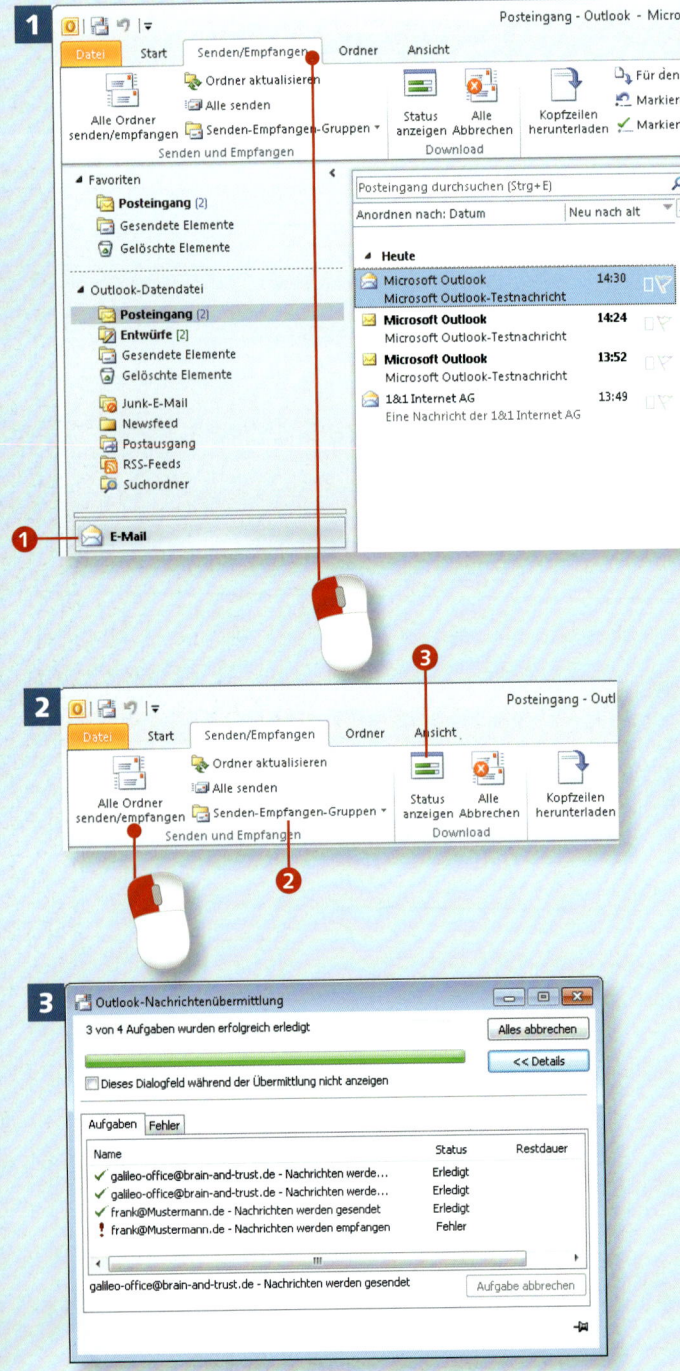

Sicher wollen Sie nicht nur E-Mails schreiben, sondern Ihre Post auch lesen.

Schritt 1

Bevor Sie Ihre Nachrichten ansehen können, müssen Sie sie vom Mailserver Ihres Providers abholen. Klicken Sie dazu im Navigationsbereich auf **E-Mail** ❶, und aktivieren Sie anschließend die Registerkarte **Senden/Empfangen**.

Schritt 2

Dort klicken Sie auf **Alle Ordner senden/empfangen**. Ihre Mailkonten werden abgerufen und die neuen Nachrichten auf Ihren Rechner gespeichert. Möchten Sie nur einzelne Konten abrufen, wählen Sie sie über das Menü des Symbols **Senden-Empfangen-Gruppen** ❷ aus.

Schritt 3

Um Übermittlungsfehler aufzuspüren oder den Fortschritt des Downloads zu verfolgen, klicken Sie auf das Symbol **Status anzeigen** ❸. Im Dialog **Outlook-Nachrichtenübermittlung** sehen Sie auf der Registerkarte **Aufgaben**, welche Konten erfolgreich abgefragt wurden.

Schritt 4

Die empfangenen E-Mails landen im Posteingang. E-Mails, an die Dateien angehängt sind, werden in der Auflistung mit einer Büroklammer gekennzeichnet. Um eine Mail in einem neuen Fenster zu öffnen, klicken Sie doppelt darauf.

Schritt 5

Wenn Sie eine E-Mail mit einem Dateianhang erhalten haben, können Sie diese Datei auf Ihrem Rechner speichern. Markieren Sie dazu die Nachricht, sodass sie in der Vorschau angezeigt wird. Klicken Sie den Dateianhang mit der rechten Maustaste an, und wählen Sie im Kontextmenü den Eintrag **Speichern unter**.

Schritt 6

Im folgenden Dialog bestimmen Sie den Speicherort ❹ und legen eventuell einen neuen Dateinamen fest. Anschließend klicken Sie auf die Schaltfläche **Speichern**.

E-Mails abholen

Die »klassische« Post bleibt so lange in Ihrem Briefkasten, bis Sie sie hereinholen. Ganz ähnlich bleiben alle E-Mails in Ihrem Postfach bei Ihrem Provider, bis Sie Outlook anweisen, die E-Mails abzuholen.

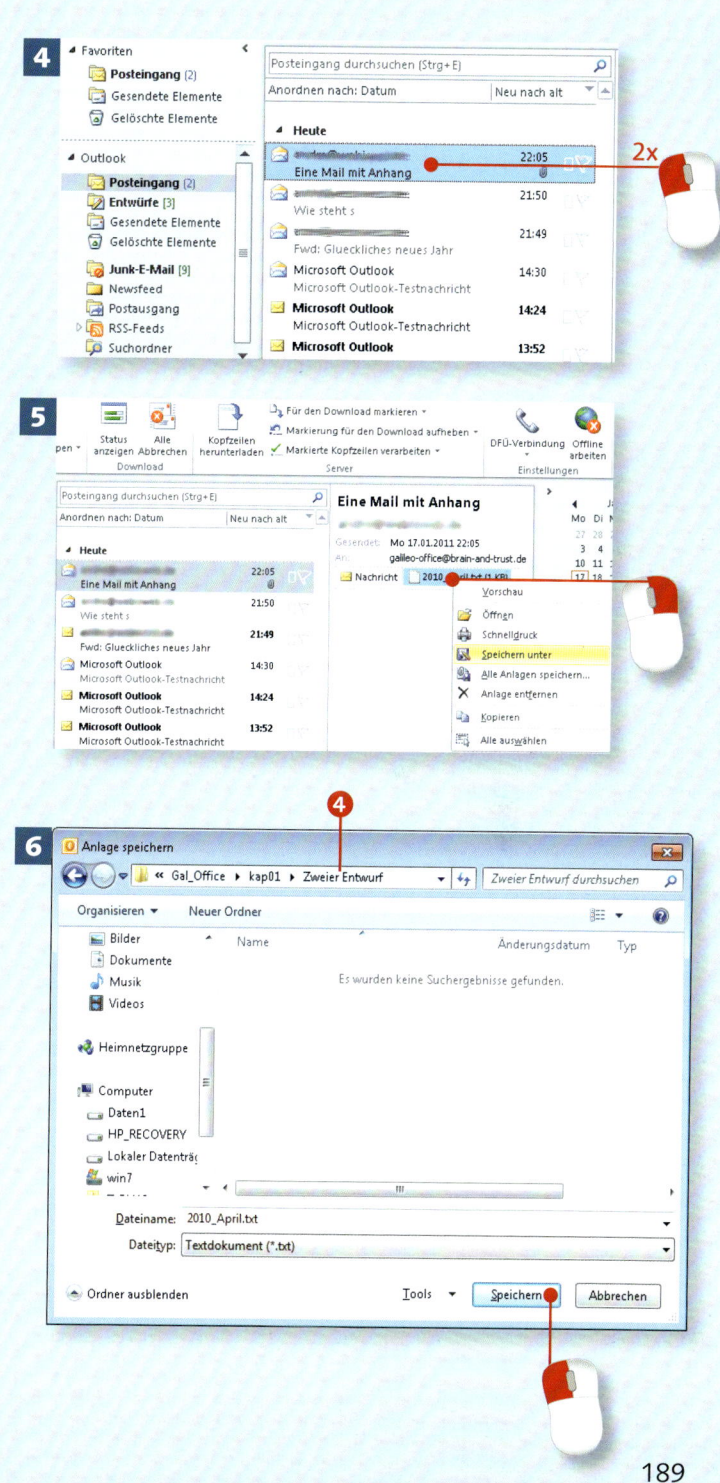

Beantworten von E-Mails

Damit Sie zügig auf E-Mails reagieren können, bietet Outlook die Funktion »Antworten«.

Schritt 1

Wenn Sie eine E-Mail erhalten haben, die Sie direkt beantworten möchten, markieren Sie diese Mail im Posteingang. Dann aktivieren Sie die Registerkarte **Start** und klicken auf das Symbol **Antworten**.

Schritt 2

Ein neues Fenster wird geöffnet, in dem Sie Ihre Antwort verfassen. Dieses Fenster sieht genauso aus wie das für das Verfassen neuer Mails, mit dem Unterschied, dass hier bereits der Adressat eingetragen und der Text der alten Nachricht zu lesen ist. Ob und wie der Text der empfangenen Nachricht angefügt wird, können Sie festlegen. Dies zeigen wir ab Schritt 5.

Schritt 3

Schreiben Sie wie gewohnt den Text Ihrer Nachricht. Anschließend können Sie die Nachricht entweder gleich versenden oder zunächst speichern und später versenden.

Schritt 4

Wenn Sie eine E-Mail erhalten haben, die Sie nicht beantworten, sondern an eine andere Person weiterleiten wollen, dann markieren Sie die Nachricht im Posteingang und klicken auf das Symbol **Weiterleiten**. Auch hier öffnet sich ein neues Fenster, in dem der Text der alten Nachricht angezeigt wird.

Schritt 5

Wenn Sie bestimmte Einstellungen im Zusammenhang mit dem Antworten oder Weiterleiten von E-Mails ändern möchten, rufen Sie die **Outlook-Optionen** auf. Klicken Sie also auf **Datei ▸ Optionen**.

Schritt 6

Im Dialog **Outlook-Optionen** klicken Sie auf **E-Mail ❶** und navigieren zum Bereich **Antworten und Weiterleitungen**. Über die Auswahlmenüs der Felder **Beim Antworten auf Nachrichten** und **Beim Weiterleiten von Nachrichten** bestimmen Sie, wie mit der Ursprungsnachricht verfahren wird. Sie können zum Beispiel festlegen, dass die Ursprungsnachricht als Anlage angehängt oder vollkommen ignoriert wird.

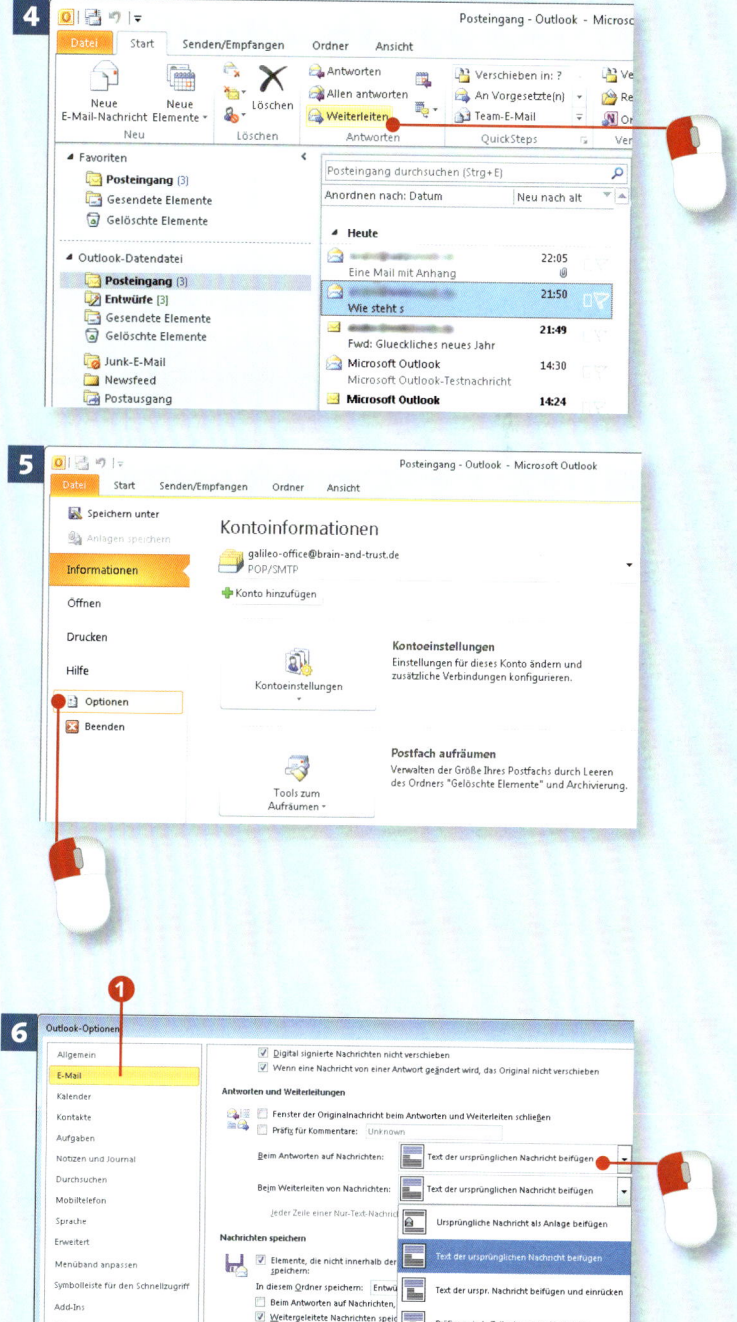

Signaturen einrichten

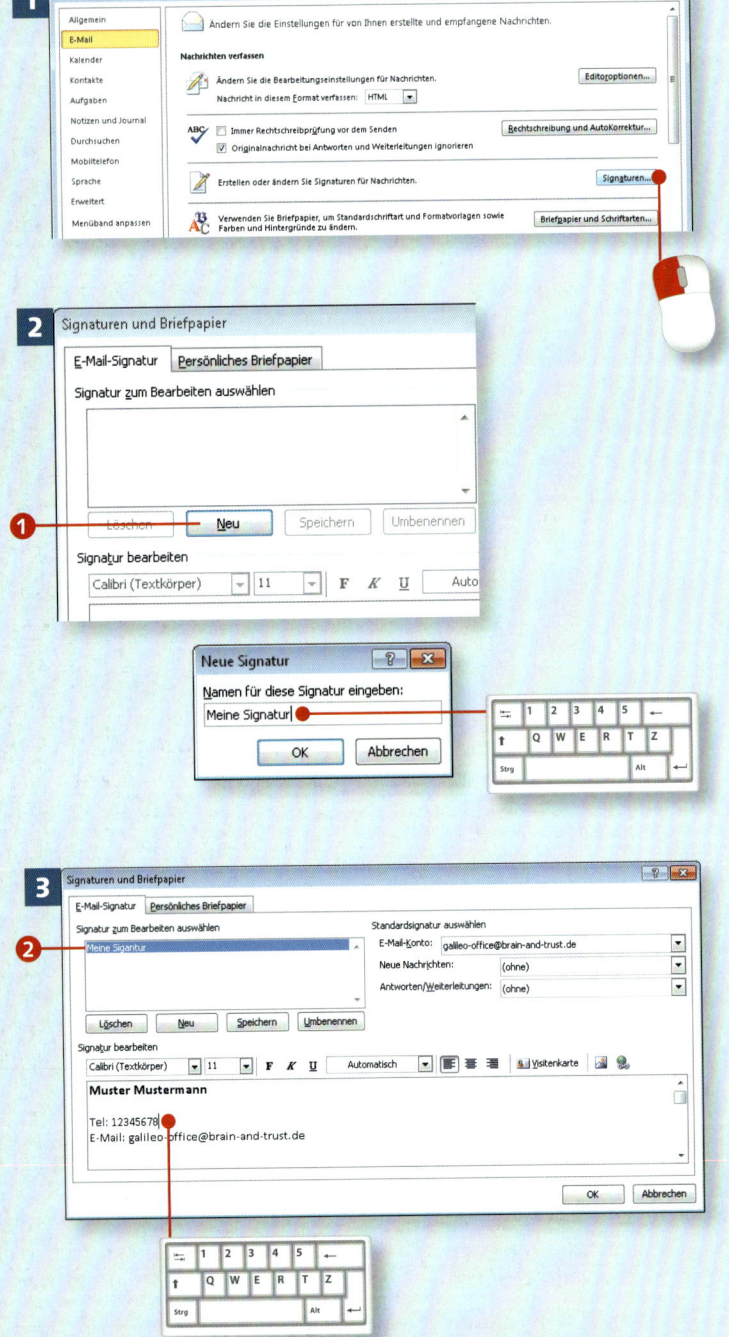

Wenn Sie viele E-Mails schreiben, ist es lästig, unter jeder E-Mail erneut die eigenen Kontaktdaten einzutragen. Für solche Informationen können Sie sich in Outlook eine Signatur einrichten, die Sie per Mausklick unter die E-Mail setzen.

Schritt 1

Um eine neue Signatur anzulegen, rufen Sie über **Datei ▸ Optionen** den Dialog **Outlook-Optionen** auf. Klicken Sie hier auf **E-Mail** und anschließend auf die Schaltfläche **Signaturen**.

Schritt 2

Im Dialog **Signaturen und Briefpapier** klicken Sie auf der Registerkarte **E-Mail-Signatur** auf die Schaltfläche **Neu** ❶. Im folgenden Dialog geben Sie Ihrer neuen Signatur einen Namen.

Schritt 3

Anschließend erscheint dieser Name in der Liste **Signatur zum Bearbeiten auswählen** ❷. Markieren Sie hier die neue Signatur, und geben Sie den Text der Signatur im Feld **Signatur bearbeiten** ein. Auch in diesem Feld können Sie die üblichen Formatierungseinstellungen vornehmen.

Schritt 4

Sie können für diese Signatur noch festlegen, für welches E-Mail-Konto sie verwendet werden und ob sie automatisch in allen neuen Nachrichten oder Antworten auftauchen soll. Diese Einstellung nehmen Sie im Bereich **Standardsignatur auswählen** vor.

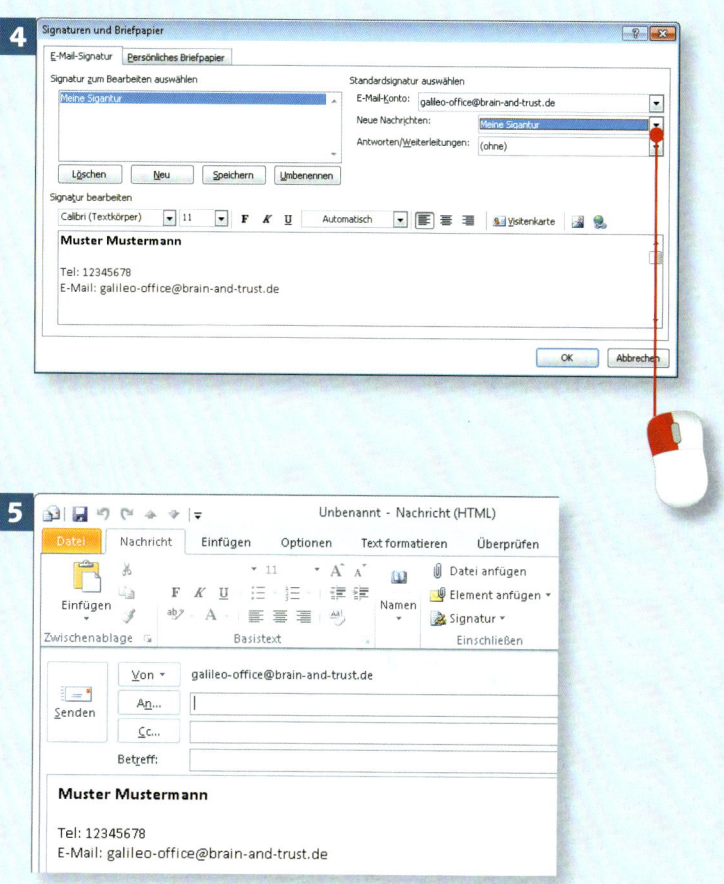

Schritt 5

Wenn Sie eine Signatur als Standardsignatur eingestellt haben, wird diese beim Erstellen einer neuen Nachricht automatisch eingefügt. Überprüfen Sie das, indem Sie **Start ▸ Neue E-Mail-Nachricht** wählen.

Schritt 6

Sofern Sie mehrere Signaturen eingerichtet haben, können Sie für jede Nachricht entscheiden, welche Signatur verwendet werden soll. Klicken Sie dazu im Nachrichtenfenster auf das Symbol **Signatur**, und wählen Sie aus dem Menü die gewünschte Signatur aus. Eine vorhandene Signatur wird durch die neue Signatur ersetzt.

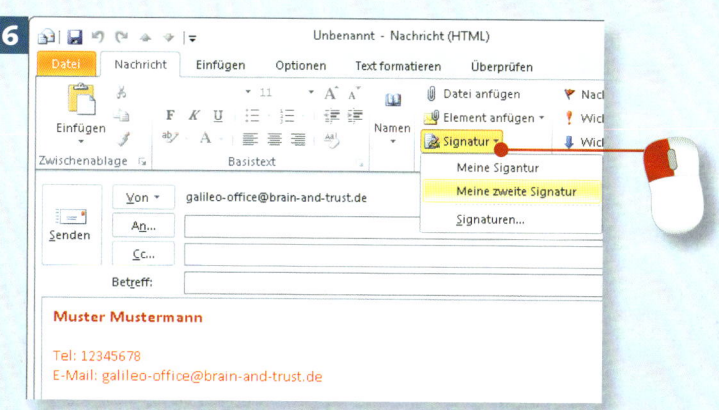

Mehr Sicherheit: Schutz vor Spam

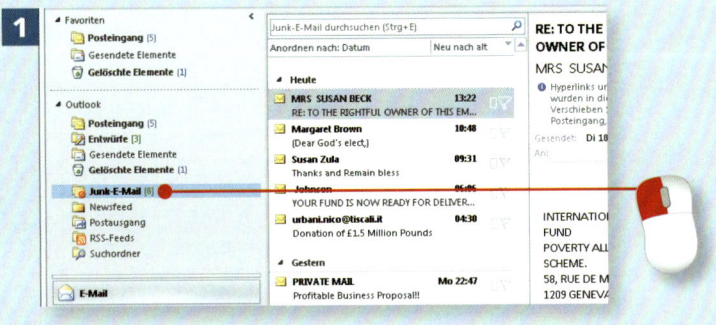

Wir wollen Ihnen nun einige Tipps geben, mit denen Sie Risiken des Internets wie lästigen Spammails etc. begegnen können.

Schritt 1

Damit Ihr Posteingang nicht mit Spammail »zugemüllt« wird, stellt Outlook einen gesonderten Ordner dafür bereit und legt mithilfe spezieller Filter viele Mails automatisch dort ab. Klicken Sie auf **Junk-E-Mail**, um sich seinen Inhalt anzusehen.

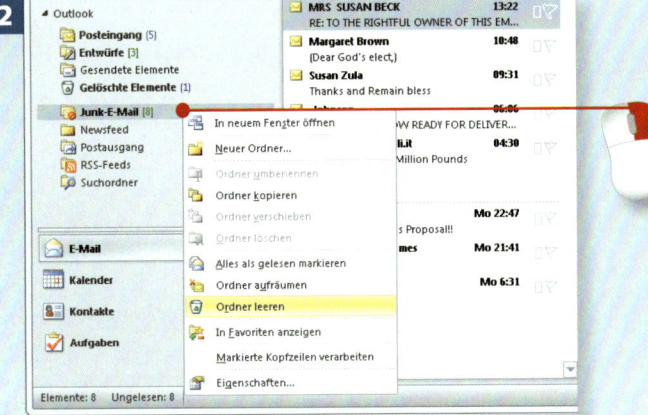

Schritt 2

Wenn Sie sicher sind, dass sich im Junk-E-Mail-Ordner tatsächlich nur Spammails befinden, können Sie alle auf einen Schlag loswerden. Klicken Sie den Ordner **Junk-E-Mail** mit der rechten Maustaste an, und wählen Sie im Kontextmenü **Ordner leeren**.

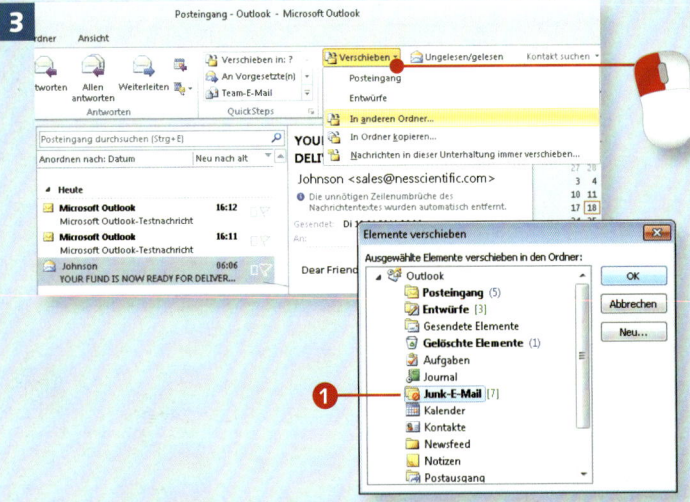

Schritt 3

Wenn Sie eine einzelne E-Mail in den Junk-Ordner verbannen möchten, markieren Sie sie und klicken auf der Registerkarte **Start** auf **Verschieben ▸ In anderen Ordner**. Im folgenden Dialog wählen Sie den Ordner **Junk-E-Mail** ❶ und klicken auf **OK**.

Schritt 4

Sie können dafür sorgen, dass Mails von einem bestimmten Absender automatisch in den Junk-Ordner geschickt werden. Klicken Sie eine Mail dieses Absenders mit der rechten Maustaste an, und wählen Sie **Regeln**. Im Untermenü wählen Sie **Nachrichten von »Absender xy« immer verschieben**.

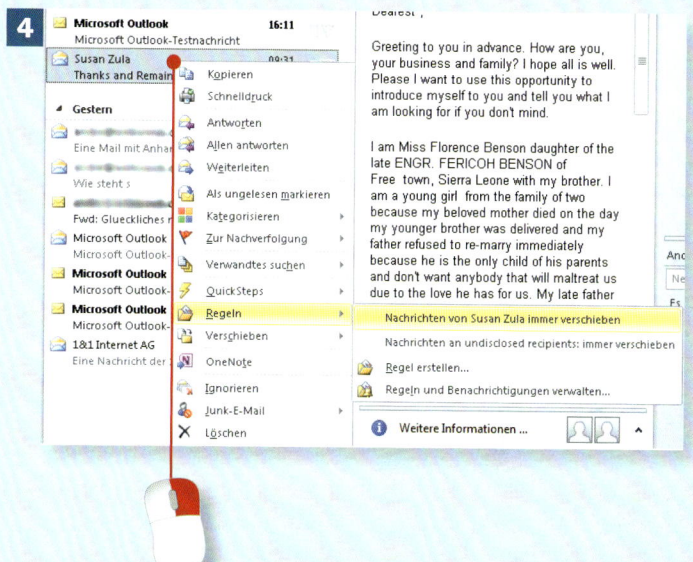

Schritt 5

Im Dialog **Regeln und Benachrichtigungen** markieren Sie den Ordner, in den die Mails in Zukunft automatisch verschoben werden sollen, also **Junk-E-Mail**. Bestätigen Sie Ihre Einstellung mit **OK**.

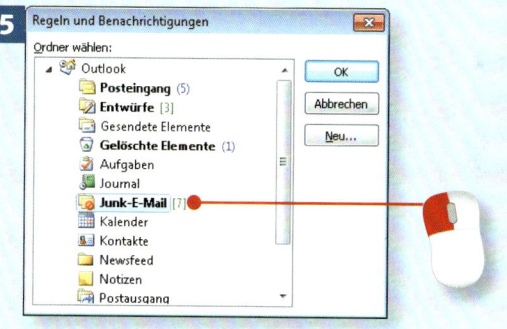

Schritt 6

Wie erwähnt, sondert Outlook bestimmte Mails aus und legt sie in den Ordner **Junk-E-Mail**. Wie streng Outlook dabei verfährt, können Sie überprüfen und notfalls auch ändern. Klicken Sie auf der Registerkarte **Start** auf das Symbol **Junk-E-Mail** und im Menü auf den Eintrag **Junk-E-Mail-Optionen**.

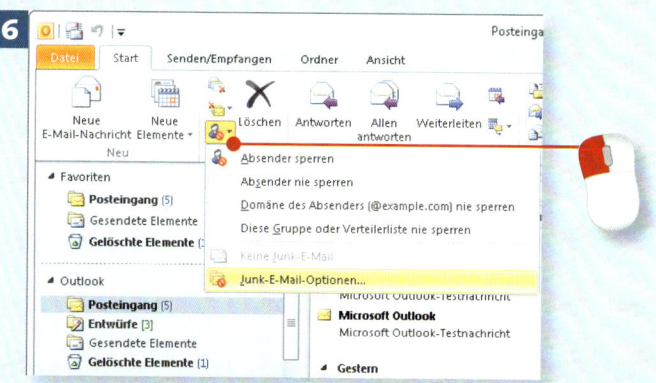

Mehr Sicherheit: Schutz vor Spam (Forts.)

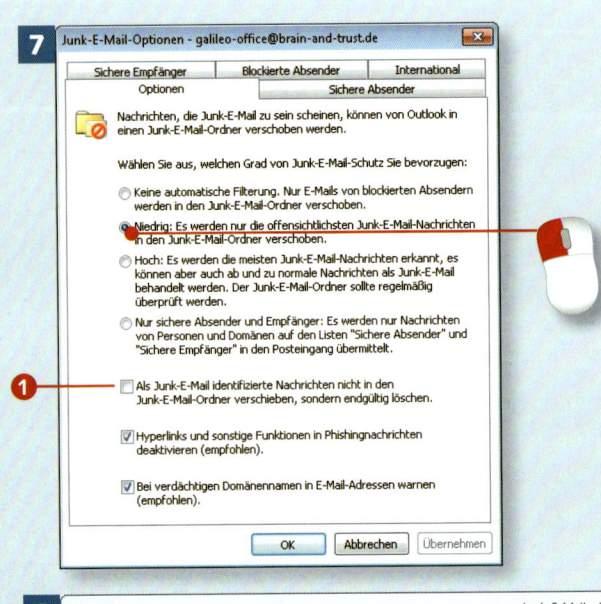

Schritt 7

Im Dialog **Junk-E-Mail-Optionen** auf der Registerkarte **Optionen** stellen Sie die Stärke bzw. Durchlässigkeit des Junk-E-Mail-Filters ein. Wenn Sie Junk-Mails nicht in den Ordner **Junk-E-Mail** verschieben, sondern endgültig löschen möchten, aktivieren Sie die entsprechende Option **1**.

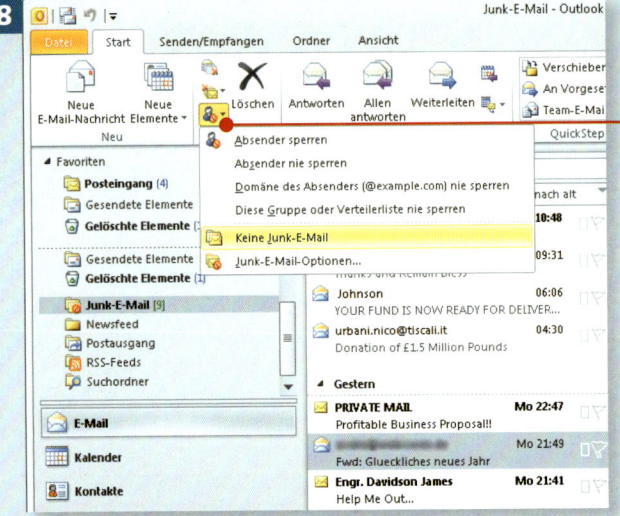

Schritt 8

Wenn eine Mail versehentlich im Ordner **Junk-E-Mail** gelandet ist und Sie möchten sie in den normalen Posteingang legen, markieren Sie die Mail, und klicken Sie im Menü des Symbols **Junk-E-Mail** auf **Keine Junk-E-Mail**.

Schritt 9

Im folgenden Dialog können Sie entscheiden, ob alle Nachrichten des Absenders zukünftig nicht als Junk eingestuft werden sollen oder nur diese eine.

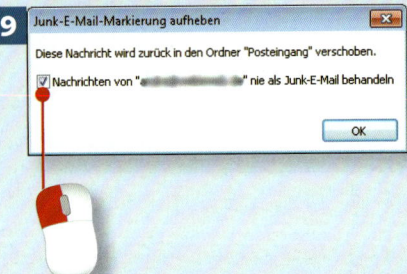

i Der Ordner »Junk-E-Mail«

Wenn Sie einmal eine Mail in den Junk-Ordner verschoben haben, taucht der Befehl bzw. der Ordner **Junk-E-Mail** direkt im Menü des Symbols **Verschieben** auf.

Schritt 10

Wenn Sie eine Mail im Ordner **Junk-E-Mail** entdecken und Sie von dieser Domäne zukünftig weitere Mails erwarten, die im **Posteingang** landen sollen, markieren Sie die Mail, und klicken Sie anschließend auf der Registerkarte **Start** auf das Symbol **Junk-E-Mail**. Im Menü wählen Sie **Domäne des Absenders nie sperren**.

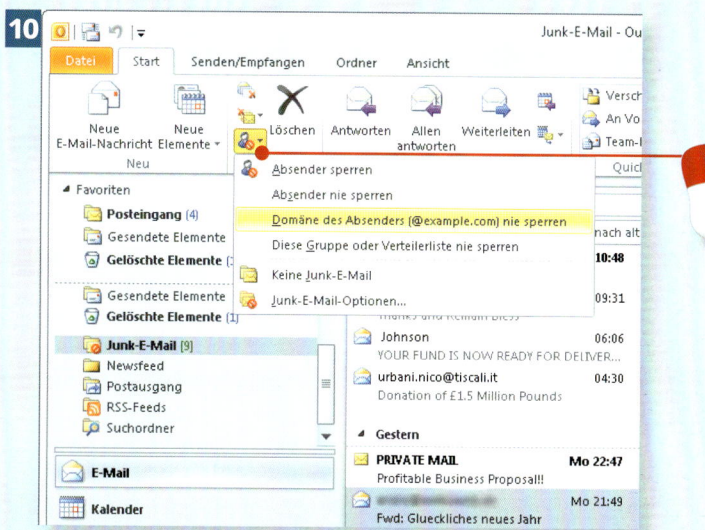

Schritt 11

Sie erhalten einen Dialog, der Ihnen mitteilt, dass der Absender zur Liste der sicheren **Absender** hinzugefügt wurde. Bestätigen Sie ihn mit **OK**.

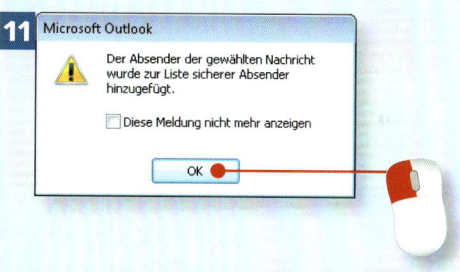

Schritt 12

Um zu kontrollieren, welche E-Mail-Adressen (nach einer Weile) zur Liste der sicheren Absender gehören, öffnen Sie über **Start ▸ Junk-E-Mail ▸ Junk-E-Mail-Optionen** den gleichnamigen Dialog. Wechseln Sie zur Registerkarte **Sichere Absender**. Hier finden Sie eine Liste aller als sicher eingestuften E-Mail-Adressen.

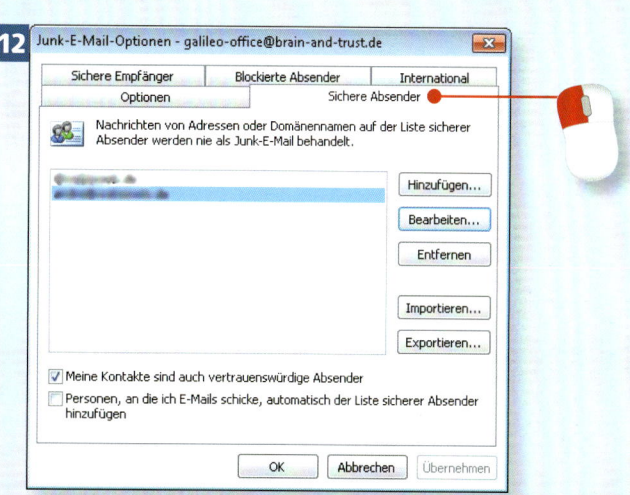

Kapitel 9
Mit Outlook Termine planen

Outlook bietet neben der E-Mail-Funktion einen elektroni-
schen Kalender an. In diesem Kapitel erfahren Sie, wie Sie
Ihre Termine mit den Tages-, Wochen- oder Monatsansichten
des Kalenders übersichtlich verwalten.

Termine eintragen
Klicken Sie auf das Symbol **Neuer Termin**, und geben Sie die Details Ihres Termins ❶
ein: in der Betreffzeile ein Stichwort, dann den Ort, den Zeitpunkt etc. Nach dem Speichern wird der Termin im Tageskalender angezeigt. Es gibt viele regelmäßige Termine. Sie
müssen sie nicht jedes Mal erneut eintragen, sondern legen sie ein einziges Mal als sogenannte Terminserie an.

An Termine erinnern lassen
Der Outlook-Kalender wäre nur halb so viel wert ohne die Erinnerungsfunktion: Sie kön-
nen u.a. angeben, wie früh vor dem Termin Sie erinnert werden wollen ❷. Wir zeigen
Ihnen, wie Sie diese Funktion bestmöglich einstellen.

Notizen schreiben
Mit Outlook können Sie sich auch Notizen machen. Mit einem Klick auf das Symbol **Neue
Notiz** wird Ihnen ein kleiner Zettel ❸ angezeigt, den Sie füllen können (und den Sie nicht
so leicht verlieren wie die echten Zettel, die Ihren Schreibtisch zieren).

1 Im Kalender tragen Sie einmalige oder regelmäßige Termine ein.

2 Outlook erinnert Sie an jeden Termin.

3 Auch Notizen gehen in Outlook nicht verloren.

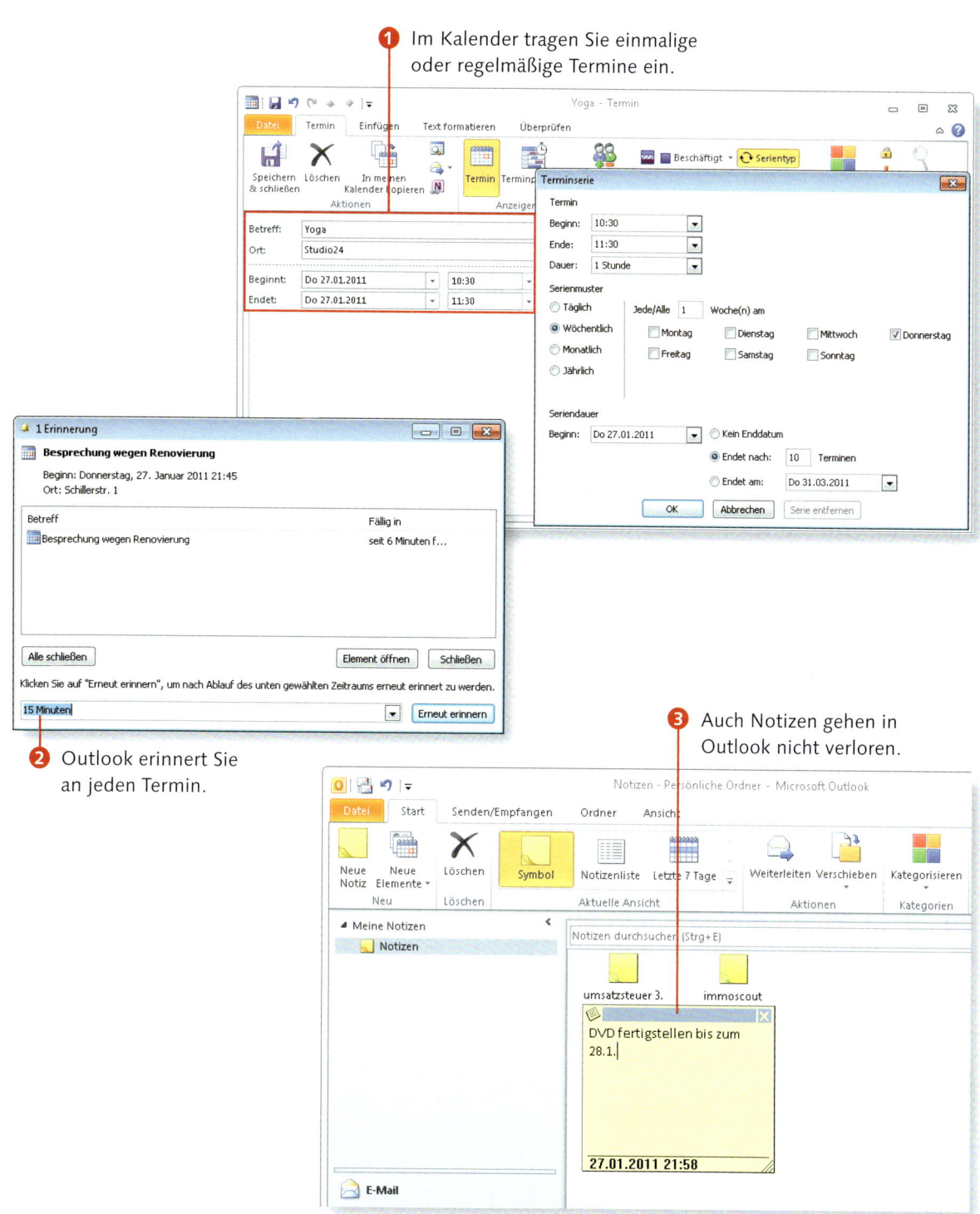

Zurechtfinden: die Kalenderansichten

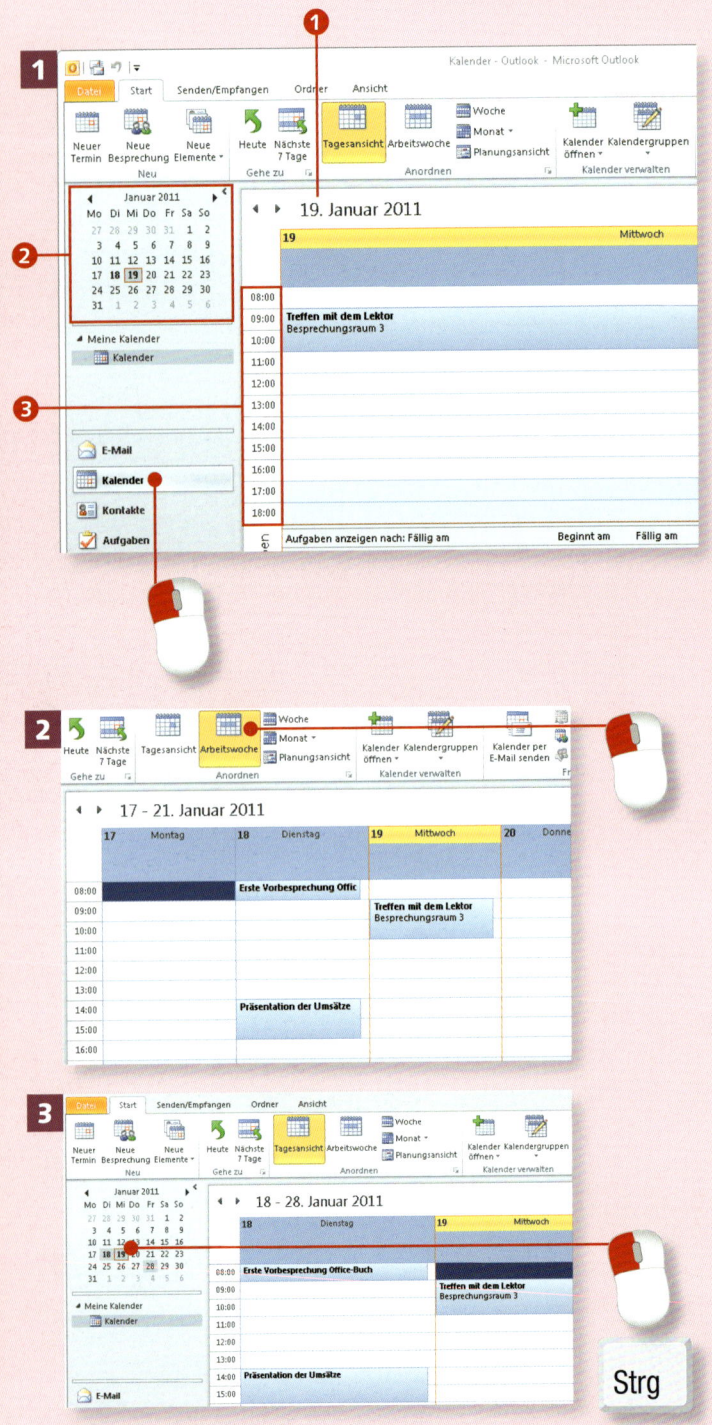

In diesem Abschnitt stellen wir Ihnen die wichtigsten Ansichten für die Terminverwaltung vor.

Schritt 1

Klicken Sie im Navigationsbereich auf **Kalender**. Standardmäßig wird die **Tagesansicht** ❶ angezeigt. Oben sehen Sie einen Monatskalender ❷, in dem Tage mit Terminen durch fette Datumsangaben hervorgehoben werden; die Termine des ausgewählten Tages werden rechts in einer Zeitskala angezeigt ❸.

Schritt 2

Wenn Sie auf der Registerkarte **Start** auf das Symbol **Arbeitswoche** klicken, werden die Termine der aktuellen Woche ohne Samstag und Sonntag angezeigt. Der angezeigte Tag wird in der Monatsübersicht dunkel hinterlegt.

Schritt 3

Sie können selbst bestimmen, welcher Zeitraum angezeigt werden soll. Ziehen Sie dazu mit der Maus in der Monatsübersicht über die betreffenden Tage. Sie können auch nicht zusammenhängende Tage auswählen; klicken Sie sie dafür mit gedrückter Strg-Taste an.

Schritt 4

Um einen Überblick über die Termine eines Monats zu erhalten, klicken Sie auf der Registerkarte **Start** auf das Symbol **Monat**. Das aktuelle Datum wird farblich hervorgehoben.

Schritt 5

Sie können festlegen, wie detailliert die Termine der einzelnen Tage angezeigt werden. Klicken Sie dazu auf den Pfeil am Symbol **Monat**. In der Auswahlliste klicken Sie dann zum Beispiel auf **Viele Details anzeigen**. In dieser Einstellung werden die ersten Termine der einzelnen Tage angezeigt.

Schritt 6

Wenn Sie in der Monats- oder Wochenansicht auf den Kopfbereich (den blauen Balken) eines Tages ❹ klicken, wechselt die Ansicht, und der Tag wird in der mit einer Zeitskala unterteilten Tagesansicht angezeigt.

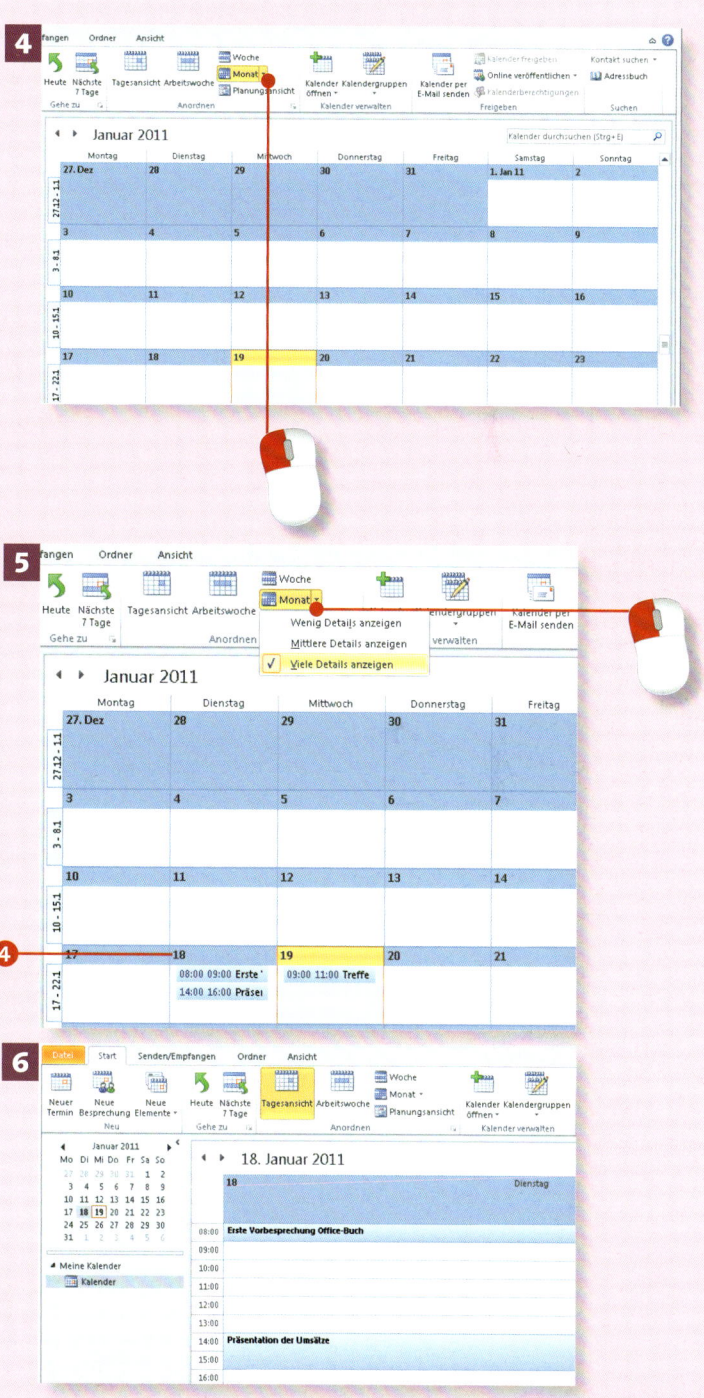

Das aktuelle Datum

Das aktuelle Datum wird oben im Navigationsbereich in der Monatsübersicht durch einen roten Rahmen hervorgehoben.

Zurechtfinden: die Kalenderansichten (Forts.)

Schritt 7

Um das aktuelle Datum aufzurufen, klicken Sie in der Symbolleiste **Start** auf **Heute**. Je nachdem, welche Ansicht Sie ausgewählt haben, wird dann der entsprechende Tag, die Arbeitswoche oder der Monat angezeigt.

Schritt 8

Über die Statusleiste lässt sich die Fensteraufteilung beeinflussen. Sie finden hier vier Symbole. Wenn Sie auf das Symbol **Kalender und Aufgaben** klicken, wird der Navigationsbereich verkleinert, und der gesamte Bildschirm steht für die Übersicht der Termine zur Verfügung.

Schritt 9

Wenn Sie in der Statusleiste auf das Symbol **Nur Kalender** klicken, wird zusätzlich der **Aufgabenbereich** ausgeblendet. Um den Navigationsbereich wieder einzublenden, klicken Sie auf den kleinen Pfeil oben im minimierten Navigationsbereich ❶.

> **i**
>
> **Der Lesebereich**
>
> Auf der Registerkarte **Ansicht** (in der Gruppe **Layout**) können Sie über das Auswahlmenü des Symbols **Lesebereich** einen Bereich aktivieren, in dem ausgewählte Termine angezeigt werden.

Schritt 10

Mit dem Symbol **Klassisch** auf der Statusleiste blenden Sie den Navigationsbereich und die Aufgabenleiste ein. Durch das Einblenden der Aufgabenleiste wird die Monatsübersicht, auch *Datumsnavigator* genannt, aus dem Navigationsbereich in die Aufgabenleiste verschoben.

Schritt 11

Wenn Sie den Datumsnavigator zurück in den Navigationsbereich legen möchten, klicken Sie auf der Registerkarte **Ansicht** auf den Auswahlpfeil des Symbols **Aufgabenleiste** und deaktivieren im Menü die Option **Datumsnavigator**.

Schritt 12

Wenn Sie die ursprüngliche Ansicht wiederherstellen möchten, klicken Sie in der Statusleiste auf das Symbol **Normal ➋**. Verbreitern Sie den Navigationsbereich so weit, dass genug Platz für zwei Monate ist. Ziehen Sie dazu mit gedrückter Maustaste an der Trennlinie zwischen Navigationsbereich und Terminen.

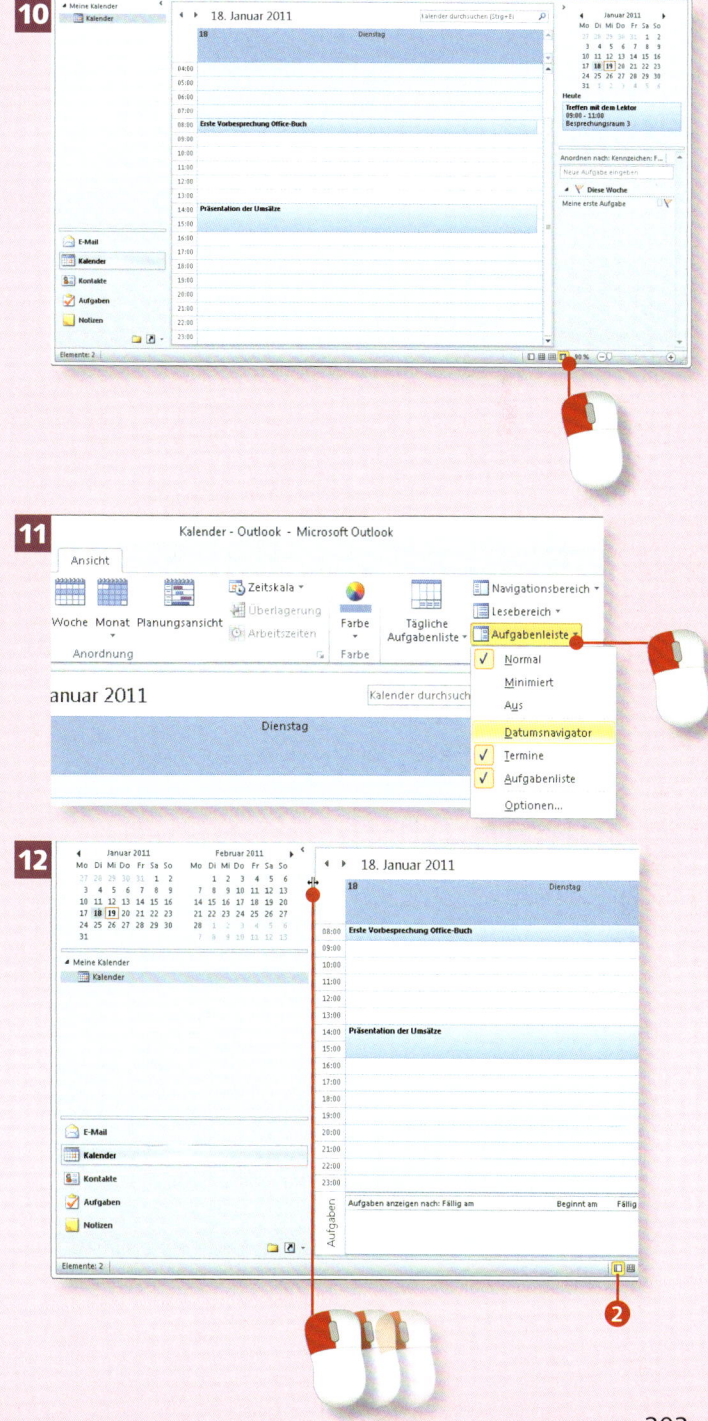

Termine eintragen und verschieben

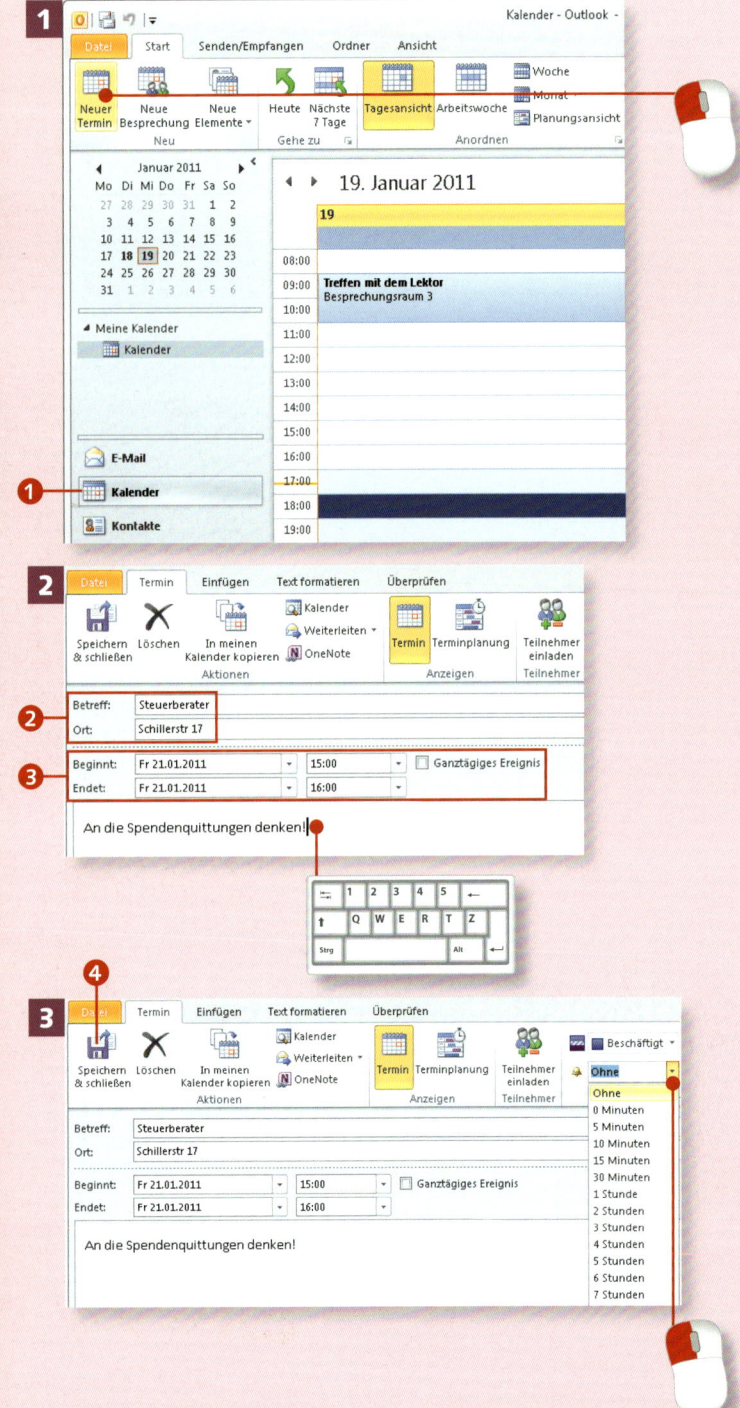

Wenn Sie den Kalender von Outlook nutzen, ist das Eintragen von Terminen natürlich das A und O.

Schritt 1

Klicken Sie im Navigationsbereich auf **Kalender** ➊. Damit öffnen Sie den normalen Outlook-Kalender. Um nun den ersten Termin einzugeben, klicken Sie auf der Registerkarte **Start** auf **Neuer Termin**.

Schritt 2

Anschließend öffnet sich ein neues Fenster. Füllen Sie zuerst die Zeilen **Betreff** und **Ort** aus ➋. Dann legen Sie über die Felder **Beginnt** und **Endet** die Dauer des Termins fest ➌. Im Textbereich können Sie weitere Informationen zu diesem Termin festhalten.

Schritt 3

In der Standardeinstellung erinnert Sie Outlook 15 Minuten vor Beginn des Termins. Wenn Sie diese Erinnerung nicht brauchen, klicken Sie auf das Symbol **Erinnerung** und wählen im Menü **Ohne**, um die Erinnerung zu deaktivieren. Klicken Sie auf **Speichern und schließen** ➍, um den Termineintrag abzuschließen.

Schritt 4

Wenn Sie jetzt den Tag des Termins im Datumsnavigator ❺ auswählen, erscheint der Termin im Kalender. Um einen weiteren Termin für diesen Tag einzutragen, rufen Sie das Fenster für die Termineingabe per Doppelklick auf die entsprechende Uhrzeit im Tageskalender auf.

Schritt 5

Tragen Sie die Daten wie gehabt ein. Sollte sich der Termin mit einem bereits eingetragenen überschneiden, weist Outlook Sie darauf hin. Speichern Sie den Termin mit **Speichern und schließen**.

Schritt 6

In der Tagesansicht sehen Sie jetzt beide Termine nebeneinanderliegen. Wenn Sie einen Termin verschieben möchten, öffnen Sie per Doppelklick auf den Termin erneut das Fenster und legen einfach eine neue Zeit fest.

Termine eintragen

Sie können Termine auch direkt in den Kalender schreiben, indem Sie die Zeile der jeweiligen Uhrzeit anklicken und die Informationen zum Termin eintragen. Durch Drücken der ⌜Entf⌝-Taste löschen Sie einen Termin.

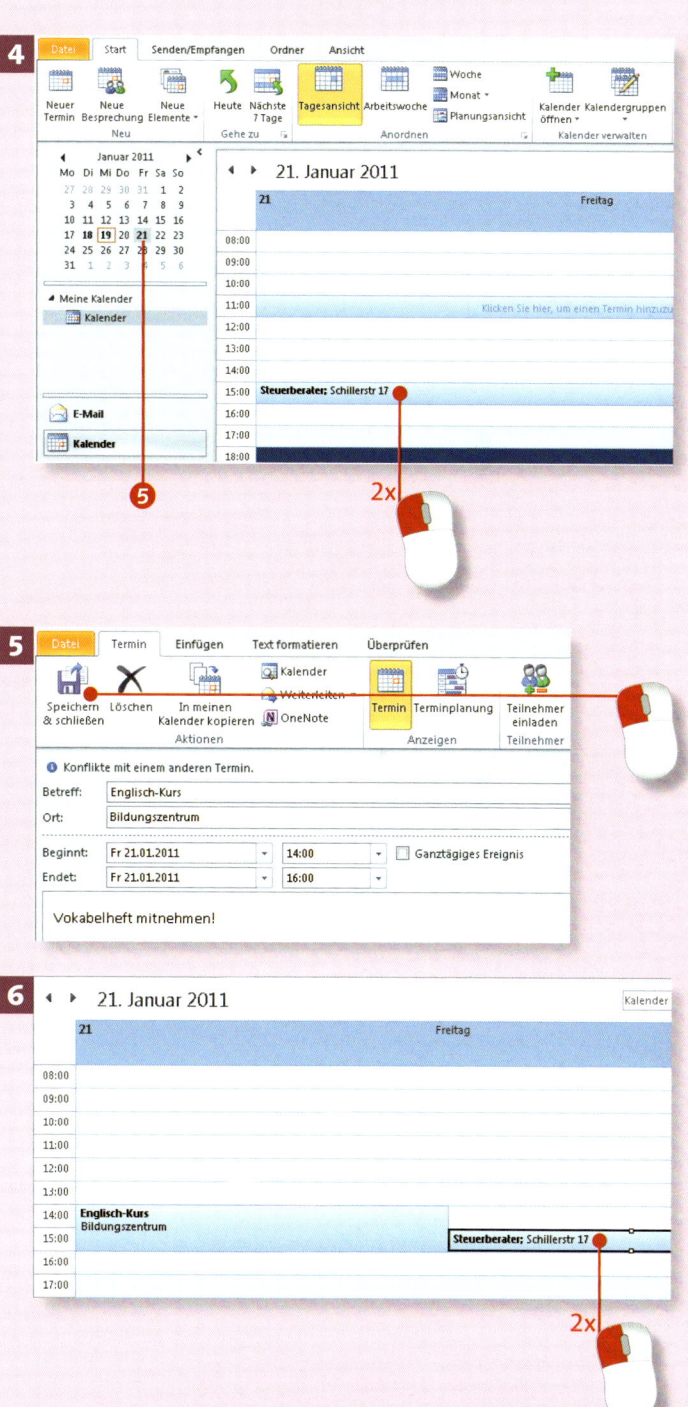

Termine nachbearbeiten

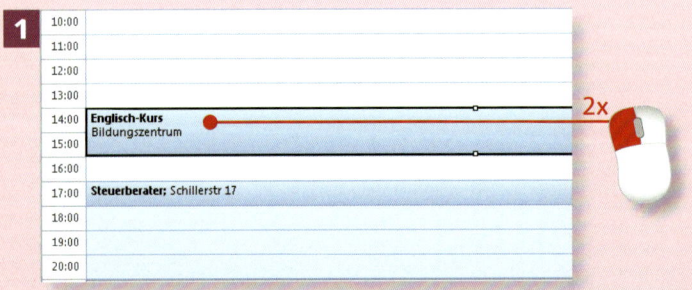

Während Sie in Ihrem klassischen Kalender eingetragene Termine notfalls durchstreichen müssen, wenn sie abgesagt werden, geht die Bearbeitung von Termineinträgen in Outlook ganz einfach. Sehen Sie selbst!

Schritt 1

Um Einträge und Einstellungen eines Termins zu ändern, klicken Sie in der Tagesansicht doppelt auf den Termin und nehmen alle Änderungen in dem bereits bekannten Fenster zur Termineingabe vor. Denken Sie daran, Ihre Änderungen zu speichern.

Schritt 2

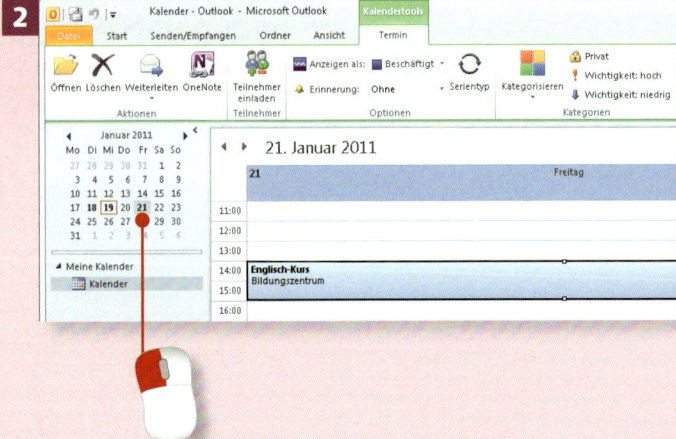

Viele Einstellungen können Sie auch ändern, ohne das Terminfenster aufzurufen. Wenn Sie einen Termin im Kalender anklicken, wird automatisch die Registerkarte **Termin** der Kalendertools geöffnet.

Schritt 3

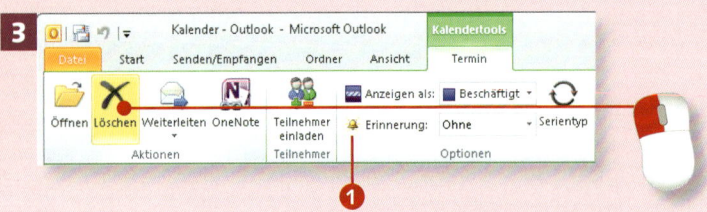

Auf dieser Registerkarte können Sie z. B. die Erinnerungsfunktion ❶ für den ausgewählten Termin wieder einstellen oder sich des Termins auch komplett entledigen, indem Sie auf das Symbol **Löschen** klicken.

Schritt 4

Termine können in Outlook unterschiedlich markiert werden. Mit dieser Markierung zeigen Sie den Status des Termins an. Sie wählen bzw. ändern die Markierung mit den Optionen des Symbols **Anzeigen als**. Wenn Sie einen Termin z. B. als **Abwesend** markieren, erhält der Termin einen lilafarbenen Balken.

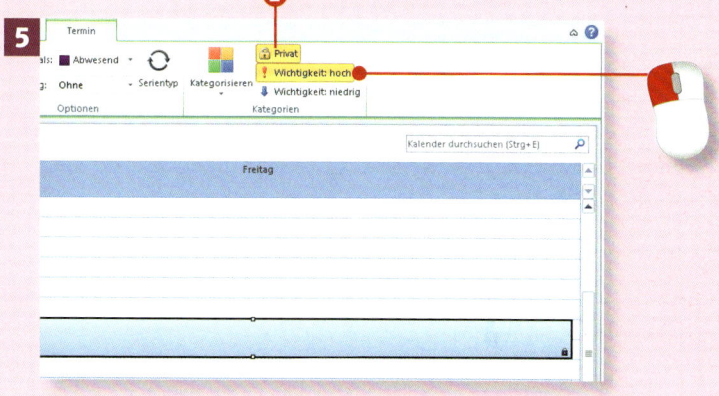

Schritt 5

Sie können Termine auch als wichtig oder weniger wichtig markieren (leider wird diese Einstufung in den Übersichten aber nicht angezeigt). Darüber hinaus lassen sich Termine als **Privat** ❷ kennzeichnen, sodass die Details nicht einsehbar sind, falls Sie Ihren Kalender für andere Personen freigegeben haben. Private Termine erhalten in der Übersicht ein kleines Schloss.

Schritt 6

Termine lassen sich auch in Kategorien zusammenfassen. Klicken Sie dazu auf das Symbol **Kategorisieren**, und wählen Sie in der Auswahlliste des Symbols die gewünschte Kategorie. Der Termin erhält dann den farblichen Hintergrund dieser Kategorie.

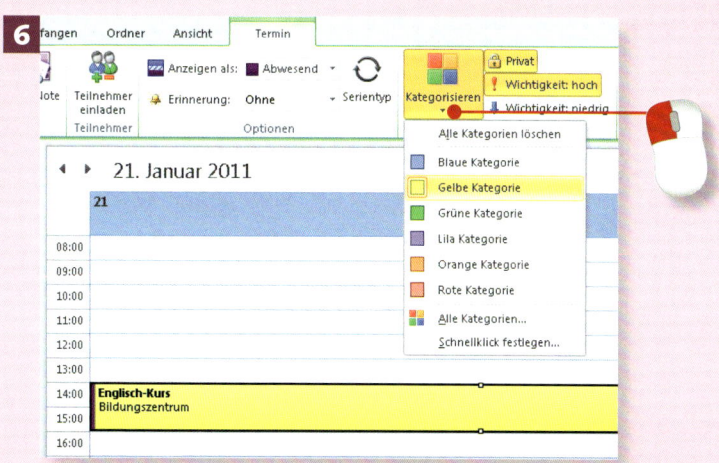

Wiederkehrende Termine

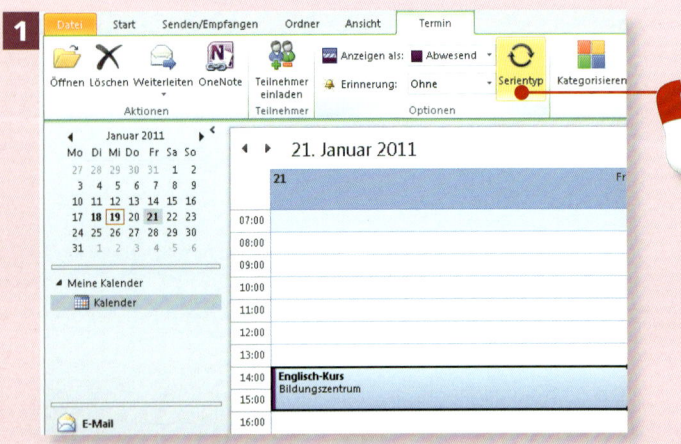

Viele Termine finden regelmäßig statt – auch sie lassen sich leicht festhalten.

Schritt 1

Um die fünf Termine Ihres Englisch-Kurses einzutragen, können Sie eine Terminserie einrichten. Markieren Sie dazu den bereits existierenden Termin, und klicken Sie auf der Registerkarte **Kalendertools ▸ Termin** auf **Serientyp**.

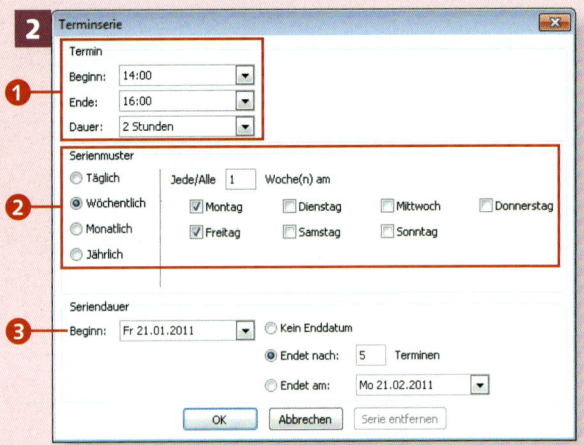

Schritt 2

Im Dialog **Terminserie** können Sie nochmals die Anfangs- und Endzeit aller Termine festlegen ❶. Anschließend definieren Sie das Serienmuster ❷, z. B. an welchen Tagen in der Woche der Termin stattfindet. Im Bereich **Seriendauer** ❸ bestimmen Sie den ersten und den letzten Termin oder die Anzahl der Termine insgesamt.

Schritt 3

Die Termine werden einzeln in den Kalender eingetragen, aber durch einen Kreis aus Pfeilen gekennzeichnet. Wenn ein einzelner Termin einer Serie verschoben werden muss, klicken Sie ihn doppelt an, um das Terminfenster zu öffnen.

Schritt 4

In dem Dialog, der dann angezeigt wird, entscheiden Sie sich für die obere Option, da Sie nur den einen Termin ändern möchten.

Schritt 5

Anschließend nehmen Sie die Änderungen im Fenster für das **Terminserienelement** vor. Ändern Sie z. B. die Anfangszeit, und schreiben Sie eine Notiz in das Textfenster. Vergessen Sie nicht, die Änderungen mit **Speichern und schließen** zu speichern.

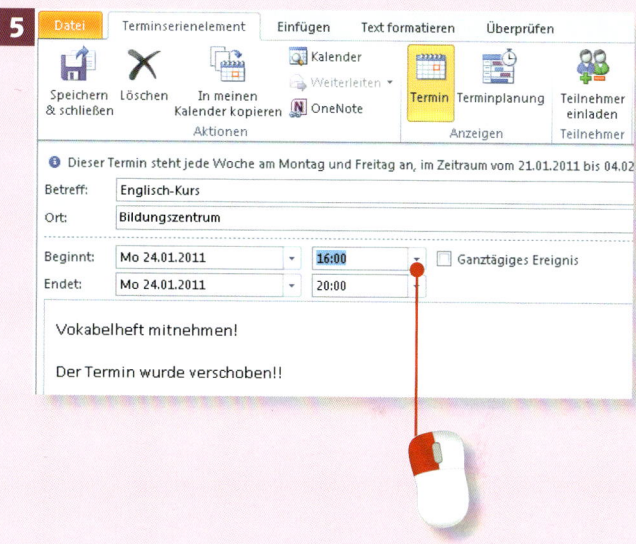

Schritt 6

In der Übersicht sehen Sie, dass dieser eine Termin jetzt aus der Reihe tanzt. Wenn Sie alle Termine der Serie ändern wollen, verfahren Sie wie beschrieben, nur dass Sie in dem Dialog aus Schritt 4 die untere Option wählen.

Änderungen an der Serie

Wenn Sie einen einzelnen Termin einer Terminserie geändert haben und anschließend eine Änderung an der gesamten Terminserie vornehmen, wird die Änderung des Einzeltermins gelöscht.

An Termine erinnern lassen

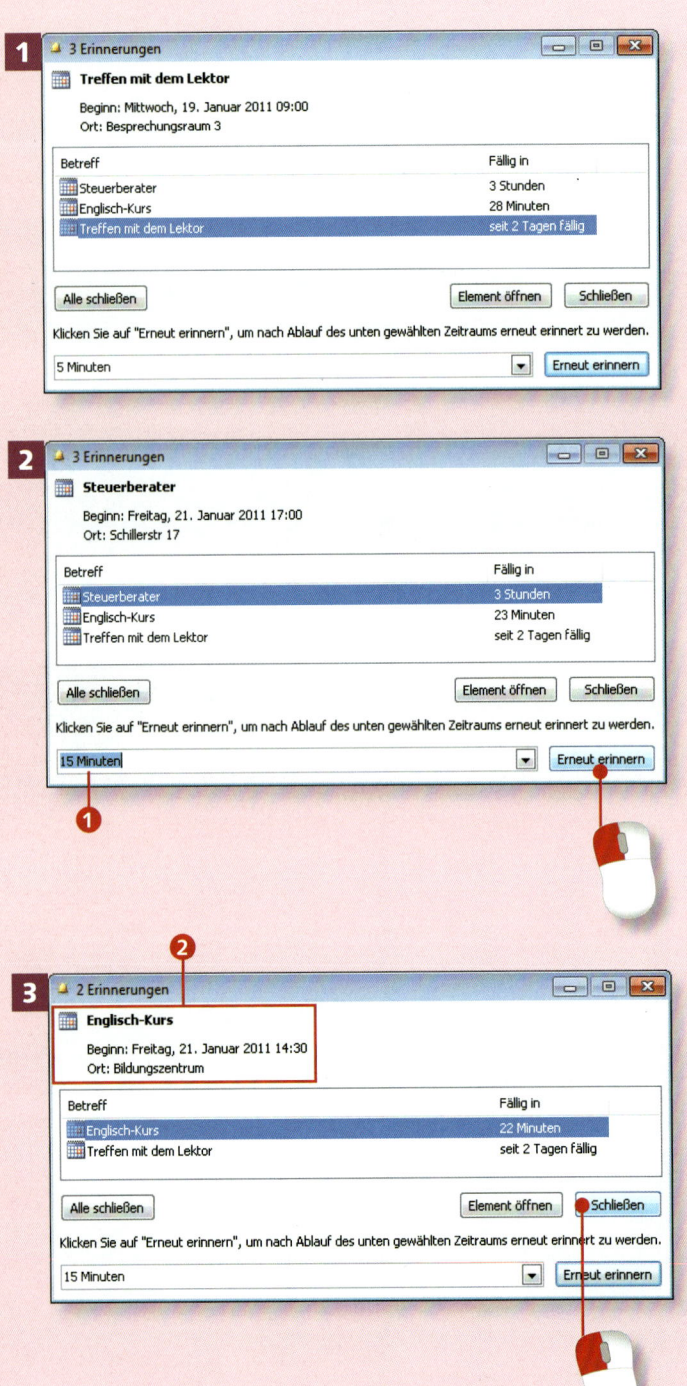

Niemand ist davor gefeit, Termine zu vergessen! Outlook hat eine Erinnerungsfunktion, die unserem Gedächtnis auf die Sprünge helfen soll.

Schritt 1

Wenn Sie Outlook neu öffnen (oder es ist bereits geöffnet, und es sind Termine mit Erinnerungen vorhanden), erscheint ein Dialog, der alle Erinnerungen auflistet. Auch überfällige Termine tauchen hier auf.

Schritt 2

Wenn Sie sich noch einmal an einen Termin erinnern lassen wollen, markieren Sie ihn in dieser Liste, und entscheiden Sie, wann Outlook Sie wieder erinnern soll ❶. Anschließend klicken Sie auf die Schaltfläche **Erneut erinnern**. Dieser Termin verschwindet aus der Liste.

Schritt 3

Wenn Sie nicht erneut an einen Termin erinnert werden möchten, markieren Sie ihn, und klicken Sie auf die Schaltfläche **Schließen**. Die Informationen zu dem markierten Termin werden im Kopf des Dialogs ❷ angezeigt.

Schritt 4

Auch dieser Termin verschwindet aus der Liste. Wenn Sie das Terminfenster für eine Erinnerung einsehen möchten, markieren Sie den entsprechenden Termin und klicken auf die Schaltfläche **Element öffnen**. Anschließend können Sie den Termin bearbeiten, der Eintrag bleibt aber im Erinnerungsfenster bestehen.

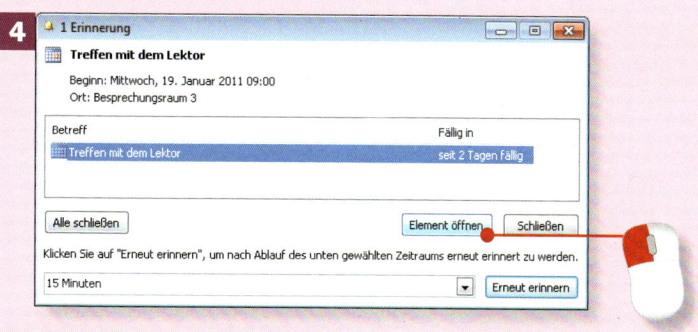

Schritt 5

Wenn Sie die Erinnerungen nicht einzeln durchsehen wollen, klicken Sie auf die Schaltfläche **Alle schließen**. Nach einem kleinen Dialog wird das Erinnerungsfenster geschlossen. Diese Erinnerungen sind damit »abgearbeitet«, d.h., Sie werden an diese Termine nicht wieder erinnert.

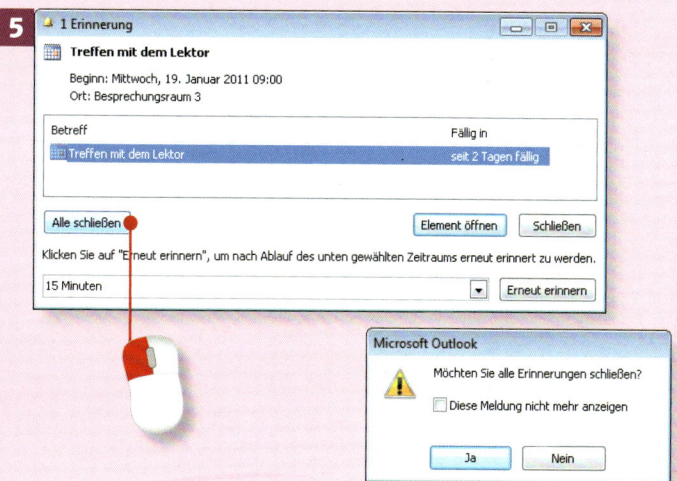

Schritt 6

Wenn Sie das Erinnerungsfenster per Schließkreuz versehentlich geschlossen haben, ohne die Erinnerung geprüft zu haben, können Sie das Fenster über die Registerkarte **Ansicht** und das Symbol **Erinnerungsfenster** erneut aufrufen.

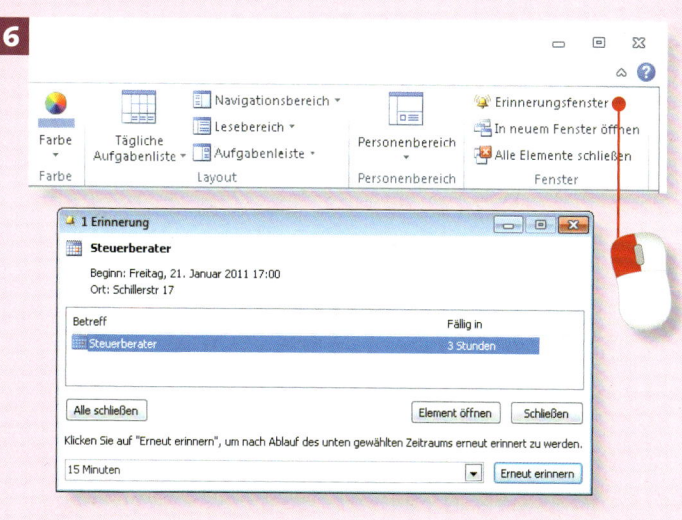

Outlook muss geöffnet sein
Die Erinnerungsfunktion von Outlook funktioniert natürlich nur, wenn Sie Outlook auch geöffnet haben!

An Termine erinnern lassen (Forts.)

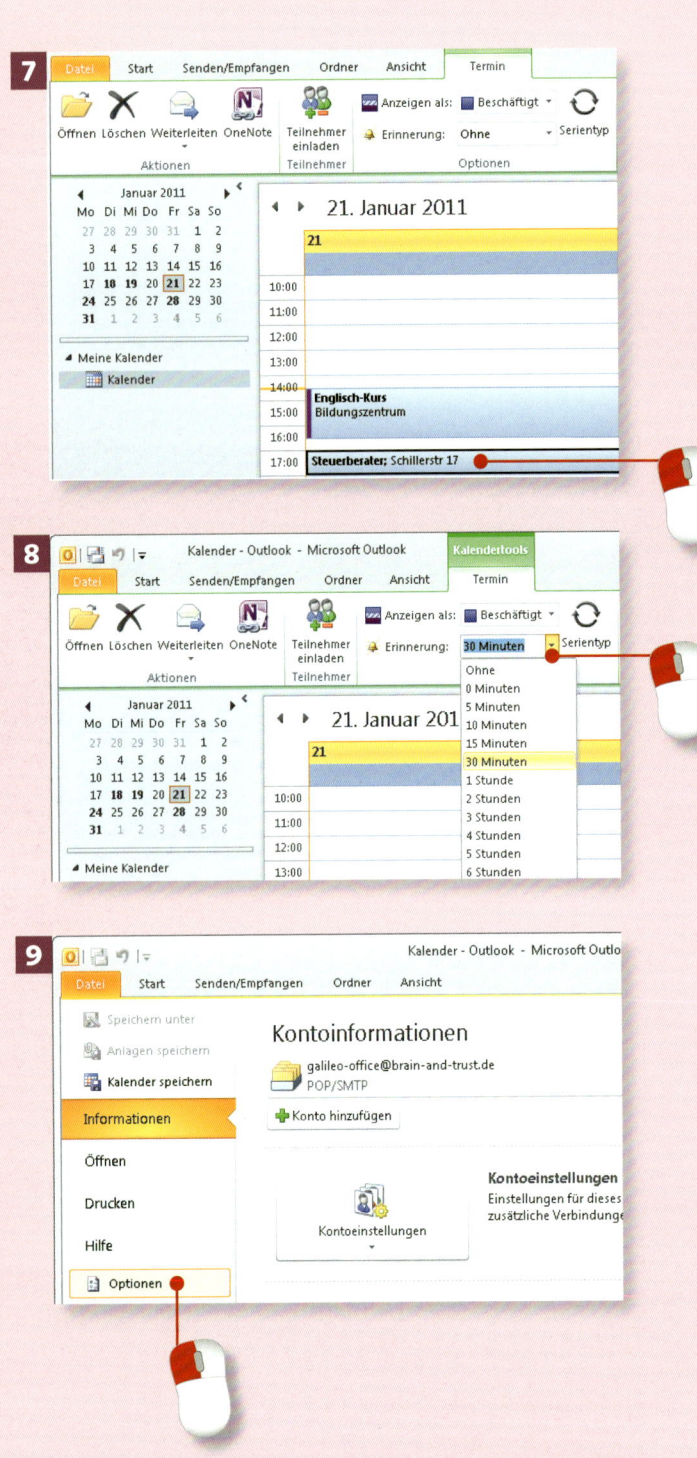

Schritt 7

Wenn Sie die Erinnerung an einen Termin versehentlich im Erinnerungsfenster geschlossen haben, aber eigentlich noch an den Termin erinnert werden möchten, können Sie die Erinnerung wieder aktivieren. Markieren Sie dazu den betreffenden Termin. Auf der Registerkarte **Termin** sehen Sie, dass die Erinnerung deaktiviert ist (**Ohne**).

Schritt 8

Stellen Sie in der Auswahlliste den neuen Erinnerungszeitpunkt erneut ein. Nach dieser Aktion wird Outlook Sie wieder auf diesen Termin hinweisen.

Schritt 9

In der Standardeinstellung spielt Outlook einen kurzen Klang ab. Wenn Sie diesen Sound ändern und zum Beispiel lieber von »Hells Bells« auf einen Termin hingewiesen werden möchten, klicken Sie auf **Datei ▸ Optionen**.

Schritt 10

Im Dialog **Outlook-Optionen** aktivieren Sie **Erweitert** ❶. Über die Schaltfläche **Durchsuchen** im Bereich **Erinnerungen** können Sie eine neue Sounddatei aussuchen.

Schritt 11

Wenn Sie jedem Termin mit Erinnerung ein kleines Glockensymbol hinzufügen möchten, klicken Sie im Dialog **Outlook-Optionen** auf **Kalender** ❷, und aktivieren Sie im Bereich **Kalenderoptionen** die Option **Glockensymbol für Termine und Besprechungen mit Erinnerungen im Kalender anzeigen**.

Schritt 12

In der Standardeinstellung werden alle neuen Termine mit einer Erinnerung von 15 Minuten vor Terminbeginn ausgestattet. Möchten Sie diesen Standard ändern, deaktivieren Sie die Option **Standarderinnerungen**, oder wählen Sie eine andere Zeitspanne.

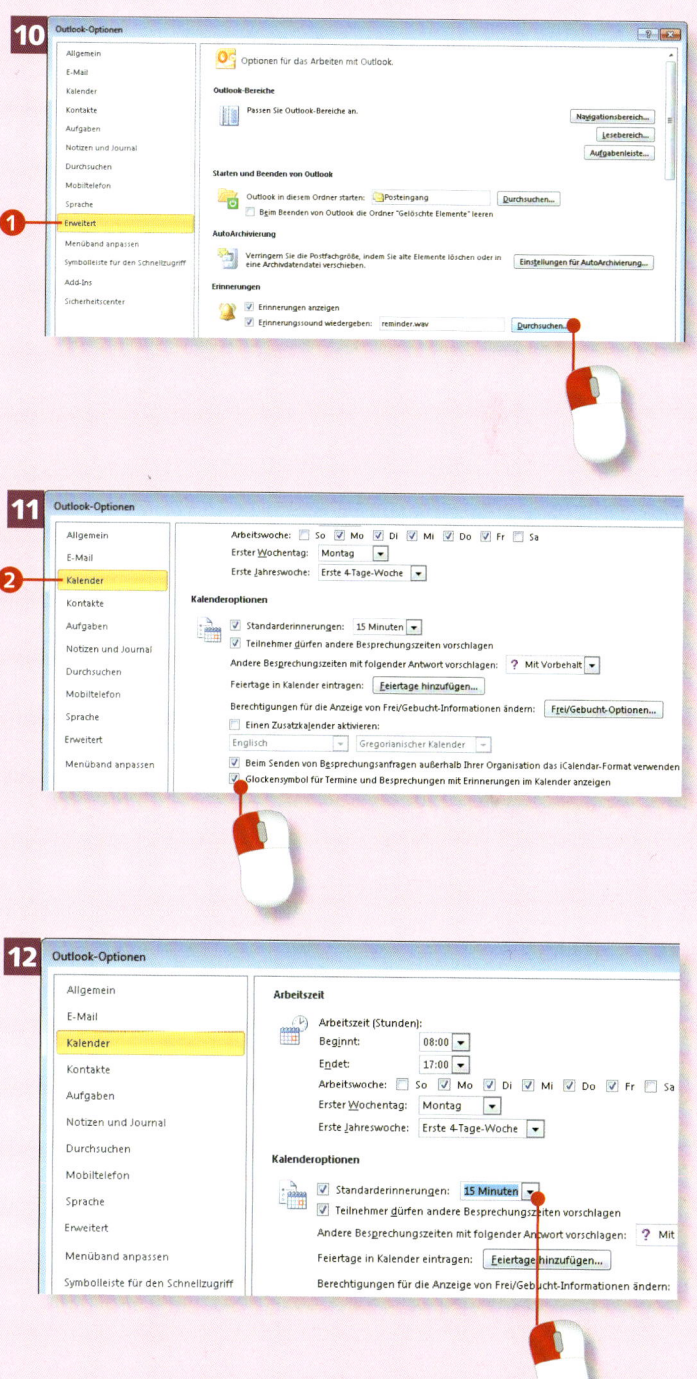

Eine Notiz anlegen

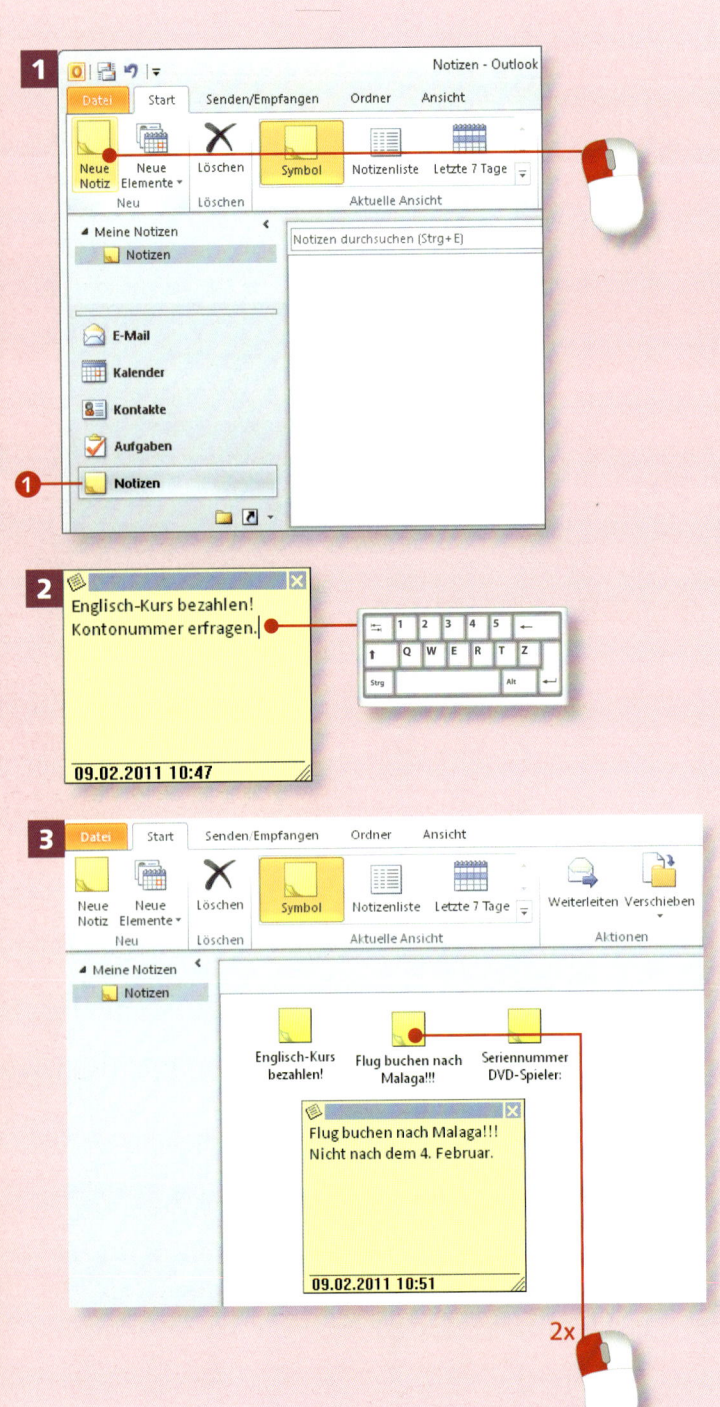

Jeder kennt die kleinen gelben Zettel, die man als Erinnerungsstütze oder Notiz auf dem Schreibtisch verteilen kann. Nutzen Sie sie auch in Outlook!

Schritt 1

Um eine neue Notiz anzulegen, klicken Sie im Navigationsbereich links unten auf **Notizen** ❶ und anschließend unter **Start** auf **Neue Notiz**.

Schritt 2

Ein kleines Notizfenster – eher ein Notizblatt – wird geöffnet. Hier geben Sie einfach den Text Ihrer Notiz ein. Sobald Sie das Fenster mit dem Schließkreuz schließen, wird die Notiz gespeichert.

Schritt 3

In der Ansicht **Symbol** werden die Notizen wie noch kleinere Zettel angezeigt. Die erste Zeile der Notiz erscheint unter dem Symbol. Um eine Notiz zu öffnen, klicken Sie sie doppelt an.

Notizzettel vergrößern

Für ausführliche Notizen vergrößern Sie einfach den »Zettel«. Ziehen Sie dazu mit gedrückter Maustaste an der rechten unteren Ecke (dort, wo Sie die drei Striche sehen).

Schritt 4

Auch die Notizen können Sie farblich kategorisieren. Markieren Sie dazu die Notiz, und wählen Sie im Menü des Symbols **Kategorisieren** auf der Registerkarte **Start** die gewünschte Kategorie.

Schritt 5

Klicken Sie auf das Symbol **Notizenliste** ❷, um eine tabellarische Übersicht aller Notizen zu erhalten. Wenn Sie mit der rechten Maustaste auf die Kopfzeile der Tabelle mit der Beschriftung **Anordnen nach** klicken, können Sie sich über das Auswahlmenü die Notizen nach Kategorien gruppiert anzeigen lassen.

Schritt 6

Wenn Sie eine Menge Notizen angelegt haben, ist die Suchfunktion hilfreich. Geben Sie den Suchbegriff in das Suchfeld oberhalb der Notizen ein. Schon während der Eingabe werden die ersten Treffer angezeigt, und der Suchbegriff wird in den Notizen hervorgehoben.

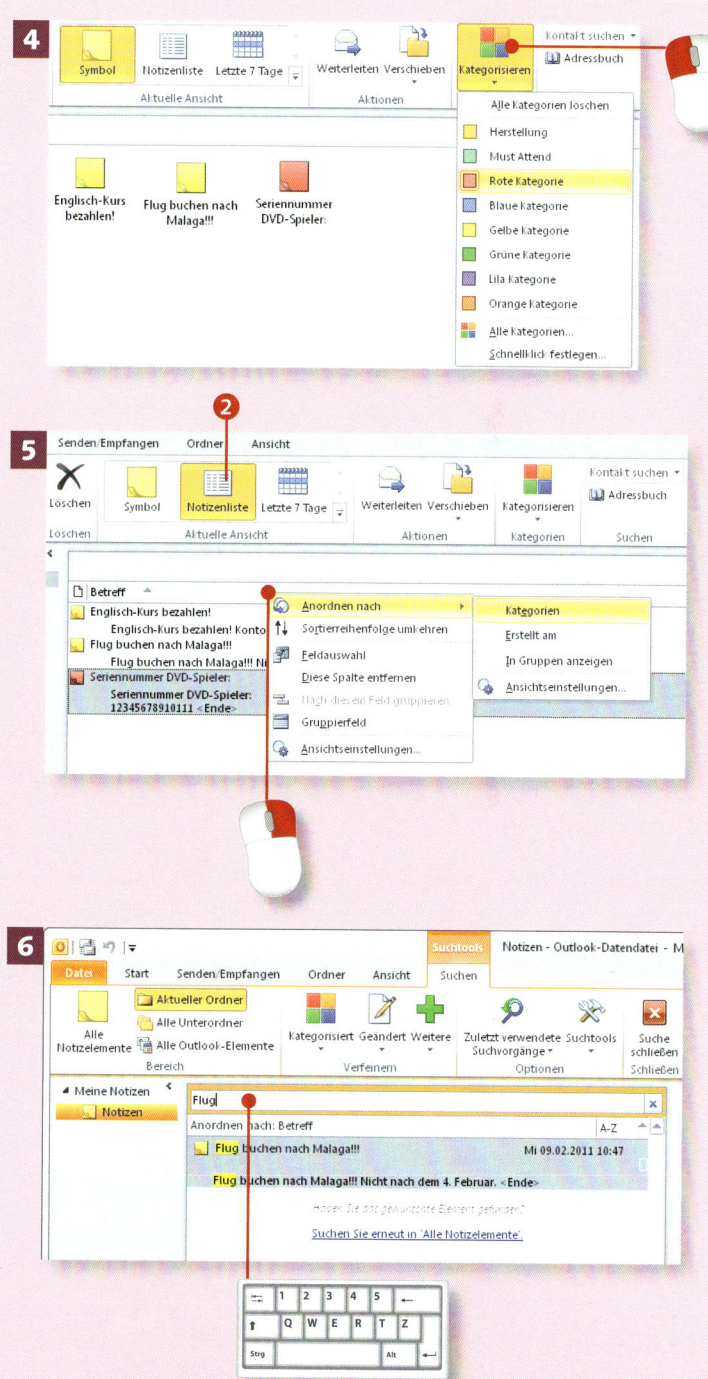

Kapitel 10
Kontakte und Adressen in Outlook verwalten

Outlook bietet neben der E-Mail-Funktion und dem Kalender auch ein Adressbuch für die bequeme Verwaltung all Ihrer Kontaktdaten. Wir beschreiben in diesem Kapitel, wie Sie mit diesem Outlook-Modul umgehen.

Kontaktdaten anlegen

Im Fenster zur Eingabe von Kontaktdaten ❶, das Sie über das Symbol **Neuer Kontakt** öffnen, geben Sie die Details Ihres Kontaktes ein: Name, Adresse, Telefonnummern etc. Selbst ein Foto der Person können Sie hinzufügen.

E-Mail an eine Kontaktgruppe

In diesem Abschnitt erfahren Sie, wie Sie eine Kontaktgruppe ❷ anlegen und Mitglieder hinzufügen. Dieser Kontaktgruppe können Sie dann bequem eine E-Mail schicken.

Kontaktdaten ausdrucken

Sie können Ihre Kontaktdaten ausdrucken, sodass Sie sie auch ohne Rechner bei sich haben. Im Dialog **Drucken** ❸ stellen Sie die gewünschten Optionen ein.

Erstellen Sie Ihr Adressbuch bequem in Outlook.

Legen Sie Kontaktgruppen an, und verschicken Sie Ihre E-Mails gleich an mehrere Empfänger.

Drucken Sie Ihr Outlook-Adressbuch einfach aus.

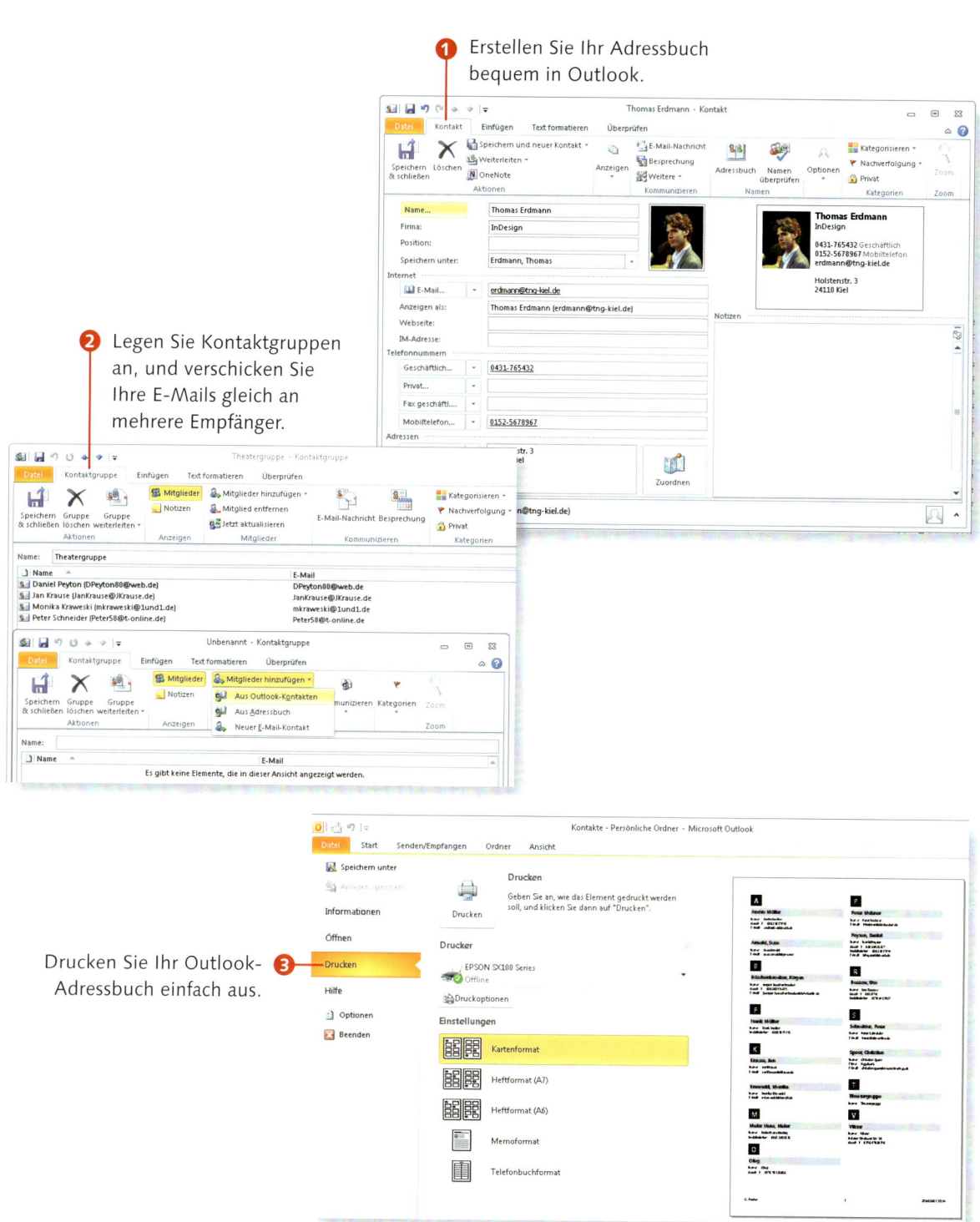

Zurechtfinden: die Ansichten für Kontakte

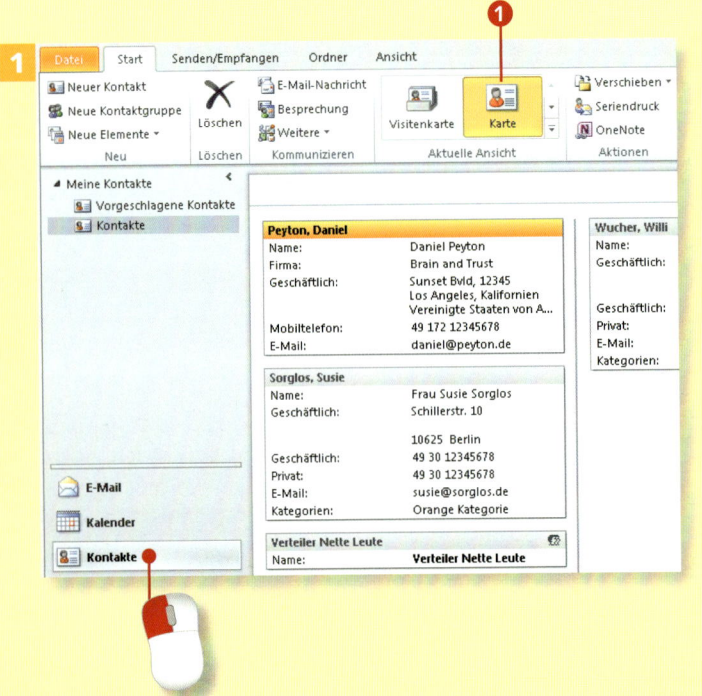

Mit dem Überbegriff »Kontakte« sind in Outlook einfach die Kontaktdaten Ihrer Freunde, Geschäftspartner etc. gemeint. Mit Outlook können Sie diese Daten prima verwalten.

Schritt 1

Sie öffnen das Kontaktfenster, indem Sie auf der linken Seite des Bildschirms auf **Kontakte** klicken. Rechts tauchen die bisher angelegten Kontaktdaten auf einzelnen Karten auf. Daher wird diese Ansicht auch als **Karte** ❶ bezeichnet, zu erkennen in der Gruppe **Aktuelle Ansicht** auf der Registerkarte **Start**.

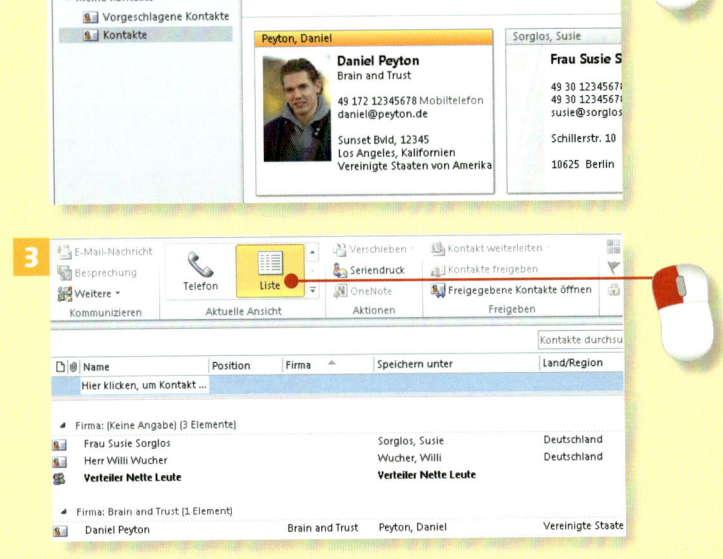

Schritt 2

Klicken Sie auf der Registerkarte **Start** in der Gruppe **Aktuelle Ansicht** auf **Visitenkarte**. Nun werden die Kontaktdaten wie auf Visitenkarten angezeigt. Einige Informationen werden in dieser Ansicht nicht angezeigt (sie gehören sozusagen nicht auf eine Visitenkarte).

Schritt 3

Es gibt eine dritte Ansicht. Um sie zu aktivieren, klicken Sie in der Gruppe **Aktuelle Ansicht** auf **Liste**. Die Kontaktinformationen werden tabellarisch, also Zeile für Zeile, dargestellt.

Schritt 4

Last but not least: die Ansicht **Telefon**. Wenn Sie diese Ansicht per Mausklick aktivieren, erhalten Sie ebenfalls eine tabellarische Ansicht, allerdings werden einige Adressinformationen unterschlagen, da der Fokus auf den Telefondaten liegt.

Schritt 5

Sie können die Breite der Spalten in den tabellarischen Ansichten verändern. Setzen Sie den Mauszeiger in dem grauen Balken auf die Trennlinie zwischen den Spalten, und ziehen Sie mit gedrückter Maustaste nach rechts oder links.

Schritt 6

Wenn Sie den grauen Balken mit der rechten Maustaste anklicken, öffnet sich das Kontextmenü. Hier finden Sie u. a. die Befehle zum Entfernen einer Spalte und zur Veränderung der Sortierreihenfolge.

Navigationsbereich minimieren

Den Navigationsbereich links am Bildschirm können Sie zu einer schmalen Leiste verkleinern oder auch komplett ausblenden. Klicken Sie auf der Registerkarte **Ansicht** auf das Symbol **Navigationsbereich** und im Menü auf **Minimiert** bzw. **Aus**.

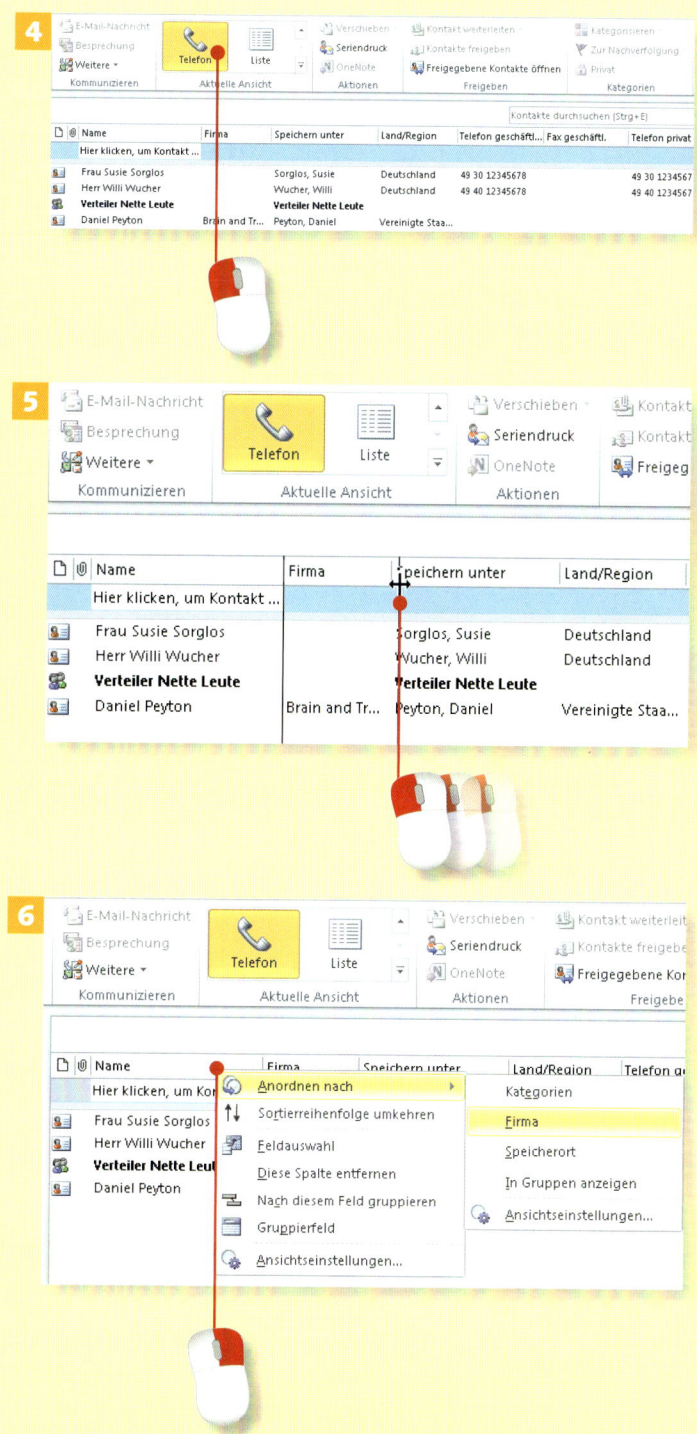

Einen neuen Kontakt anlegen

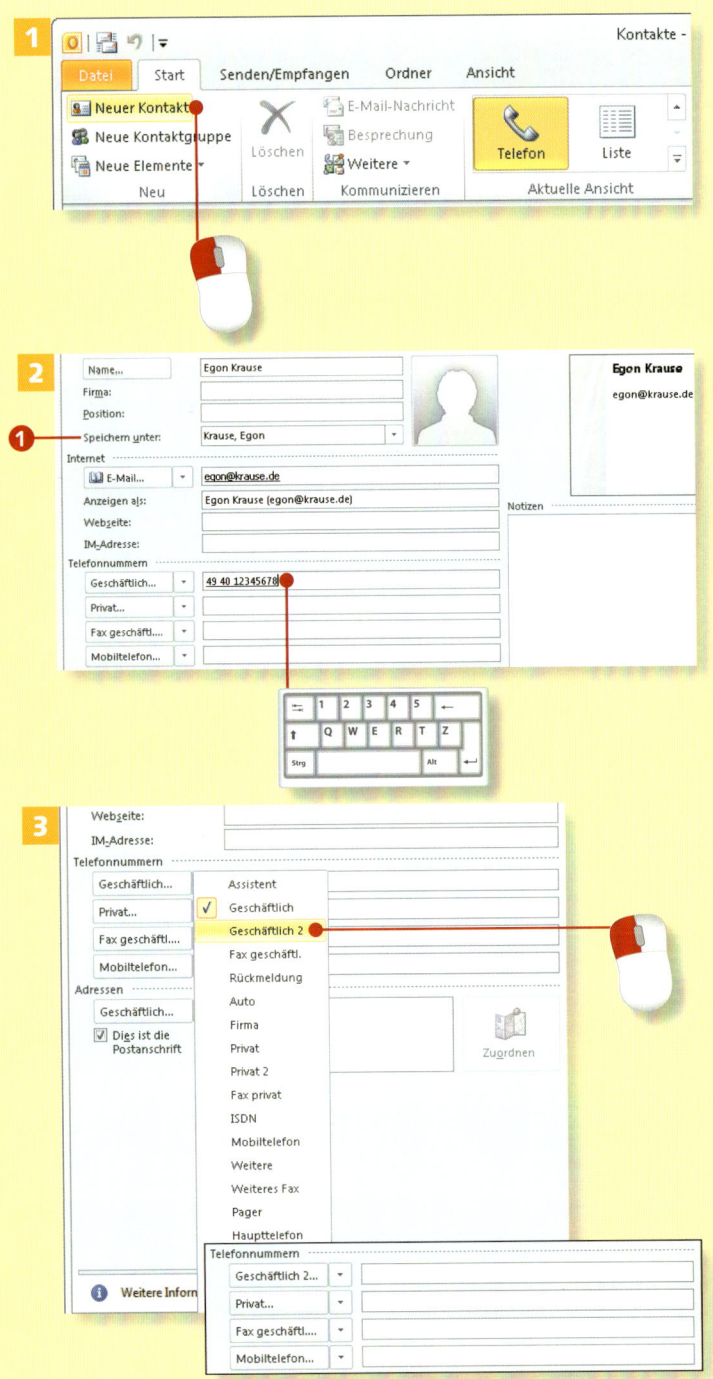

Mit den Outlook-Kontakten können Sie sortieren, Kontakte gruppieren oder nach bestimmten Daten suchen.

Schritt 1

Klicken Sie im Navigationsbereich unten rechts auf **Kontakte** und dann auf der Registerkarte **Start** im Bereich **Neu** auf **Neuer Kontakt**. Sie können auch mit der rechten Maustaste in das Kontaktfenster klicken und im Kontextmenü **Neuer Kontakt** wählen.

Schritt 2

Daraufhin öffnet sich ein neues Fenster. Beginnen Sie damit, den Namen einzutragen, und füllen Sie weitere Felder aus. Wenn Sie einen Vor- und einen Nachnamen eingegeben haben, steht im Feld **Speichern unter** ❶ automatisch der Nachname vorne.

Schritt 3

Unter **Telefonnummern** können Sie mehrere Nummern eingeben. Um eine zweite Firmennummer einzutragen, klicken Sie auf den Pfeil am Feld **Geschäftlich** und wählen **Geschäftlich 2**. Nun ist das Feld wieder frei, die erste Nummer aber dennoch gespeichert.

Schritt 4

Die eigentliche Adresse geben Sie in dem größeren Feld im Bereich **Adresse** ein. Sofern die eingegebene Adresse auch die klassische Postanschrift ist, haken Sie die entsprechende Option ❷ an.

Schritt 5

An dem Platzhalter erkennen Sie schon, dass Sie auch ein Foto des »Kontakts« hinzufügen können – sofern Sie ein solches Foto auf Ihrem Rechner (oder USB-Stick) gespeichert haben. Klicken Sie einfach auf den Platzhalter. Daraufhin öffnet sich der Dialog **Kontaktbild hinzufügen**. Öffnen Sie den entsprechenden Ordner, und fügen Sie das Bild ein.

Schritt 6

In dem großen Textfeld rechts in dem Fenster können Sie weitere Informationen zum Kontakt eingeben. Zu guter Letzt speichern Sie Ihre Eingaben. Klicken Sie dazu auf das Symbol **Speichern und schließen** auf der Registerkarte **Start**. Nun taucht der neue Kontakt in der Übersicht auf.

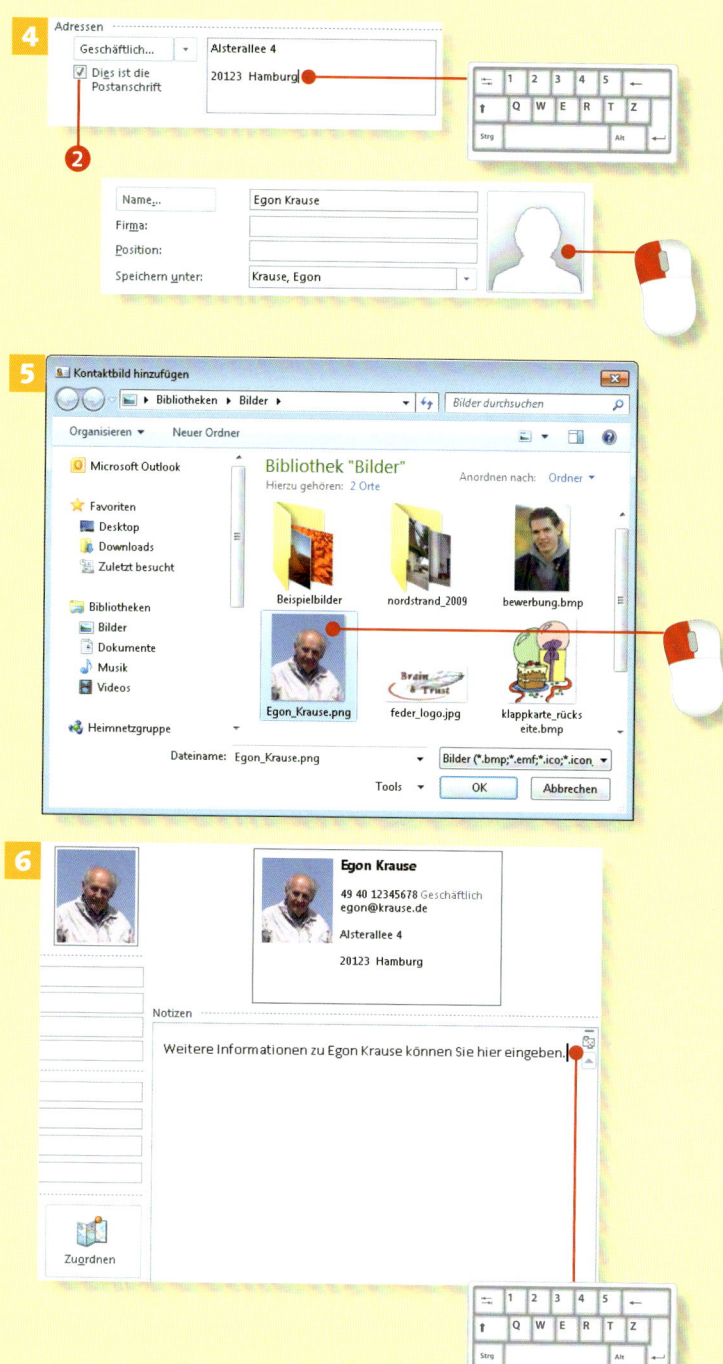

Kontaktdaten ändern

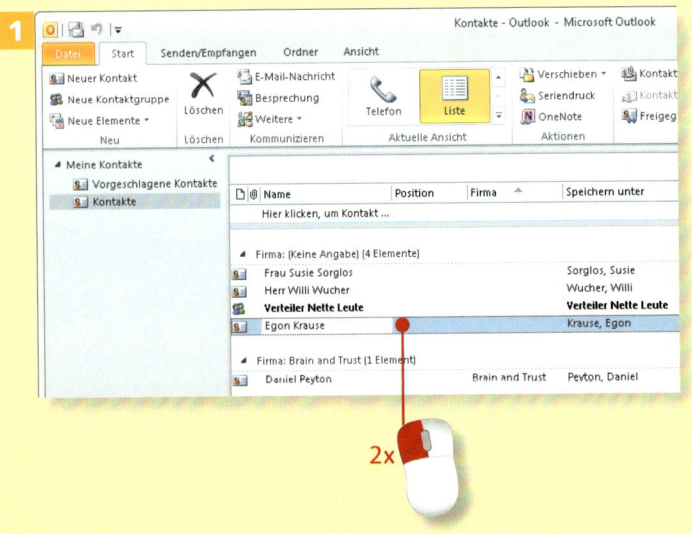

Kontakt- und Adressdaten ändern sich häufig, und daher ist es gut, dass man Veränderungen an den Kontaktinformationen so leicht vornehmen kann.

Schritt 1

Um Änderungen an den Kontaktdaten vorzunehmen, klicken Sie doppelt auf den entsprechenden Kontakteintrag; dabei ist es nicht relevant, in welcher Ansicht (**Karte**, **Liste**, **Telefon** oder **Visitenkarte**) Sie sich befinden.

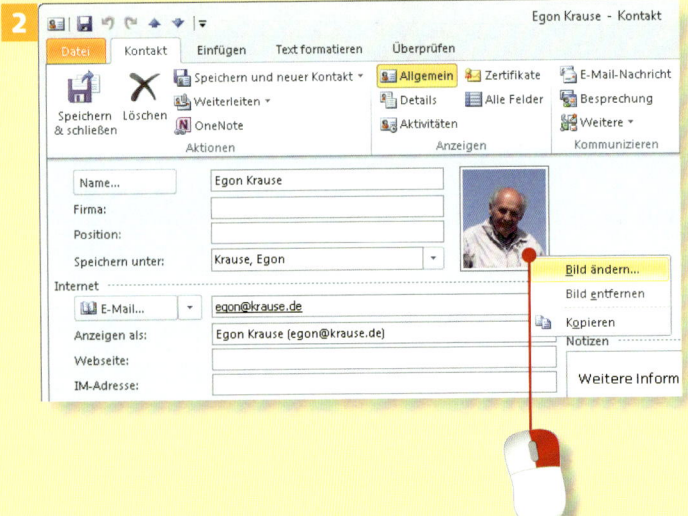

Schritt 2

Das Kontaktfenster wird geöffnet, und Sie können genau wie bei der Eingabe alle Informationen bearbeiten. Wenn Sie zum Beispiel das Bild ändern oder löschen möchten, klicken Sie es mit der rechten Maustaste an, und wählen Sie den entsprechenden Befehl aus dem Kontextmenü.

Schritt 3

Um z. B. das Geburtsdatum Ihres Kontakts aufzunehmen, klicken Sie auf der Registerkarte **Kontakt** im Bereich **Anzeigen** auf das Symbol **Details**.

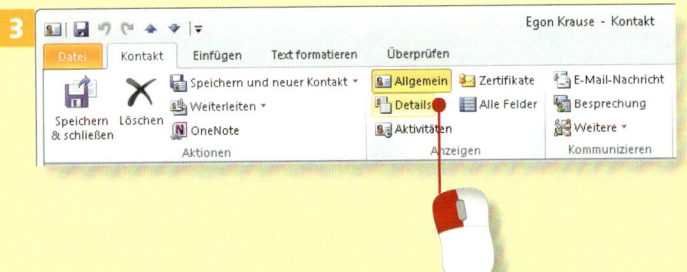

Schritt 4

In der Detailansicht des Kontakts werden zusätzliche Felder angezeigt, u. a. **Geburtstag**. Hier können Sie das Geburtsdatum eingeben oder es per Klick auf den kleinen Pfeil aus einem Kalender auswählen. Denken Sie daran, die Änderungen zu speichern.

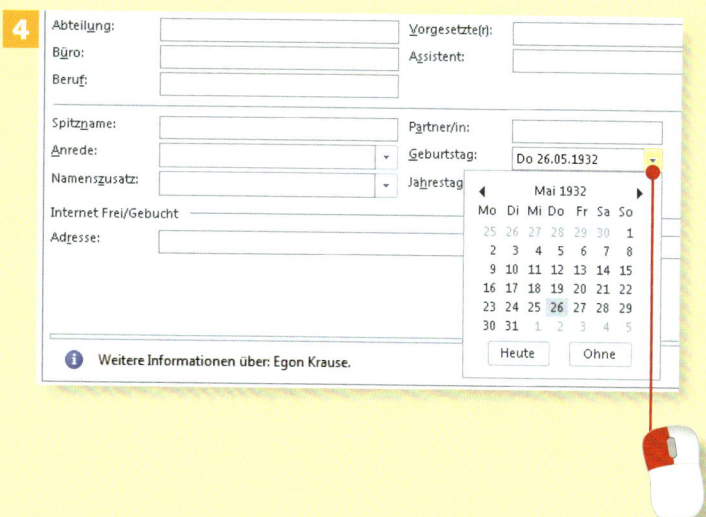

Schritt 5

Sie können Änderungen auch direkt in der Ansicht **Karte** durchführen. Allerdings können Sie auf diese Weise nur Informationen ändern, die auch angezeigt werden. Klicken Sie dazu mit der Maus die zu verändernde Information an, z. B. die Telefonnummer.

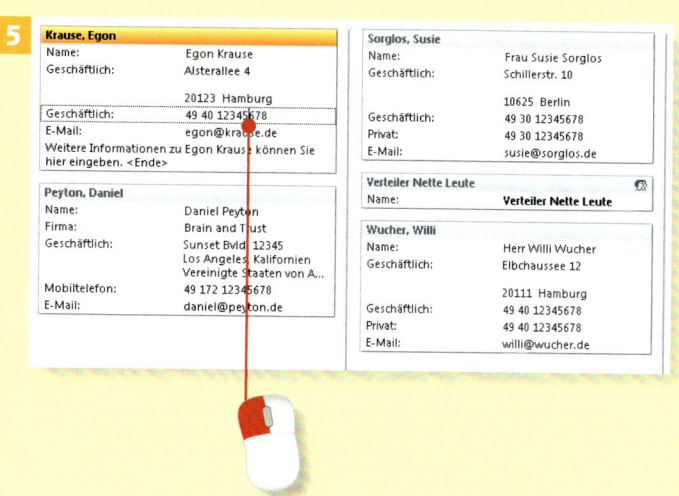

Schritt 6

Danach können Sie die Änderungen einfach eintippen. Sobald Sie die ⏎-Taste drücken oder mit der Maus an eine andere Stelle klicken, sind die geänderten Informationen gespeichert.

Geburtstage als Ereignis

Alle Geburtstage, die Sie aufnehmen, werden automatisch als ganztägiges Ereignis im Outlook-Kalender angezeigt.

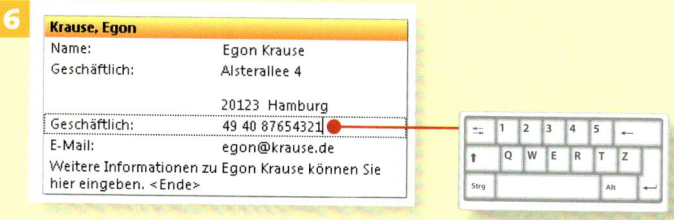

Kontakte sortieren und gruppieren

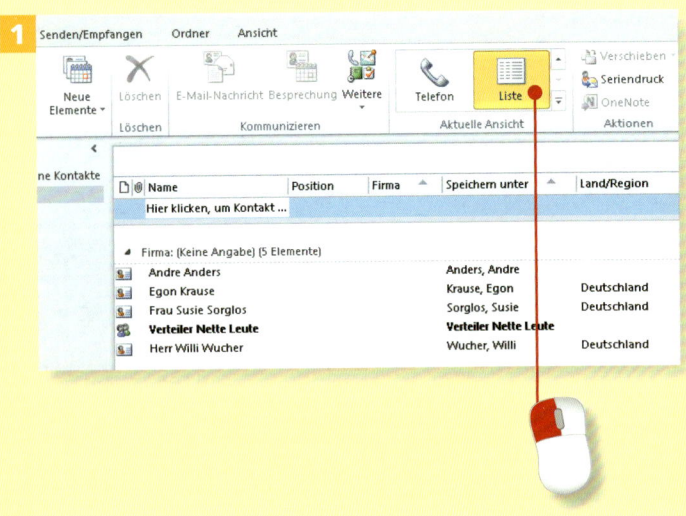

Je mehr Kontakte Sie sammeln, desto schwieriger wird es, einzelne Kontaktdaten schnell zu finden. Insofern ist es hilfreich, dass Sie die Kontakteinträge in den tabellarischen Ansichten sortieren und gruppieren können.

Schritt 1

Wechseln Sie in die Ansicht **Liste**. In der Standardeinstellung sehen Sie hier alle Kontakte nach dem Eintrag im Feld **Firma** gruppiert und alphabetisch nach dem Nachnamen sortiert.

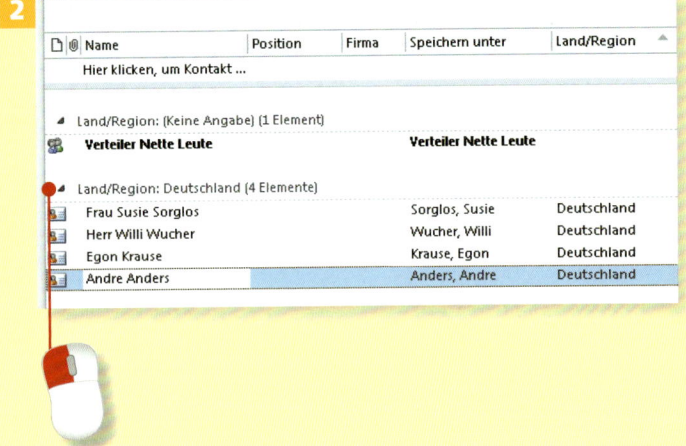

Schritt 2

Wenn Sie die Gruppierungen ändern möchten, klicken Sie auf den entsprechenden Spaltenkopf, zum Beispiel auf **Land/Region**. Ein nochmaliger Klick auf den Spaltenkopf ändert die Reihenfolge der Anzeige.

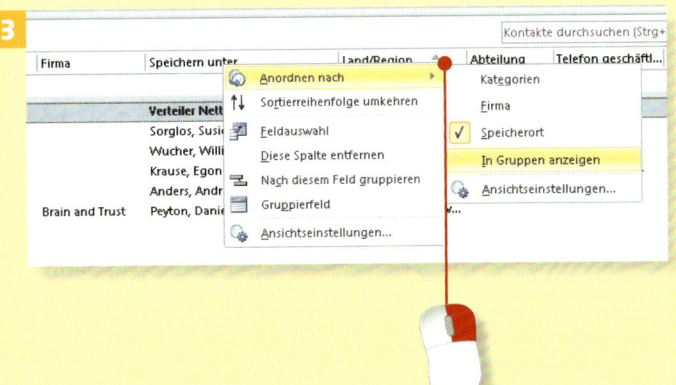

Schritt 3

Um die Unterteilung in Gruppen zu entfernen, klicken Sie mit der rechten Maustaste auf einen der Spaltenköpfe und wählen im Kontextmenü den Eintrag **Anordnen nach**. Im Untermenü deaktivieren Sie die Option **In Gruppen anzeigen**.

Schritt 4

Sie können auch mehrstufige Gruppierungen und Sortierungen durchführen. Klicken Sie dazu mit der rechten Maustaste auf einen der Spaltenköpfe, und wählen Sie im Kontextmenü den Eintrag **Ansichtseinstellungen**.

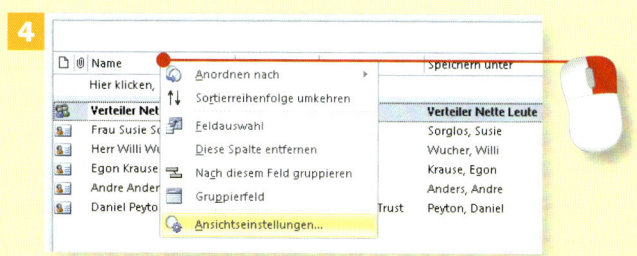

Schritt 5

Im Dialog **Erweiterte Ansichtseinstellungen** klicken Sie auf die Schaltfläche **Sortieren**. (Wenn Sie anstelle einer Sortierung eine Gruppierung vornehmen möchten, müssten Sie hier auf die Schaltfläche **Gruppieren** klicken.)

Schritt 6

Im Dialog **Sortieren** wählen Sie die Felder aus, nach denen sortiert werden soll, und legen die Sortierrichtung (**Aufsteigend/Absteigend**) fest. Gruppierungen funktionieren analog.

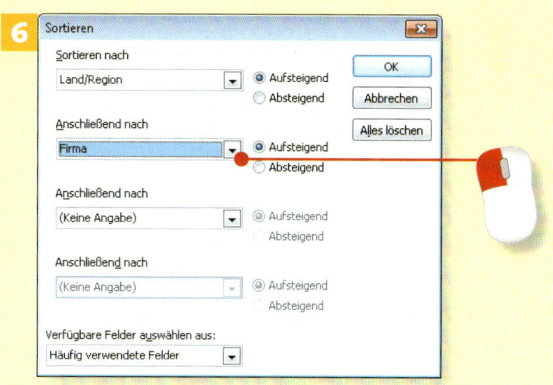

Nach Kontakten suchen

Um schnell Kontakte zu finden, drücken Sie die Tastenkombination `Strg`+`E`. Anschließend blinkt der Cursor im Suchfeld. Die Suche beginnt bereits nach der Eingabe der ersten Zeichen. Um alle Kontakte wieder anzuzeigen, klicken Sie auf das Schließkreuz neben dem Suchfeld.

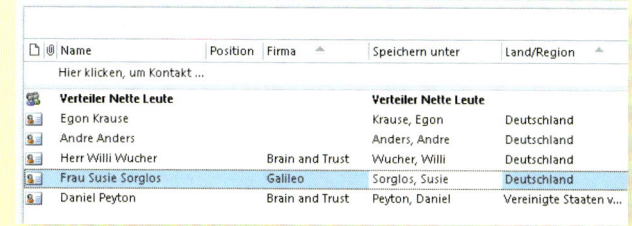

Eine E-Mail an mehrere Kontakte schreiben

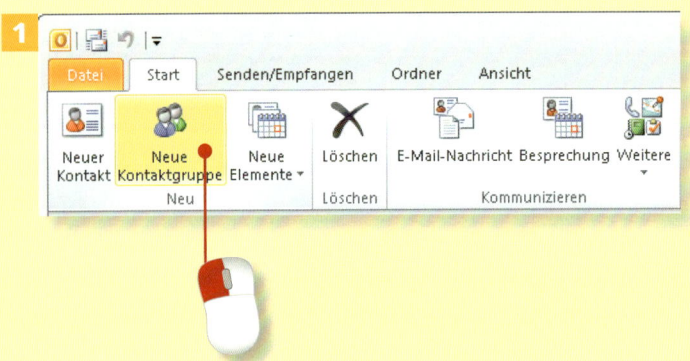

Wenn Sie mehrere Personen zu einer Kontaktgruppe zusammenfassen, genügt ein Mausklick, um alle Empfänger der E-Mail festzulegen.

Schritt 1

Um eine neue Kontaktgruppe anzulegen, klicken Sie auf der Registerkarte **Start** auf das Symbol **Neue Kontaktgruppe**.

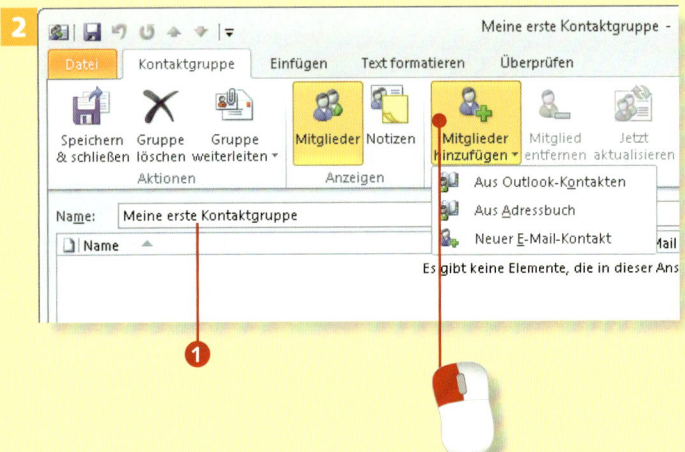

Schritt 2

Im Fenster der Kontaktgruppe geben Sie zunächst im Feld **Name** ❶ den Namen der Kontaktgruppe ein. Um der Kontaktgruppe Mitglieder hinzuzufügen, klicken Sie auf das Symbol **Mitglieder hinzufügen**. Im Menü wählen Sie den Eintrag **Aus Outlook-Kontakten**.

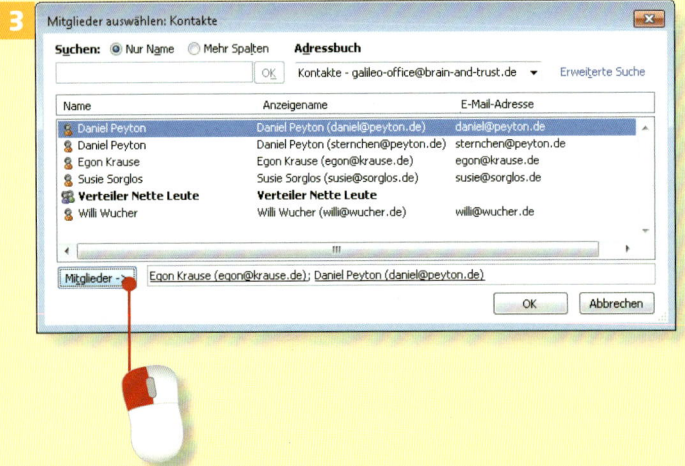

Schritt 3

Im Dialog **Mitglieder auswählen** sehen Sie alle Kontakte und deren E-Mail-Adressen. Markieren Sie hier den gewünschten Kontakt, und klicken Sie dann auf die Schaltfläche **Mitglieder**. Wiederholen Sie diese Aktion für jeden Kontakt, der zu dieser Gruppe gehören soll. Verlassen Sie den Dialog zu guter Letzt mit **OK**.

Schritt 4

Im Fenster der Kontaktgruppe werden die soeben ausgewählten Mitglieder aufgelistet. Speichern und schließen Sie die Kontaktgruppe mit dem gleichnamigen Symbol.

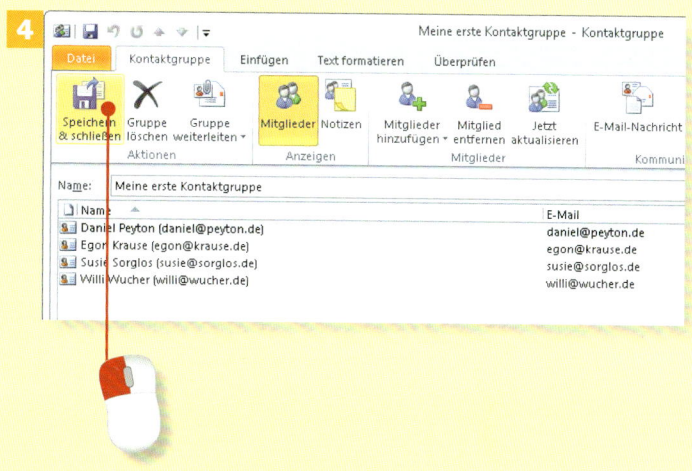

Schritt 5

Um an die Mitglieder dieser Gruppe eine E-Mail zu schreiben, markieren Sie die Kontaktgruppe per Mausklick und klicken dann auf der Registerkarte **Start** auf das Symbol **E-Mail-Nachricht**.

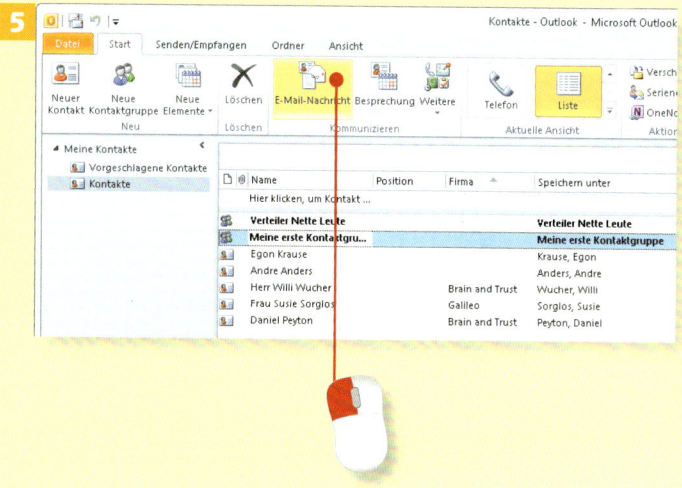

Schritt 6

Das bereits bekannte Fenster zum Schreiben von E-Mails wird geöffnet. Im Feld **An** ist die Kontaktgruppe als Empfänger bereits eingetragen. Schreiben Sie Ihren Text, und versenden Sie die E-Mail jetzt wie üblich.

Kontaktlisten aktualisieren

Wenn sich die E-Mail-Adressen der Mitglieder Ihrer Kontaktgruppe ändern, müssen Sie die Kontaktgruppe mit einem Klick auf **Jetzt aktualisieren** auffrischen.

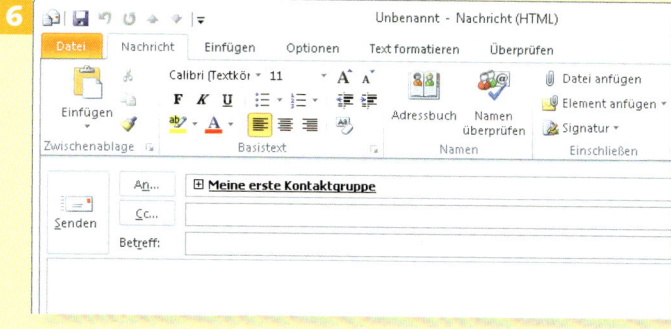

Das Adressbuch ausdrucken

*So praktisch die digitale Adressver-
waltung am Computer auch ist – ge-
legentlich benötigen Sie Adressen und
andere Daten auch auf Papier, etwa
wenn Sie ohne Laptop oder andere
Kommunikationsmittel unterwegs
sind.*

Schritt 1

Wenn Sie in den Ausdruck des
Adressbuchs nicht alle Kontakte
aufnehmen wollen, müssen Sie
zunächst die gewünschten Kontakte
markieren. Denken Sie daran, dass
Sie mehrere Kontakte durch Drücken
der Strg-Taste und Klicken mit der
Maus markieren können.

Schritt 2

Klicken Sie dann auf **Datei ▸ Drucken**. Wählen Sie einen Drucker aus,
indem Sie am Feld **Drucker** auf den
Auswahlpfeil klicken.

Schritt 3

Wählen Sie jetzt im Bereich **Einstel-
lungen** das gewünschte Format aus.
In der Vorschau erhalten Sie einen
Eindruck des Resultats nach dem
Ausdruck.

Schritt 4

Abschließend klicken Sie auf das Symbol **Drucken**, und in Kürze stehen Ihnen die ausgedruckten Kontaktdaten zur Verfügung.

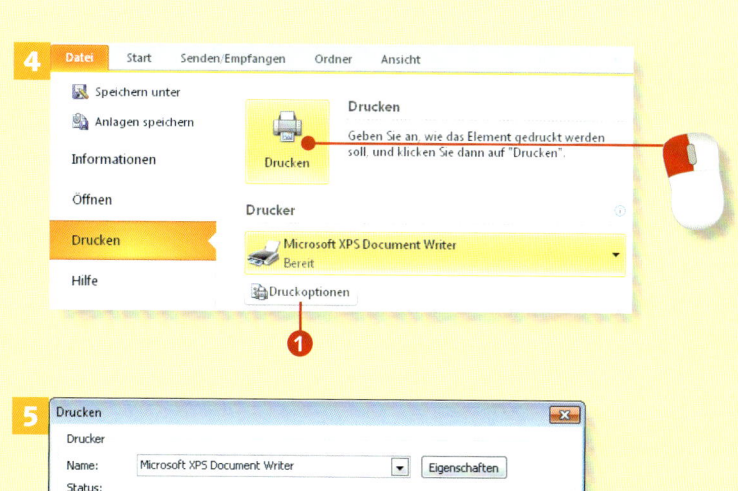

Schritt 5

Wenn es Sie stört, dass Sie (beim Kartenformat) stets Schmierpapier, also leere Seiten am Ende des Ausdrucks, erhalten, müssen Sie die Formateinstellung anpassen. Klicken Sie dazu auf die Schaltfläche **Druckoptionen ❶**. Im Dialog **Drucken** markieren Sie **Kartenformat ❷**. Klicken Sie dann auf die Schaltfläche **Seite einrichten**.

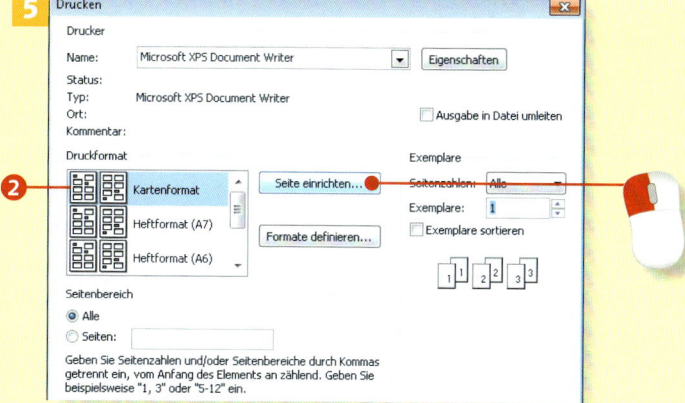

Schritt 6

Im Fenster **Seite einrichten** auf der Registerkarte **Format** wählen Sie im Feld **Blankoformulare am Ende** den Wert **Keine**.

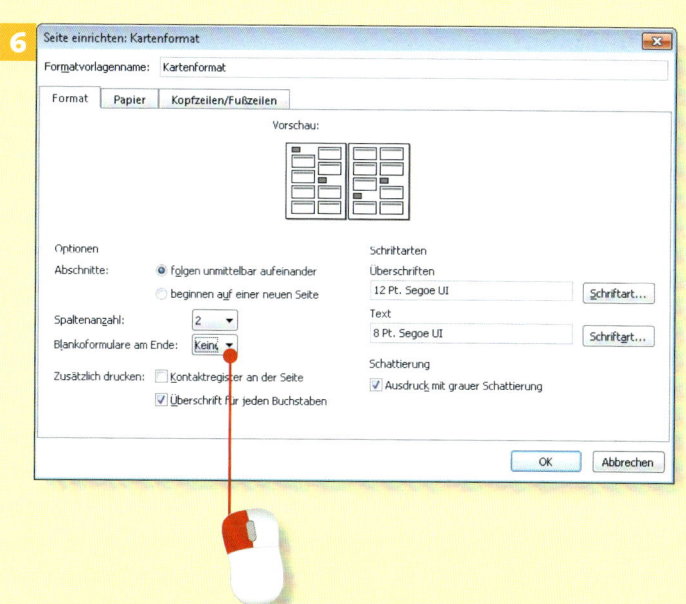

Die Druckformate

Je nachdem, welche Ansicht Sie ausgewählt haben, variiert die Auswahl an Druckformaten, die Outlook Ihnen anbietet. Wenn Sie z. B. die Ansicht **Telefon** geöffnet haben, beschränkt sich die Auswahl auf das **Tabellenformat**.

Adressen zu Excel exportieren

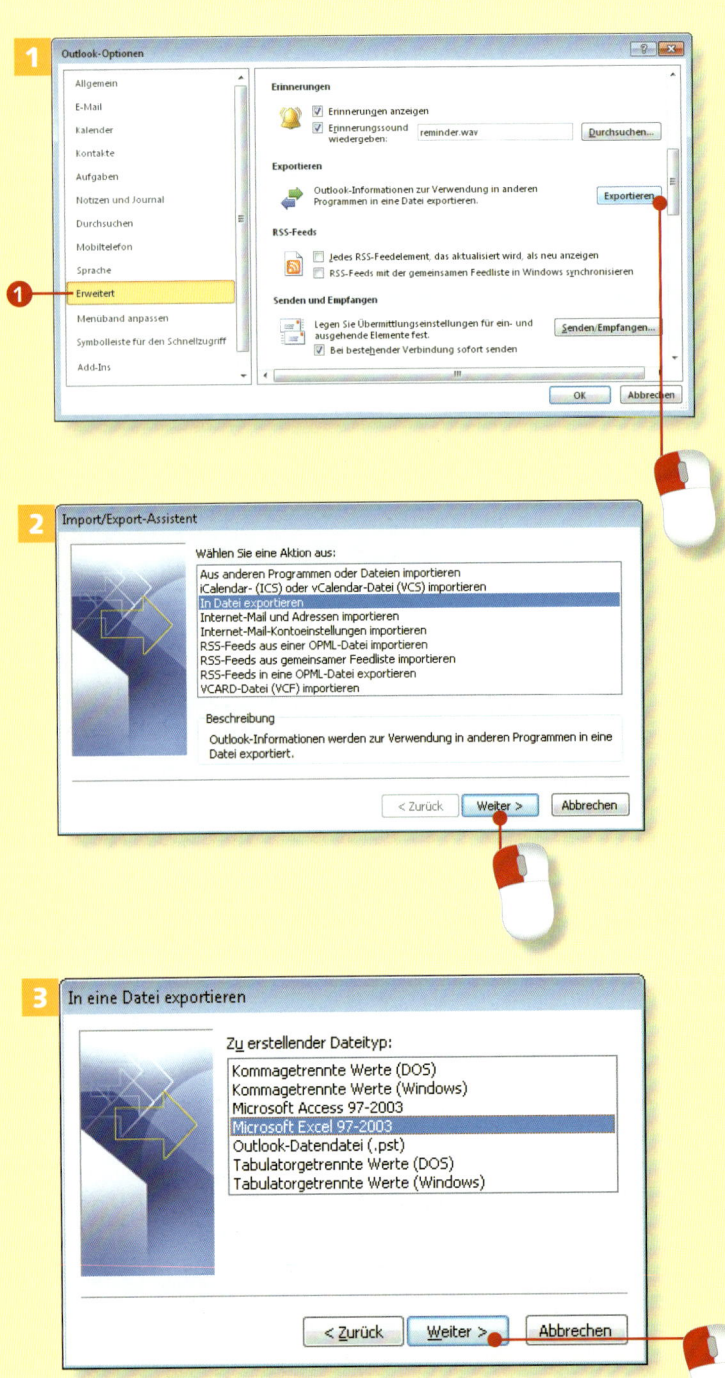

Sie können Ihre gesammelten Adressen/Kontakte aus Outlook exportieren, sodass Sie sie zum Beispiel in Excel weiterverwenden können.

Schritt 1

Öffnen Sie den Dialog **Outlook-Optionen** über **Datei ▸ Optionen**. Klicken Sie hier auf **Erweitert** ❶ und anschließend im Bereich **Exportieren** auf die Schaltfläche **Exportieren**.

Schritt 2

Im folgenden Dialog (**Import/Export**-**Assistent**) markieren Sie in der Liste die Auswahl **In Datei exportieren**. Klicken Sie dann auf **Weiter**.

Schritt 3

Wählen Sie im nächsten Dialog als Dateityp **Microsoft Excel 97-2003**. Klicken Sie dann auf die Schaltfläche **Weiter**.

Schritt 4

Im nächsten Dialog bestimmen Sie, welchen Ordner Sie exportieren möchten. Klicken Sie hier auf **Kontakte** und dann auf **Weiter**.

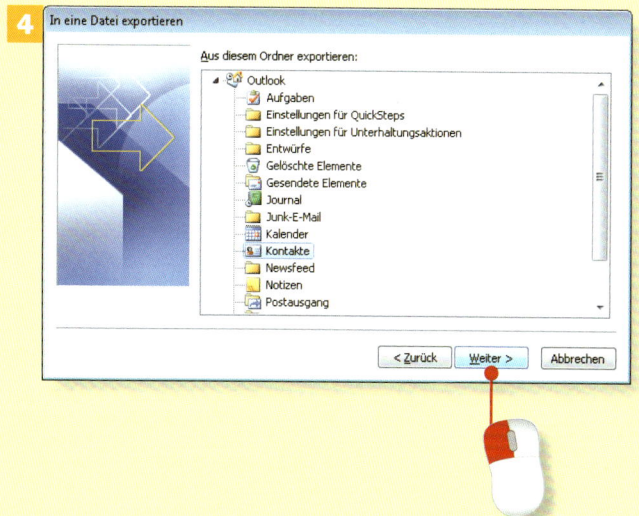

Schritt 5

Legen Sie im letzten Dialog fest, wohin die Daten exportiert werden sollen. Klicken Sie dazu auf die Schaltfläche **Durchsuchen**, sodass Sie den Ordner und den Dateinamen festlegen können. Anschließend erhalten Sie noch einen Dialog, in dem die durchzuführenden Aktionen aufgelistet werden. Klicken Sie hier auf **Fertigstellen**.

Schritt 6

Nachdem der Export ausgeführt wurde, finden Sie alle Kontakte in einer Excel-Datei wieder. In der ersten Zeile stehen die Feldnamen, wie sie in Outlook verwendet werden.

i

Feldzuordnung

Im letzten Dialog des Exports finden Sie die Schaltfläche **Benutzerdefinierte Felder zuordnen**. Damit rufen Sie einen Dialog auf, in dem Sie die beim Export verwendeten Feldnamen ändern können.

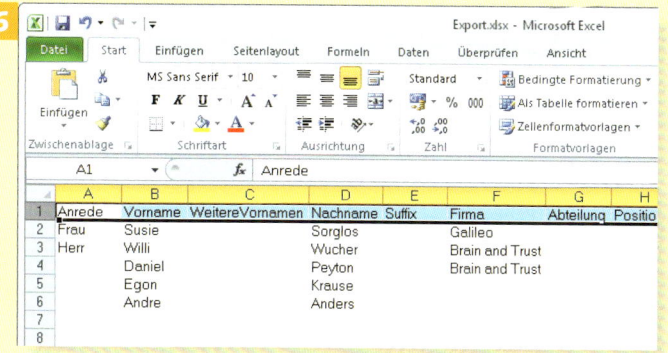

Kapitel 11
Mit PowerPoint präsentieren

PowerPoint ist ein Präsentationsprogramm, mit dem Sie
Folien erstellen, die in der Regel als Bildschirmpräsentation
vorgeführt werden. In diesem Kapitel erfahren Sie u. a., wie
Sie solche Folien anlegen und bearbeiten, Animationen und
Folienübergänge einbinden oder Designs verwenden.

Texte gestalten

Gliedern Sie Ihre Folien, und füllen Sie sie mit Text. Die Textfelder können Sie dann mit den vielen Möglichkeiten der Registerkarte **Zeichentools** ❶ gestalten. Weisen Sie z. B. Texteffekte, Textkonturen oder Formeffekte zu.

Animationen und Folienübergänge

Das A und O einer Bildschirmpräsentation sind Animationen ❷ für die einzelnen Folien-elemente und animierte Folienübergänge. Wir zeigen Ihnen, wie Sie mit wenigen Schritten aus einfachen Folien eine schicke Bildschirmpräsentation machen.

Die Präsentation vorführen

Sie können für Ihre Bildschirmpräsentation u. a. festlegen, wie lange die Folien jeweils an-gezeigt werden sollen. Dies regeln Sie über **Neue Anzeigedauern testen** ❸ auf der Regis-terkarte **Bildschirmpräsentation**. Per Mausklick kann die Präsentation dann beginnen.

1 Verschönern Sie Ihre Folien mithilfe der Zeichentools.

2 Mit Folienübergängen und Animationen lassen sich interessante Effekte erzielen.

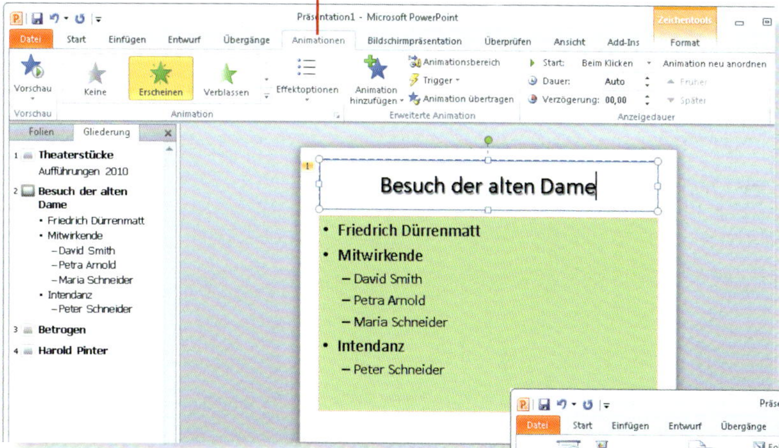

3 Legen Sie eine Anzeigedauer fest, oder wechseln Sie die Folien per Mausklick.

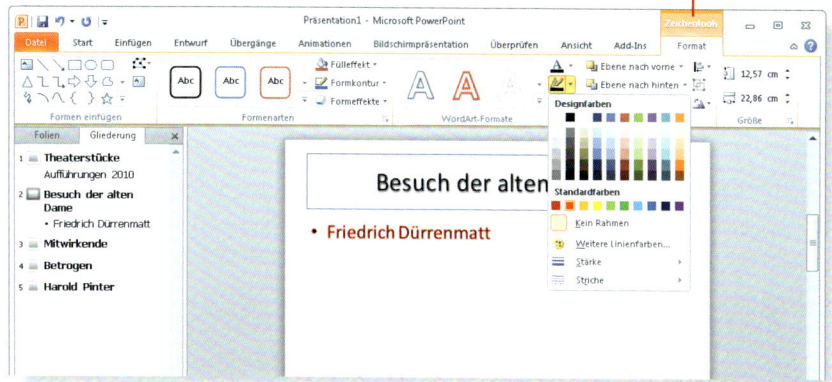

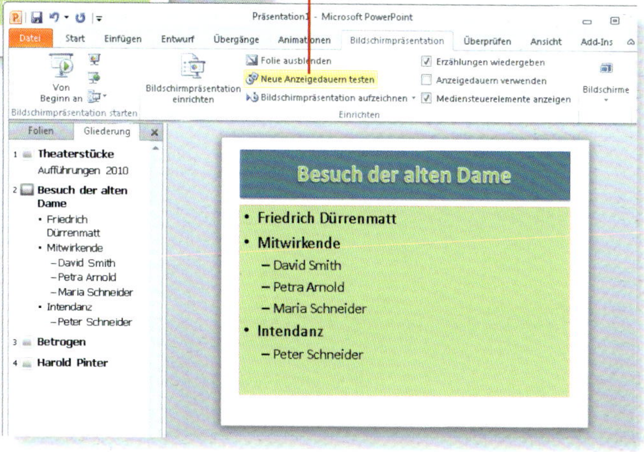

PowerPoint starten

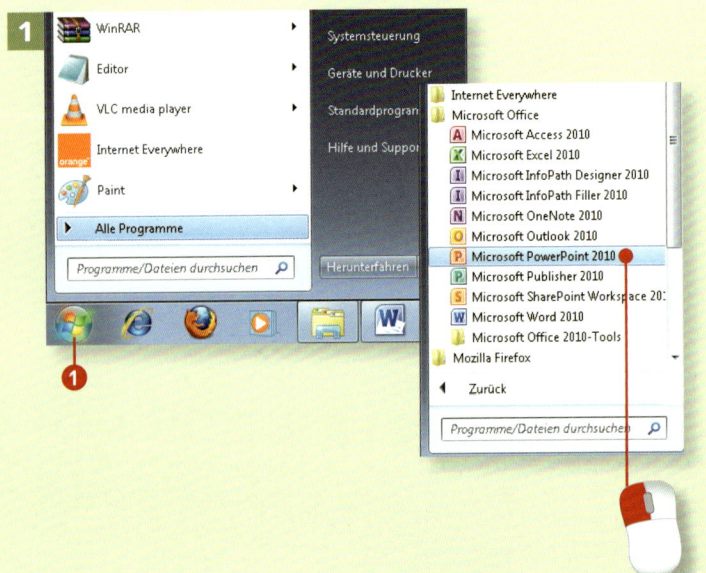

PowerPoint ist Teil des Office-Pakets, daher ruft man dieses Programm genauso auf wie die anderen Office-Programme. Aber für den Fall, dass Sie das Kapitel über PowerPoint als Erstes aufschlagen, hier die wichtigsten Schritte.

Schritt 1

Rufen Sie das Programm zunächst über den klassischen Weg auf: Klicken Sie auf die Schaltfläche **Start** ❶ unten links am Bildschirm, dann auf **Alle Programme ▸ Microsoft Office ▸ Microsoft PowerPoint 2010**.

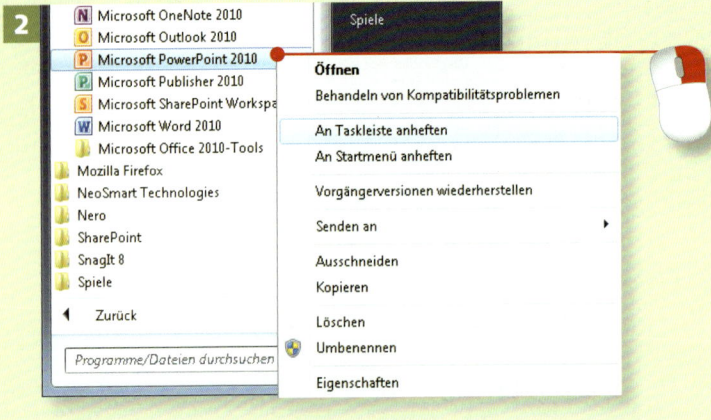

Schritt 2

Dieser etwas umständliche Weg lässt sich abkürzen. Sie können sich das Symbol für PowerPoint z. B. auf die Taskleiste legen, um das Programm dann per Mausklick aufzurufen. Klicken Sie dazu den Programmeintrag im Startmenü mit der rechten Maustaste an, und wählen Sie **An Taskleiste anheften**.

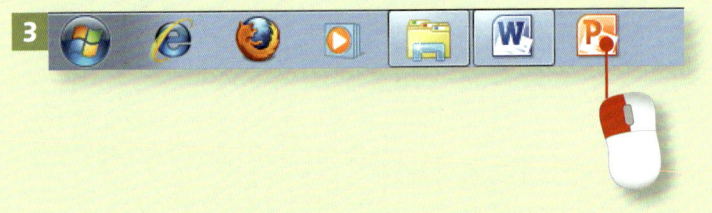

Schritt 3

Nach dieser Aktion taucht das PowerPoint-Symbol in der Taskleiste auf. Nun reicht ein einfacher Klick auf dieses Symbol, um das Programm aufzurufen.

Schritt 4

Sie können sich das PowerPoint-Symbol auch direkt auf den Desktop legen. Klicken Sie den Programmeintrag im Startmenü mit der rechten Maustaste an, wählen Sie im Kontextmenü **Senden an** und im Untermenü **Desktop (Verknüpfung erstellen)**. Per Doppelklick auf das PowerPoint-Symbol auf dem Desktop rufen Sie das Programm nun auf.

Schritt 5

Wenn Sie PowerPoint ein paar Mal aufgerufen haben, landet der Programmeintrag automatisch im Startmenü. Dies können Sie aber auch erzwingen. Klicken Sie den Programmeintrag **Microsoft Power-Point 2010** mit der rechten Maustaste an, und wählen Sie im Kontextmenü **An Startmenü anheften**.

Schritt 6

Auch über den Windows-Explorer kann man PowerPoint aufrufen. Klicken Sie im Windows-Explorer doppelt auf eine PowerPoint-Datei. Daraufhin wird diese Datei direkt in PowerPoint geöffnet.

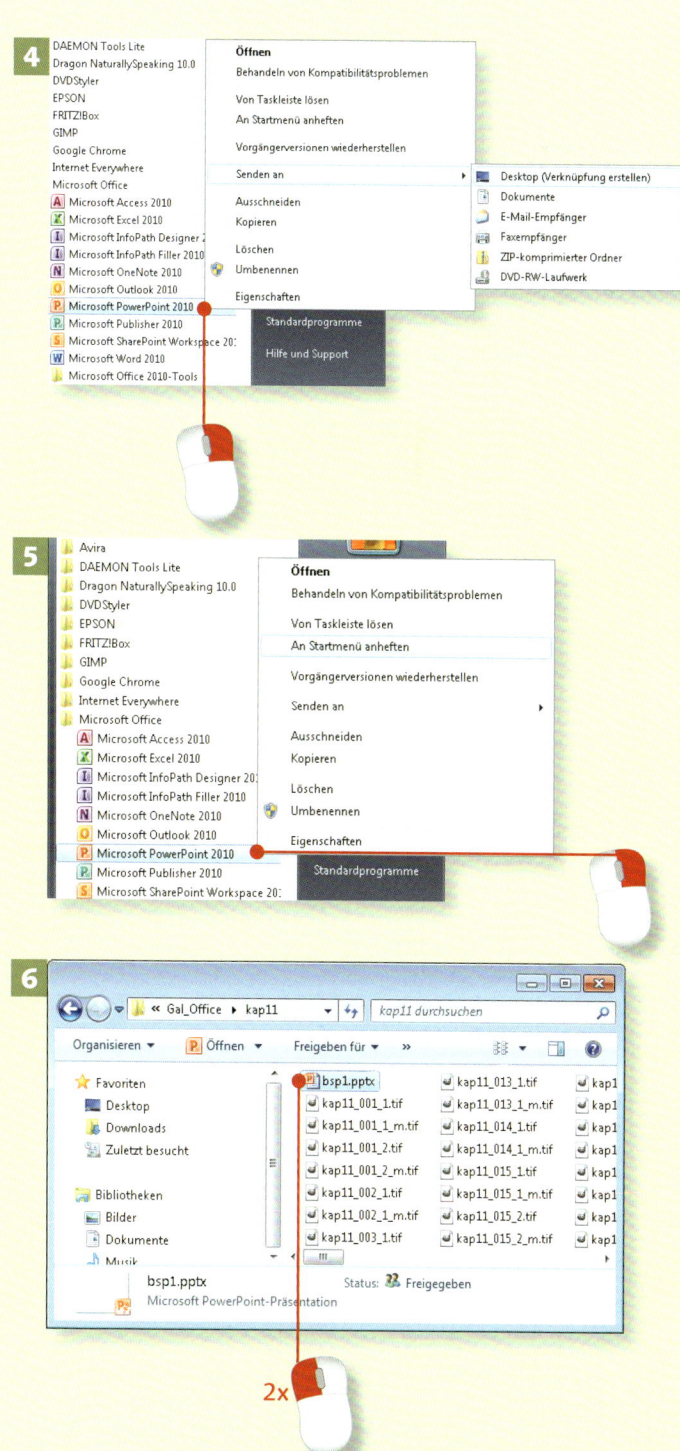

Die schnelle Präsentation mit Vorlagen

Eine Präsentation lässt sich am schnellsten mithilfe von Vorlagen erstellen. PowerPoint bietet einige Vorlagen, die Sie mit Ihren eigenen Inhalten füllen können.

Schritt 1

Wie üblich befinden Sie sich nach dem Aufruf von PowerPoint auf der Registerkarte **Start**. Wechseln Sie auf die Registerkarte **Datei**, und klicken Sie auf **Neu** ❶. Im Fenster **Verfügbare Vorlagen und Designs** klicken Sie auf **Beispielvorlagen**.

Schritt 2

Das folgende Fenster zeigt Vorschaubilder der Vorlagen. Wenn Sie eines der Symbole anklicken, taucht ein etwas größeres Bild auf. Wählen Sie eine Vorlage, und klicken Sie auf **Erstellen**.

Schritt 3

Schon wird Ihnen die erste Folie der Beispielsvorlage präsentiert. Im linken Bereich des Bildschirms auf der Registerkarte **Folien** werden weitere Folien der Präsentation als Vorschaubilder angezeigt.

Schritt 4

Sie können nun beginnen, die einzelnen Folien mit Ihren Inhalten zu füllen. Nehmen Sie z. B. die erste Folie, und klicken Sie auf einen der Platzhalter, in die die Folie unterteilt ist. Klicken Sie beispielsweise auf **Zeitgenössisches Fotoalbum**. Das setzt den Cursor in diesen Bereich, und Sie können einen anderen Text eingeben. Löschen Sie den Mustertext.

Schritt 5

Um die nächste Folie zu bearbeiten, aktivieren Sie sie per Klick auf das Minibild ➋. Auch hier klicken Sie wieder auf die Platzhalter, um eigene Texte einzugeben. Um ein anderes Foto einzufügen, löschen Sie das vorhandene (markieren und die ⏎Entf⏎-Taste drücken) und klicken auf das Symbol zum Einfügen einer Grafik. Im Dialog **Grafik einfügen** wählen Sie das gewünschte Bild aus.

Schritt 6

Bearbeiten Sie auf diese Weise nach und nach die Folien. Wenn Sie einem Platzhalter eine andere Hintergrundfarbe zuweisen wollen, markieren Sie den Bereich und klicken unter **Zeichentools ▸ Format** auf den Auswahlpfeil am Symbol **Fülleffekt**.

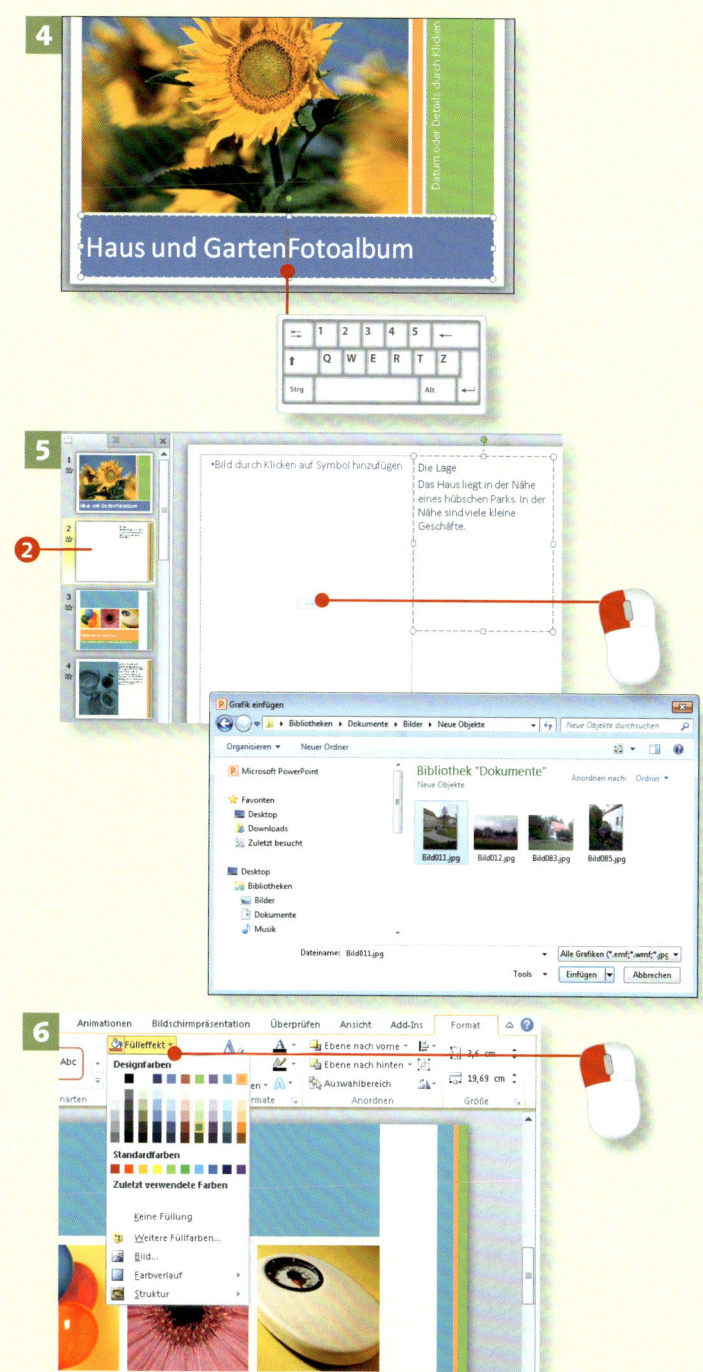

Von der Gliederung zur Folie

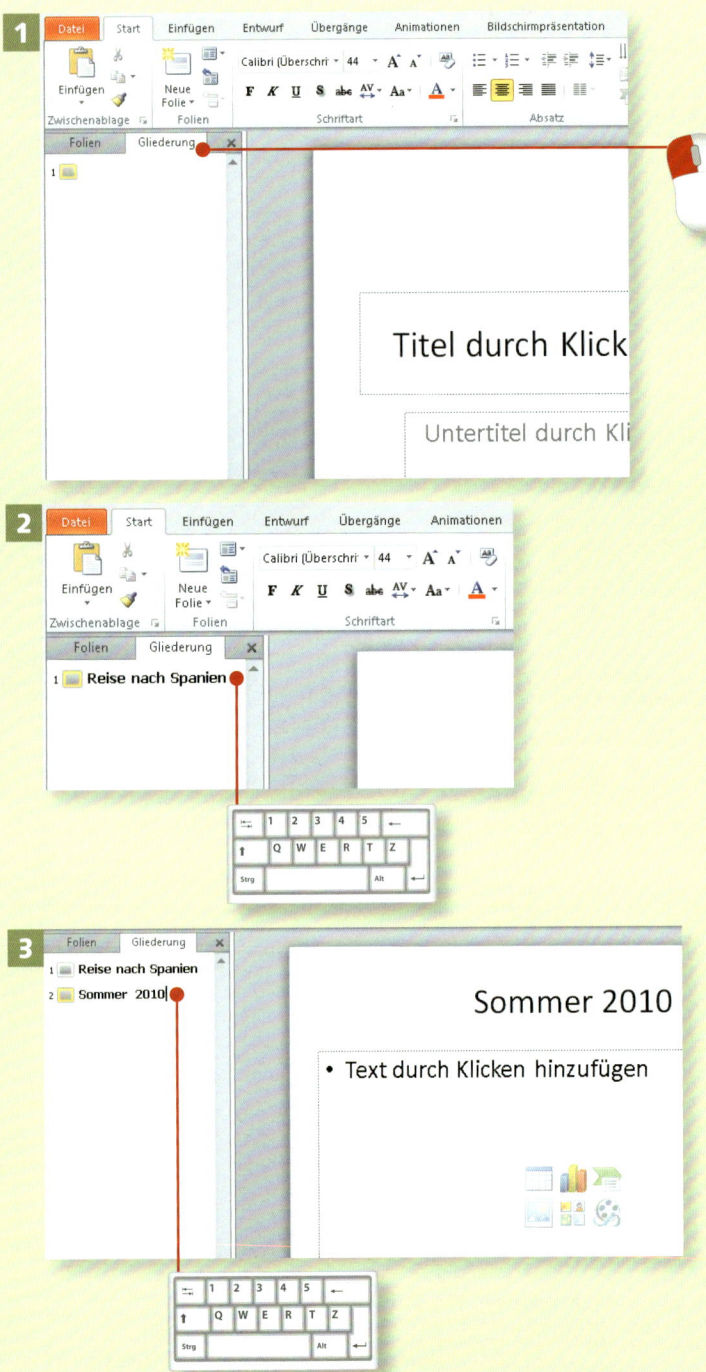

Es gibt verschiedene Wege, eine Präsentation zusammenzustellen. Sie nehmen sich z. B. eine Folie nach der anderen vor und gestalten sie. Sie können aber auch »textlastig« arbeiten und die Folien mithilfe der Gliederung erzeugen.

Schritt 1

Wenn Sie PowerPoint aufgerufen haben, zeigt der Bildschirm eine leere Folie mit zwei Platzhaltern (eine sogenannte *Titelfolie*) und den linken Bereich mit den Registerkarten **Folien** und **Gliederung**. Aktivieren Sie die Registerkarte **Gliederung**.

Schritt 2

Im Bereich **Gliederung** taucht das Symbol für die erste Folie auf. Schreiben Sie hier den Titel, der auf dieser Folie erscheinen soll. Der Text wird in den Platzhalter **Titel** auf der Folie übernommen.

Schritt 3

Sobald Sie im Bereich **Gliederung** die ↵-Taste drücken, erscheint ein neues Foliensymbol (also auch eine neue Folie). Schreiben Sie nun Ihren nächsten Text. Im ersten Anlauf wird dieser Text im Kopf der neuen Folie eingefügt.

Schritt 4

Wenn der Text, den Sie eben geschrieben haben (im Beispiel »Sommer 2010«) als Untertitel auf der Titelfolie erscheinen soll, muss er in der Hierarchie der Texteinträge heruntergestuft werden. Schreiben Sie jedoch zunächst einfach alle Texte, die auf den Folien auftauchen sollen, in die Gliederung. Nach jedem Eintrag drücken Sie die ⏎-Taste.

Schritt 5

Wenn Sie alle Texte geschrieben haben, kümmern Sie sich um die Einstufung. Damit legen Sie fest, mit welchem Text eine neue Folie beginnt und welcher Text untergeordnet ist. Setzen Sie den Cursor in die Zeile »Sommer 2010«. Klicken Sie den Eintrag mit der rechten Maustaste an, und wählen Sie **Tiefer stufen**.

Schritt 6

Der Text »Sommer 2010« ist nun als Untertext auf der Titelfolie gelandet. Organisieren Sie nun den Rest Ihrer Folien. Jeden Texteintrag, der eine neue Folie einleitet, lassen Sie auf der ersten Ebene stehen. Die übrigen Textzeilen stufen Sie ein- oder mehrmals herunter.

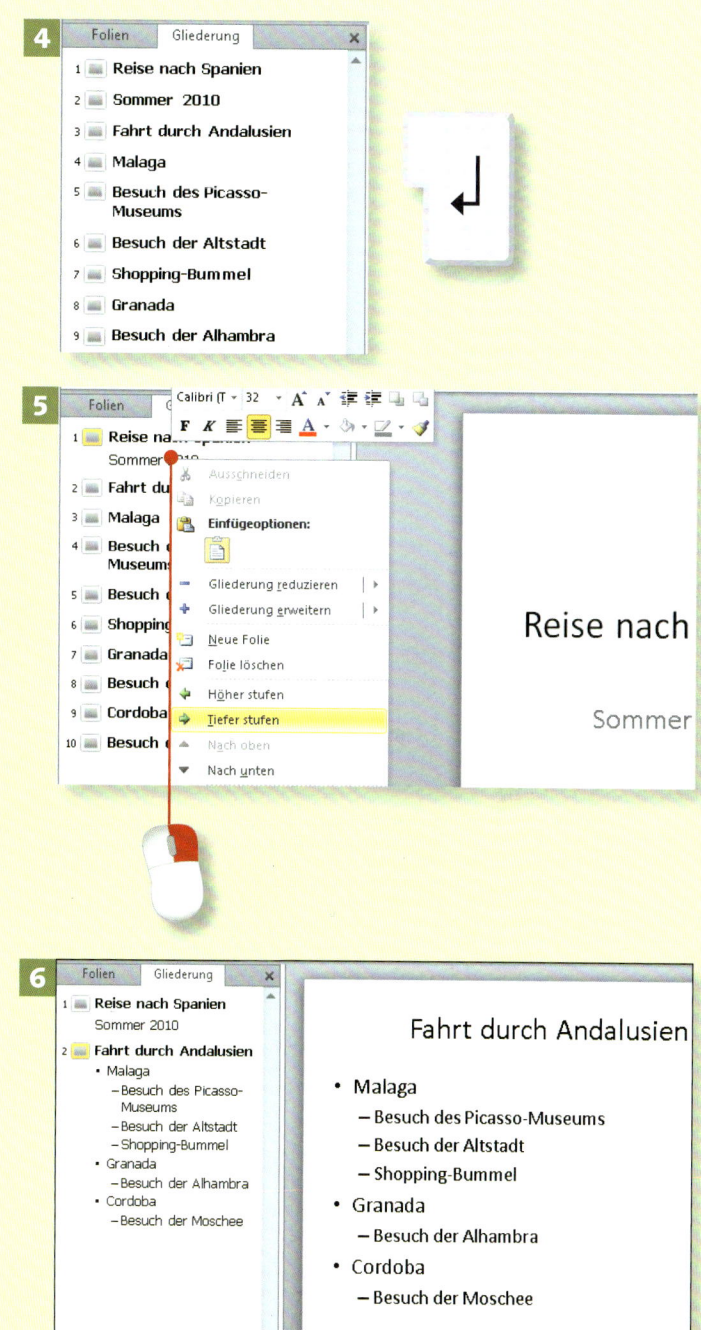

Folien hinzufügen

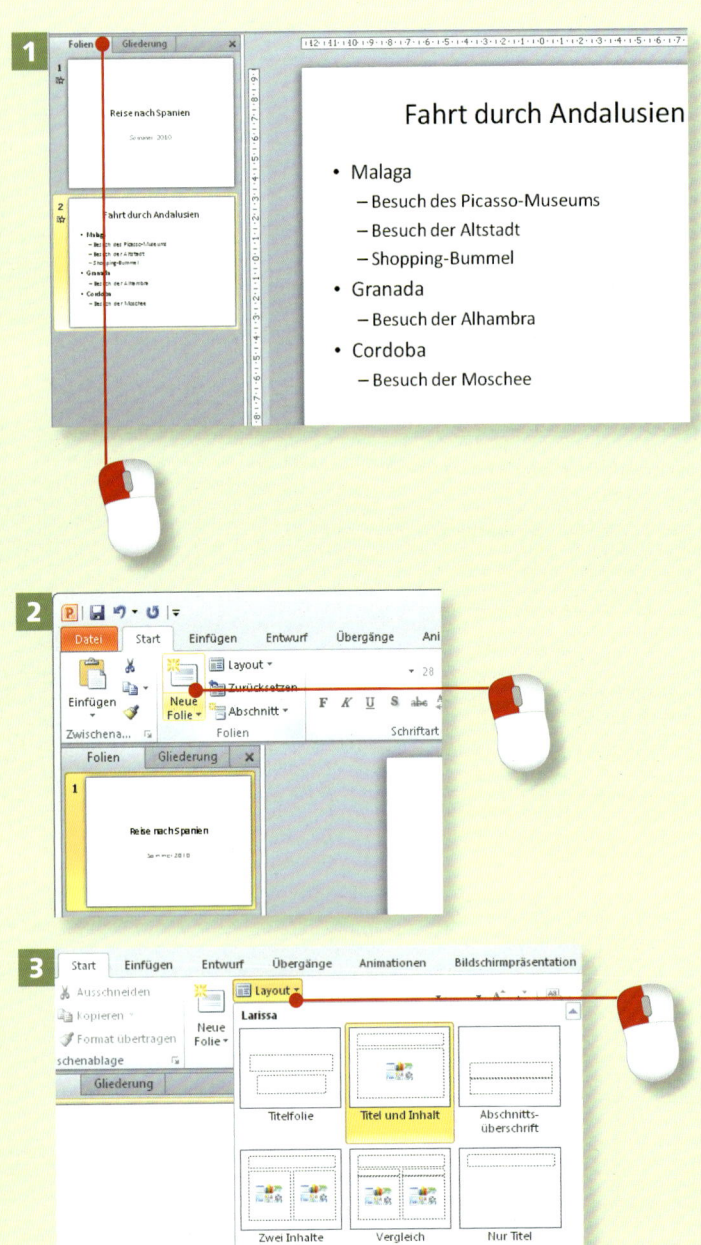

Anders als bei einer Textverarbeitung, in der die Dokumente stets verlängert werden, müssen neue Folien extra eingefügt werden.

Schritt 1

Aktivieren Sie die »normale« Folienansicht. Klicken Sie dazu im linken Bereich des Bildschirms auf das Register **Folien**. Nun sehen Sie (anstelle der Gliederung) die Vorschaubilder der Folien.

Schritt 2

Um eine Folie hinzuzufügen, markieren Sie die Folie, nach der die neue eingefügt werden soll. (Im Beispiel markieren wir die erste Folie.) Klicken Sie dann auf der Registerkarte **Start** auf das Symbol **Neue Folie**.

Schritt 3

Im Menü **Layout** der Gruppe **Folien** werden diverse Layouts für die Folie angeboten. Sie wählen aus diesem Menü ein Layout, das zu dem Text und der geplanten Gestaltung der neuen Folie passt. Möchten Sie beispielsweise eine Überschrift, etwas Text und ein Bild einfügen, wählen Sie das Layout **Titel und Inhalt**.

Schritt 4

Sie sehen die eingefügte neue Folie im linken Bereich als Vorschaubild; die Folie selbst (mit den Platzhaltern und Symbolen) prangt auf dem Bildschirm. Klicken Sie in die Platzhalter, um Text einzugeben. Um ein Bild einzufügen, klicken Sie auf das Symbol **Grafik aus Datei einfügen**.

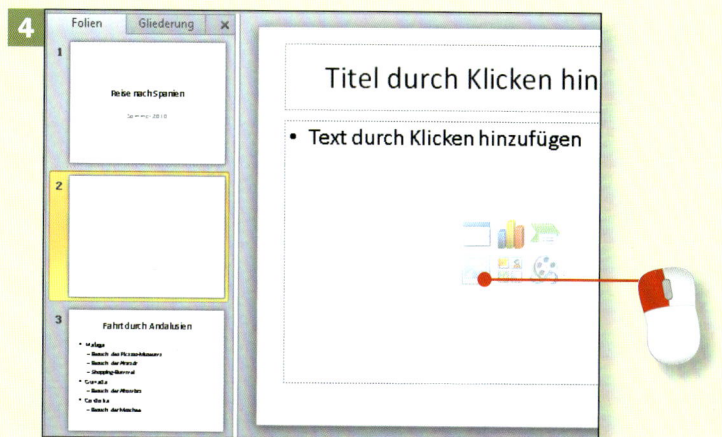

Schritt 5

Um der neuen Folie eine Hintergrundfarbe zu gönnen, klicken Sie die Folie (Achtung: nicht einen der Platzhalter) mit der rechten Maustaste an und wählen im Kontextmenü den Befehl **Hintergrund formatieren**.

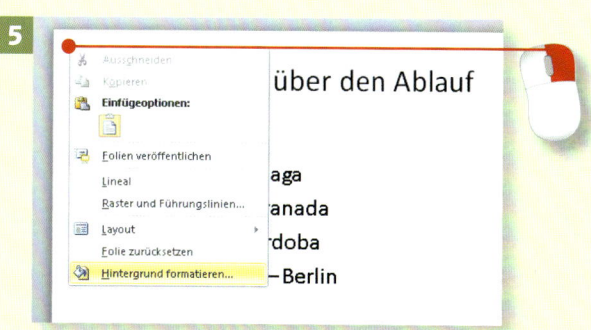

Schritt 6

In dem gleichnamigen Dialog aktivieren Sie links **Füllung ❶**. Im rechten Bereich des Dialogs wählen Sie **Einfarbige Füllung ❷**. Über den Pfeil am Symbol **Farbe ❸** entscheiden Sie sich für eine Farbe in der Farbpalette. Wenn alle Folien diesen Hintergrund erhalten sollen, klicken Sie auf die Schaltfläche **Für alle übernehmen** (ansonsten gleich auf **Schließen**).

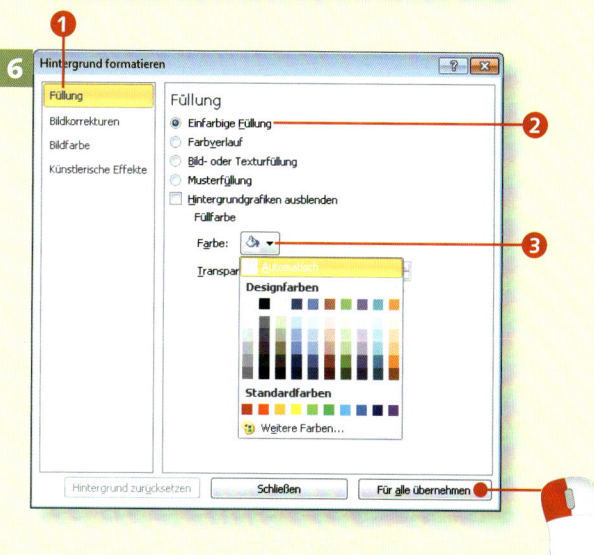

Text und Textfelder bearbeiten

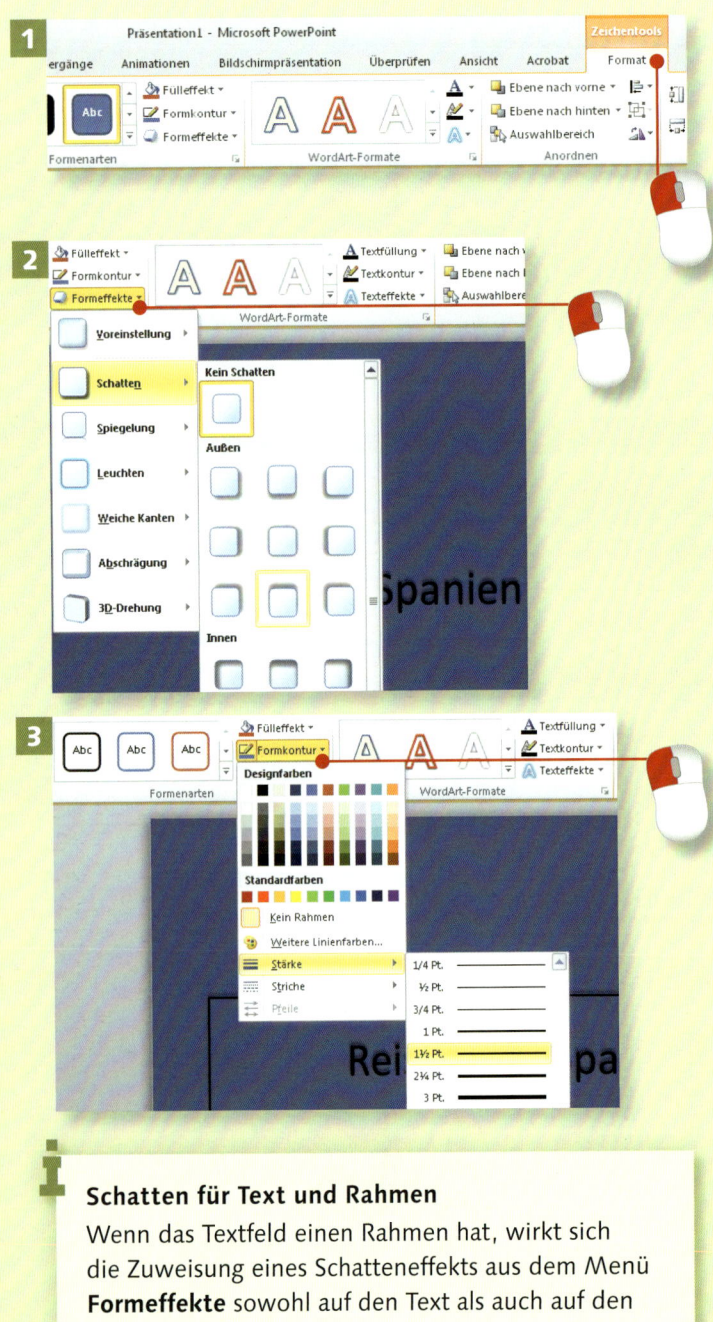

PowerPoint bietet eine Menge Möglichkeiten, den Text und die Textfelder zu gestalten.

Schritt 1

Es gibt zahlreiche Mittel, um den Text auf einer Folie zu bearbeiten. Neben den üblichen Formatierungseinstellungen (Schriftart, Schriftfarbe etc.), stehen u. a. Formeffekte, Textkonturen und Texteffekte unter **Zeichentools ▸ Format** bereit.

Schritt 2

Um Formeffekte zuzuweisen (z. B. dem Titel) setzen Sie den Cursor einfach in den entsprechenden Text-Platzhalter. Klicken Sie dann auf den Pfeil am Symbol **Formeffekte**. Zeigen Sie beispielsweise auf **Schatten**, und wählen Sie im Untermenü einen Schatteneffekt.

Schritt 3

Manche Formeffekte wirken sich nicht auf den Text, sondern auf den Rahmen des Textfeldes aus. Einen Rahmen setzen Sie, indem Sie auf **Formkontur** klicken, auf **Stärke** zeigen und im Untermenü eine Rahmenstärke wählen.

Schatten für Text und Rahmen

Wenn das Textfeld einen Rahmen hat, wirkt sich die Zuweisung eines Schatteneffekts aus dem Menü **Formeffekte** sowohl auf den Text als auch auf den Rahmen aus.

Schritt 4

Wenn Sie nun erneut das Auswahlmenü der Formeffekte öffnen, können Sie den Rahmen (nicht den Text!) zum »Leuchten« bringen. Zeigen Sie auf **Leuchten**, und wählen Sie im Untermenü eine der Leuchtvarianten. Der Effekt wird direkt auf der Folie angezeigt, sodass Sie vor dem Klicken einen Eindruck erhalten.

Schritt 5

Für weitere Texteffekte markieren Sie zunächst den Text. Dann klicken Sie auf der Registerkarte **Format** auf **Texteffekte**. Hier werden die üblichen Effekte (**Schatten**, **Spiegelung**, **Leuchten** etc.) angeboten. Wenn Sie hier auf **Leuchten** zeigen und sich für eine Leuchtvariante entscheiden, wird dieser Effekt dem Schriftzug zugewiesen.

Schritt 6

Der Text lässt sich noch weiter manipulieren. Markieren Sie ihn, und klicken Sie auf **Textkontur**. Hier können Sie aus der Farbpalette eine Farbe für die Kontur, die sich direkt um die Schrift legen wird, wählen und über die Auswahl des Eintrags **Stärke** festlegen, wie breit die Kontur sein soll.

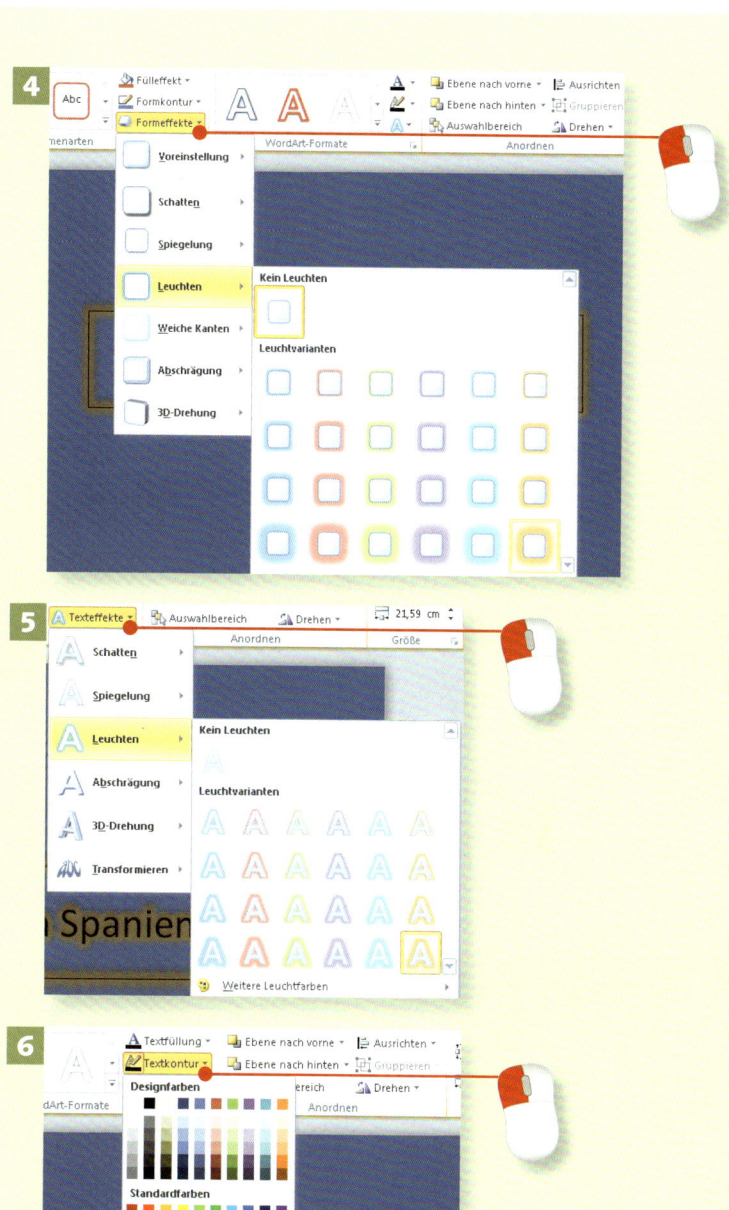

Animationen für die Schrift

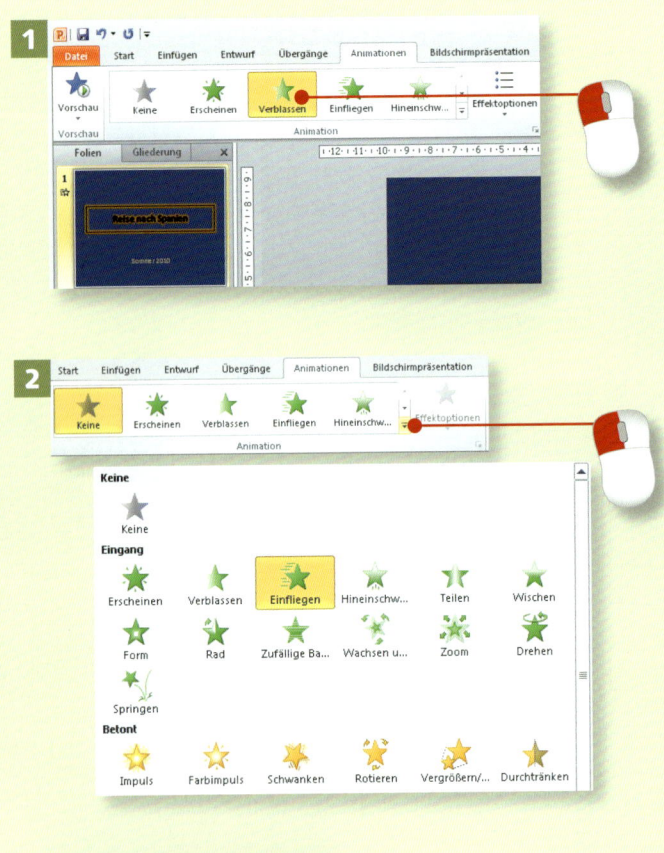

Die Animationseffekte, die Power-Point für Folienelemente bereithält, lassen sich nur bei einer Bildschirm-präsentation (über Beamer) darstellen.

Schritt 1

Aktivieren Sie die Registerkarte **Animationen**. Hier sind alle nötigen Befehle gebündelt. Um beispiels-weise den Schriftzug eines Titels zu animieren, setzen Sie den Cursor in das Textfeld und wählen im Bereich **Animation** einen Effekt aus.

Schritt 2

Klicken Sie auf den Pfeil **Weitere** an der Auswahl der Animationen. Sie sehen, dass die Palette möglicher Effekte sehr groß ist. Die untersten vier Optionen der Liste öffnen Dialoge mit weiteren interessanten Effekten.

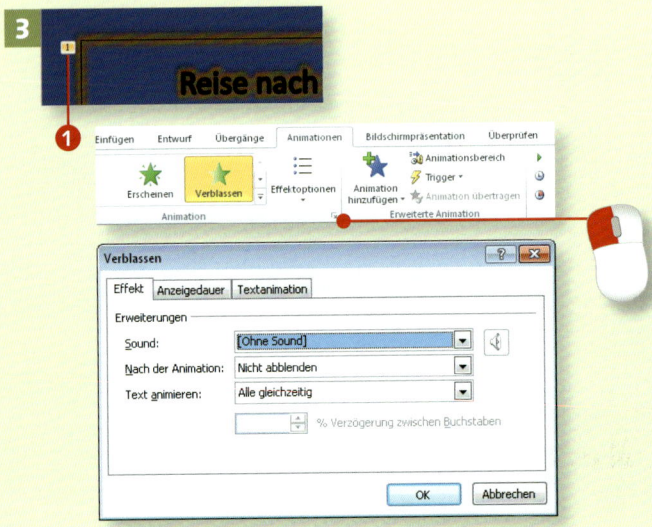

Schritt 3

Sobald Sie einen Effekt zugewiesen haben, erscheint eine kleine **1** (für den ersten Effekt) an dem animier-ten Objekt ❶. Weitere Einstellungen können Sie in einem Dialog vorneh-men, den Sie per Klick auf den Pfeil am Bereich **Animation** aufrufen.

Schritt 4

Auf der Registerkarte **Effekt** dieses Dialogs können Sie den Texteffekt weiter verfeinern. Der Effekt kann sich z. B. auch Zeichen für Zeichen aufbauen. Öffnen Sie dazu die Auswahl des Feldes **Text animieren**, und klicken Sie auf **zeichenweise**.

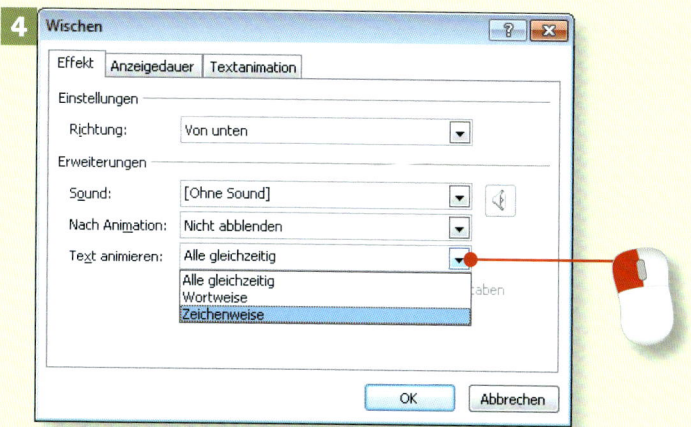

Schritt 5

Auf der Registerkarte **Anzeige-dauer** des Dialogs legen Sie im Feld **Starten** ❷ fest, wie die Animation starten soll: **Beim Klicken** oder z. B. **Nach Vorheriger**. Mit dieser Einstellung beginnt die Animation automatisch nach Ablauf der ersten Animation. Im Feld **Dauer** bestimmen Sie die Anzeigedauer des Effekts.

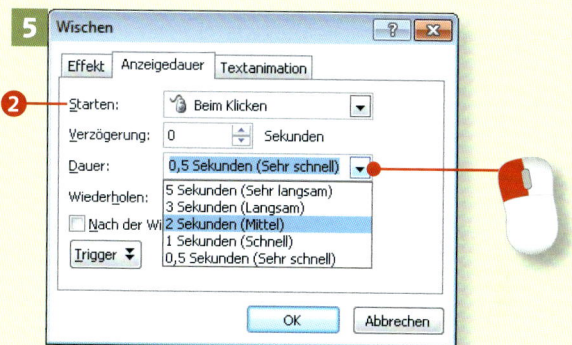

Schritt 6

Damit Sie sehen, wie Ihre Animation(en) wirken, schauen Sie sich das Ganze in der Vorschau an. Klicken Sie dazu auf das Symbol **Vorschau** ganz links auf der Registerkarte **Animationen**.

Attraktive Folienübergänge

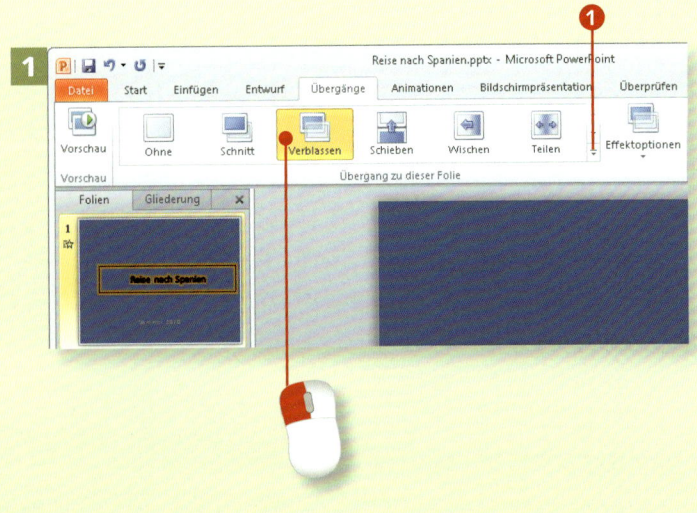

Sie können festlegen, auf welche Art und Weise die nächste Folie erscheint. PowerPoint bietet eine Reihe schicker Folienübergänge.

Schritt 1

Aktivieren Sie die Registerkarte **Übergänge**. Markieren Sie die erste Folie, und klicken Sie im Bereich **Übergang zu dieser Folie** auf einen Effekt. Um alle Effekte zu sehen, klicken Sie wie üblich auf den Pfeil ❶ an der Auswahl.

Schritt 2

Sobald Sie einen Übergangseffekt ausgewählt haben, wird er standardmäßig in der Vorschau angezeigt. Per Klick auf das Symbol **Vorschau** können Sie die Vorschau außerdem jederzeit starten.

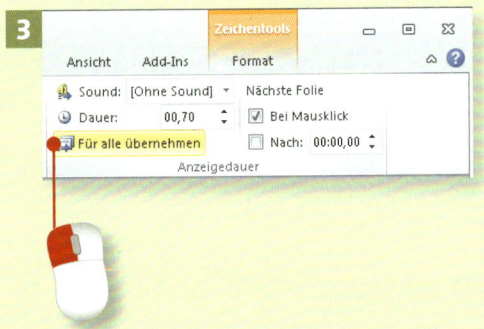

Schritt 3

In der Regel sollen Folienübergänge für alle Folien der Präsentation gelten, sodass alle Folien jeweils mit dem gleichen Effekt erscheinen. Klicken Sie dazu nach der Einstellung des ersten Übergangs auf das Symbol **Für alle übernehmen**.

Schritt 4

Wenn Sie Folien präsentieren, müssen Sie klären, wann die nächste Folie am Bildschirm erscheint. Treffen Sie Ihre Entscheidung im Bereich **Anzeigedauer**. Rufen Sie die nächste Folie einfach mit der Maus auf, oder legen Sie (im Feld **Nach**) eine bestimmte Anzeigedauer für jede Folie fest.

Schritt 5

Im Feld **Sound** können Sie den Folienübergang mit einem Sound ergänzen. Beeindrucken Sie die Zuschauer Ihrer Präsentation z. B. mit dem Effekt **Explosion**! Soll der Sound bei jeder Folie abgespielt werden, klicken Sie wie in Schritt 3 auf **Für alle übernehmen**.

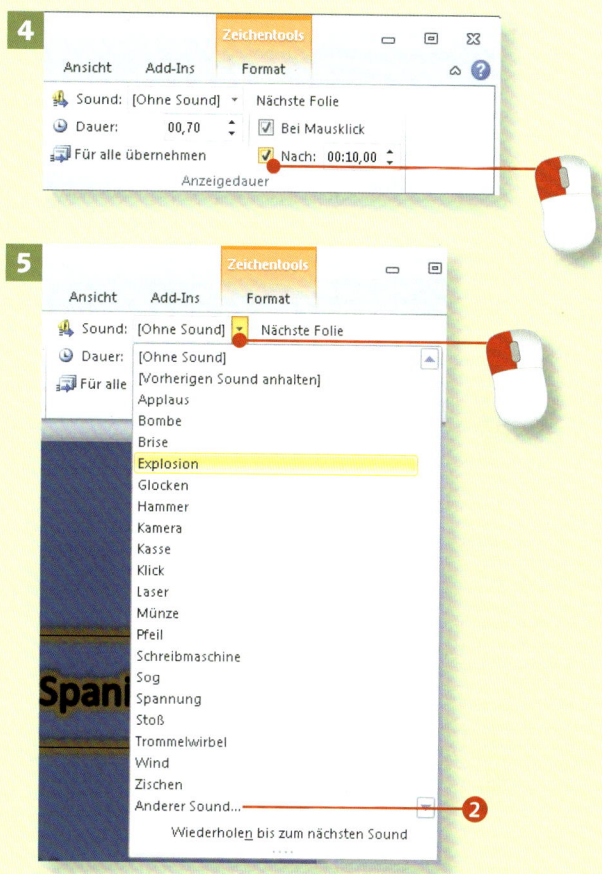

Schritt 6

Wenn bei den Folienübergängen ein Audioeffekt abgespielt werden soll, der nicht aus der Liste stammt, klicken Sie auf **Sound ▸ Anderer Sound ❷**. Dies öffnet den Dialog **Audio hinzufügen**. Öffnen Sie den Ordner, in dem Sie Ihre Audiodateien abgelegt haben, markieren Sie die gewünschte Datei, und klicken Sie auf **OK**.

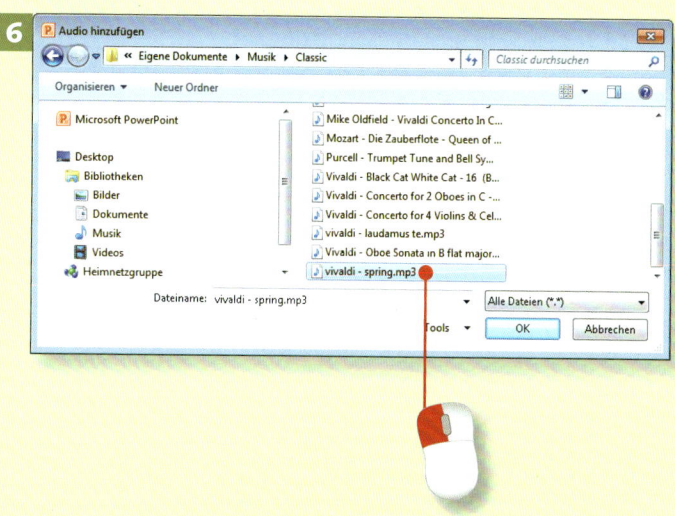

Ein anderes Design auswählen

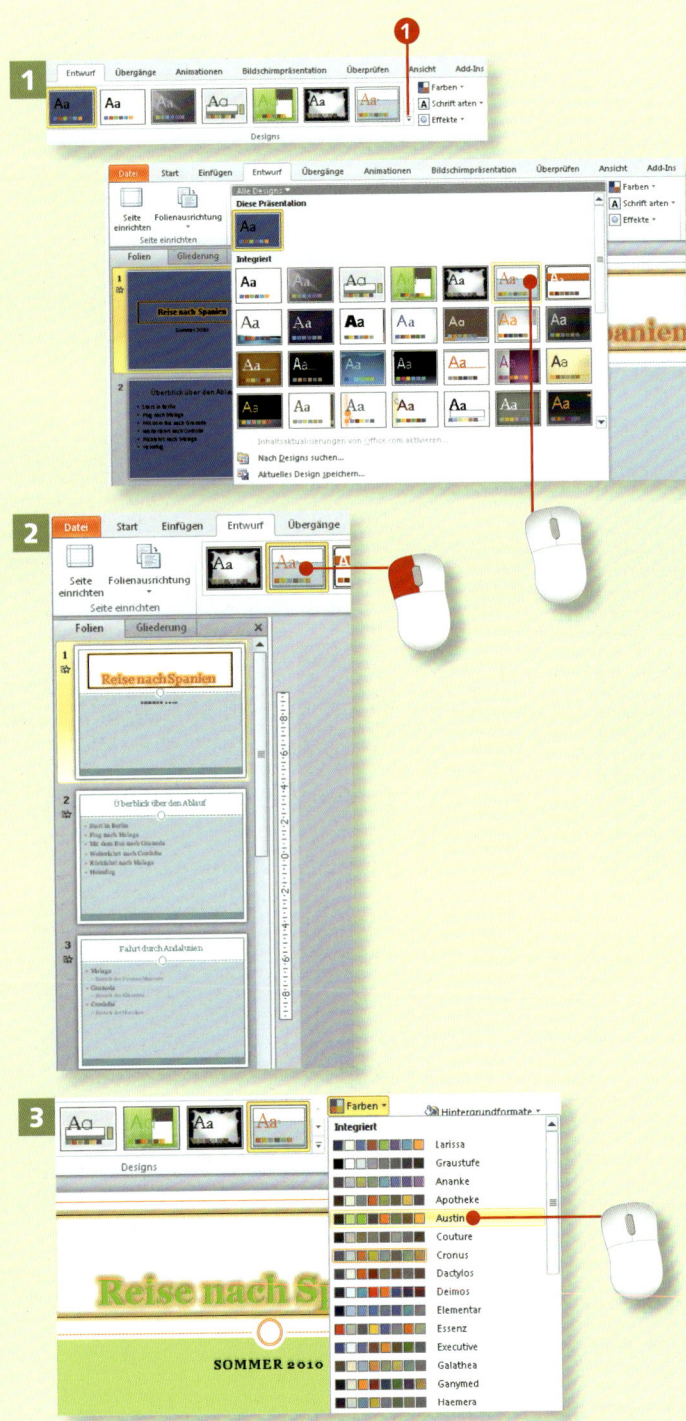

Mit Designs erhalten Folien ein Aussehen aus einem Guss. Sie lassen sich ganz leicht zuweisen und gelten für die ganze Präsentation.

Schritt 1

Aktivieren Sie die Registerkarte **Entwurf**, und klicken Sie auf den Pfeil ❶ an der Auswahl der Designs. Wenn Sie mit dem Mauszeiger auf ein Design zeigen, erhalten Sie eine Vorschau. Klicken Sie auf das Design, das Sie auf Ihre Folien übertragen möchten.

Schritt 2

Ein Design wird allen Folien der Präsentation zugewiesen. Auch eine neue Folie, die Sie über **Start ▸ Neue Folie** einfügen, hat die Eigenschaften des gewählten Designs.

Schritt 3

Die Farben und die Schrift, die im Design verwendet werden, lassen sich ändern. Öffnen Sie auf der Registerkarte **Entwurf** das Auswahlmenü des Feldes **Farben**. Wenn Sie mit dem Mauszeiger über die Zeilen fahren, sehen Sie die Auswirkungen direkt auf der aktuellen Folie.

Schritt 4

Wenn Sie das Design verändern, aber kein vorgefertigtes Muster verwenden möchten, wählen Sie **Farben ▸ Neue Designfarben erstellen**. Im gleichnamigen Dialog können Sie die einzelnen Elemente der Folien neu einfärben. Klicken Sie auf den Pfeil des Elements, dessen Farbe Sie ändern möchten, und wählen Sie die neue Farbe in der Farbpalette.

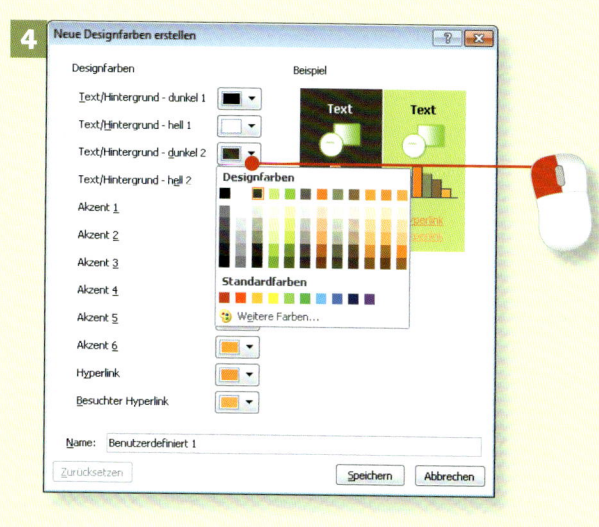

Schritt 5

Wenn Sie nur den Hintergrund eines Designs ändern möchten, klicken Sie auf das Symbol **Hintergrundformate**. Wählen Sie eines der Hintergrundmuster, oder klicken Sie auf **Hintergrund formatieren**, um den gleichnamigen Dialog zu öffnen (siehe Abschnitt »Folien hinzufügen« ab Seite 240).

Schritt 6

Sie können problemlos ein anderes Design für Ihre Folien auswählen. Klicken Sie auf der Registerkarte **Entwurf** einfach auf das Symbol für das gewünschte Design. Im Auslieferungszustand verwendet PowerPoint das Design **Larissa**.

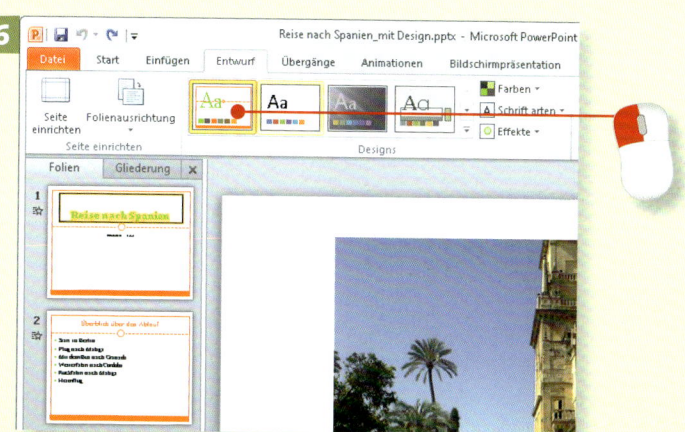

Eine Präsentation erfolgreich vorführen

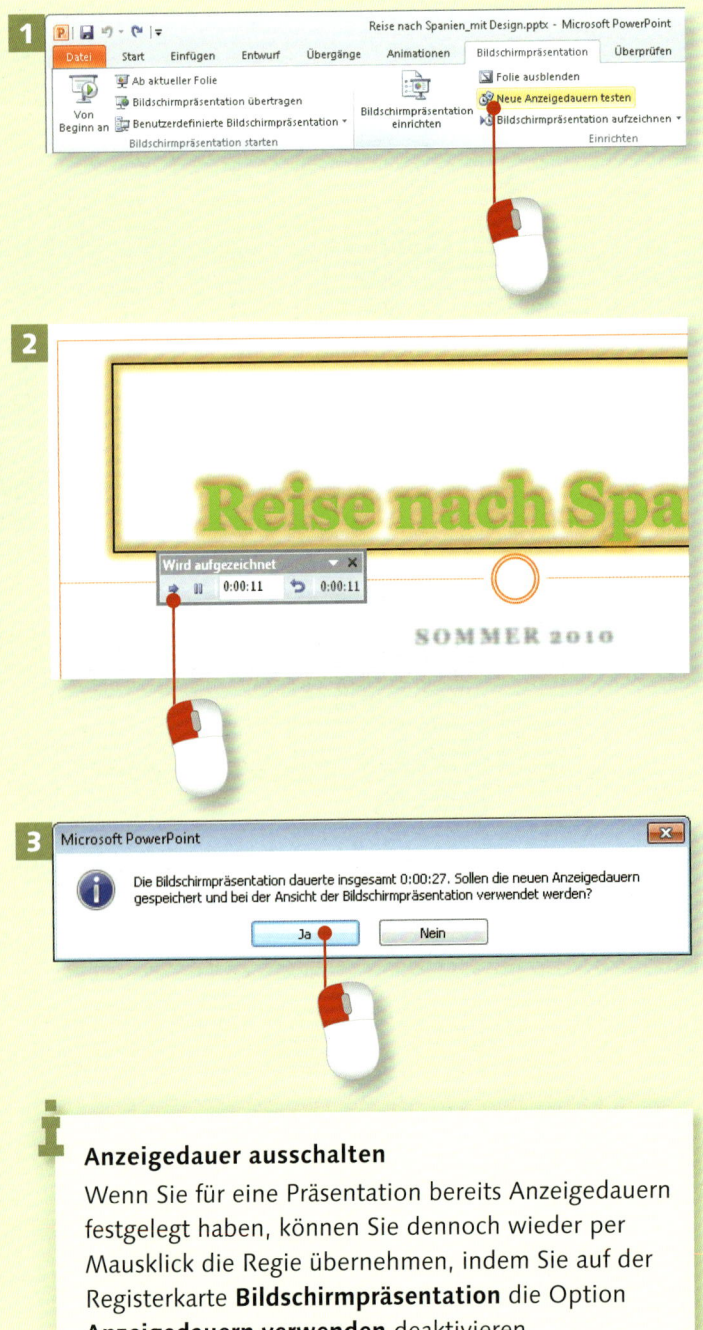

Die Präsentation am Bildschirm ist das A und O von PowerPoint-Präsentationen.

Schritt 1

Um festzulegen, wie lange eine Folie/Animation jeweils zu sehen sein soll, testen Sie in einem Probeablauf zunächst die Anzeigedauer per Mausklick. Klicken Sie auf der Registerkarte **Bildschirmpräsentation** auf **Neue Anzeigedauer testen**.

Schritt 2

Daraufhin erscheint die erste Folie in der Vollbildansicht (so wie sie dann in der Bildschirmpräsentation zu sehen sein wird). Klicken Sie auf die kleine Schaltfläche **Weiter**, wenn Sie die nächste Folie (bzw. den nächsten Effekt) einblenden möchten.

Schritt 3

Auf diese Weise wandern Sie durch die komplette Präsentation. Am Ende werden Sie gefragt, ob Sie die Anzeige speichern möchten. Klicken Sie hier auf **Ja**, damit Sie die Präsentation zukünftig mit den gewählten Anzeigezeiten ablaufen lassen können.

---

i

Anzeigedauer ausschalten

Wenn Sie für eine Präsentation bereits Anzeigedauern festgelegt haben, können Sie dennoch wieder per Mausklick die Regie übernehmen, indem Sie auf der Registerkarte **Bildschirmpräsentation** die Option **Anzeigedauern verwenden** deaktivieren.

Schritt 4

Nach dem Testen der Anzeigedauer wird Ihnen die Präsentation in der Ansicht **Foliensortierung** angezeigt. Hier sehen Sie die Einblendzeiten der einzelnen Folien ❶. Wenn Sie wieder in die »normale« Ansicht wechseln möchten, klicken Sie in der Statusleiste auf das Symbol **Normal**.

Schritt 5

Um die Präsentation am Bildschirm abzuspielen, klicken Sie auf der Registerkarte **Bildschirmpräsentation** auf das Symbol **von Beginn an**. Wenn die Bildschirmpräsentation ab einer bestimmten Folie starten soll, aktivieren Sie diese Folie und klicken auf **Ab aktueller Folie** ❷.

Schritt 6

Wenn Sie – wie zuvor beschrieben – eine Anzeigedauer festgelegt haben, können Sie sich jetzt eigentlich zurücklehnen. Wenn Sie diese Aktion nicht durchgeführt haben, klicken Sie für jede neue Folie und für jeden Animationseffekt mit der Maus.

Eine Präsentation erfolgreich vorführen (Forts.)

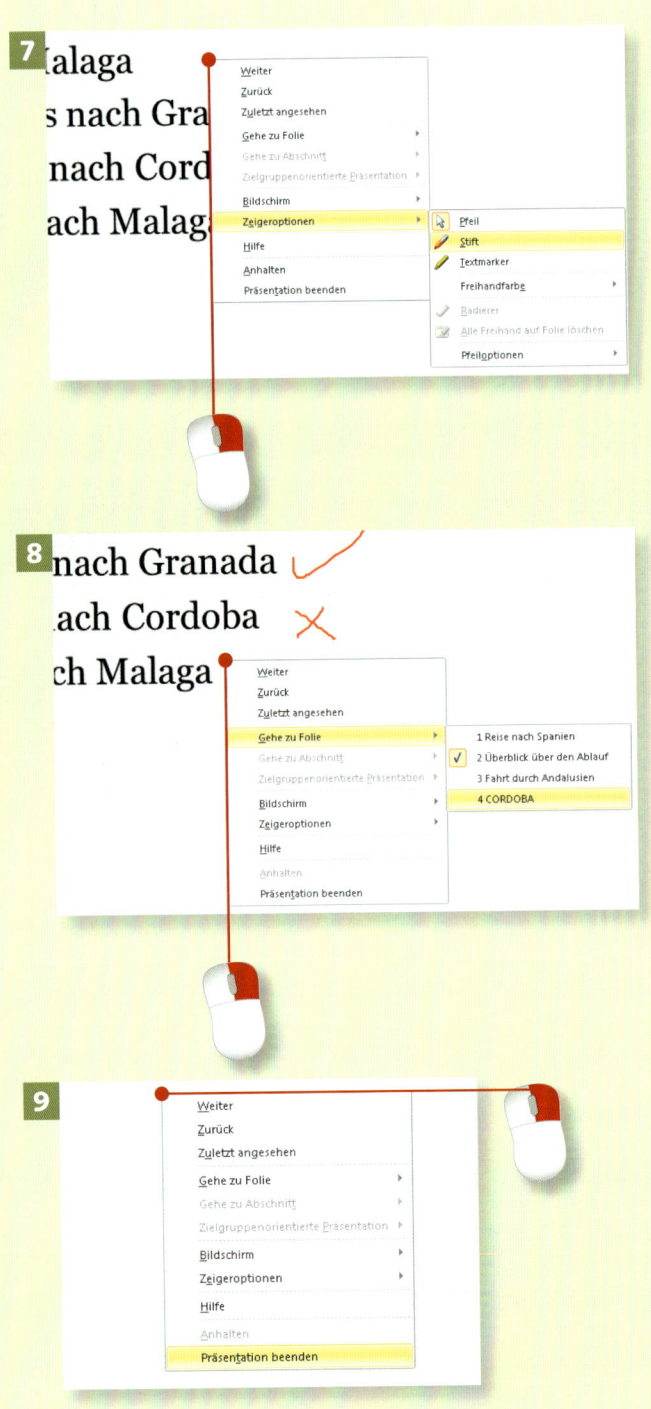

Schritt 7

Sie können während der Präsentation auch einen Stift nutzen. Klicken Sie eine Folie mit der rechten Maustaste an, und wählen Sie **Zeigeoptionen ▸ Stift**. Mit gedrückter Maustaste können Sie nun auf einer Folie »malen«.

Schritt 8

Sie müssen die Präsentation nicht am Stück vorführen, sondern können auch zu einer bestimmten Folie springen. Dazu wählen Sie **Gehe zu Folie** aus dem Kontextmenü. Im Untermenü klicken Sie auf die Zielfolie, die mit der Titelzeile angezeigt wird.

Schritt 9

Um die Präsentation abzubrechen, klicken Sie die Folie mit der rechten Maustaste an und wählen die Option **Präsentation beenden**. Das Drücken der $\boxed{\text{Esc}}$-Taste hat den gleichen Effekt.

Den Stift weglegen

Wenn Sie einen Stift benutzen – und ohne Anzeigedauer arbeiten –, müssen Sie den Stift wieder deaktivieren und im Kontextmenü **Zeigeoptionen** die Option **Pfeil** wählen, um die nächste Folie per Mausklick einzublenden.

Schritt 10

Am Ende der Präsentation, also nach allen Folien, wird in der Standardeinstellung ein schwarzer Bildschirm angezeigt, und Sie werden aufgefordert zu klicken. Sofern Sie den Stift benutzt haben, werden Sie gefragt, ob Sie die *Freihandanmerkungen* beibehalten oder verwerfen möchten.

Schritt 11

Es gibt noch ein paar weitere Einstellungsmöglichkeiten. Zum Beispiel können Sie gewisse Folien aus einer Präsentation ausblenden. Dazu aktivieren Sie diese Folie und klicken auf der Registerkarte **Bildschirmpräsentation** auf das Symbol **Folie ausblenden**.

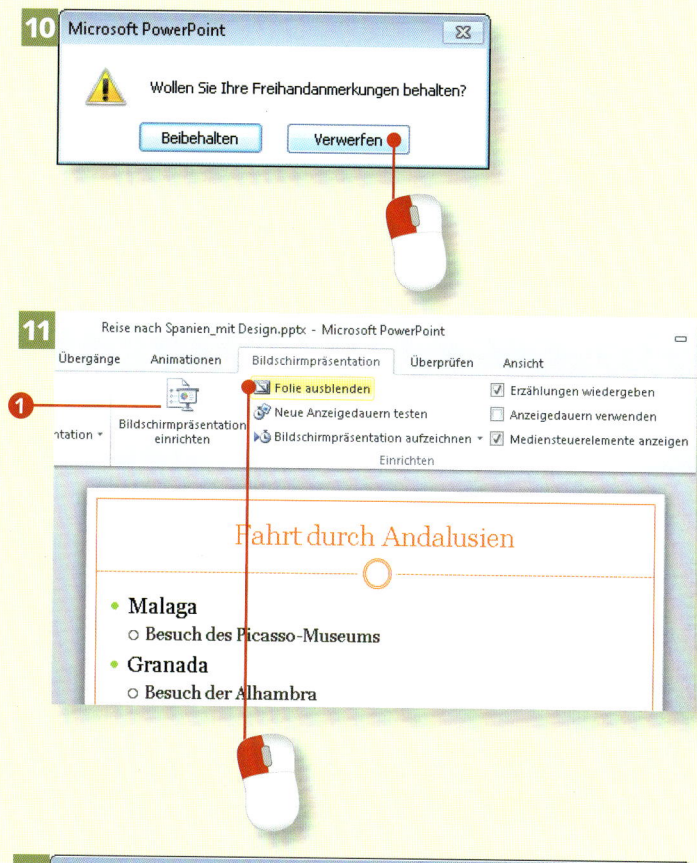

Schritt 12

Bildschirmpräsentationen können auch wie in einer Schleife immer wieder von vorn beginnen. Dazu öffnen Sie den Dialog **Bildschirmpräsentation einrichten** ❶. Hier klicken Sie auf die Option **Ansicht an einem Kiosk (volle Bildschirmgröße)**. Dies funktioniert natürlich nur mit festgelegten Einblendzeiten.

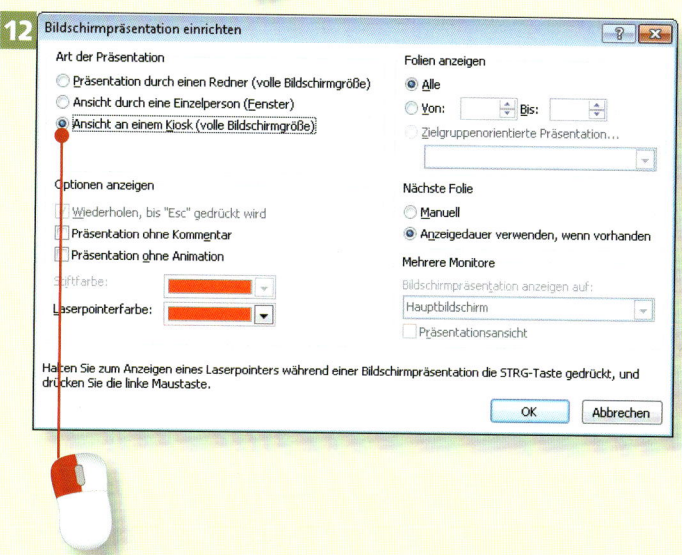

Kapitel 12
Kreative Präsentationen mit PowerPoint

In diesem Kapitel lernen Sie u. a., wie Sie Bilder und Grafiken in PowerPoint-Folien einbinden. Außerdem werden Sie selbst kreativ und erfahren, wie Sie eigene Zeichnungen ganz leicht mithilfe vorgefertigter Formen erstellen können.

Bilder einfügen
Es gibt Folienlayouts, die speziell für Grafiken gedacht sind ❶. Mit diesen Layouts haben Sie im Nu ein Foto eingefügt, das Sie dann mit den üblichen Mitteln der Bildbearbeitung weiterbearbeiten können.

Formen aufziehen
Mithilfe der vorgefertigten Formen ❷ ist es leicht, eigene Objekte zu zeichnen. Diese Formen können Sie mit den Befehlen auf der Registerkarte **Zeichentools** bearbeiten, farblich verändern und neu anordnen. Durch Gruppierung lassen sich mehrere Formen zu einem Objekt zusammenfassen.

Musik hinzufügen
Folien können mit Musik oder Ton abgespielt werden. Über die Registerkarte **Einfügen** fügen Sie eine Audiodatei ❸ ein, die Sie mithilfe einiger Abspielfunktionen unmittelbar testen können. Auf der Registerkarte **Bildschirmpräsentation** legen Sie fest, wann und wie der Sound während der Bildschirmpräsentation beginnen soll.

Nutzen Sie Fotos zur ❶ Gestaltung Ihrer Präsentation.

❷ Die Formenpalette in PowerPoint bietet eine Menge Gestaltungspotenzial.

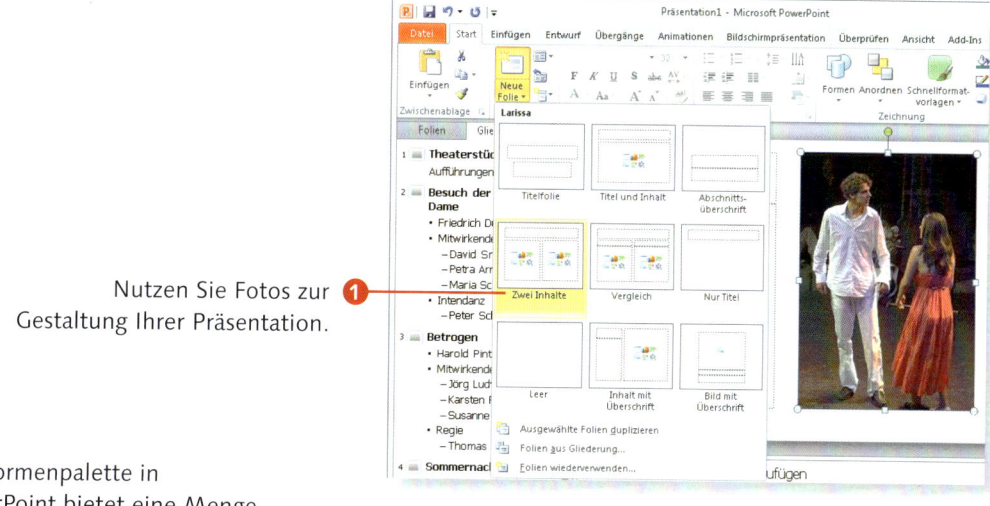

❸ Selbst Musik lässt sich problemlos einbinden.

Grafiken einfügen und verschieben

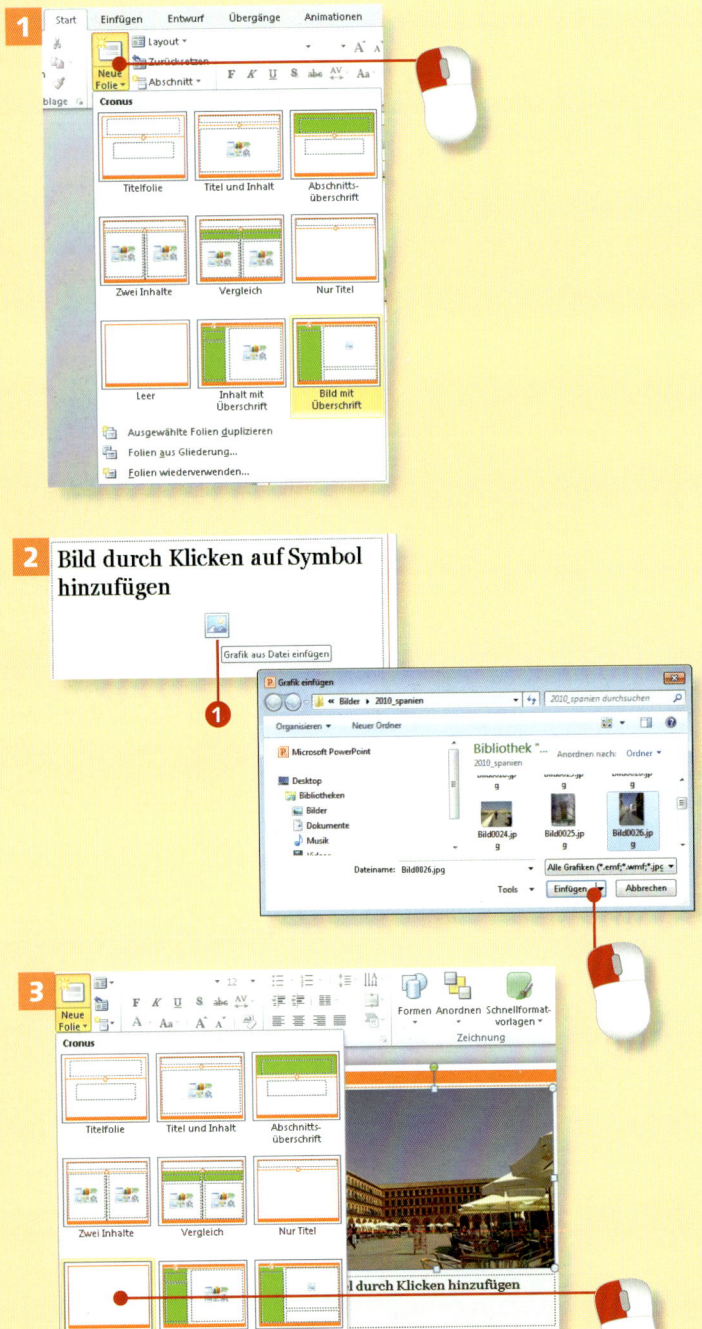

Mit den entsprechenden Layouts lassen sich Bilder und Grafiken blitzschnell einfügen und dann weiterbearbeiten.

Schritt 1

Es gibt Folienlayouts, die speziell für Grafiken und Bilder gedacht sind. Klicken Sie auf der Registerkarte **Start** auf **Neue Folie**, und wählen Sie beispielsweise **Bild mit Überschrift**. Denken Sie daran, vorher die Folie zu markieren, nach der Sie die neue Folie einfügen möchten.

Schritt 2

Auf der Folie prangt in der Mitte das Symbol **Grafik aus Datei einfügen** ❶. Klicken Sie darauf. Im Dialog **Grafik einfügen** navigieren Sie zu dem Ordner, in dem das Bild liegt. Dort markieren Sie es und klicken auf **Einfügen**.

Schritt 3

Das Bild passt sich in den Platzhalter ein, und Sie müssen nichts nachbearbeiten. Sie können aber auch eine ganz leere Folie verwenden und das Bild/die Bilder nach Gusto einfügen und platzieren. Wählen Sie im Menü des Symbols **Neue Folie** das Layout **Leer**.

Schritt 4

Jetzt verfahren Sie wie üblich. Klicken Sie auf der Registerkarte **Einfügen** auf das Symbol **Grafik** ❷. Im Dialog **Grafik einfügen** öffnen Sie den Ordner, in dem das Bild liegt, markieren es und klicken auf **Einfügen**.

Schritt 5

Das Foto landet auf der Folie, aber vermutlich nicht am gewünschten Ort. Führen Sie den Mauszeiger auf das Bild – Sie sehen den Vierfachpfeil –, und ziehen Sie es mit gedrückter Maustaste an die richtige Stelle. Mit den acht Ziehpunkten des markierten Bildes bringen Sie das Bild auf die passende Größe.

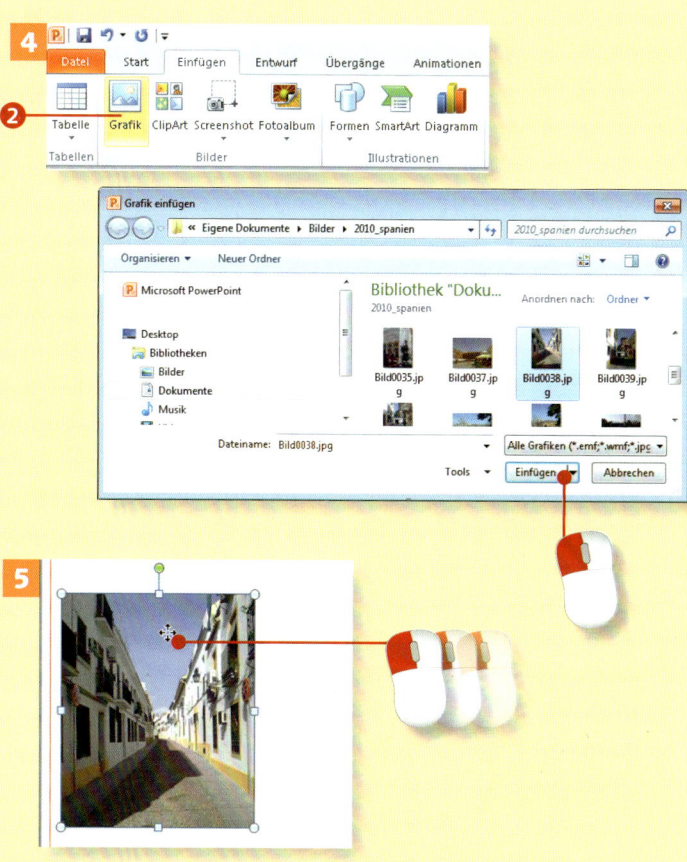

Schritt 6

Auf diese Weise können Sie weitere Fotos einfügen. Hilfreich sind in diesem Fall unter Umständen Führungslinien, mit denen Sie die Fotos sauber platzieren können. Dazu aktivieren Sie auf der **Registerkarte Ansicht** die gleichnamige Option.

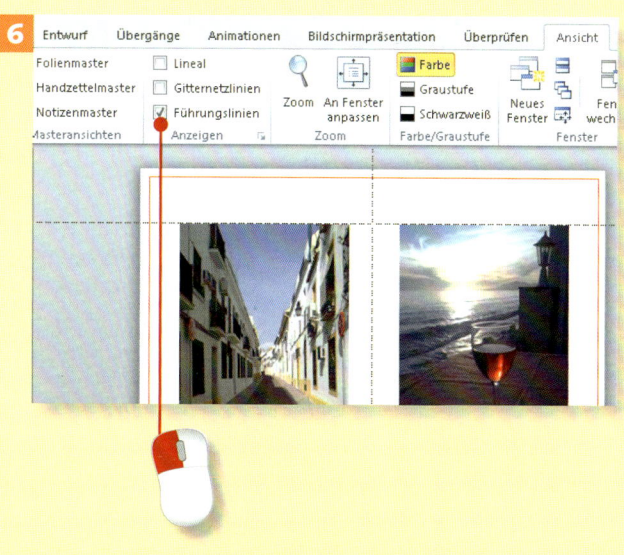

✚ Führungslinien

Führen Sie den Mauszeiger an die Linie, und ziehen Sie die Linie mit gedrückter Maustaste in die gewünschte Richtung. Wenn Sie die `Strg`-Taste gedrückt halten, fügen Sie weitere Führungslinien ein.

Rechtecke, Pfeile und andere Formen einfügen

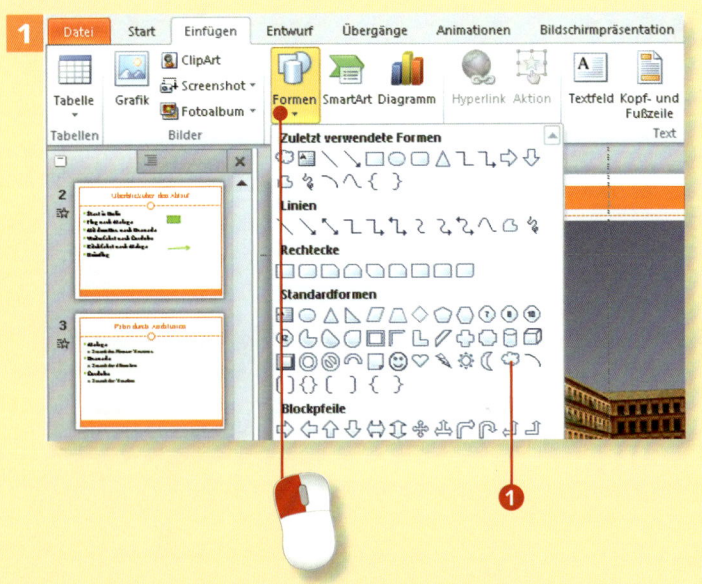

Fotos einfügen ist eine Sache, doch Sie können auch selbst kreativ werden und die Folie mit »gezeichneten« Objekten verschönern.

Schritt 1

Aktivieren Sie die Registerkarte **Einfügen**, und klicken Sie auf das Symbol **Formen**. In dem geöffneten Menü sind alle Formen gesammelt, die sich »aufziehen« lassen.

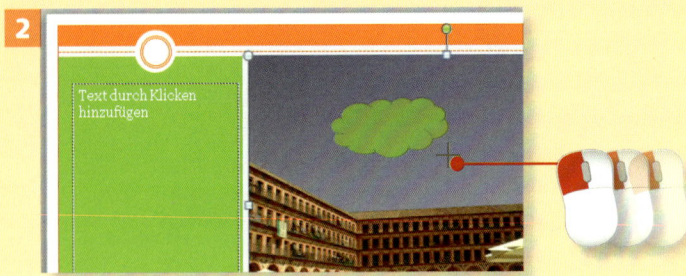

Schritt 2

Um beispielsweise eine Wolke einzufügen, klicken Sie im Bereich **Standardformen** das Symbol **Wolke** ❶ an. Dann führen Sie den Mauszeiger auf die Folie (er ändert sein Aussehen zu einem Fadenkreuz) und ziehen die Form mit gedrückter Maustaste auf.

Schritt 3

Die Wolke wird automatisch in der Farbe gezeichnet, die das gewählte Design für Objekte vorsieht. Aber natürlich lässt sie sich ändern. Klicken Sie unter **Zeichentools ▸ Format** auf das Symbol **Fülleffekt**, und wählen Sie aus der Palette eine andere Farbe, beispielsweise ein helles Grau.

Schritt 4

Auf die gleiche Art und Weise zeichnen Sie auch andere Formen. Um z. B. mit einem Pfeil auf etwas hinzuweisen, öffnen Sie wieder das Menü der Formen. Hier klicken Sie auf den Pfeil im Bereich **Linien ②**. Ziehen Sie den Pfeil wie gehabt auf.

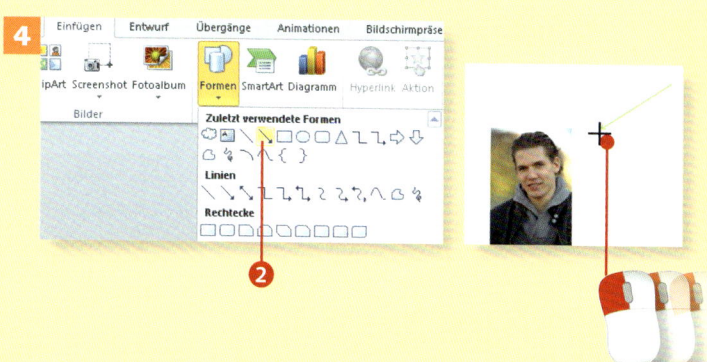

Schritt 5

Um diesen Pfeil zu bearbeiten, klicken Sie auf der Registerkarte **Zeichentools ▸ Format** auf **Formkontur**. Im Menü zeigen Sie auf **Stärke**, um im Untermenü einen breiteren Pfeil einzustellen, und auf **Pfeile**, um gegebenenfalls die Pfeilenden zu ändern.

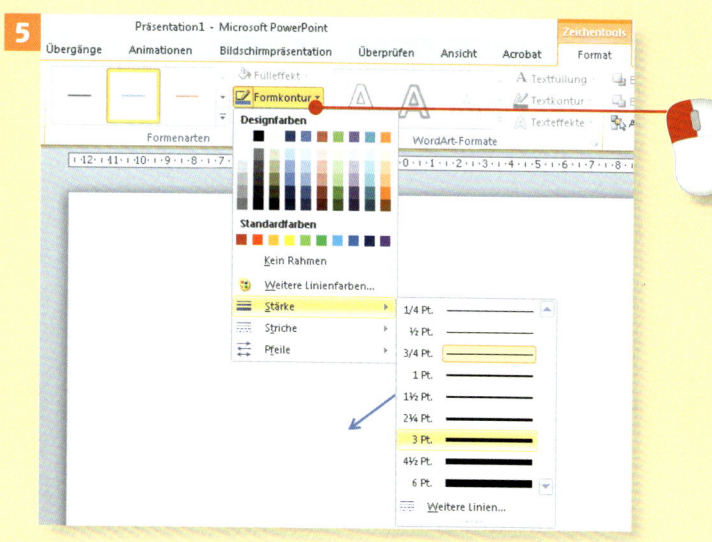

Schritt 6

Für eine schnelle Bearbeitung der gezeichneten Formen können Sie auch die fertigen Angebote nutzen. Markieren Sie die Form, und klicken Sie auf den Pfeil (**Weitere**) an der Auswahl der **Formenarten**. Klicken Sie dann einfach auf das gewünschte Format.

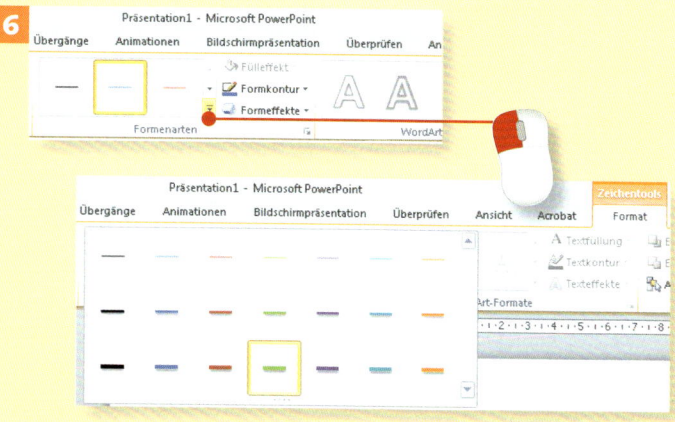

> **i**
>
> **Kein Fülleffekt**
>
> Bei den Pfeilen oder anderen Linien ist das Symbol **Fülleffekt** nicht aktiv, weil es nichts zu füllen gibt!

Objekte kopieren und gruppieren

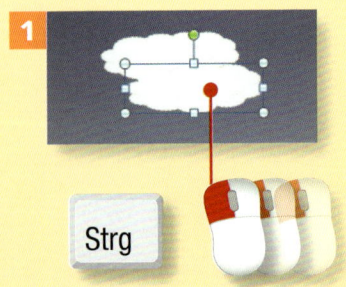

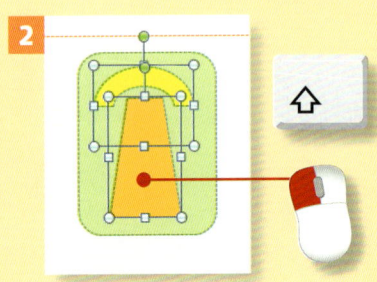

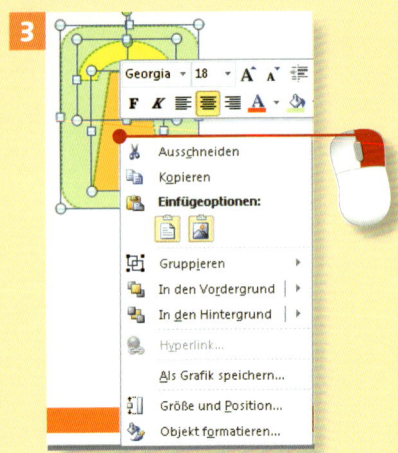

Dass man Formen und Grafiken auch kopieren kann, ist vermutlich nicht neu für Sie. Die praktische Möglichkeit der Gruppierung wird dabei aber oft übersehen.

Schritt 1

Um ein Formelement nochmals einzufügen, können Sie die klassische Methode verwenden (**Kopieren** und **Einfügen** auf der Registerkarte **Start**), oder Sie greifen zu folgendem Trick: Markieren Sie das Objekt, halten Sie die Strg-Taste gedrückt, und ziehen Sie mit gedrückter Maustaste.

Schritt 2

Wenn Sie mehrere Formen gezeichnet haben, die eine Grafik bilden, ist es sinnvoll, diese Formen zu gruppieren. Markieren Sie das erste Objekt, halten Sie die ⇧-Taste gedrückt, und klicken Sie dann die weiteren Objekte an.

Schritt 3

Nun sind alle Formen markiert, also mit einem Rahmen und Ziehpunkten versehen. Führen Sie den Mauszeiger dann auf die markierten Objekte, und rufen Sie per Klick auf die rechte Maustaste das Kontextmenü auf.

Mehrere Formen markieren
Mehrere Formen lassen sich auch markieren, indem Sie die Maustaste gedrückt halten und einen Rahmen um alle Formen aufziehen.

Schritt 4

Im Kontextmenü zeigen Sie auf **Gruppieren** und wählen ebenfalls die Option **Gruppieren**.

Schritt 5

Nach der Gruppierung ist aus den Objekten ein einziges Objekt geworden. Dies erkennen Sie daran, dass nur noch ein Rahmen mit Ziehpunkten um die Objekte liegt. Sie können diese gruppierten Formen jetzt en bloc bearbeiten, also beispielsweise als Ganzes verschieben oder vergrößern/verkleinern.

Schritt 6

Eine Gruppierung lässt sich aber auch wieder aufheben. Klicken Sie die Gruppe mit der rechten Maustaste an, und wählen Sie im Kontextmenü **Gruppierung ▸ Gruppierung aufheben**. Nun können Sie die Formen wieder einzeln verschieben oder in der Größe verändern.

Verstreute Formen gruppieren

Die Formen und Grafiken, die Sie gruppieren möchten, müssen nicht dicht nebeneinanderliegen. Mithilfe der `Strg`-Taste können Sie auch eine Form einbeziehen, die irgendwo auf der Folie liegt.

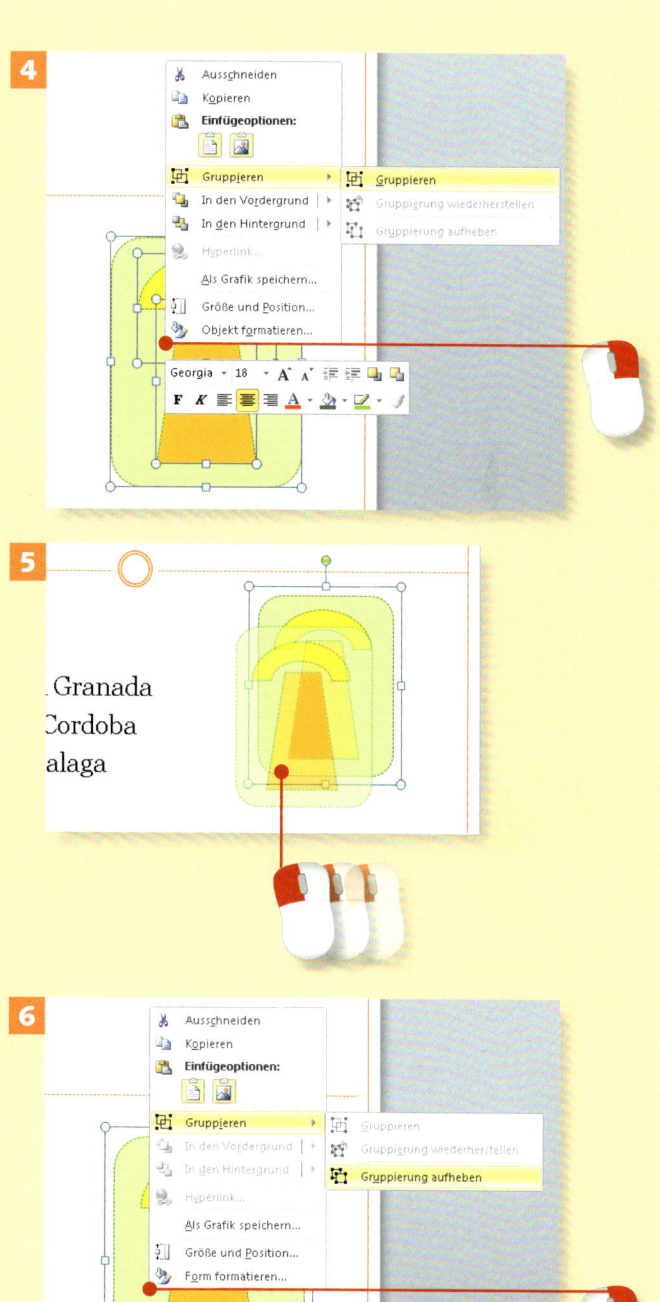

Die Reihenfolge von Objekten ändern

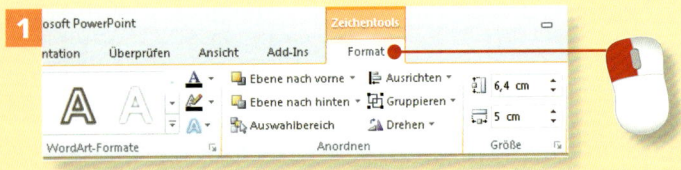

Wenn Sie eine Zeichnung erstellt haben, die aus mehreren Objekten/Formen besteht, sollen manche Formen vor einer anderen Form liegen oder umgekehrt. Sie regeln das über die Anordnungsfunktion.

Schritt 1

Die Funktionen bzw. Möglichkeiten der **Anordnung** finden Sie auf der Registerkarte **Zeichentools ▸ Format** im Bereich **Anordnen**.

Schritt 2

Im Beispiel wird die Sonne von der anderen Form verdeckt. Um die Sonne vor das Rechteck zu legen, markieren Sie das Rechteck und klicken auf der Registerkarte **Format** auf das Symbol **Ebene nach hinten**.

Schritt 3

Wenn Sie mehrere (nicht nur zwei) Objekte bearbeiten und eine Form ganz nach hinten legen möchten, markieren Sie diese Form und klicken auf den Pfeil am Symbol **Ebene nach hinten**. Im Menü wählen Sie **In den Hintergrund**.

Schritt 4

Auch wenn Sie eine Form hinter einen Text legen möchten, müssen Sie in der Regel die Anordnung ändern. Ziehen Sie eine Sprechblase auf einer Folie mit Text auf (**Einfügen ▸ Formen ▸ Legenden ▸ Ovale Legende**). Sie verdeckt den Text. Markieren Sie sie, und klicken Sie auf der Registerkarte **Format** auf **Ebene nach hinten**.

Schritt 5

Wenn Sie Fotos neu anordnen möchten, müssen Sie immer die Befehle **In den Vordergrund** bzw. **in den Hintergrund** nutzen. Um ein Foto vor das andere zu legen, klicken Sie also auf **Ebene nach vorn ▸ In den Vordergrund**.

Schritt 6

Sie finden die Befehle für die Anordnung auch im Kontextmenü einer Form bzw. eines Bildes. Klicken Sie mit der rechten Maustaste auf das Bild, und wählen Sie **In den Vordergrund** oder **In den Hintergrund** und die jeweilige Option in den Untermenüs.

Einen Sound hinzufügen

Der passende Sound zum jeweiligen Thema wird dazu beitragen, dass das Publikum Ihrer Präsentation gespannt folgt!

Schritt 1

Klicken Sie auf der Registerkarte **Einfügen** auf den Pfeil am Symbol **Audio**. Im Menü des Symbols **Audio** wählen Sie die Option **Audio aus Datei**.

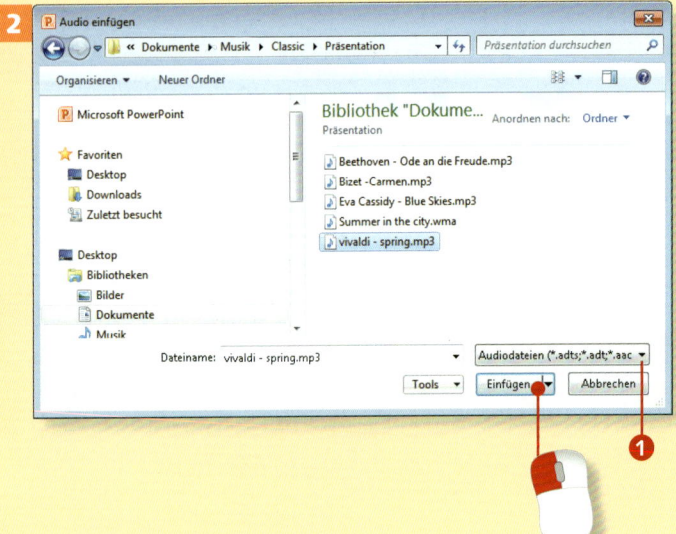

Schritt 2

Daraufhin wird der Dialog **Audio einfügen** geöffnet. Hier navigieren Sie zu dem Ordner, in dem Sie Musik- und Sounddateien abgelegt haben. In dem Dialog ist als Dateityp **Audiodateien** ❶ eingestellt, sodass alle passenden Dateien aufgelistet werden. Markieren Sie eine Datei, und klicken Sie auf **Einfügen**.

Schritt 3

Auf der Folie erscheinen nun ein Lautsprechersymbol und die Abspielfunktionen (**Wiedergabe**, **rückwärts**, **vorwärts** und ein Symbol für die Einstellung der Lautstärke). Verschieben Sie das Lautsprechersymbol am besten an eine Ecke der Folie.

Schritt 4

Sie können Ihre Audiodatei direkt auf der Folie testen. Sobald Sie das Lautsprechersymbol anklicken, tauchen die Abspielfunktionen auf. Klicken Sie auf den Pfeil zur Wiedergabe, und regulieren Sie notfalls die Lautstärke ❷.

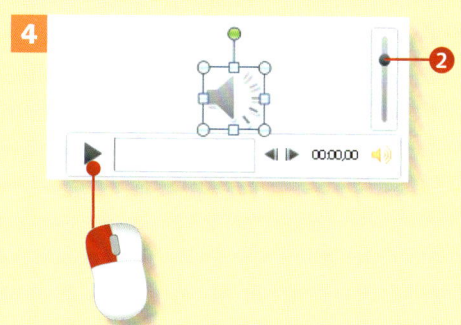

Schritt 5

Wie sich die Audiodatei bei der Bildschirmpräsentation verhält, legen Sie auf der Registerkarte **Animationen** fest. Markieren Sie das Lautsprechersymbol, und klicken Sie auf das Symbol **Wiedergabe**. Wenn der Sound/die Musik erst bei einem Mausklick ertönen soll, stellen Sie im Feld **Start** die Option **Beim Klicken** ❸ ein.

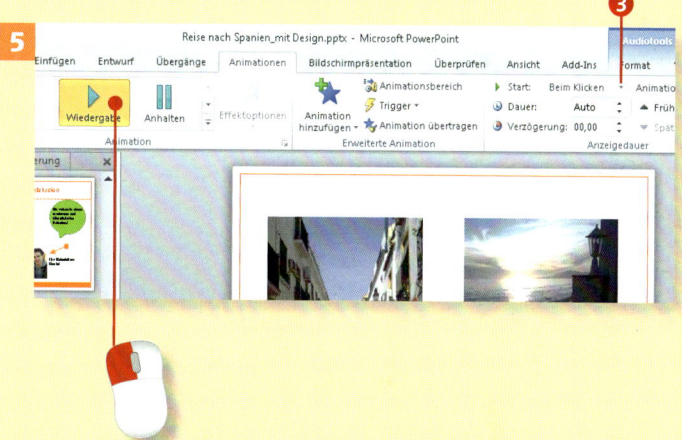

Schritt 6

Wenn die Audiodatei automatisch starten soll, können Sie im Feld **Start** entweder **Mit Vorherigen** oder **Nach Vorherigen** einstellen. Mit der ersten Option beginnt der Sound zum gleichen Zeitpunkt wie die vorherige Animation, mit der zweiten Option nach dem Abschluss dieser Animation.

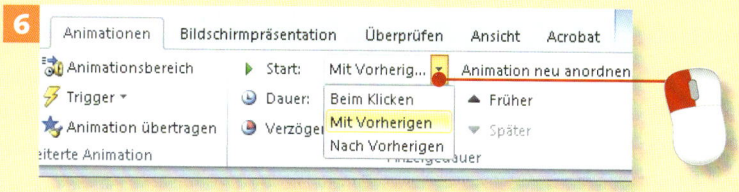

Sound beenden

Wann und wie ein Sound beendet werden soll, legen Sie ähnlich wie die Wiedergabe fest, nur dass Sie auf der Registerkarte **Animationen** im Bereich **Animation** auf **Anhalten** klicken.

Präsentationen speichern und drucken

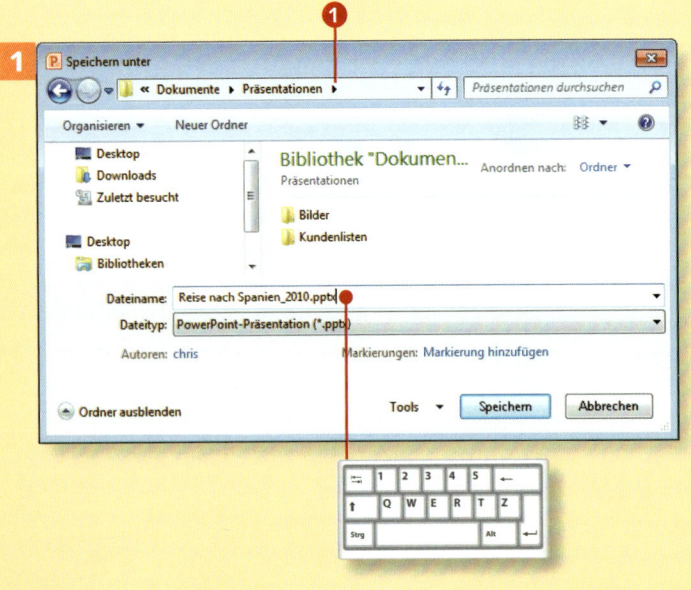

Sie können Folien auch ganz klassisch ausdrucken, bevor Sie sie präsentieren. Für den Ausdruck bietet Power-Point mehrere Optionen an.

Schritt 1

Im Normallfall speichern Sie Ihre Datei als PowerPoint-Präsentation. Dazu klicken Sie auf **Datei** und wählen **Speichern unter**. Im Dialog **Speichern unter** wählen Sie den Ordner **1** und geben der Präsentation einen Namen.

Schritt 2

Die Folien einer Präsentation lassen sich auch ganz normal auf Papier ausdrucken. Klicken Sie im Menü **Datei** auf **Drucken** **2**. Wenn Sie alle Folien auf je einer Seite ausdrucken möchten, belassen Sie es bei der Standardeinstellung und klicken direkt auf die Schaltfläche **Drucken**.

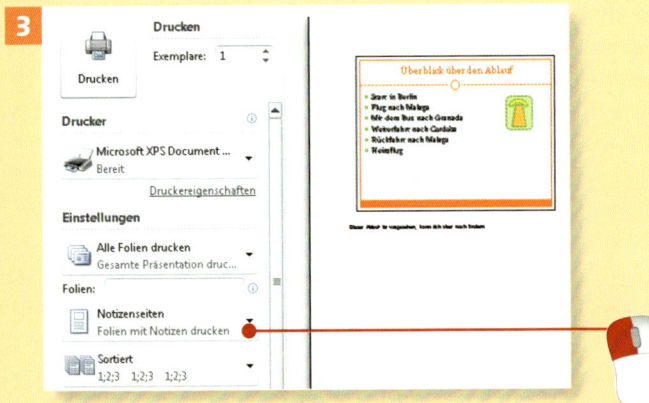

Schritt 3

Um die Folien jeweils verkleinert, aber dafür mit dem Text, den Sie in den Notizbereich eingegeben haben, auszudrucken, klicken Sie auf den Pfeil an dem Feld, in dem standardmäßig die Option **Ganzseitige Folien** eingestellt ist. Im Auswahlmenü wählen Sie **Notizenseiten**.

Schritt 4

In diesem Menü finden Sie auch den Bereich **Handzettel**. Wählen Sie hier beispielsweise das Symbol **4 Folien vertikal**. In der Vorschau sehen Sie das Resultat des Ausdrucks.

Schritt 5

Kleine Handzettel mit den Folien lassen sich auch in einem Word-Dokument erstellen. Klicken Sie dazu auf **Datei ▸ Speichern und Senden ❸**. In der Mitte klicken Sie auf **Handzettel erstellen** und rechts erneut auf das Symbol **Handzettel erstellen**.

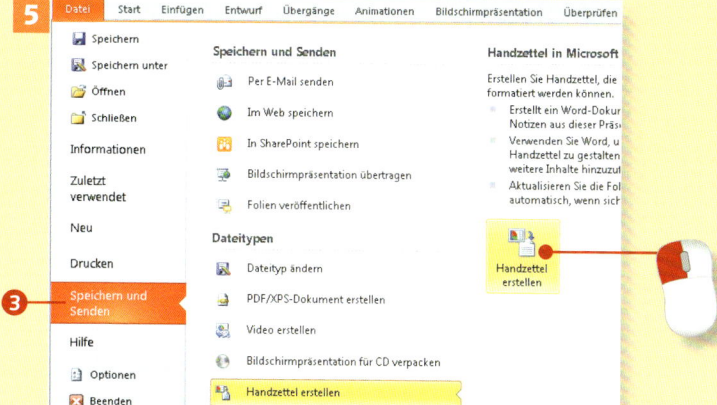

Schritt 6

Im Dialog **An Microsoft Word senden** können Sie noch ein Seitenlayout festlegen. Dann klicken Sie auf **OK**. Das Word-Dokument mit den Folien (in einer Tabelle) wird nun automatisch erstellt. Sie können es auf dem üblichen Weg weiterbearbeiten und formatieren.

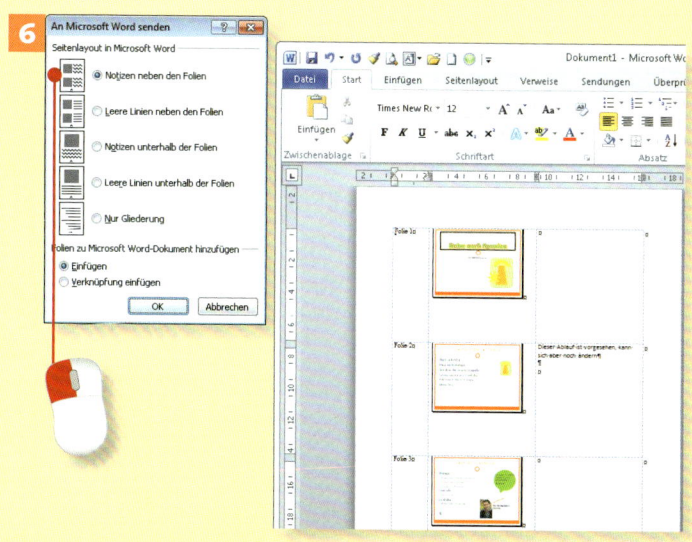

Handzettel im Word-Dokument
Bei der Erstellung von Handzetteln im Word-Format taucht das neue Word-Dokument automatisch in der Taskleiste auf, sodass Sie es per Mausklick öffnen können.

Kapitel 13
Seriendruck in Office

Ob Einladungen, Werbebriefe oder Kundeninformationen – wann immer viele Empfänger den gleichen Brief erhalten sollen, sind Serienbriefe die richtige Wahl. Wir zeigen Ihnen in diesem Kapitel, wie Sie die Seriendruckfunktion von Word richtig nutzen und eine Excel-Liste oder Ihre Outlook-Kontakte als Datenquelle verwenden.

Seriendruck starten und Empfängerliste erstellen

Sie starten den Seriendruck auf der Registerkarte **Sendungen**. Der zweite Schritt besteht darin, die Datenquelle zu bestimmen. Sofern Sie nicht auf eine vorhandene Adressliste zurückgreifen, können Sie über den Befehl **Neue Liste eingeben** eine neue Adressliste ❶ erstellen.

Vorhandene Adresslisten nutzen

Anstatt eine neue Adressliste zu erstellen, können Sie für den Serienbrief auch vorhandene Adresslisten ❷ nutzen. Sie wählen im Menü **Empfänger auswählen** entweder die Option **Vorhandene Liste verwenden** oder **Aus Outlook-Kontakten auswählen**. Sie können den Serienbrief aber auch direkt aus Outlook starten, nachdem Sie dort Kontakte ausgewählt und als Datenquelle festgelegt haben.

1 Fassen Sie die Empfänger des Serienbriefs in einer Liste zusammen.

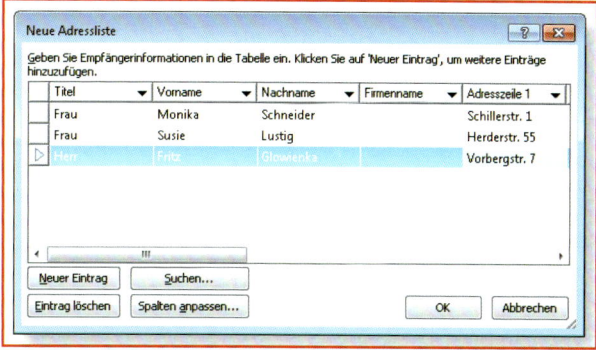

Sie können auch **2** bereits gespeicherte Adresslisten benutzen.

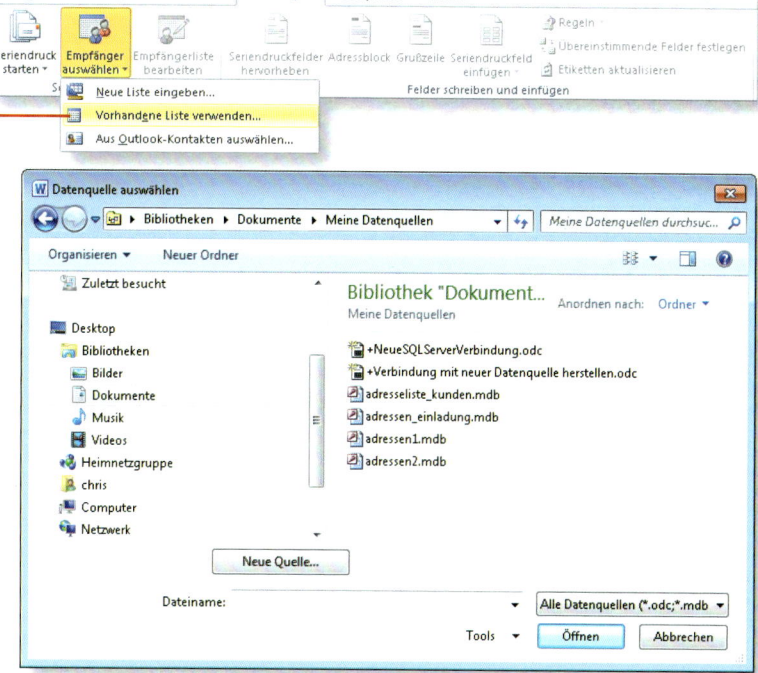

Die Serienbrieffunktion von Word

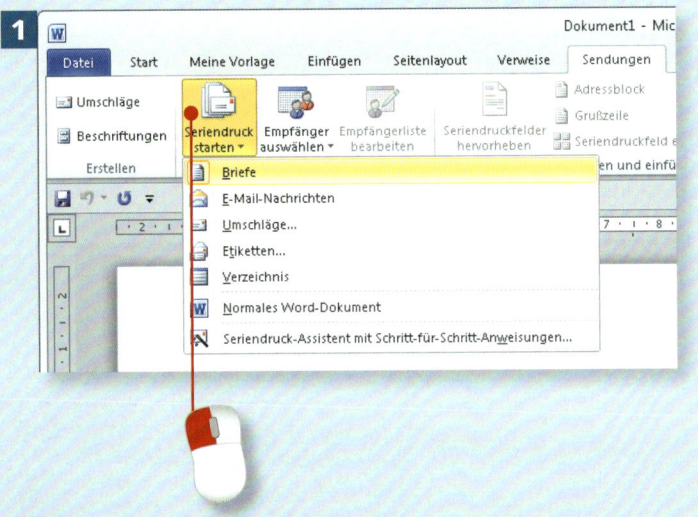

Der Umgang mit der Serienbrieffunktion von Word gilt als hohe Kunst der Textverarbeitung. So schwer ist es aber gar nicht.

Schritt 1

Um einen Serienbrief zu schreiben, öffnen Sie ein neues Dokument und aktivieren die Registerkarte **Sendungen**. Anschließend klicken Sie auf **Seriendruck starten** und im Menü auf den Eintrag **Brief**.

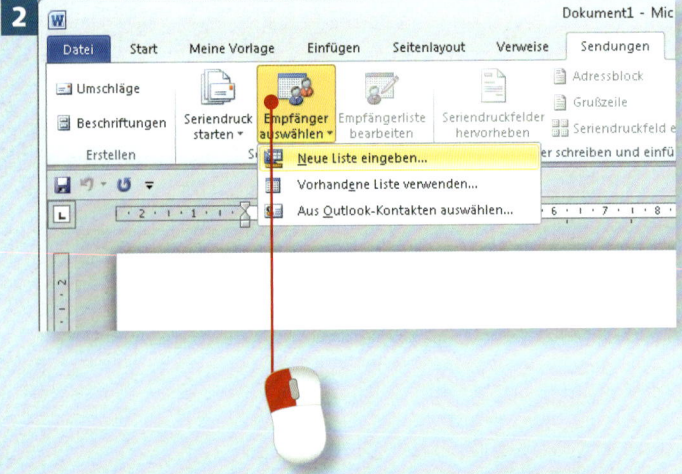

Schritt 2

Als Nächstes müssen Sie die Datenquelle bestimmen. Klicken Sie dazu auf **Empfänger auswählen** und im Menü auf **Neue Liste eingeben**. Sie müssen nicht jedes Mal eine neue Datenquelle erstellen, denn Sie können auch auf vorhandene zurückgreifen (wie das geht, zeigen wir Ihnen noch).

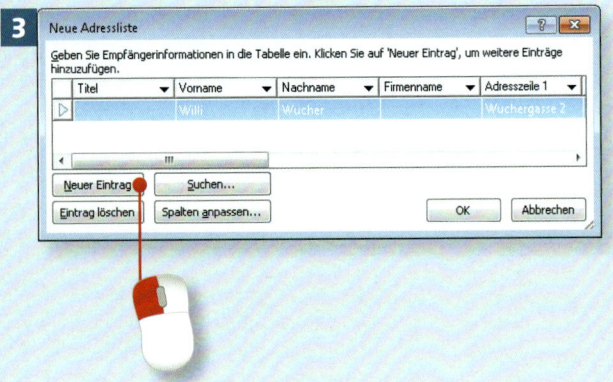

Schritt 3

Im Dialog **Neue Adressliste** tragen Sie die Adressinformationen ein, wobei in jeder Zeile die Daten zu einem Empfänger stehen. Um eine neue Adresse einzugeben, klicken Sie auf **Neuer Eintrag**. Wenn Sie alle Adressen eingegeben haben, verlassen Sie den Dialog mit **OK**.

Schritt 4

Die Adressliste muss gespeichert werden. Im Dialog **Adressliste speichern** wählen Sie einen Ordner (Windows schlägt **Meine Datenquellen** vor). Geben Sie der Datei einen Namen, und belassen Sie den Dateityp bei **Microsoft Office Adressliste**. Klicken Sie abschließend auf **Speichern**.

Schritt 5

Noch mal zur Datenquelle: Um die eingegebenen Daten zu ändern oder zu ergänzen, klicken Sie auf das Symbol **Empfängerliste bearbeiten** ❶. Wählen Sie im folgenden Dialog im Bereich **Datenquelle** die soeben gespeicherte Datei, und klicken Sie dann auf **Bearbeiten**.

Schritt 6

Es wird wieder der Dialog angezeigt, den Sie bereits kennen. Hier können Sie neue Datensätze anlegen oder vorhandene bearbeiten. Über die Schaltfläche **Spalten anpassen** rufen Sie einen Dialog auf, in dem Sie neue Spalten hinzufügen oder nicht benutzte Spalten entfernen können.

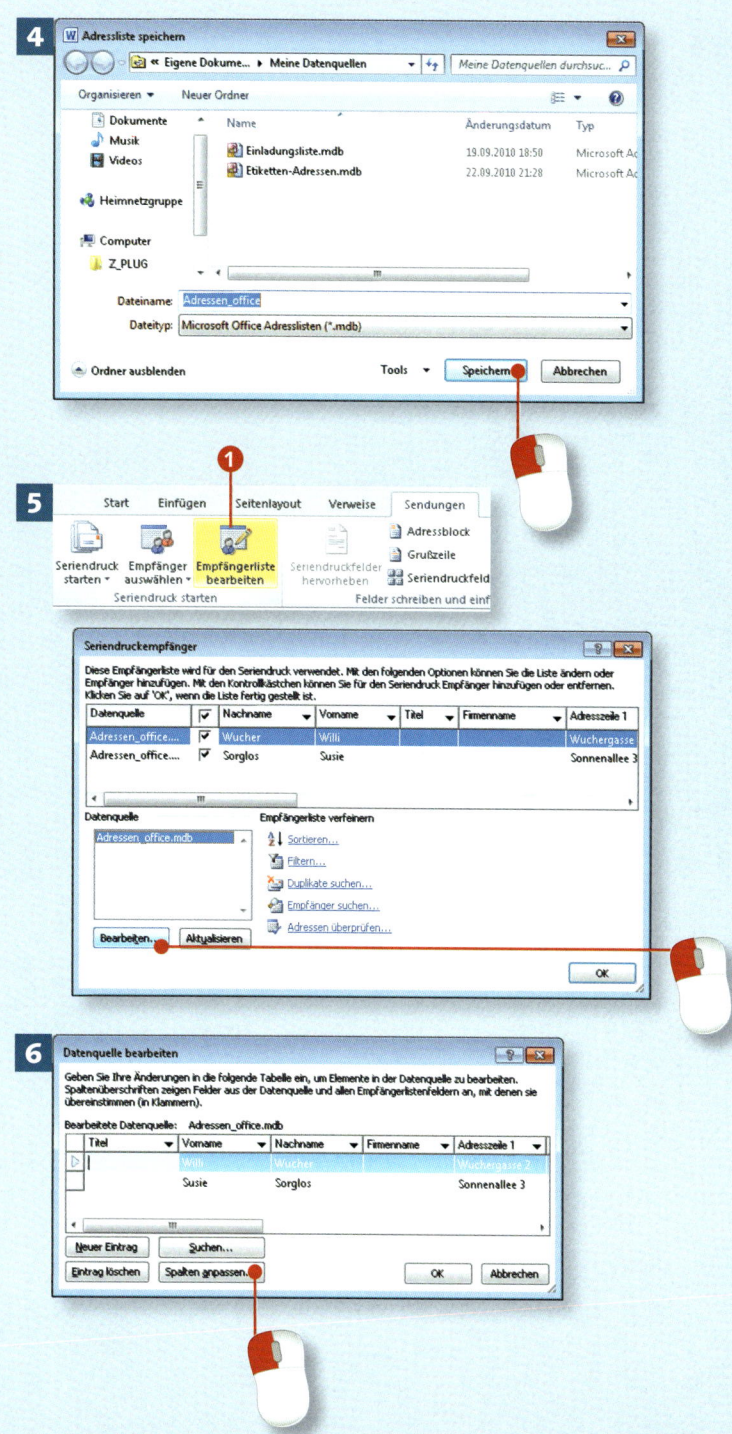

Einfügen der Datenfelder

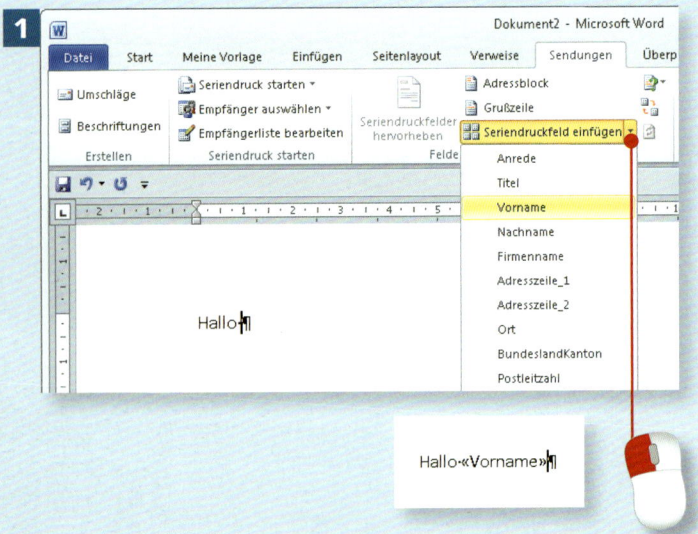

Nachdem Sie den Seriendruck so weit vorbereitet haben, können Sie mit dem Schreiben des Serienbriefs beginnen.

Schritt 1

Um ein Seriendruckfeld einzufügen, setzen Sie den Cursor an die entsprechende Stelle. Klicken Sie dann auf der Registerkarte **Sendungen** auf **Seriendruckfeld einfügen**. Im Menü wählen Sie ein Feld aus.

Schritt 2

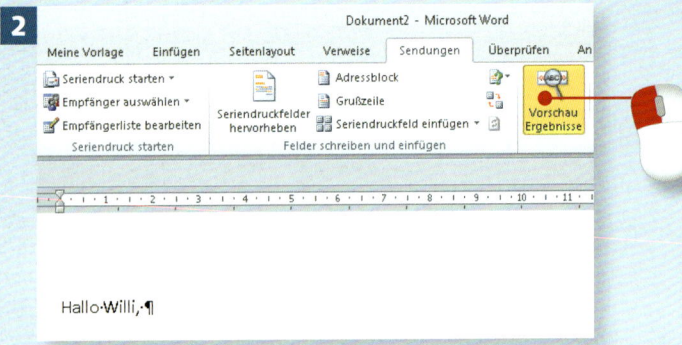

Das Seriendruckfeld erscheint im Text (in doppelten Klammern). Für eine Vorschau auf den fertigen Serienbrief klicken Sie auf der Registerkarte **Sendungen** auf **Vorschau Ergebnisse**. Alle eingefügten Felder werden mit den Werten aus der Datenquelle (Adressliste) gefüllt.

Schritt 3

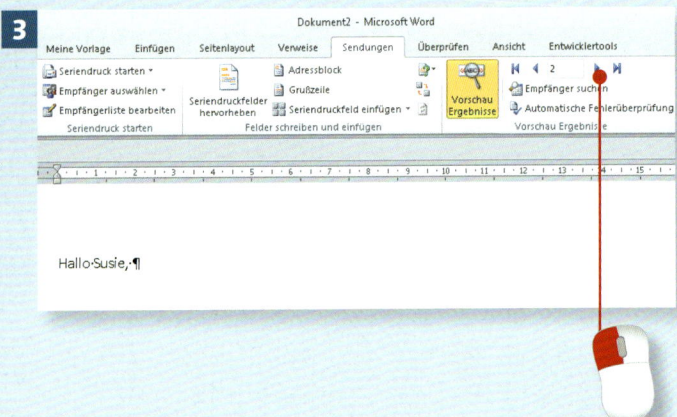

Mit den Pfeiltasten im Bereich **Vorschau Ergebnisse** können Sie durch die Briefe navigieren. Im Text werden die jeweiligen Empfänger angezeigt (im Seriendruckfeld *Vorname* also jeweils die Vornamen). Um die Vorschau auszuschalten, klicken Sie erneut auf **Vorschau Ergebnisse**. Sie sehen dann wieder den Text mit den Seriendruckfeldern.

Schritt 4

Auf diese Art und Weise (also durch Einfügen der jeweiligen Seriendruck-felder) können Sie den Text Ihres Serienbriefes vervollständigen und die Adresse und Grußzeile zusam-menbauen. Sie können dafür aber auch – wie wir es in den nächsten Schritten zeigen – auf die Hilfe von Word zurückgreifen.

Schritt 5

Um einen kompletten Adressblock einzufügen, klicken Sie auf der Registerkarte **Sendungen** auf das Symbol **Adressblock** ❶. Im Dia-log **Adressblock einfügen** wählen Sie rechts unter **Adresselemente festlegen** das Format. Im Bereich **Vorschau** können Sie die Einstellung kontrollieren. Falls Sie eine Daten-liste verwenden, die andere Feldna-men verwendet als Word, können Sie über die Schaltfläche **Felder wählen** die Zuordnung anpassen.

Schritt 6

Im zugehörigen Dialog **Über-einstimmende Felder festlegen** können Sie für jedes Feld, das im Adressblock verwendet wird, ein übereinstimmendes Feld aus der Datenquelle bzw. Adressliste be-stimmen.

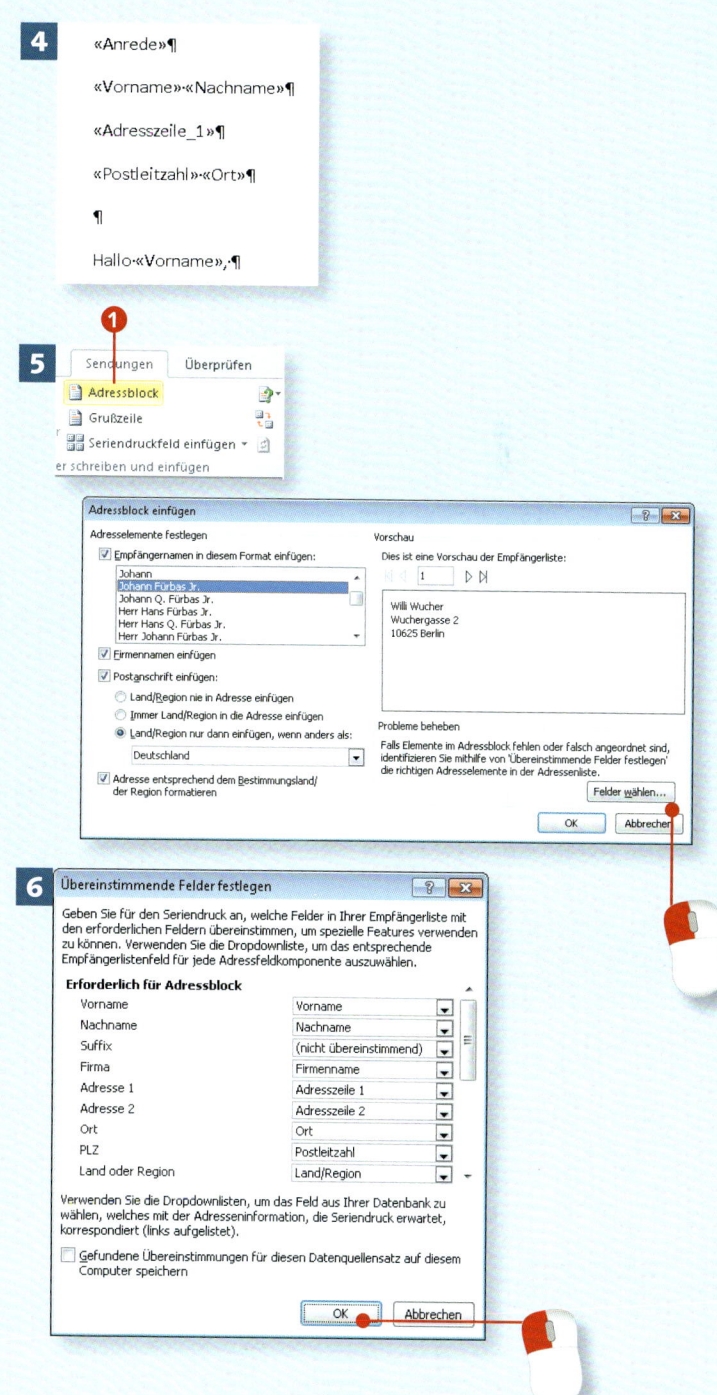

Einfügen der Datenfelder (Forts.)

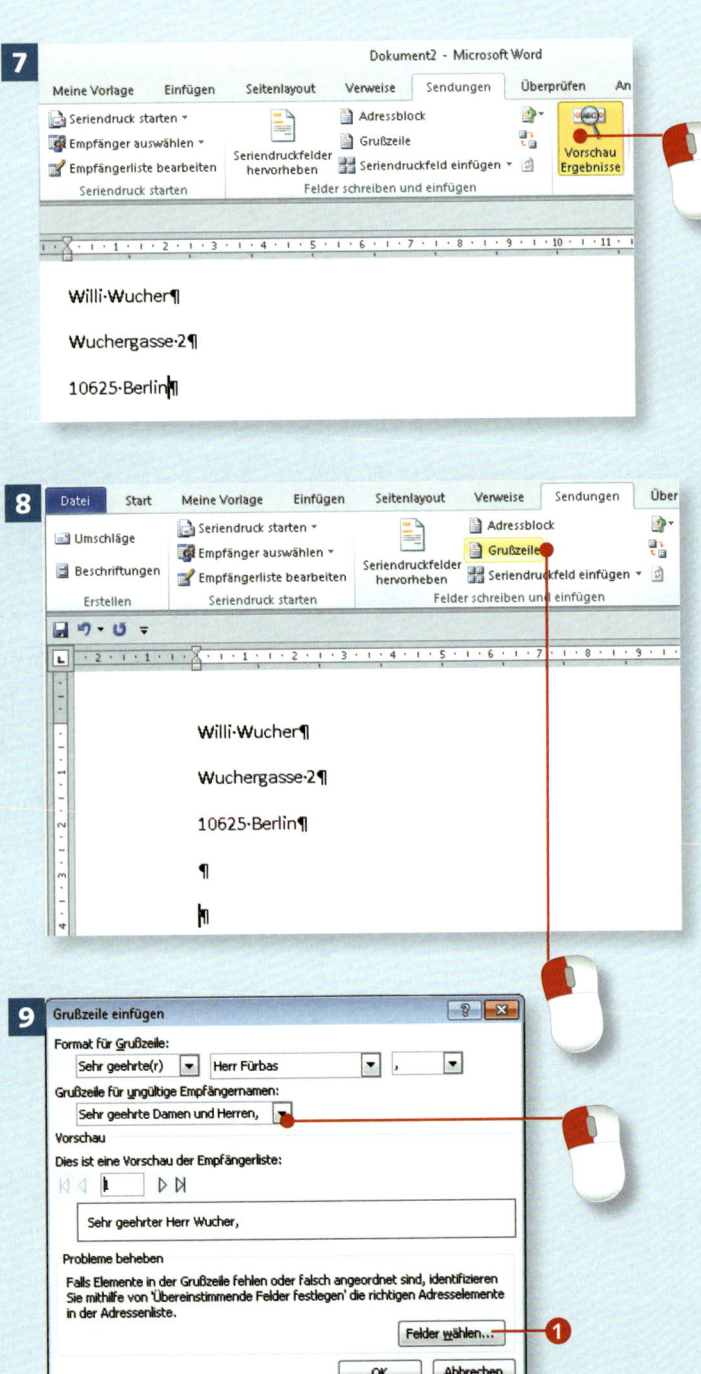

Schritt 7

Nachdem Sie beide Dialoge mit **OK** verlassen haben, wird der Adress-block in das Dokument eingefügt. Auch hier können Sie über das Symbol **Vorschau Ergebnisse** eine Qualitätskontrolle durchführen und prüfen, ob die Ergebnisse in Ord-nung sind.

Schritt 8

Ähnlich wie den Adressblock können Sie eine Grußzeile einfügen. Setzen Sie den Cursor an die betreffende Stelle im Text, und klicken Sie auf das Symbol **Grußzeile**.

Schritt 9

Im Dialog **Grußzeile einfügen** be-stimmen Sie zuerst das Format für die Grußzeile. Wenn die Grußzeile in der Vorschau nicht so aussieht, wie Sie sich das vorstellen, liegt es wahr-scheinlich an der Feldzuordnung. Klicken Sie in dem Fall also auf die Schaltfläche **Felder wählen** ❶.

Schritt 10

Im Dialog **Übereinstimmende Felder festlegen** sind insbesondere die beiden Felder im Bereich **Erforderlich für Grußzeile** von Interesse. Wählen Sie die korrespondierenden Felder Ihrer Adressliste aus. Im Feld **Anrede** erwartet Word Einträge wie »Herr« oder »Frau«.

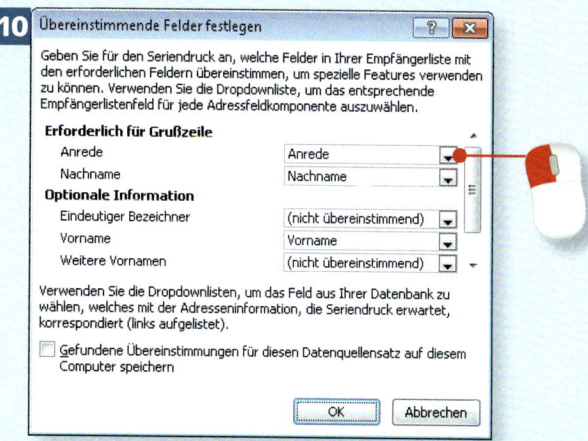

Schritt 11

Nachdem Sie beide Dialoge bestätigt haben, wird das Feld für die Grußzeile eingefügt. Auch hier hilft wieder die Vorschau, um die Ergebnisse zu kontrollieren.

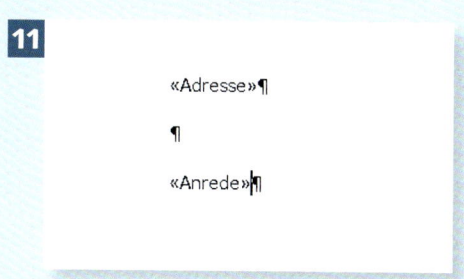

Schritt 12

Klicken Sie also auf das Symbol **Vorschau Ergebnisse**. In der Vorschau werden die tatsächlichen Adressen in den Briefen angezeigt. In den Abbildungen sehen Sie sowohl den Adressblock als auch die Grußzeile.

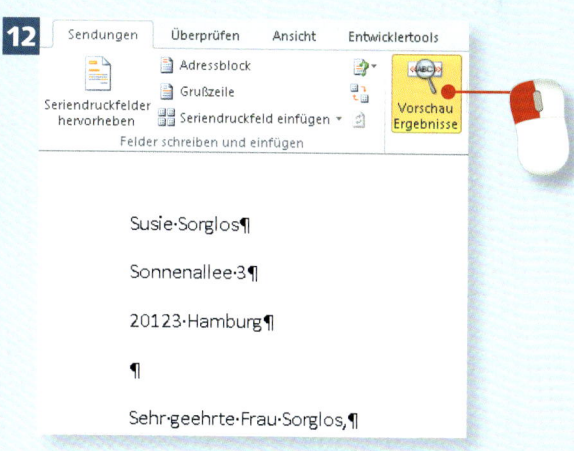

Die Grußzeile

Anhand der Einträge in den Feldern **Anrede** und **Titel** ermittelt Word das Geschlecht, um die Grußzeile anzupassen. Leider übernimmt Word dabei nicht die Angaben, die üblicherweise im Feld **Titel** gemacht werden, wie *Dr.* oder *Prof.*

Das Outlook-Adressbuch als Datenquelle nutzen

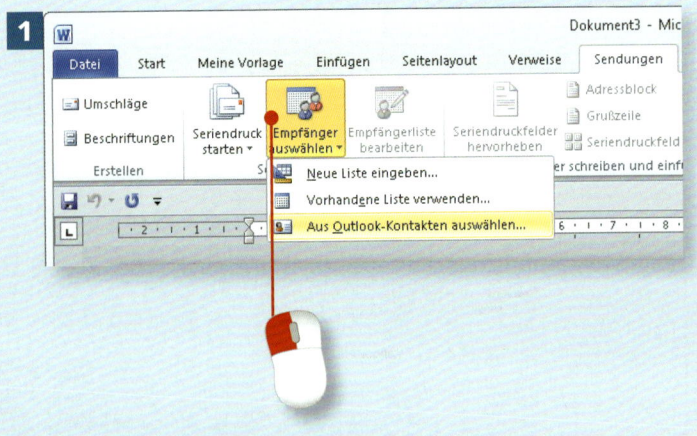

Sie müssen nicht für jeden Serienbrief eine neue Empfängerliste erstellen. Genauso gut können Sie auf Ihre Adressen zurückgreifen, die Sie in Outlook sammeln.

Schritt 1

Beginnen Sie Ihren Serienbrief, wie wir es im ersten Abschnitt dieses Kapitels gezeigt haben. Allerdings wählen Sie im Menü des Symbols **Empfänger auswählen** den Eintrag **Aus Outlook-Kontakten auswählen**.

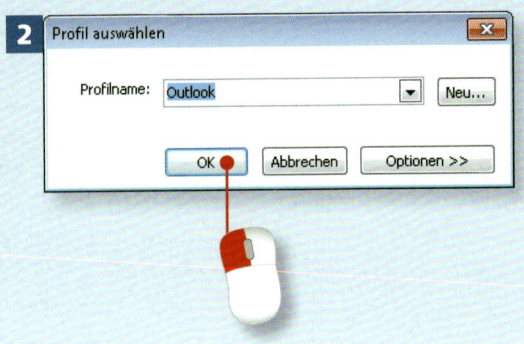

Schritt 2

Wenn Sie Outlook nicht geöffnet haben, müssen Sie zunächst Ihr Profil auswählen. Sofern Sie nur ein Profil eingerichtet haben (was die Regel sein dürfte), können Sie den vorangestellten Profilnamen übernehmen.

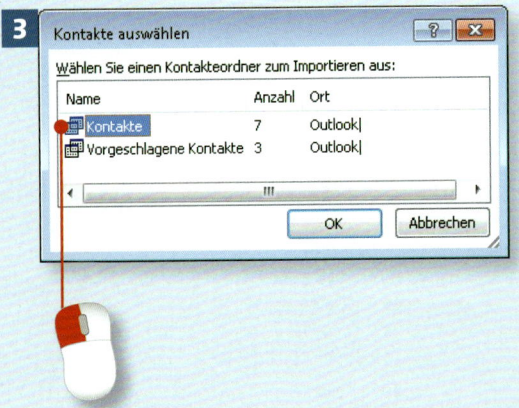

Schritt 3

Im folgenden Dialog wählen Sie den gewünschten Kontakt-Ordner aus. Auch hier dürfte die Auswahl nicht allzu groß sein, da normalerweise nur ein Kontakt-Ordner verwendet wird.

Schritt 4

Im Dialog **Seriendruckempfänger** erhalten Sie eine Liste aller Kontakte, die in dem gewählten Ordner vorhanden sind. Wenn es Einträge gibt, die nicht zu den Empfängern des Serienbriefs gehören sollen (oder für die keine vollständigen Adressinformationen vorliegen), können Sie den Kreis der Empfänger hier einschränken.

Schritt 5

Deaktivieren Sie die Häkchen in den Zeilen, die Namen und Adressen enthalten, die den Serienbrief nicht erhalten sollen. Verlassen Sie den Dialog dann mit **OK**.

Schritt 6

Anschließend können Sie in Ihrem Serienbrief auf alle Kontaktinformationen aus Outlook über die Seriendruckfelder zugreifen.

i

Datensätze einschränken

Wie in Schritt 5 bereits gezeigt, können Sie im Dialog **Seriendruckempfänger** die Anzahl der Empfänger reduzieren (siehe auch den Abschnitt »Daten filtern und sortieren« ab Seite 280).

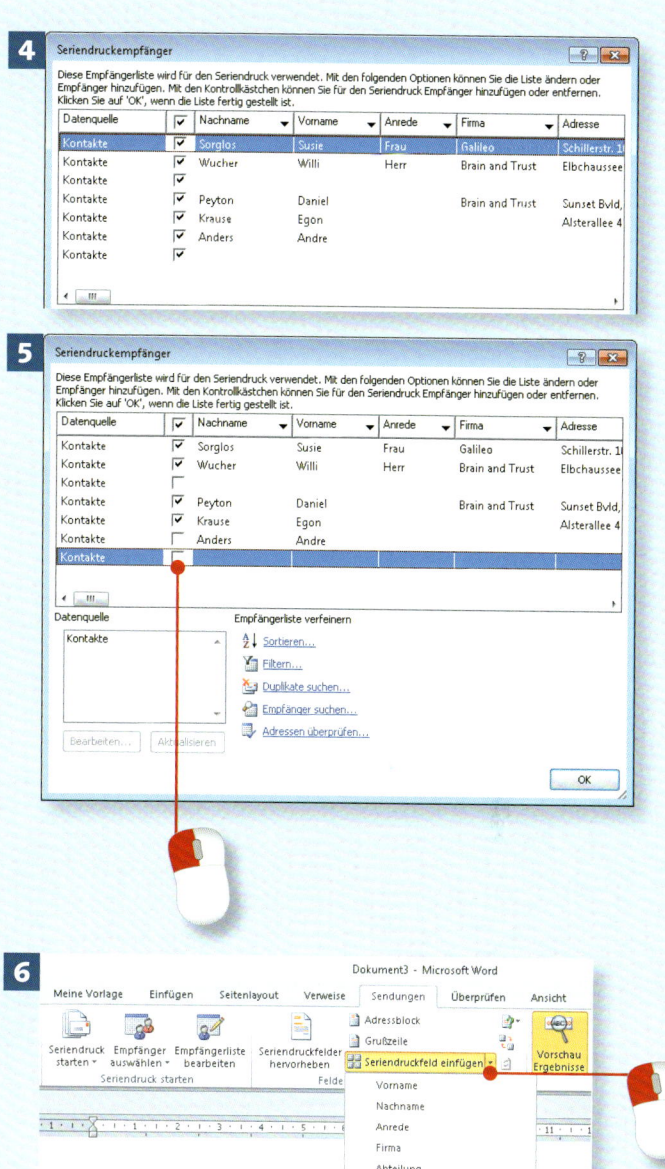

Eine Excel-Adressliste als Datenquelle nutzen

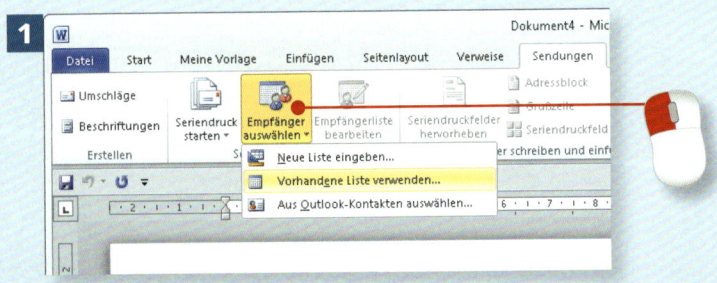

Auch Adressen, die Sie in Excel sammeln und verwalten, können Sie in Serienbriefen nutzen. Voraussetzung ist natürlich, dass Sie die Adressinformationen sinnvoll in Spalten und Zeilen abgelegt haben.

Schritt 1

Beginnen Sie Ihren Serienbrief, wie zuvor beschrieben. Klicken Sie dann im Menü des Symbols **Empfänger auswählen** auf den Eintrag **vorhandene Liste verwenden**.

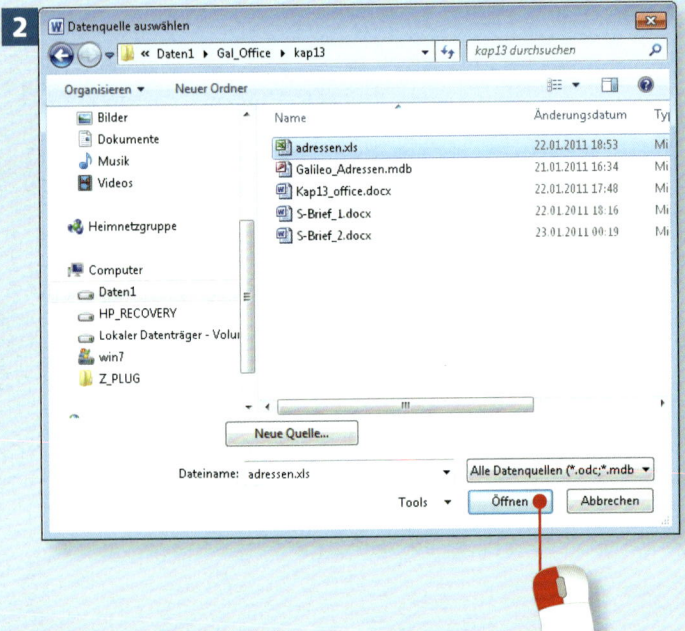

Schritt 2

Im folgenden Dialog **Datenquelle auswählen** markieren Sie die Excel-Datei, die die Adressinformationen enthält. Anschließend klicken Sie auf die Schaltfläche **Öffnen**.

Schritt 3

Jetzt müssen Sie bestimmen, welches Tabellenblatt der Excel-Datei die Adressinformationen beinhaltet. Markieren Sie also den Namen des Tabellenblatts. Im Normalfall stehen in der ersten Zeile die Spaltenüberschriften also *Vorname*, *Name* etc. In dem Fall können Sie die entsprechende Option ❶ aktiviert lassen. Klicken Sie dann auf **OK**.

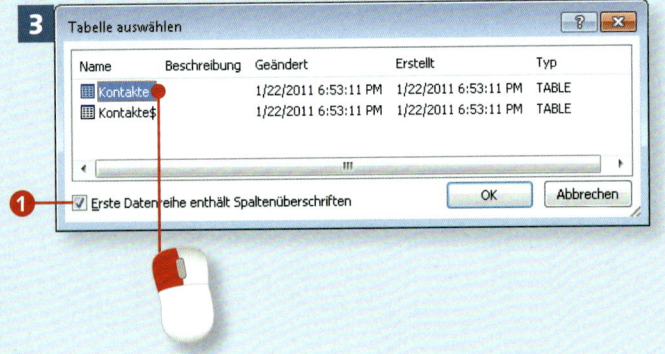

Schritt 4

Falls die Spaltenüberschriften in der Excel-Datei nicht mit den Feldnamen übereinstimmen, wie sie Word verwendet, müssen Sie Word mitteilen, welche Informationen in welcher Spalte zu finden sind. Klicken Sie hierzu auf das Symbol **Übereinstimmende Felder festlegen**.

Schritt 5

Im Dialog **Übereinstimmende Felder festlegen** ordnen Sie jedem Word-Feldnamen die korrespondierende Spaltenüberschrift Ihrer Excel-Datei zu (rechts). Word versucht hier zwar eine Zuordnung herzustellen, meistens ist aber eine manuelle Korrektur notwendig.

Schritt 6

Wenn Sie die Feldzuordnung vorgenommen haben und Ihre Excel-Datei für jeden Datensatz eine Anrede wie »Herr« oder »Frau« enthält, funktioniert auch die Grußzeilen-Funktion.

---

i

Übereinstimmende Felder

Die Zuordnung von Spaltenüberschriften und Feldnamen müssen Sie nur vornehmen, wenn Sie die Funktionen **Grußzeile** oder **Adressblock** verwenden wollen.

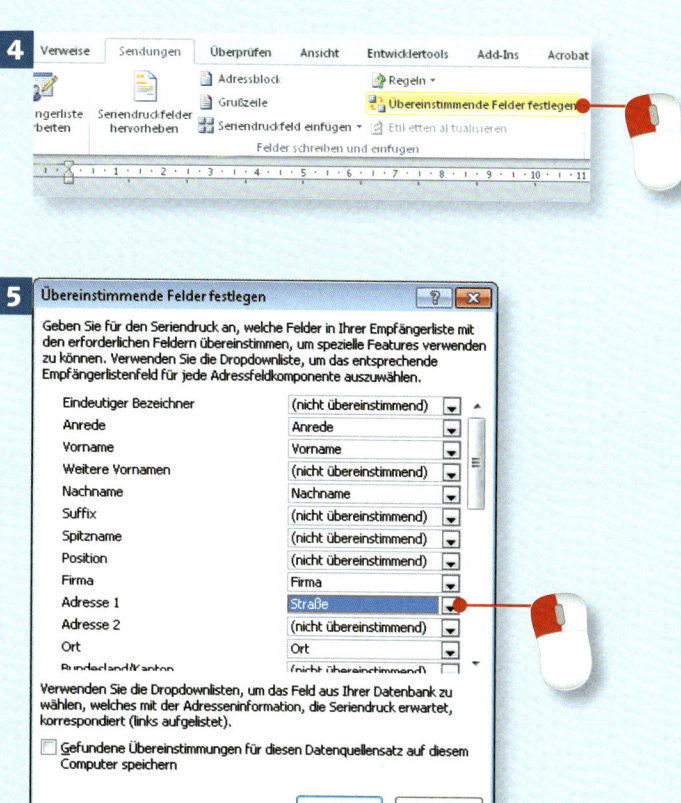

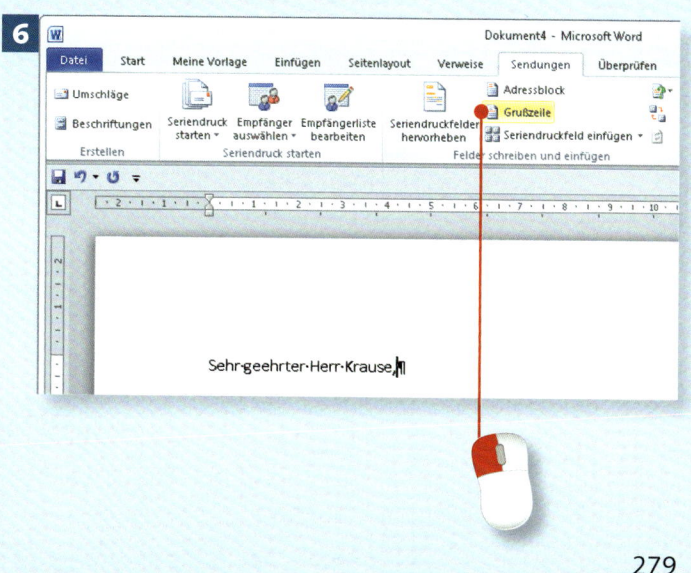

Daten filtern und sortieren

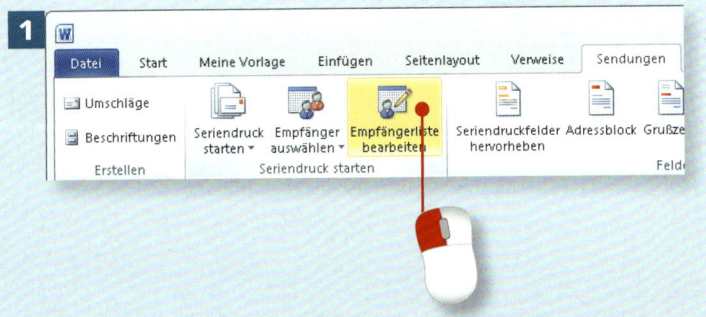

Sie müssen nicht allen Empfängern schreiben, die in Ihrer Empfängerliste enthalten sind. Word bietet einen einfach zu handhabenden Filter. Auch das Sortieren der Briefe geht im Handumdrehen.

Schritt 1

Um eine Sortierung durchzuführen und/oder bestimmte Adressen aus dem Empfängerkreis herauszufiltern, klicken Sie auf der Registerkarte **Sendungen** auf das Symbol **Empfängerliste bearbeiten**.

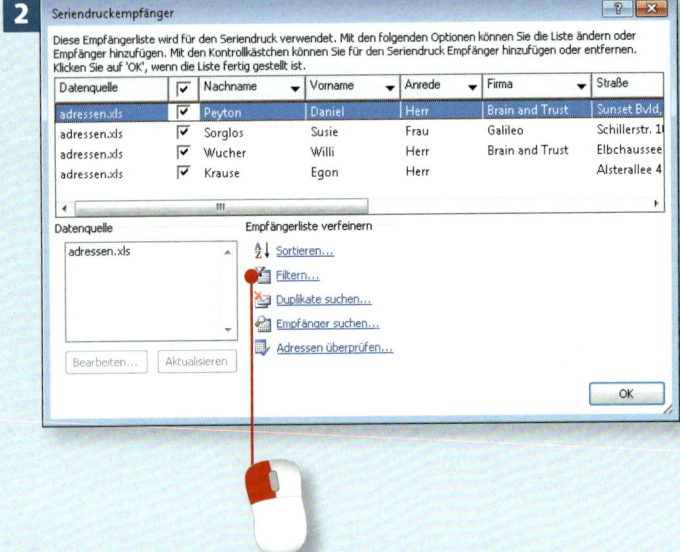

Schritt 2

Im Dialog **Seriendruckempfänger** sehen Sie alle Empfänger Ihrer Adressliste aufgelistet. Um die Anzahl der Empfänger durch einen Filter einzuschränken, klicken Sie auf **Filtern**.

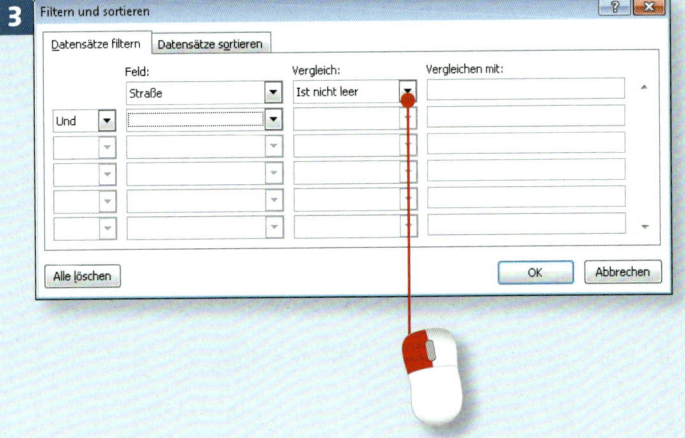

Schritt 3

Im Dialog **Filtern und sortieren** wählen Sie auf der Registerkarte **Datensätze filtern** zunächst das Feld aus, das die Information enthält, nach der Sie die Empfängerliste einschränken möchten. Um z. B. nur Adressen mit der Eingabe einer Straße zuzulassen, wählen Sie das Feld **Straße** und als Vergleich **Ist nicht leer**.

Schritt 4

Um eine weitere Bedingung hin-
zuzufügen, legen Sie zunächst die
Art der Verknüpfung fest, z. B. eine
Und-Verknüpfung ❶. Anschließend
wählen Sie wieder das **Feld** und den
Vergleich. Um nur Datensätze aus
Deutschland herauszufiltern, wählen
Sie das Feld **Land** und als Vergleich
Gleich, und in der Spalte **Verglei-
chen mit** schreiben Sie **Deutschland**.

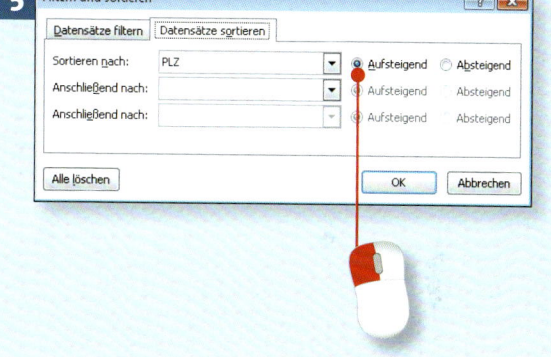

Schritt 5

Wechseln Sie auf die Registerkarte
Datensätze sortieren, um eine
Sortierung einzustellen. Wählen Sie
zunächst das Feld aus, zum Beispiel
PLZ, und legen Sie daneben die
Sortierreihenfolge fest.

Schritt 6

Nachdem Sie den Dialog **Filtern und
sortieren** geschlossen haben, sehen
Sie den Erfolg Ihrer Aktion im Dialog
Seriendruckempfänger. Hier sind
nur noch Datensätze aus Deutschland enthalten, die nach der Postleitzahl sortiert wurden.

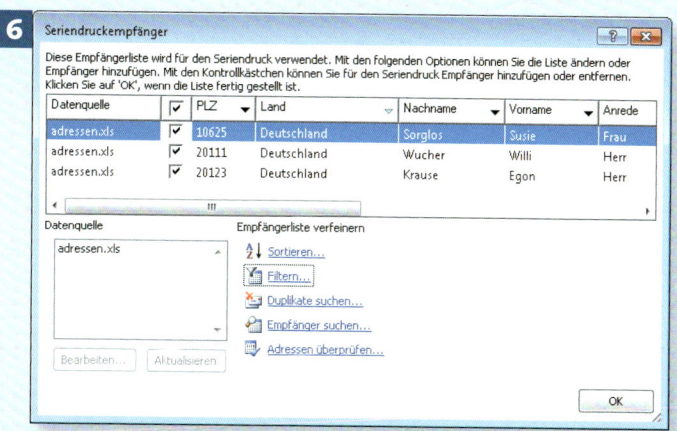

Probedruck und Ausdruck des Serienbriefes

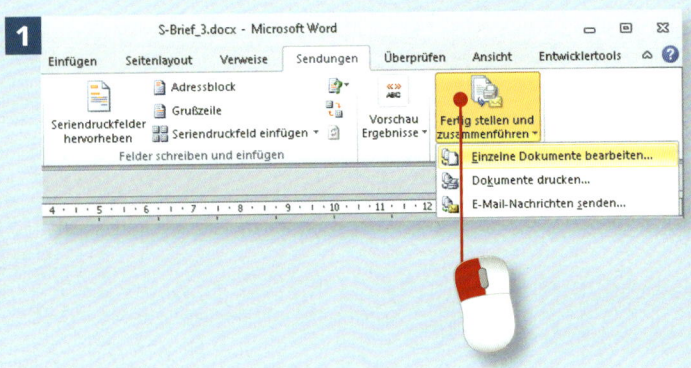

*Bevor Sie Hunderte von Seiten aus-
drucken, können Sie sich das Ergebnis
des Seriendrucks in einer Word-Datei
anschauen.*

Schritt 1

Nachdem Sie den Serienbrief geschrieben, die Empfängerliste ausgewählt (oder erstellt) und die Daten
nach Wunsch gefiltert und sortiert
haben, können Sie sich alle Serienbriefe in einer Datei anzeigen lassen.
Klicken Sie dazu auf das Symbol **Fertig stellen und zusammenführen**.
Im Menü wählen Sie den Eintrag
Einzelne Dokumente bearbeiten.

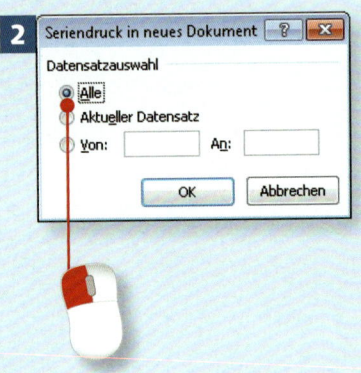

Schritt 2

Im folgenden Dialog können Sie
nochmals festlegen, welche Datensätze Sie in den Serienbrief aufnehmen wollen.

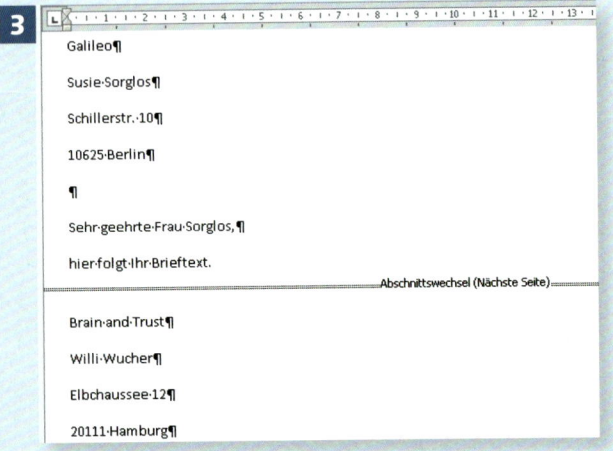

Schritt 3

Anschließend erstellt Word ein
neues Dokument. Dieses Dokument
enthält alle Briefe und zeigt sie
jeweils durch einen Abschnittswech-
sel getrennt am Bildschirm an. Hier
könnten Sie noch einmal alle einzelnen Briefe vor dem Ausdruck überprüfen und notfalls korrigieren.

Schritt 4

Wenn Sie den Eindruck haben, dass alle Briefe in Ordnung sind, können Sie dieses Dokument wie jede andere Word-Datei ausdrucken. Klicken Sie dazu auf **Datei ▸ Drucken ▸ Drucken**.

Schritt 5

Wenn Sie die fertigen Briefe nicht mehr kontrollieren möchten, können Sie sie auch direkt an den Drucker schicken. Klicken Sie dazu im Menü des Symbols **Fertig stellen und zusammenführen** auf den Eintrag **Dokumente drucken**.

Schritt 6

Nachdem Sie in dem kleinen Dialog die Empfänger ausgewählt haben ❶, können Sie im Dialog **Drucken** den Drucker auswählen und weitere Einstellungen für den Druck vornehmen. Abschließend klicken Sie auf die Schaltfläche **OK**.

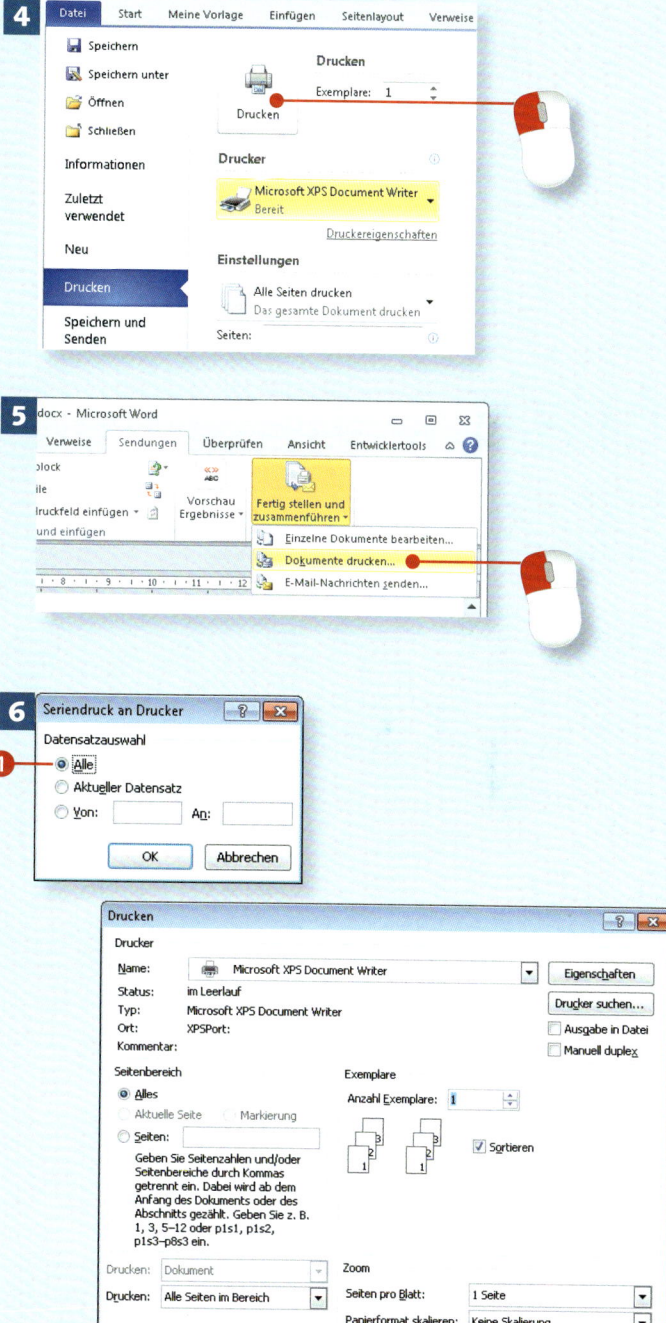

Das Adressbuch in Outlook

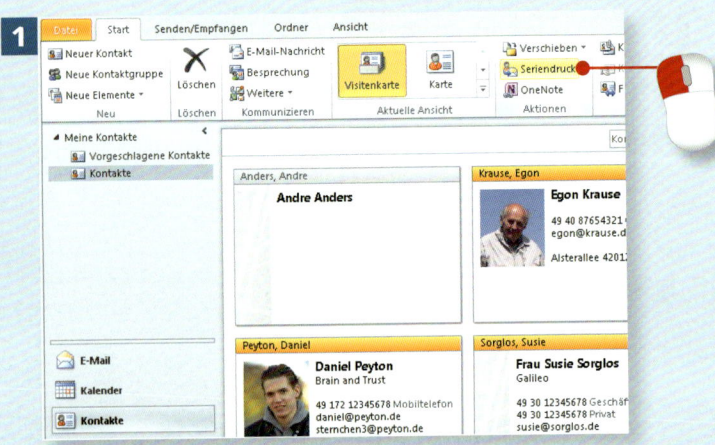

Sie können den Serienbrief auch mit Outlook anlegen und dort die Empfänger auswählen.

Schritt 1

Starten Sie Outlook, und wählen Sie in Ihrem Ordner **Kontakte** die Einträge der Empfänger. Klicken Sie dann auf die Schaltfläche **Serien-druck**.

Schritt 2

Im Dialog **Kontakte zusammenführen** aktivieren Sie die Option **Nur ausgewählte Kontakte** ❶. Belassen Sie es bei der Option **Neues Dokument** ❷, damit Word ein leeres Dokument für den Serienbrief öffnet. Im Bereich **Kontaktdaten** können Sie festlegen, dass die ausgewählten Adressen in einer Datei gespeichert werden ❸. Klicken Sie auf **OK**.

Schritt 3

Word wird gestartet, wobei automatisch die Registerkarte **Sendungen** angezeigt wird. Jetzt können Sie, wie zuvor beschrieben, Ihren Serienbrief verfassen und ausdrucken. Wenn Sie auf das Symbol **Seriendruckfeld einfügen** klicken, steht die umfangreiche Liste von Outlook-Datenfeldern zur Verfügung.

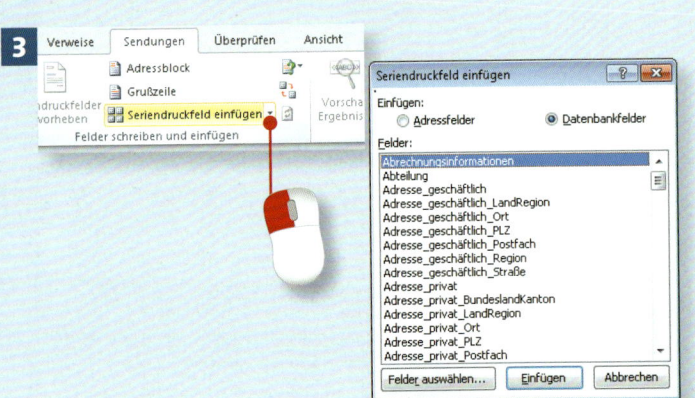

Schritt 4

Wenn Sie die Funktion **Grußzeile** oder den **Adressblock** verwenden wollen, müssen Sie vermutlich wieder die Feldzuordnung anpassen. Klicken Sie also auf das Symbol **Übereinstimmende Felder festlegen**.

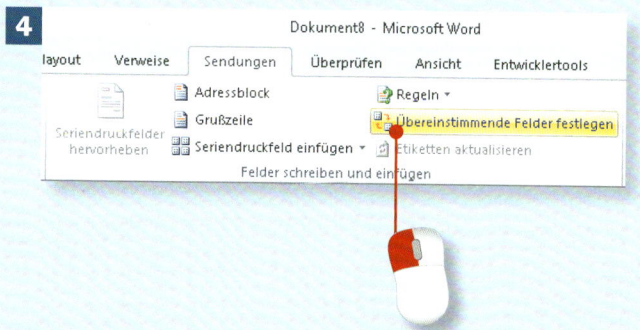

Schritt 5

Beim Übertragen der Daten von Outlook zu Word werden die Adressinformationen nicht sauber zugeordnet. Passen Sie also die Zuordnung der Felder **Adresse 1**, **Adresse 2**, **Bundesland/Kanton** und **Land oder Region** an.

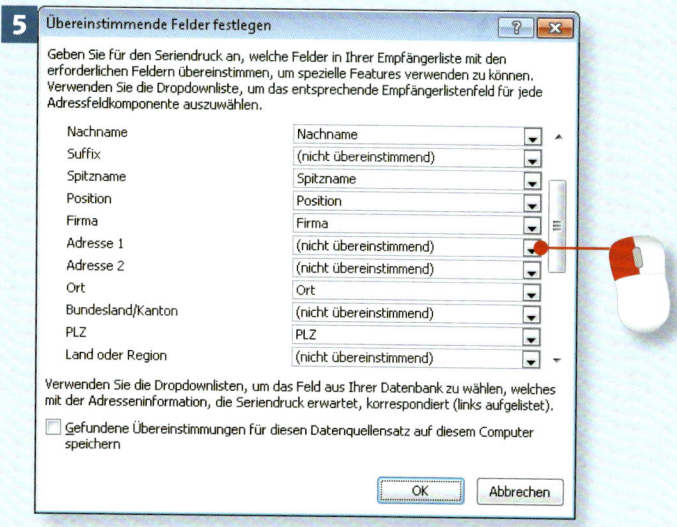

Schritt 6

Im nebenstehenden Bild sehen Sie die Anpassung, wenn die Adressen als Geschäftsadressen eingetragen wurden. Wenn Sie die Adressen als Privatadressen eingetragen haben, müssen Sie die entsprechenden Felder auswählen, also anstelle von **Adresse_geschäftlich_LandRegion** nehmen Sie **Adresse_privat_Land-Region**.

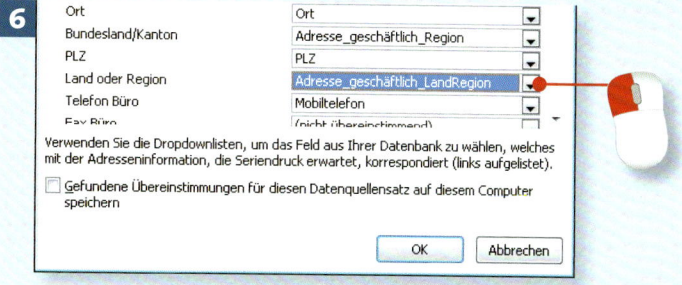

Kapitel 14
Office und das Internet

In diesem Kapitel erfahren Sie, wie Sie ein Office-Dokument als E-Mail verschicken und/oder im PDF-Format speichern. Darüber hinaus geht es um die Möglichkeit, einen Kalender im Internet zu veröffentlichen, Dokumente im sogenannten SkyDrive abzulegen und PowerPoint-Präsentationen als Videofilm zu speichern, der wiederum im Internet gezeigt werden kann.

Dokumente im PDF-Format

Dokumente im PDF-Format zu speichern ❶, ist heutzutage sehr einfach. Sie starten den Vorgang über **Datei ▸ Speichern und Senden**. Im Dialog **Als PDF oder XPS veröffentlichen** legen Sie die weiteren Einstellungen fest.

Ihr Outlook-Kalender auf Office.com

Sie können Ihren Outlook-Kalender freigeben ❷, sodass er für andere Personen einsehbar ist. Sie brauchen lediglich eine Internetverbindung und eine Windows Live ID. Mit dieser Live ID können Sie auch Dokumente im SkyDrive ablegen.

PowerPoint-Präsentationen als Video

Wir zeigen Ihnen in diesem Abschnitt, wie Sie Ihre Präsentation als Film abspeichern ❸, den Sie auf Ihre Webseite oder auf Filmportale wie YouTube hochladen können. Sie starten diese Aktion über **Datei ▸ Speichern und Senden**.

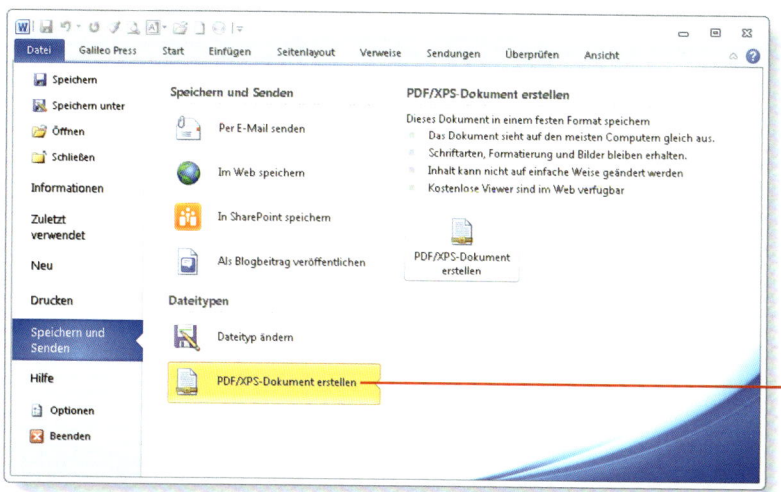

① Wenn Sie Ihre Präsentation »konservieren« und weitergeben wollen, speichern Sie sie als PDF.

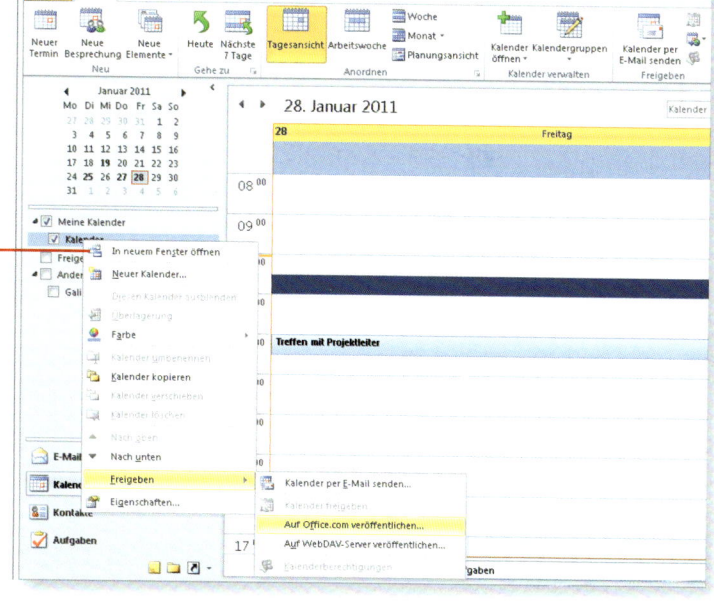

Für die Teamarbeit ist es **②** nützlich, einen Kalender im Internet zugänglich zu machen.

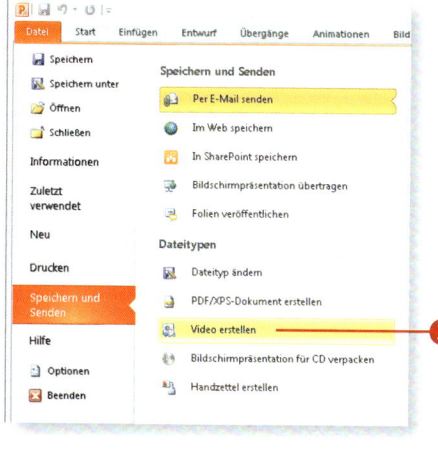

③ Machen Sie ein Video aus Ihrer Präsentation, und veröffentlichen Sie es im Internet.

Ein Office-Dokument per E-Mail versenden

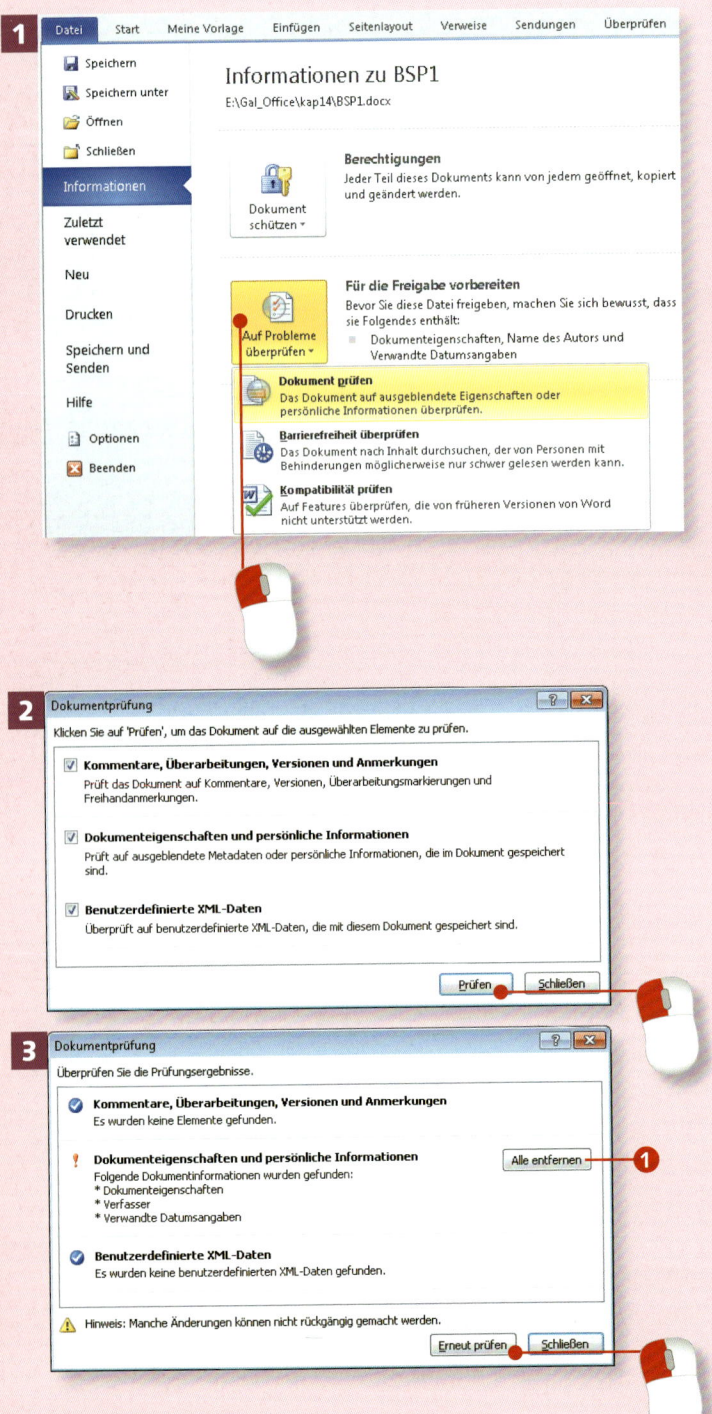

Sie können ein Office-Dokument auch direkt aus dem entsprechenden Programm verschicken.

Schritt 1

Bevor Sie ein Office-Dokument verschicken, klicken Sie auf **Datei ▸ Informationen** und dort auf **Auf Probleme prüfen**. Im Menü klicken Sie auf **Dokument prüfen**.

Schritt 2

Im Dialog **Dokumentprüfung** können Sie festlegen, was geprüft werden soll. Nicht nur die Eigenschaften des Dokuments werden untersucht, sondern weitere Elemente, mit denen ungewollt Informationen preisgegeben werden. Klicken Sie dann auf **Prüfen**.

Schritt 3

Nach einem kurzen Moment wird Ihnen das Ergebnis der Überprüfung angezeigt. »Verdächtige« Informationen werden mit einem Ausrufezeichen hervorgehoben. Um diese Informationen zu löschen, klicken Sie auf **Alle entfernen** ❶. Schließen Sie dann den Dialog, oder beginnen Sie mit **Erneut prüfen** von vorn.

Schritt 4

Wenn der Empfänger eine andere Office-Version verwendet, klicken Sie im Menü **Auf Probleme prüfen** (siehe Schritt 1) auf den Eintrag **Kompatibilität prüfen**. Im zugehörigen Dialog werden Ihnen die möglichen Probleme angezeigt. Sie müssen sie separat beheben.

Schritt 5

Ein so vorbereitetes Dokument können Sie ohne Bedenken verschicken. Klicken Sie auf **Datei ▸ Speichern und Senden**, und wählen Sie im mittleren Bereich den Eintrag **Per E-Mail senden**. Klicken Sie dann rechts auf **Als Anlage senden** oder auf **Als PDF senden**.

Schritt 6

Jetzt wird Outlook mit einem Fenster zum Verfassen einer neuen E-Mail gestartet. Die Word-Datei (beziehungsweise das PDF) ist als Anlage eingefügt und der Dateiname als **Betreff** eingesetzt. Jetzt schreiben und versenden Sie die E-Mail, wie Sie es gewohnt sind.

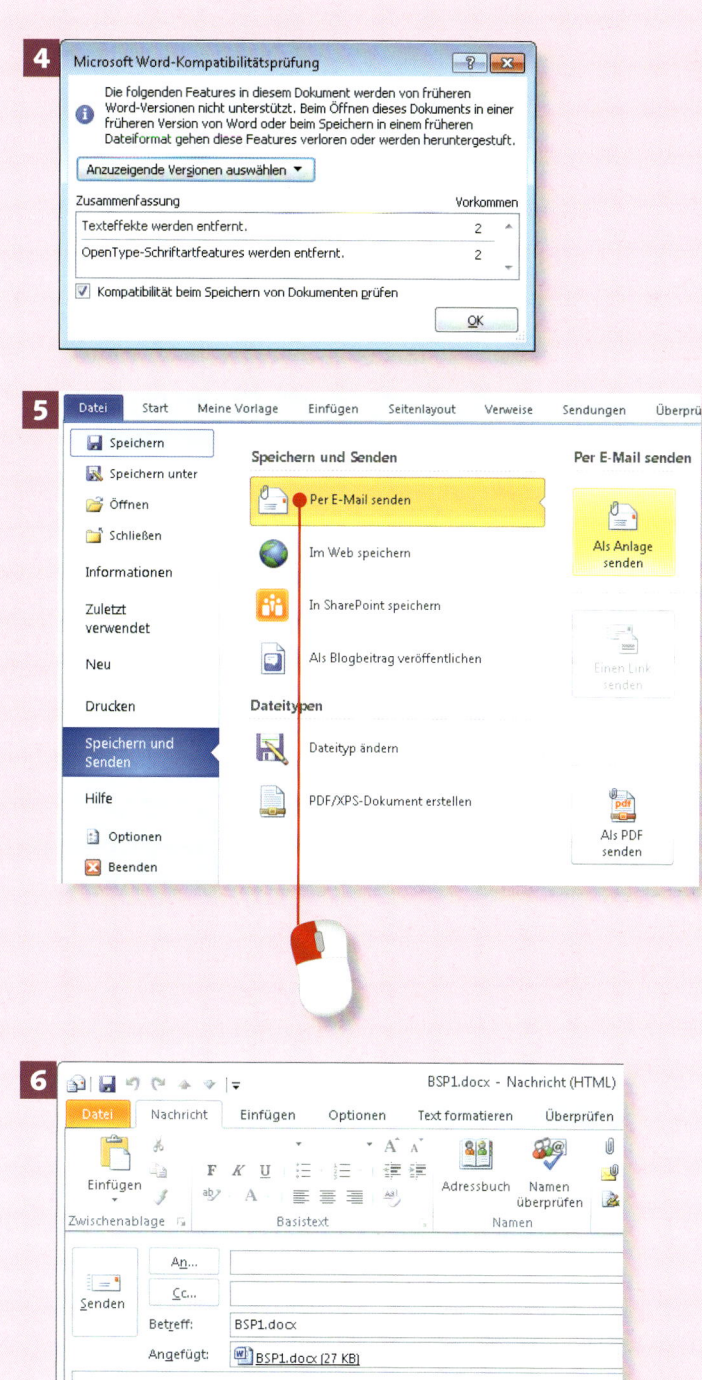

Ein Word-Dokument als PDF speichern

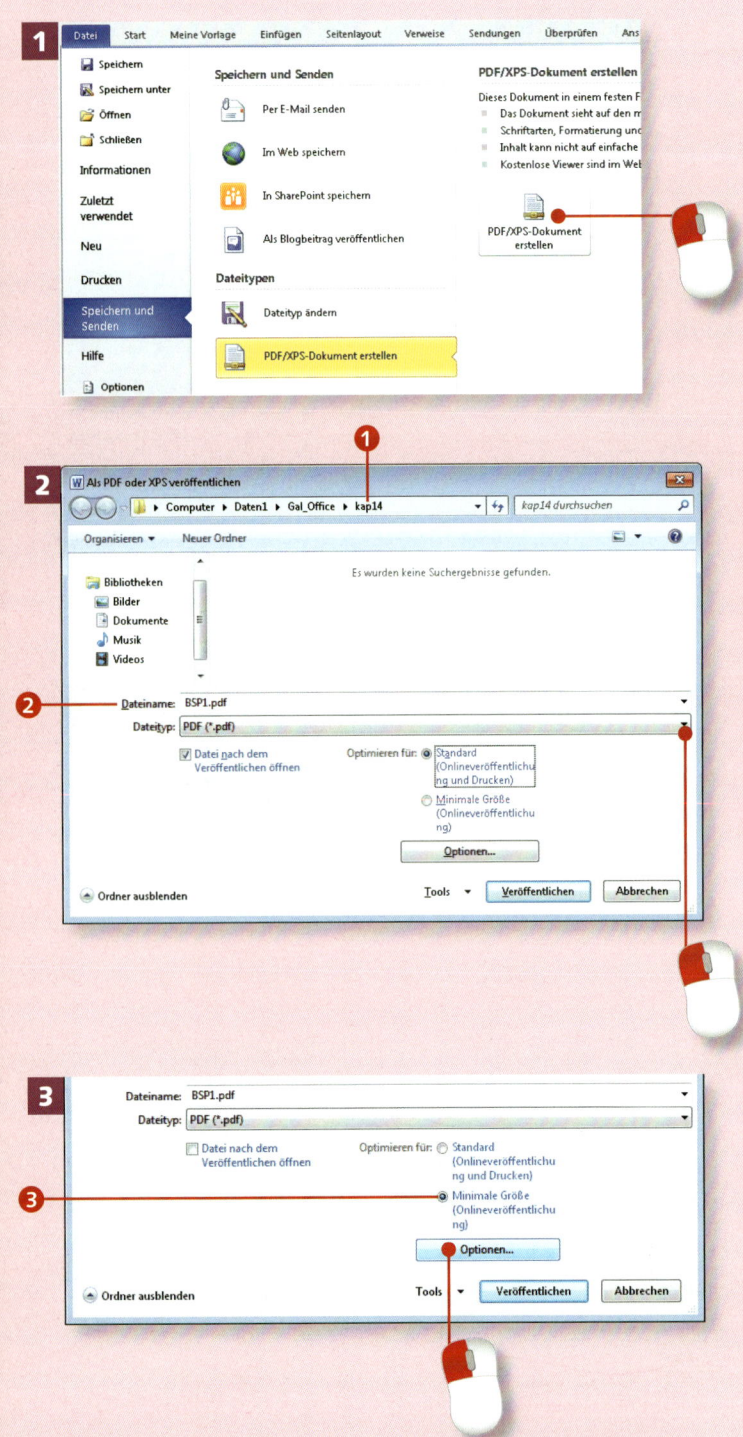

Der Vorteil des PDF-Formats ist, dass sie auf allen Computern annähernd gleich aussehen, allerdings kann der Empfänger das Dokument nicht bearbeiten.

Schritt 1

Um ein Dokument als PDF zu speichern, klicken Sie auf **Datei ▸ Speichern und Senden**. Hier klicken Sie im mittleren Bereich auf **PDF/XPS-Dokument erstellen** und anschließend im rechten Bereich auf **PDF/XPS-Dokument erstellen**.

Schritt 2

Im Dialog **Als PDF oder XPS veröffentlichen** wählen Sie zunächst den Ordner ❶, in dem Sie das Dokument ablegen möchten. Geben Sie den Dateinamen ❷ ein, und wählen Sie im Feld **Dateityp** den Eintrag **PDF**.

Schritt 3

Im Bereich **Optimieren für** aktivieren Sie die obere Option, wenn die Dateigröße eine untergeordnete Rolle spielt, die Qualität aber wichtig ist. Die untere Option ❸ verwenden Sie, wenn die Datei möglichst klein werden soll. Klicken Sie dann auf **Optionen**.

Schritt 4

Im Dialog **Optionen** können Sie unter **Seitenbereich** ❹ festlegen, welche Seiten im PDF erscheinen sollen. Wenn Sie die Option **Dokumenteigenschaften** ❺ aktiviert lassen, werden Dokumenteigenschaften wie Autor und Titel des Word-Dokuments übernommen. Klicken Sie abschließend auf **OK**.

Schritt 5

Nach diesen Einstellungen wird wieder der Dialog **Als PDF oder XPS veröffentlichen** angezeigt. Wenn Sie das Dokument gleich nach dem Speichern betrachten möchten, aktivieren Sie die Option **Datei nach dem Veröffentlichen öffnen** ❻. Klicken Sie nun auf die Schaltfläche **Veröffentlichen**.

Schritt 6

Das fertige PDF-Dokument wird Ihnen anschließend in Ihrem PDF-Reader angezeigt.

ℹ PDF vs. XPS

Wählen Sie das PDF-Format, denn es findet fast überall (im Internet) Verwendung. Fast jeder Nutzer hat ein entsprechendes Betrachtungsprogramm installiert, mit dem er diese Dateien öffnen kann.

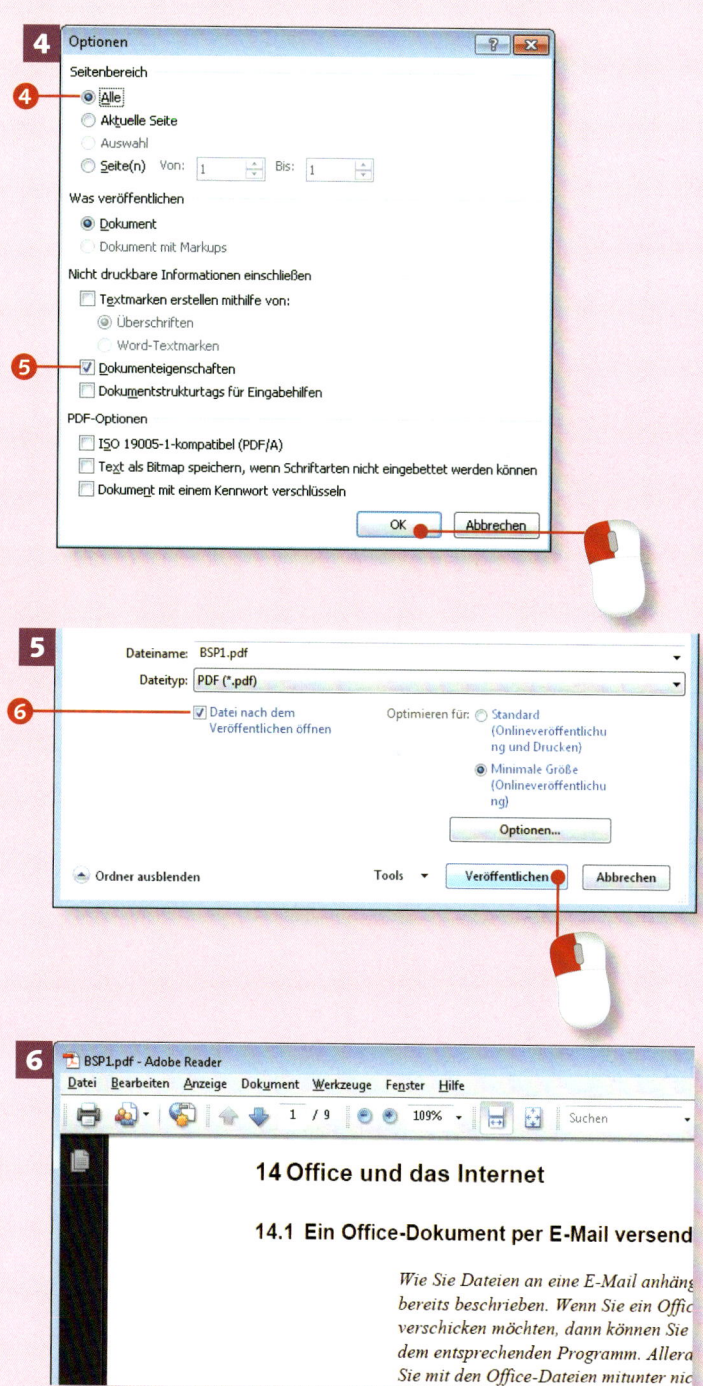

Einen Outlook-Kalender im Internet veröffentlichen

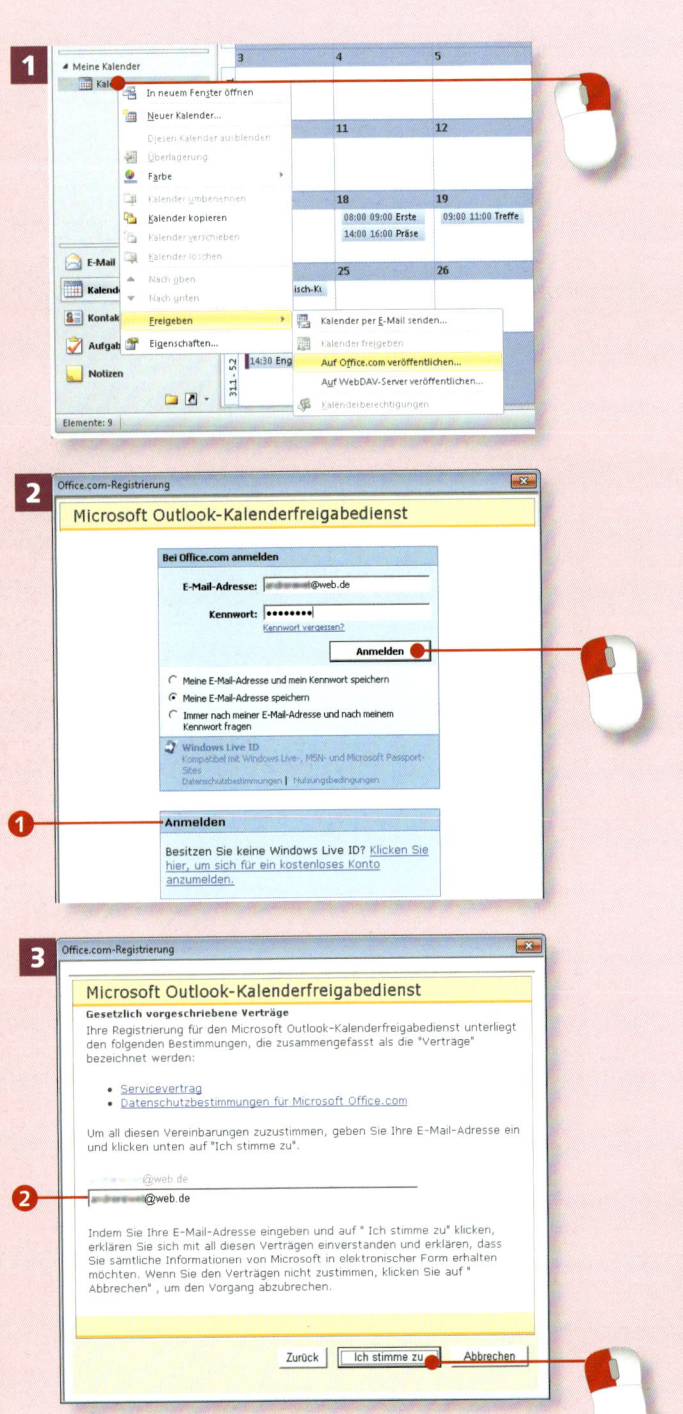

Sie können Ihren Outlook-Kalender für andere Personen freigeben, sodass diese Ihre Termine einsehen können.

Schritt 1

Um einen Kalender im Internet zu veröffentlichen, klicken Sie ihn im Navigationsbereich mit der rechten Maustaste an. Klicken Sie im Kontextmenü auf **Freigeben** und im Untermenü auf **Auf Office.com veröffentlichen**. Zunächst erscheint ein Dialog als Zusammenfassung der nächsten Schritte. Klicken Sie hier auf **Anmelden**.

Schritt 2

Im Registrierungsdialog geben Sie Ihre Anmeldedaten ein. Klicken Sie dann auch hier auf **Anmelden**. Falls Sie noch keine Windows Live ID besitzen, klicken Sie im Bereich **Anmelden** ❶ auf den entsprechenden Link.

Schritt 3

Anschließend müssen Sie die Vertragsbedingungen und Datenschutzrichtlinien von Microsoft akzeptieren. Geben Sie zunächst zur Bestätigung Ihre E-Mail-Adresse ❷ ein, und klicken Sie dann auf die Schaltfläche **Ich stimme zu**.

Schritt 4

Im nächsten Dialog schließen Sie die Anmeldung ab. Mit der einzigen Option dieses Dialogs ❸ können Sie alle zuvor veröffentlichten Kalender löschen lassen. Klicken Sie dann auf **Fertig stellen**.

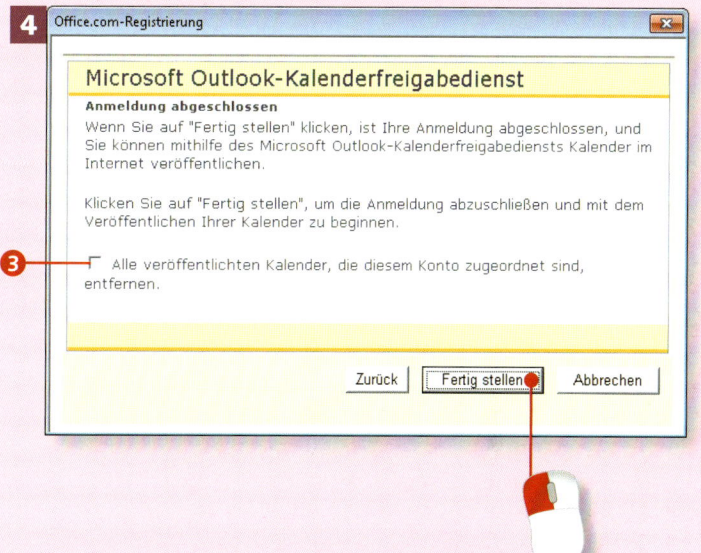

Schritt 5

Im Dialog **Kalender auf Office.com veröffentlichen** legen Sie zunächst fest, welchen Zeitraum der veröffentlichte Kalender umfassen soll. Im Bereich **Berechtigungen** ❹ wählen Sie der Einfachheit halber die Option, dass jeder auf Ihren Kalender zugreifen kann.

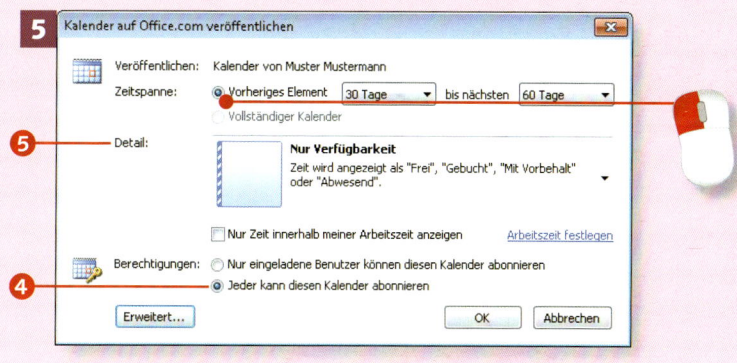

Schritt 6

Im Bereich **Detail** ❺ können Sie aus drei Stufen auswählen, wie umfangreich und detailliert die einzelnen Termine im Kalender angezeigt werden sollen. Entscheiden Sie sich hier für eine der Stufen.

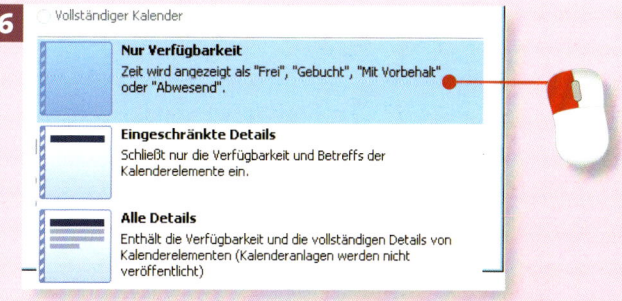

i

Sicherheit des Kalenders

Den Kalender für jeden zugänglich zu machen, ist fraglos ein Risiko. Aber selbst die Veröffentlichung ohne Beschränkung bietet einen gewissen Zugriffsschutz, da der Pfad zu dem Kalender zufällige

Einen Outlook-Kalender im Internet veröffentlichen (Forts.)

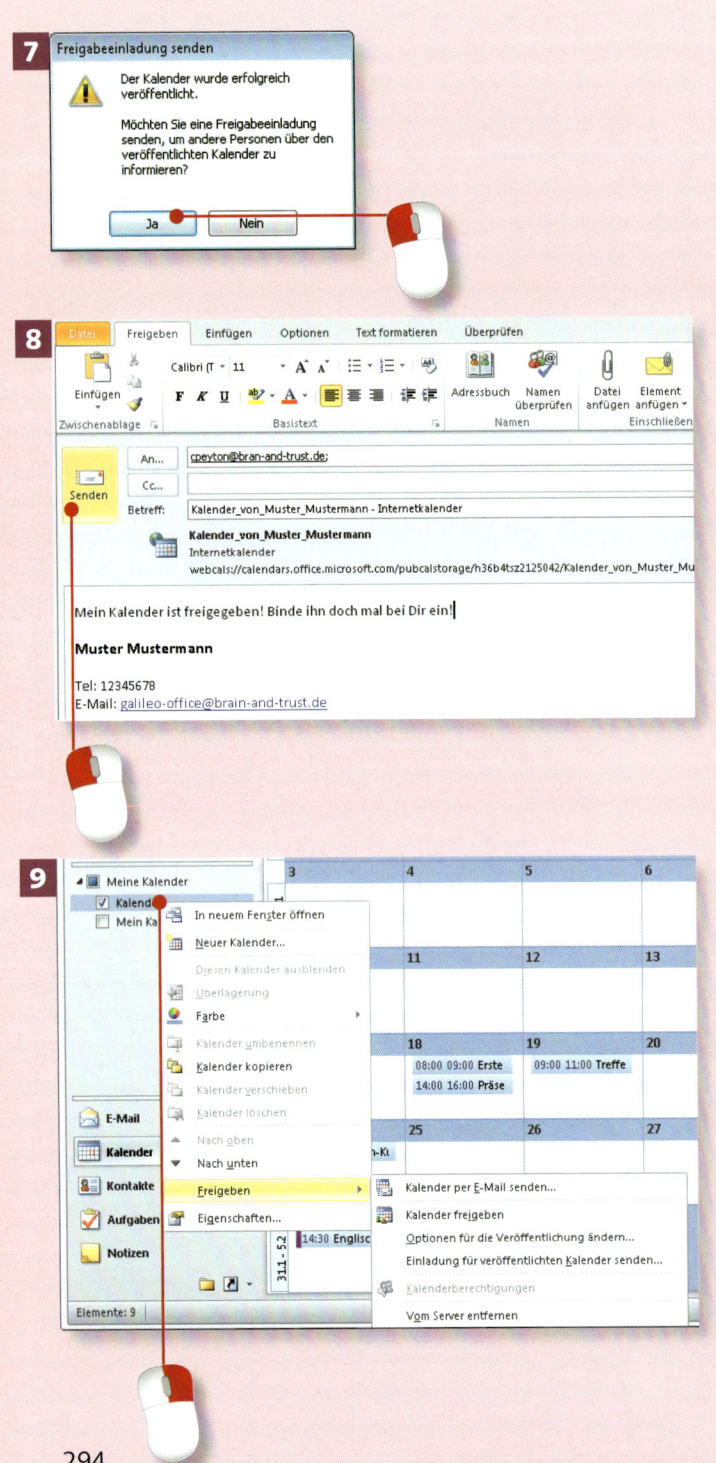

Schritt 7

Nachdem die Kalenderdaten erfolgreich an Office.com übertragen wurden, können Sie gleich Einladungen zur Benutzung des Kalenders via E-Mail verschicken. Klicken Sie dazu im Dialog **Freigabeeinladung senden** auf die Schaltfläche **Ja**.

Schritt 8

Daraufhin öffnet sich das Fenster zum Verfassen neuer E-Mail-Nachrichten. Sie sehen, dass als Anlage bereits ein Link zu dem freigegebenen Kalender eingetragen ist. Auch die Betreffzeile ist schon ausgefüllt. Sie müssen nur noch die Empfänger eintragen und eine kleine Nachricht hinzufügen. Verschicken Sie dann die E-Mail mit dem Symbol **Senden**.

Schritt 9

Der Kalender ist freigegeben, und die Einladungen sind verschickt. Sie können jederzeit Änderungen an der Freigabe vornehmen oder neue Einladungen verschicken. Klicken Sie dazu den Kalender im Navigationsbereich mit der rechten Maustaste an, und wählen Sie im Kontextmenü den Eintrag **Freigeben**. Im Untermenü finden Sie die benötigten Befehle zum Bearbeiten der Freigabe.

Schritt 10

Jetzt schauen wir uns das Ganze einmal von der anderen Seite ein. Der Empfänger Ihrer Einladung erhält eine E-Mail. Um auf Ihren Kalender zuzugreifen, muss er nur noch auf **Diesen Kalender abonnieren** klicken.

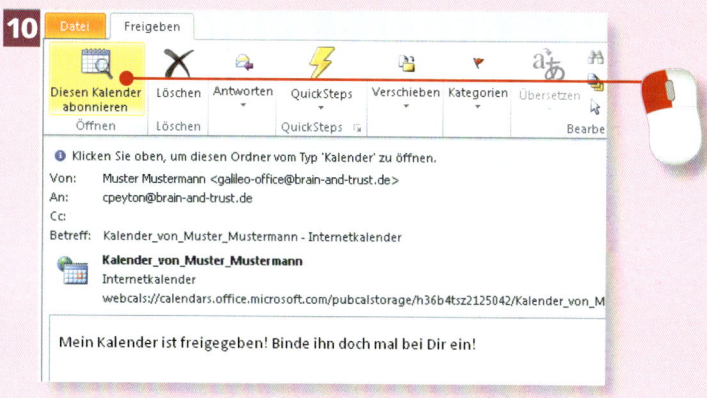

Schritt 11

Im folgenden Dialog muss der Empfänger seine Entscheidung noch mal mit einem Klick auf **Ja** bestätigen.

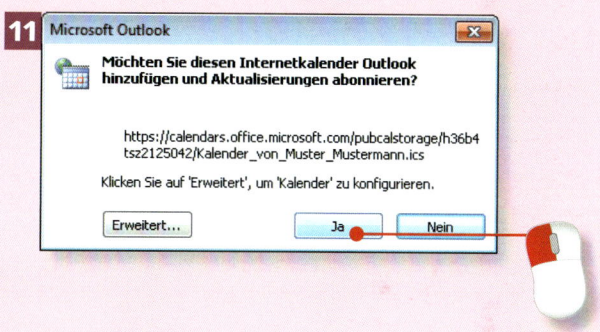

Schritt 12

Anschließend werden die Daten des Kalenders aus dem Internet geladen, unter **Kalender** steht er im Navigationsbereich zur Auswahl parat.

i

Kalenderfreigabe testen

Sie können auf meinen Testkalender zurückgreifen. Rufen Sie **Datei ▸ Informationen ▸ Kontoeinstellungen ▸ Kontoeinstellungen** auf. Im Dialog **Kontoeinstellungen** wechseln Sie auf die Registerkarte **Internetkalender** und klicken hier auf **Neu**. Im folgenden Dialog geben Sie diese Adresse an: *webcals:// calendars.office.microsoft.com/ pubcalstorage/h36b4tsz2125042/ Kalender_von_Galileo_Office.ics.*

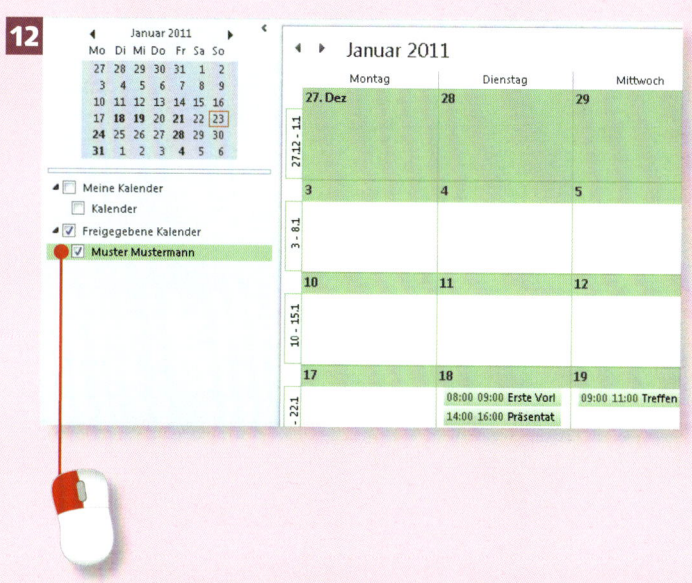

Office-Dokumente bearbeiten mit Office Web Apps

Mit den Office Web Apps können Sie Ihre Dokumente überall auf der Welt bearbeiten.

Schritt 1

Um ein Dokument im Internet, also auf dem SkyDrive, zu speichern, um es später im Browser bearbeiten zu können, klicken Sie auf **Datei ▸ Speichern und Senden ▸ Im Web speichern** und dann auf **Anmelden**. Sie werden aufgefordert, sich mit Ihrer Windows Live ID anzumelden.

Schritt 2

Nach der Verbindung mit dem Microsoft-Server werden Ihre Ordner auf dem SkyDrive angezeigt. Wählen Sie den Ordner, in dem Sie das Dokument ablegen wollen, z. B. **Eigene Dokumente**. Klicken Sie dann auf **Speichern unter**.

Schritt 3

Eventuell müssen Sie nun nochmals die Anmeldedaten Ihrer Windows Live ID eingeben. Der Dialog **Speichern unter** zeigt alle Dokumente an, die Sie bereits auf dem SkyDrive abgelegt haben. Geben Sie einen Dateinamen ❶ ein, und klicken Sie auf **Speichern**. Das Dokument wird auf den Server übertragen.

Schritt 4

Um das Dokument über das Internet zu bearbeiten, loggen Sie sich bei Windows Live (*http://office.live. com/*) mit Ihrer Windows Live ID ein. Wenn Sie das Dokument nicht im Bereich **Zuletzt verwendete Dokumente ➋** finden, klicken Sie auf den entsprechenden Ordner, z. B. auf **Eigene Dokumente**.

Schritt 5

In dem ausgewählten Ordner finden Sie dann das soeben gespeicherte Dokument **➌**. Wenn Sie mit der Maus auf die Zeile des entsprechenden Dokuments zeigen, erhalten Sie die Bearbeitungslinks. Klicken Sie auf **Im Browser bearbeiten**, um das Dokument zu bearbeiten.

Schritt 6

Das Dokument wird geöffnet, und Sie sehen in Ihrem Browser eine Oberfläche, die mehr oder minder der Oberfläche des betreffenden Office-Programms entspricht. Es fehlen einige Registerkarten und Befehle. Sie können das Dokument nun fast wie gewohnt verändern und bearbeiten, z. B. eine markierte Textpassage fett hervorheben.

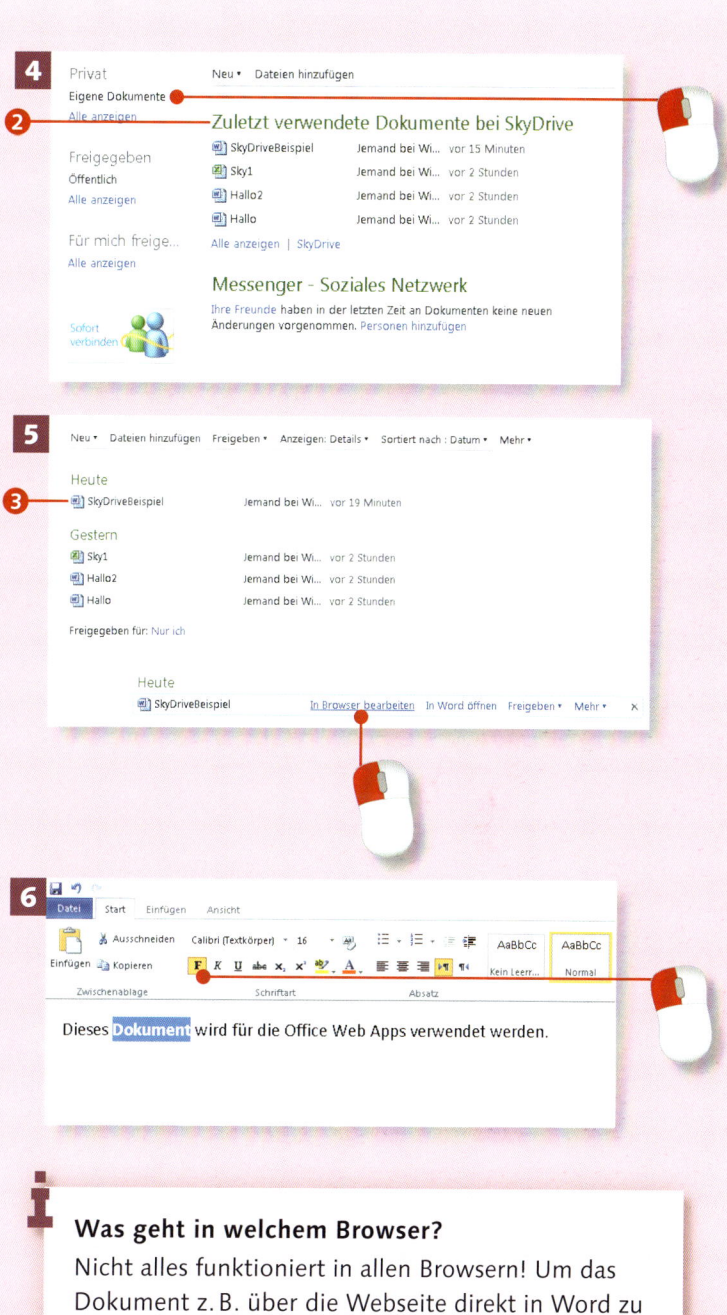

Was geht in welchem Browser?

Nicht alles funktioniert in allen Browsern! Um das Dokument z. B. über die Webseite direkt in Word zu öffnen, werden *DirectX-Steuerelemente* im Browser benötigt, die nur der Internet Explorer beherrscht.

Eine Präsentation im Internetformat speichern

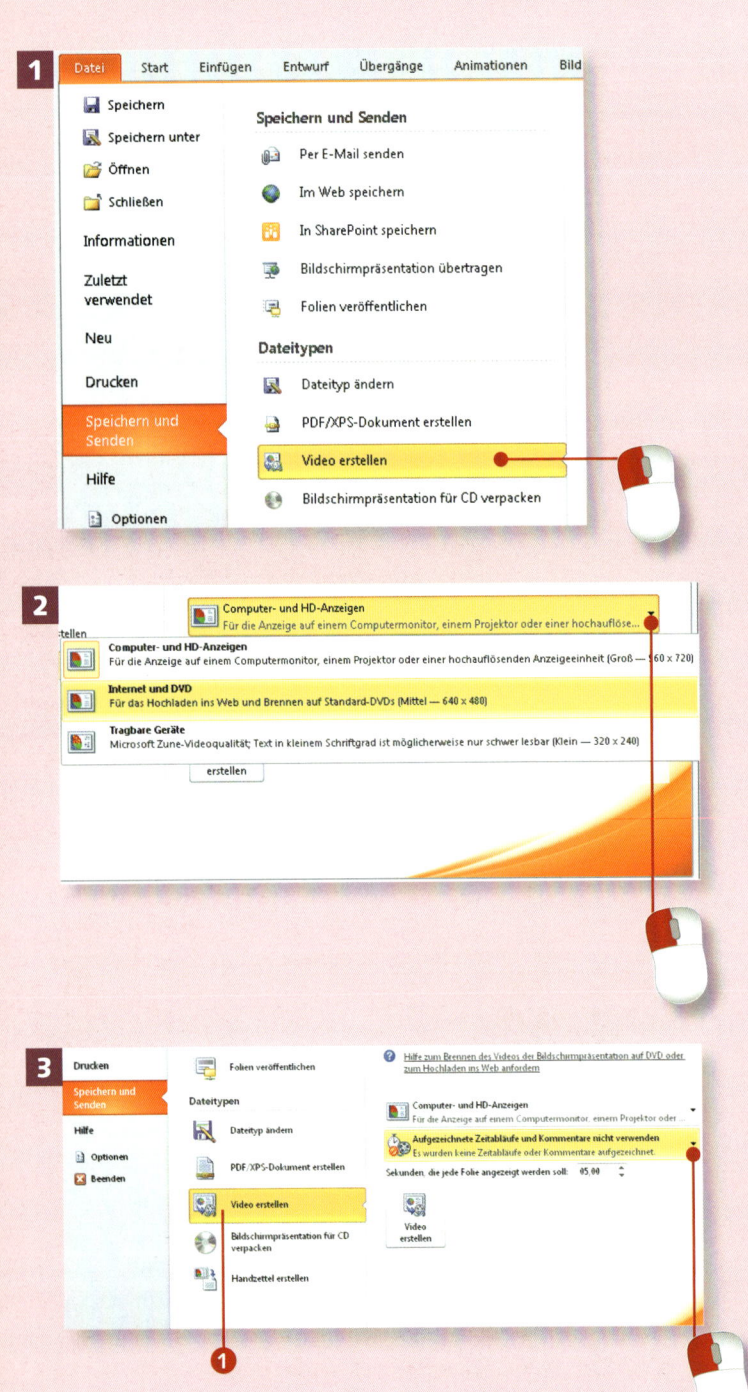

PowerPoint-Präsentationen können Sie auf verschiedenen Wegen ins Internet bringen. Wir werden hier zeigen, wie Sie sie als Film abspeichern, den Sie dann auf Ihre Webseite oder auf Filmportale wie zum Beispiel YouTube hochladen können.

Schritt 1

Um eine vorhandene Präsentation als Film im WAV-Format zu speichern, klicken Sie auf **Datei ▸ Speichern und Senden** und dann auf **Video erstellen**.

Schritt 2

Daraufhin sehen Sie rechts zwei Schaltflächen: Mit **Computer- und HD-Anzeigen** bestimmen Sie, in welcher Qualität das Video erstellt werden soll. Für die Präsentation im Internet eignet sich die mittlere Stufe mit einer Auflösung von 640 x 480 Pixeln.

Schritt 3

Mit **Aufgezeichnete Zeitabläufe und Kommentare nicht verwenden** bestimmen Sie, ob alle Folien gleich lang gezeigt werden sollen (oder ob Sie vorher eingestellte Zeiten beibehalten wollen). Klicken Sie dann auf **Video erstellen** ❶.

Schritt 4

Jetzt müssen Sie noch festlegen, wo die zu erstellende Datei gespeichert werden soll. Wählen Sie den gewünschten Ordner, und geben Sie einen Dateinamen ein. Anschließend klicken Sie auf die Schaltfläche **Speichern**.

Schritt 5

PowerPoint beginnt dann, den Film zu erstellen. Dieser Vorgang kann je nach Umfang der Präsentation eine gewisse Zeit in Anspruch nehmen. Den Fortschritt sehen Sie in der Statusleiste des PowerPoint-Fensters. Hier finden Sie auch ein kleines Schließkreuz ❷, um die Erstellung des Films abzubrechen.

Schritt 6

Wenn der Film fertig ist, finden Sie die entsprechende Datei in dem angegebenen Ordner. Um den Film zu starten, klicken Sie die Datei im Windows-Explorer doppelt an. Daraufhin öffnet sich Ihr Abspielprogramm – im Allgemeinen der Windows Media Player –, und der Film läuft ab.

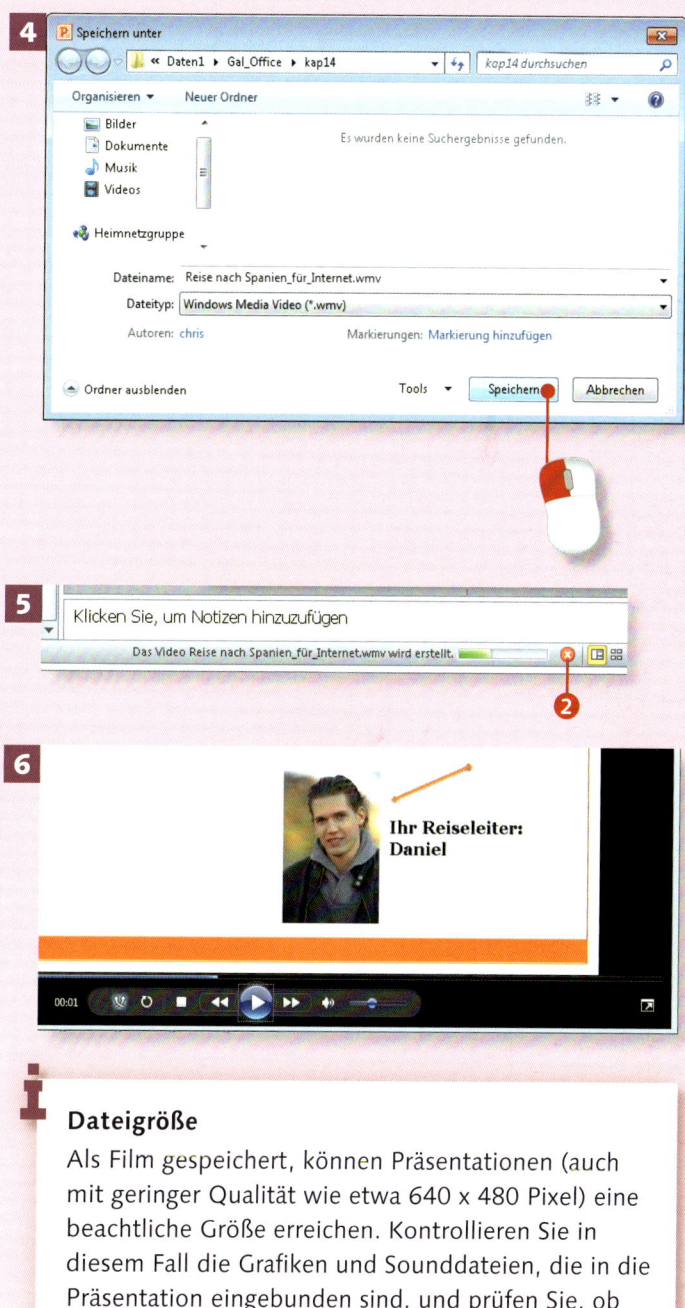

Dateigröße

Als Film gespeichert, können Präsentationen (auch mit geringer Qualität wie etwa 640 x 480 Pixel) eine beachtliche Größe erreichen. Kontrollieren Sie in diesem Fall die Grafiken und Sounddateien, die in die Präsentation eingebunden sind, und prüfen Sie, ob diese Dateien verkleinert werden können.

Glossar

Absatz

Ein Absatz ist der Text zwischen zwei Absatzmarken. Sobald Sie die ⏎-Taste drücken, erzeugen Sie einen neuen Absatz, der endet, wenn Sie erneut die ⏎-Taste drücken. Dazwischen steht Fließtext, also fortlaufender Text.

Animation

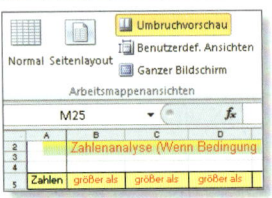

Mit Animationen werden sowohl Texte als auch Objekte auf PowerPoint-Folien in Bewegung gesetzt. Es gibt viele unterschiedliche Animationseffekte.

Ansicht

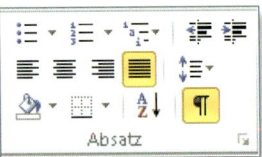

Die Programme bieten auf der Registerkarte **Ansicht** unterschiedliche Möglichkeiten der Bildschirmdarstellung. In Word gibt es z. B. das **Seitenlayout** und den **Vollbild-Lesemodus**, in Excel die Ansichten **Normal** oder die **Umbruchvorschau**.

Ausrichtung

Hierbei geht es um die Anordnung von Absätzen auf einer Seite. Der Standard ist linksbündig (die ersten Zeichen stehen Zeile für Zeile untereinander), Absätze können aber auch zentriert, rechtsbündig oder im Blocksatz ausgerichtet werden. In Excel bezieht sich die Ausrichtung auf die Inhalte innerhalb der Zellen.

AutoText

Textpassagen, die man regelmäßig verwendet, z. B. die eigene Adresse, kann man als AutoText definieren. Solche AutoTexte lassen sich mithilfe des AutoText-Namens wie ein Textbaustein immer wieder verwenden.

Bildschirm-präsentation

Wenn PowerPoint-Folien am Bildschirm vorgeführt werden, in der Regel mit Animationen und Folien-Übergängen, spricht man von einer Bildschirmpräsentation.

Browser	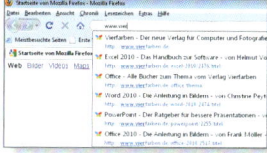	Computerprogramm zur Darstellung von Internet-seiten oder Dokumenten im Internet, z. B. der Internet Explorer oder Mozilla Firefox.
ClipArt	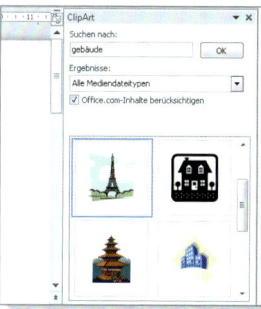	ClipArts sind Bilder (Illustrationen, Fotos) und andere Mediendateien, die mit Office mitgeliefert werden und in ein Dokument eingefügt werden können. Microsoft bietet online weitere ClipArts an.
Design	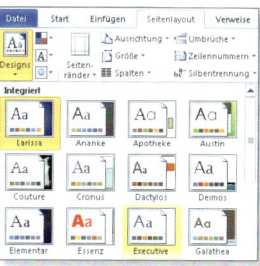	Das gewählte Design bestimmt das Aussehen des gesamten Dokuments, einschließlich der Schrift-arten, -farben oder Texteffekte. Office 2010 bietet zahlreiche Designs an (jedoch nur in den Dateifor-maten DOCX, PPTX oder XLSX).
Diagramm	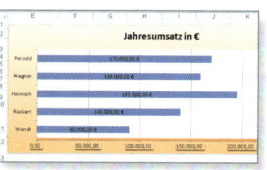	Ein Diagramm stellt Zahlenmaterial grafisch dar. Es gibt verschiedene Diagrammtypen. Klassisch sind Balken-, Säulen-, Kreis- oder Liniendiagramme.
Drag & Drop	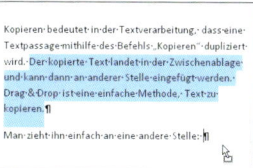	Drag & Drop bezeichnet eine Methode, Text zu kopieren und einzufügen. Man markiert den Text und zieht ihn mit der Maustaste an die ge-wünschte Stelle im Dokument.

Glossar

Einzug

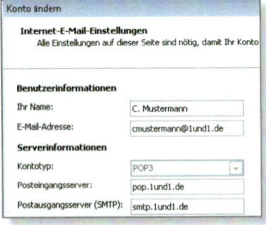

Wenn man Text ein wenig vom eingestellten Seitenrand aus einrückt (meistens vom linken Seitenrand), spricht man von einem Einzug. Der Befehl wirkt sich auf den Absatz aus, in dem der Cursor steht.

E-Mail-Konto

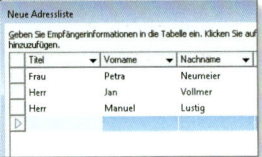

Um E-Mails mit Outlook versenden und empfangen zu können, müssen Sie mithilfe der Anmeldedaten, die Sie vom Provider erhalten haben, ein E-Mail-Konto einrichten.

Empfängerliste

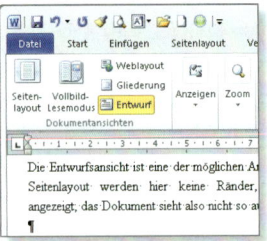

Eine Empfängerliste ist eine Datei, die die Adressdaten eines oder mehrerer Empfänger eines Serienbriefes enthält.

Entwurfsansicht

Die Ansicht **Entwurf** ist eine der möglichen Ansichten in Word. Im Gegensatz zum **Seitenlayout** werden hier keine Ränder, Seitenumbrüche oder Ähnliches angezeigt; das Dokument sieht also nicht so aus wie der Ausdruck.

Folie

Für eine PowerPoint-Präsentation werden einzelne Folien erstellt. Diese Folien können Text, Grafiken, Zeichnungen und Sound enthalten und als Bildschirmpräsentation vorgeführt werden.

Folienübergang

In einer Bildschirmpräsentation wird eine Folie nach der anderen gezeigt. Mit den Übergängen stellt man ein, auf welche Weise dieser Übergang erfolgt.

Form		Die Office-Programme bieten vorgefertigte Formen (Rechtecke, Ellipsen, Dreiecke etc.), die man auf einem Blatt bzw. einer Folie aufziehen und dann weiterbearbeiten kann.
Formatierung	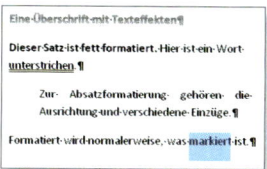	Die optische Bearbeitung eines Textes nennt man Formatierung. In Word unterscheidet man zwischen Zeichenformatierung (die Veränderung einzelner Zeichen), Absatzformatierung (die Bearbeitung von Absätzen) und Seitenformatierung (die Bearbeitung des ganzen Dokuments). In Excel werden die markierten Zellbereiche formatiert, in PowerPoint markierter Text oder Textfelder.
Formatvorlage		Formatvorlagen sind gebündelte Formatierungen (z. B. eine bestimmte Schriftart, eine Schriftgröße oder eine Farbe), die man einem Absatz per Mausklick zuweisen kann. Auf diese Weise kann man Textabschnitte sehr schnell und immer gleichbleibend formatieren. Es gibt fertige Formatvorlagen (z. B. **Überschrift 1**), die sich anpassen lassen.
Funktion		Um Berechnungen in Excel anzustellen, kann man entsprechende Funktionen verwenden (z. B. die Summenfunktion). Excel bietet zahlreiche solcher Funktionen für unterschiedliche Einsatzgebiete an.

Glossar

Fußnote	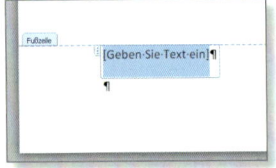	Fußnoten sind Texte, die am Ende einer Seite stehen. Es handelt sich um Ergänzungen, z. B. Literaturhinweise, Quellenangaben oder Kommentare. Fußnotenzeichen im Text verweisen auf die Fußnoten, denen das entsprechende Fußnotenzeichen ebenfalls vorangestellt wird.
Fußzeile		Die Fußzeile am Ende der Seite enthält Text, der auf jeder Seite des Dokuments stehen soll. Die Wiederholung des Textes erfolgt automatisch. Typischerweise wird der Fußzeilenbereich dazu genutzt, Seitenzahlen einzufügen.
Hochformat	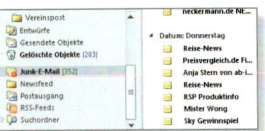	Das Hochformat beschreibt eine Seite, bei der sich die kürzeren Blattkanten oben und unten befinden. Öffnet man ein neues Dokument in Word, ist standardmäßig das **Hochformat** eingestellt. Das Pendant (mit den längeren Blattkanten oben und unten) ist das **Querformat**.
Junk-E-Mail		E-Mails, die unerwünscht im Posteingang landen und meistens Werbebotschaften enthalten, werden als *Junk-Mail* oder *Spam* bezeichnet. Man sollte sie vorsichtshalber sofort löschen, ohne sie zu öffnen.
Kalender (Outlook)	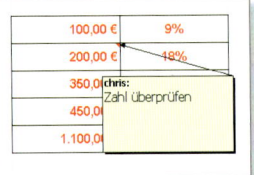	Der **Kalender** ist das Outlook-Modul, mit dem man Termine verwalten kann. Es gibt hier eine Tages-, Monats- und Wochenansicht.
Kommentar		Kommentare lassen sich in Word, Excel und PowerPoint einfügen. In Excel beziehen sie sich auf den Inhalt einer Zelle (in Word und PowerPoint auf den jeweils markierten Text).

Kontakte (Outlook)	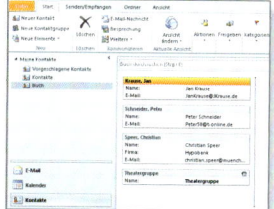	Hinter der Schaltfläche **Kontakte** verbirgt sich das Adressbuch von Outlook. Die Kontakte können auf unterschiedliche Weise angezeigt werden, z. B. als Visitenkarten.
Kopfzeile	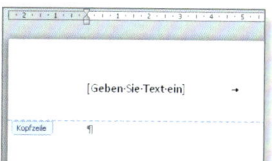	Die Kopfzeile ist der Bereich am Kopf der Seite und enthält Text, der auf jeder Seite des Dokuments stehen soll. Wie bei der Fußzeile erfolgt die Wiederholung des Textes automatisch. Oft steht in der Kopfzeile ein Firmenname, die Überschrift des Kapitels oder der Name des Dokuments.
Kopieren		Kopieren bedeutet in der Textverarbeitung, dass eine Textpassage mithilfe des Befehls **Kopieren** dupliziert wird. Der kopierte Text landet in der Zwischenablage und kann dann an anderer Stelle eingefügt werden.
Kursivierung	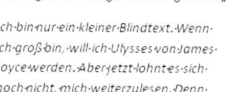	Die Kursivierung ist eine Form der Auszeichnung von Schrift. Sie dient der Hervorhebung von Schrift innerhalb von Texten und Textpassagen. Kursivschrift läuft im Gegensatz zur normalen Schrift schräg (normalerweise nach rechts geneigt).
Laufweite		Die Laufweite bezeichnet den Abstand zwischen den Zeichen einer Schrift. In Word kann man die Standardlaufweite einer Schrift sowohl verkleinern (um die Zeichen näher zusammenrücken zu lassen) als auch erweitern (sodass sich der Abstand zwischen den Zeichen vergrößert).
Lineal	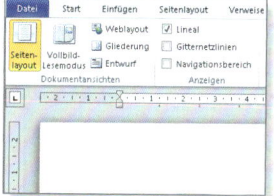	In Word lassen sich Lineale anzeigen (Registerkarte **Ansicht**). Es gibt das horizontale Lineal am oberen Bildschirmrand und ein vertikales Lineal am linken Rand. Beide sind in Zentimeter gegliedert und zeigen u. a. die Breite der Seitenränder an.

Glossar

Markieren	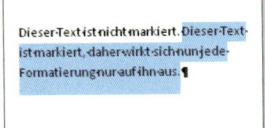	Markieren bedeutet, dass man eine Anzahl von Zeichen auswählt, um Word »mitzuteilen«, dass Formatierungen nur auf diesen Text angewendet werden sollen. Üblicherweise markieren Sie mit der Maustaste, es geht aber z. B. auch mit der ⇧-Taste und einer der Pfeiltasten.
Notiz	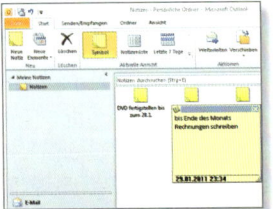	In Outlook gibt es das Modul **Notizen**, das es ermöglicht, wichtige Informationen auf einem »Zettel« festzuhalten.
Postausgang	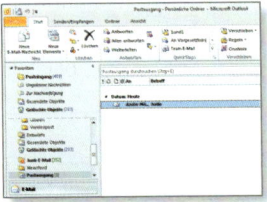	Der **Postausgang** ist der Ordner in Outlook, in dem E-Mails vor dem Versand abgelegt werden. Treten beim Versand Probleme auf (fehlt z. B. eine Internetverbindung), wird die E-Mail erst einmal hier aufbewahrt.
Posteingang	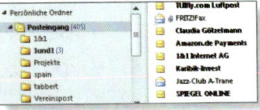	Der **Posteingang** ist der Outlook-Ordner, in dem die empfangenen Mails gesammelt und angezeigt werden.
Querformat	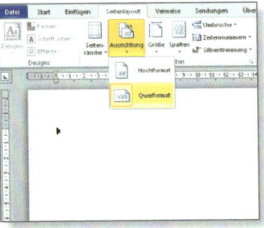	Das **Querformat** beschreibt eine Seite, bei der sich die längeren Blattkanten oben und unten befinden. Es eignet sich beispielsweise für Tabellen mit vielen Spalten.
Rechtschreib-prüfung	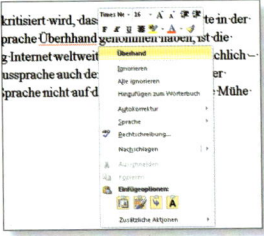	Die Rechtschreibprüfung in Word überprüft den geschriebenen Text anhand eines programmeigenen Wörterbuchs. Wurde ein Wort nicht so geschrieben, wie es im Wörterbuch steht, oder ist der Begriff unbekannt, erscheint unter dem Wort eine rote Wellenlinie.

Registerkarte	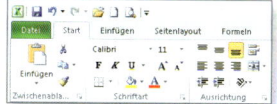	Registerkarten sind die Bereiche auf dem Menüband, auf denen passende Befehle und Funktionen zu unterschiedlichen Themen gesammelt sind. Mit einem Klick auf den jeweiligen Reiter wechselt man die Registerkarten. Auch Dialogfenster können mehrere Registerkarten beinhalten.
Schriftart	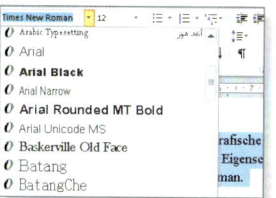	Die Schriftart ist die grafische Gestaltung eines Zeichensatzes. Zur Unterscheidung der typografischen Eigenschaften erhalten Schriften Namen, z. B. **Arial**, **Courier** oder **Times New Roman**. Die Office-Programme werden standardmäßig mit vielen verschiedenen Schriftarten ausgeliefert.
Schriftschnitt	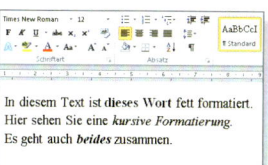	Zum Schriftschnitt gehören Formatierungen wie **fett** oder **kursiv** zur Gestaltung und/oder Hervorhebung von Zeichen bzw. Textpassagen.
Seitenlayout	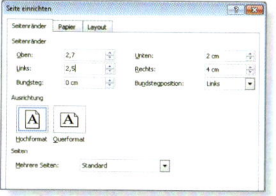	Das Seitenlayout betrifft sowohl die eingestellten Seitenränder eines Dokuments als auch die Ausrichtung des Blattes, wobei zwischen Hochformat und Querformat unterschieden werden kann.
Serienbrief	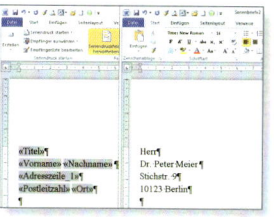	Ein Serienbrief ist ein Dokument, das an mehrere Empfänger versendet wird. Eine Datenbank enthält die variablen Elemente, z. B. Namen und Adressen der Empfänger. Diese werden mithilfe von Feldern in die Textvorlage/das Dokument integriert. Durch das Zusammenführen des Dokuments mit der Datenquelle ergeben sich die fertigen Serienbriefe.
Spalte	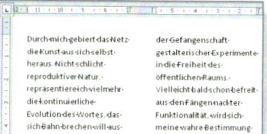	Ein Dokument kann einspaltig geschrieben sein (Standard) oder in mehrere Spalten unterteilt werden. Die Zeilen werden am Ende der Spalte umbrochen. Am Ende einer Spalte springt der Cursor zum Anfang der nächsten Spalte (oder in die erste Spalte der Folgeseite).

Glossar

Spam		Unerwünschte E-Mails, die in aller Regel von dubiosen Absendern stammen, die per E-Mail bestimmte Produkte bewerben. Man sollte sie vorsichtshalber sofort löschen, ohne sie zu öffnen.
Statusleiste	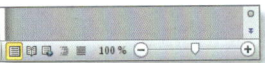	Die Statusleiste befindet sich am unteren Rand des Programmfensters. Hier werden u. a. Informationen über die Anzahl der Seiten und Wörter angezeigt. Rechts in der Statusleiste können Sie den Zoom einstellen oder die Ansicht ändern.
Summenfunktion		Mithilfe der Summenfunktion lassen sich Werte in einer Excel-Tabelle sehr leicht zusammenzählen.
Symbol	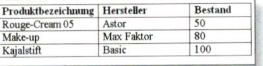	Befehle, Funktionen und Programme werden auf den Registerkarten als Symbole dargestellt und lassen sich per Mausklick aufrufen.
Tabelle		Eine Tabelle ist eine geordnete Zusammenstellung von Texten und/oder Daten. Um in Word mit einer Tabelle zu arbeiten, fügt man sie einfach mit der gewünschten Spalten- und Zeilenanzahl in das Dokument ein. Die Bildschirmansicht von Excel hingegen ist standardmäßig in Spalten und Zeilen eingeteilt.
Texteffekt		Mithilfe der Texteffekte wendet man einen Grafikeffekt auf den markierten Text an. Zu diesen Effekten zählen z. B. **Schatten**, **Spiegelung** oder **Leuchten**. Das Menü ist nur im Dateiformat DOCX nutzbar.
Windows-Explorer	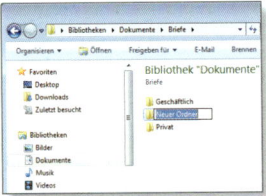	Auch kurz: Explorer. Der Standard-Dateimanager von Windows. Dazu gehören z. B. die Taskleiste, der Desktop und das Dateimanager-Fenster.

WordArt		Mit WordArt kann Text dekorativ gestaltet werden. So erreichen Sie Effekte, die mit einer »normalen« Formatierung nicht einzustellen wären, z. B. Konturen und unterschiedlichste Verformungen von Schriftzügen (wie Bogen oder Wellen).
Zahlenformat	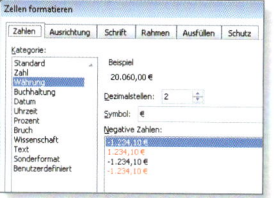	Zahlen werden in Excel mithilfe der Zahlenformate gestaltet. Man weist z. B. die Anzahl der Dezimalstellen und ein Währungszeichen zu.
Zeilenumbruch	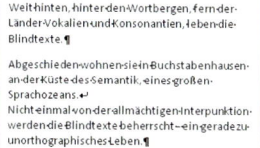	Text wird in Word automatisch umbrochen, wenn das Ende der Zeile, also der rechte Seitenrand, erreicht ist. Der Cursor springt dann in die nächste Zeile. Die ⏎-Taste wird nur gedrückt, um bewusst einen neuen Absatz zu beginnen. Mit ⇧+⏎ erzeugt man einen weichen Umbruch.
Zelladresse	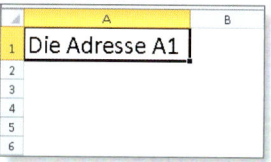	Die Zelladressen bilden sich in Excel aufgrund der Spalten- und Zeilenbezeichnungen, d. h. aus Buchstaben und Zahlen. Die Zelle ganz oben links heißt dementsprechend A1.
Zelle	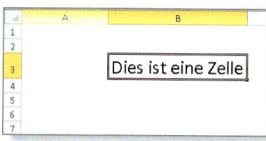	Die Einteilung von Tabellen in Spalten und Zeilen ergibt die Zellen. Dies sind die Bereiche, in die die Werte eingegeben werden. Man spricht sowohl bei Excel- als auch bei Word-Tabellen von Zellen.
Zoom	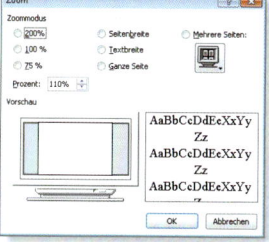	Mit dem Zoom wird die Anzeige auf dem Bildschirm gesteuert. Je höher der Zoomwert ist, desto größer wird die Anzeige der Schrift, doch der Ausschnitt verkleinert sich entsprechend.

Index

Index

Index

Index

Index

Index

Index